U0812067

中国音乐学院博硕士学位论文摘要汇编

（1980—2017）

主　编　马英珺　张紫薇

北京邮电大学出版社
www.buptpress.com

内容简介

本书以弘扬国音学术传统为目的，对中国音乐学院理论方向的博硕士研究生学位论文进行摘要的整理，以飨读者。全书收录472篇学位论文，主要是音乐学、作曲和音乐教育这3个二级学科的学术型博硕士论文。其中音乐学各专业方向共收录论文207篇（包括博士论文30篇），作曲各专业方向共收录论文127篇（包括博士论文16篇），音乐教育各专业方向共收录论文138篇（包括博士论文12篇）。本书按照学科、专业、论文名称的回溯方式进行排列，内容顺序为：论文题目、作者、入学级别、导师、论文摘要、关键词。希望本书能够对国音学子和科研人员在论文选题方面有所借鉴和帮助，充分发挥研究生学位论文的学术价值。

图书在版编目(CIP)数据

中国音乐学院博硕士学位论文摘要汇编：1980—2017 / 马英珺，张紫薇主编. -- 北京 ：北京邮电大学出版社，2019.3

ISBN 978-7-5635-5687-8

Ⅰ. ①中… Ⅱ. ①马… ②张… Ⅲ. ①中国音乐学院—博士学位论文—文摘—汇编 Ⅳ. ①Z89:G643.8

中国版本图书馆CIP数据核字(2019)第041467号

书　　名：中国音乐学院博硕士学位论文摘要汇编(1980—2017)

主　　编：马英珺　张紫薇

责任编辑：徐振华　孙宏颖

出版发行：北京邮电大学出版社

社　　址：北京市海淀区西土城路10号(邮编：100876)

发 行 部：电话：010-62282185　传真：010-62283578

E-mail：publish@bupt.edu.cn

经　　销：各地新华书店

印　　刷：北京九州迅驰传媒文化有限公司

开　　本：787 mm×1 092 mm　1/16

印　　张：18.5

字　　数：458千字

版　　次：2019年3月第1版　2019年3月第1次印刷

ISBN 978-7-5635-5687-8　　定　价：93.00元

前　言

研究生学位论文展现了研究生学术工作的广度、研究的深度以及研究生独立从事课题研究的能力，其质量直接反映了研究生教育的水平。尤其对于学术型研究生来说，学位论文是评价其学术水平（或专业技术水平）、分析问题能力的一种尺度。

中国音乐学院自1980年复院以来开始从事硕士学位研究生的培养工作，1981年被国务院学位委员会批准为首批硕士学位授予单位，到目前为止已近四十载。在这近四十年里，中国音乐学院培养了千余名研究生，图书馆也收藏了千余份博硕士研究生论文。这些学位论文从不同的视角、不同的立场取得了诸多有价值的研究成果，体现了导师和学子的智慧，倾注了他们的心血和汗水，可以说是中国音乐学院近四十年的研究生教育之大成。鉴于此，中国音乐学院图书馆本着弘扬国音学术传统、发挥图书馆资源优势的目的，将收集的博硕士学位论文逐篇进行整理，试图将每篇论文的核心观点摘录出来，以飨读者。

摘要信息具有篇幅短、情报量大等特点，读者通过摘要可以用最短的时间掌握论文要点，了解某一学科的起源、变迁和最新进展，获得某个领域的综合概况，同时可通过它判断哪些论题还有更多的可探索空间，这对于学位论文题目的选定、资料的查找及具体写作过程中的排疑解难都有非常重要的作用。另外，如果各音乐专业院校之间能够进行学位论文的横向比较，对于导师和学生的科学选题也会大有帮助。再者，导师和学院的科研人员可以通过论文摘要信息把握各研究领域的力量、水平和动向，掌握本院研究生在各学科研究中的强项和弱点，以便于有针对性地进行教学、引导、选择课题、制定科研规划。

本书收录了音乐学、作曲和音乐教育3种学术型博硕士论文，共472篇，并按学科和专业方向进行分类。音乐学各专业方向共收录论文207篇（包括博士论文30篇），其中：中国古代音乐史研究方向28篇，中国近现代音乐史研究方向20篇，西方音乐史研究方向17篇，中国音乐思想史研究方向1篇，音乐美学研究方向10篇，民族音乐学研究方向39篇，中国传统音乐研究方向78篇，音乐文学研究方向3篇，音乐文献翻译研究方向6篇，世界民族音乐研究方向5篇。作曲各专业方向共收录论文127篇（包括博士论文16篇），其中：作曲研究方向58篇，音乐工学及计算机作曲研究方向5篇，和声研究方向12篇，复调研究方向7篇，音乐作品分析研究方向20篇，配器研究方向2篇，视唱练耳研究方向23篇。音乐教育各专业方向共收录论文138篇（包括博士论文12篇），其中：音乐教育学研究方向112篇，音乐心理学研究方向 11 篇,音乐治疗学研究方向 15 篇。本书按照学科、专业、论文名称的回溯方式进行排列,内容顺序为:论文题目、作者、入学级别、导师、论文摘要、关键词。之所以整理这 3 个学科门类的摘要信息,原因有二:其一,2005 年之前,我校研究生的结构只有学术型研究生这一个层次;其二,由于学术型研究生教育以培养教学和科研人才为主,导师对于每个学生的毕业论文都会进行系统、完整的指导,可见重视程度之高。读者若对某篇文章的内容感兴趣,可到图书馆进行深度研读。

在论文摘要的撰写和编辑过程中,编者尽量去原汁原味地反映论文全貌,但由于不同时期对学位论文的要求不尽相同,因此论文所出现的情况林林总总:没有论文摘要,摘要过于冗长,文章首段作为摘要,没有关键词……编者不得不在尊重作者原著的基础上进行摘要的提炼和关键词的修改,这一方面凸显了编者的理论水平和高度,另一方面也可能会产生主观判断的情况,不当之处希望读者能够及时提出宝贵意见,以便于编者修改。编者的最终目的是希望本书能够对国音学子和科研人员在论文选题方面有所借鉴和帮助,充分发挥研究生学位论文的学术价值。

中国音乐学院图书馆
马英珺

目　录

音乐学系博硕士研究生学位论文

作曲系博硕士研究生学位论文

音乐教育系博硕士研究生学位论文

音乐学系博硕士研究生学位论文

中国古代音乐史专业

先秦至两汉礼乐文化兴衰背景中琴乐文化品格的变化与重塑

作者： 胡　潇(2014级博士研究生)

导师： 修海林

摘要： 在中国音乐文化史上，琴具有独特的人文内涵和文化品格。从历史上看，琴乐文化品格最终是在汉代被建构起来的。本文的研究选择在西周至春秋战国、两汉不同历史阶段的礼乐文化背景中，以相关文献、文物史料的研究与解析为基础，集中关注并探究琴乐文化品格是如何在两周至两汉礼乐文化的兴衰、沉浮与重生中得以形成、延续和发展，并最终在汉代被建构起来的。本文通过"西周礼乐文化中的琴乐及其审美文化内涵、春秋战国时期礼乐文化中的琴乐及其审美文化内涵、两汉礼乐文化中的琴乐及其文化品格的建构、先秦至两汉琴乐文化品格的历史演进与形成"此4章结构的设置与阐述，完成本文的研究及论述。

笔者认为，西周时期，周公制礼作乐，琴乐的表演、功能、意义及其审美意识、文化内涵，均属礼乐文化范畴之内。且琴在礼乐文化中具有较为重要的地位，并凸显其独特的文化品格与功能。春秋战国时期，琴乐文化行为方式多样化，其中"士"这一文化主体对琴的沿袭、传承与传播，使琴乐传承主流没有脱离礼乐文化的影响而延绵不断，甚至生发出新的生命力，特别是被注入了士阶层的"修己""达道"的文化品格，为琴乐文化品格在日后儒学复兴中的最终确立，奠定了重要的文化基础。两汉时期，琴乐在孔子的乐教实践中得到重视和传承，琴乐所承载的自西周以来的礼乐人文内涵与文化品格，主要在士阶层的琴乐活动中沿承至汉代，并在汉代的士阶层及其代表人物那里被倡导和获得提升，得到较为广泛的传播，最终通过文化的选择，使得汉代文人士大夫在官学无乐教的现实情况之下，将修身养性的道德追求寄托于琴乐之上，最终在琴乐中确立了"琴德最优""君子以其(琴)可修德"这样的具有浓厚人文意蕴的文化品格，使以文人士大夫为琴乐行为主体的琴人、琴家，成为汉代周孔乐教的践行者和传承者，承载了礼乐文化中的伦理意义及教育功能，使琴最终成为文人士大夫修身养性的"德"之器。对文人士大夫与琴的关系及其存在而言，在琴与人的合一中，琴乐的文化品格也被提升到远超过两周时期的一个历史高度，由此奠定了琴乐其后2 000年发展的重要文化基石。

关键词： 琴乐；礼乐文化；文化品格；由"和"致"德"；琴德

《龙笛要录》研究

作者: 严　薇(2011级博士研究生)

导师: 赵为民

摘要:《龙笛要录》是日本镰仓时代晚期的一部龙笛曲谱,由著名音乐家大神景光编撰。这部乐谱疏略地记载了百余首龙笛曲,并根据宫调分门别类,从收录的乐曲名和宫调名可以看出,它与我国隋唐俗乐以及高丽乐有着密切的关系。但此谱在我国尚无人关注,即使在日本国内也鲜有人问津,存在很大的研究空间。本文是将其作为音乐文献而进行的第一次比较全方位的解读。

本文从著者、乐谱、笛曲、乐调等方面着手,第一章对编者大神景光及《龙笛要录》的名称、成书年代、流传版本等进行考证;第二章至第十章对《龙笛要录》收录的9个唐乐调及其乐曲逐一进行考查,以曲名为出发点,重点观照笛曲的历史源流,进而对乐曲结构、宫调等进行分析;第十一章是对《龙笛要录》所收录的唐乐调宫调体系的综论。

通过上述分析,本文认为《龙笛要录》收录的唐乐曲以我国隋唐时代乐曲为主,是一部涵盖了唐乐珍品、日本新作及其他外来音乐的唐乐古谱佳作。此外,日本的唐乐调子与我国隋唐的乐调有着明确的传承关系,其构建基础是中国宫调理论体系,框架主要来自唐代二十八调之雏形。唐代各调传入日本后,经过分类、整理,悉数纳入吕律之中,其中吕旋为本,且壹越调很可能是整个日本唐乐乐调理论的基础。

关键词: 大神景光;吕旋;律旋;二十八调

《乐书·八音》与《文献通考·八音》比较与研究

作者: 陆晓彤(2013级博士研究生)

导师: 刘　勇

摘要: 成书于北宋末年的陈旸的《乐书》记录乐器条目400余条,附图200余幅,梳理了上古至北宋末年乐器的发展脉络,是研究中国古代乐器的重要资料。成书于元初的《文献通考》记载内容涉及古代社会发展的众多方面,其史料价值不言而喻。然而,学界对于两部著作之间的相同性缺乏准确的认识,对于相同性之外细微的差异性同样缺少研究。《文献通考》的"八音"章节正是以《乐书·乐图论·八音》为底本,经过马端临增补史料与删改内容后撰写而成。两书体例设置与具体内容的不同,反映出两部著作不同的治书目的,以及两位学者治史思想与治学方法的差异,值得深入研究。此外,通过对《乐书·八音》的内容进行分析,可得知学界对陈旸的《乐书》存在评价过高的问题。本文将研究范围划定为陈旸的《乐书》与《文献通考》的"八音"章节,以两书的对比研究与《乐书·八音》具体文本内容的研究为基础,探讨《乐书·八音》中乐器记载的价值与谬误,并以此探讨陈旸的音乐修养水平。

本文共分五章,前两章对两部著作展开对比研究,后三章则分析《乐书·八音》的具体文本内容。绪论部分介绍学界研究概况及本文其他的必要说明。第一章为《乐书·八音》与《文献通考·八音》整体结构的对比研究,在层级分类与条目设置上对比两书的异同,探讨这一体例的进步意义。第二章为《文献通考·八音》对《乐书·八音》的删改与增补,指出两书具体内容的不同,并对增补史源及删减原因进行分析。第三章为《乐书·八音》的编纂特点与价值分析,以《乐书·八音》的编纂特点入手,分析该文献"记载"与"乐论"两个方面的价值。第四章为《乐书·八音》乐器考,选择《乐书·八音》记载中的几类乐器为研究对象,探讨唐宋两朝乐器发展的基本规律与乐器记载的编纂特点。第五章为《乐书·八音》乐论内容分析,梳理并总结散见于各条目下的乐论内容,以此探讨陈旸的音乐水平,并客观评价《乐书·八音》的文献价值。

关键词:陈旸;《乐书》;《文献通考》;八音;宋代乐器

"华化"与分型:汉唐琵琶的类型特征、演奏方式及其人文存在研究

作者:陈岸汀(2012级博士研究生)

导师:修海林

摘要:本文首次在中国音乐史论域中,就中国古代琵琶的历史发展提出乐器类型学的研究思路和研究方法,从乐器类型和人文类型两方面进行了概念界定,并就类型特征、演奏方式、类型的分型以及人文存在方面,进行了系统性的建构。

在类型分类方面,琵琶之共鸣箱体、琴柄(琴颈)、共鸣箱体和琴柄(琴颈)的关系、琴项为辨识形制特征及其演变的重要依据。本文对类型特征的复杂性,提出宽、窄,长、短,曲、直,大、小4组变量并进行界定。按逻辑关系讲:圆形共鸣箱直柄琴体类琵琶和梨形琴体类琵琶是中国汉唐琵琶类型的一级分类。圆形共鸣箱-直柄琴体类琵琶的二级分类可见长柄类、短柄类琵琶。梨形琴体类琵琶的二级分类中,有短颈类、长颈类琵琶,两者之下均有直项、曲项之分。本文在时间和空间变化中梳理类型与分型。另外本文提出"西域琵琶"和"汉式琵琶"、"龟兹制琵琶"和"唐制琵琶"两组相对应的关键词。

中国古代琵琶之圆形共鸣箱-直柄琴体类琵琶和梨形琴体类琵琶,经汉魏、两晋、南北朝的发展,到唐代沉淀为阮咸和琵琶,两者都涉及"华化"问题。前者的"华化"过程可谓是"脱胎换骨"。后者来看,唐社会完成了对南北朝到隋唐时期胡乐文化的沉淀,在全面吸纳的过程中建立起了新的琵琶音乐中心文化,并以此在空间上向其他地域辐射,时间上纵深影响了后世中国琵琶的发展,"华化"过程有"洋为中用"的特点。

关键词:琵琶;阮咸;"华化";人文存在

两周编钟、编磬的"编列/音列"结构研究

作者:宋克宾(2012级博士研究生)

导师:修海林

摘要：编钟、编磬是两周礼乐制度及其文化行为中的重器，也是两周礼乐文明的重要载体。编钟、编磬“编列/音列”结构是先秦“钟律”理论与实践在编悬乐器上的具体呈现。本文不仅对两周不同历史阶段和不同地域文化中的编钟、编磬“编列/音列”结构的构成特点、演变逻辑及其理论内涵作了系统而全面的论述，而且在一定程度上揭示了引起这种演变的内在和外在动因。为了研究需要，本文提出并界定了一系列相关概念，形成了一系列的研究成果。本文的研究对于进一步了解两周礼乐文化的实践及其物化呈现、解读先秦音律理论，乃至建构中国乐理，均有其必要性。本文分为上、中、下 3 篇，对两周编钟、编磬的“编列结构”“音列结构”以及相互之间的互生共存关系进行全面解读。上篇讨论两周编钟的“编列/音列”结构。中篇探讨两周编磬的“编列/音列”结构。下篇对曾侯乙编钟、编磬的“编列/音列”结构进行专题研究。依据编磬标音铭文、磬匣刻文、出土磬架编列、钟磬音列关系等，本文对曾侯乙编磬磬匣 13 件组、磬架 16 件组两种“分组”编列进行还原。本文还分析了曾侯乙编磬乐律铭文的书写模式、“正声加新钟”的构成原则，校刊和还原曾侯乙全套 41 件编磬的铭文。

关键词：两周；编钟；编磬；“编列/音列”结构；基组；分组；音阶

两周乐悬制度与礼典用乐考

作者：任　宏(2010 级博士研究生)

导师：修海林

摘要：周代礼乐制度的研究，自先秦时期延续至今，随不同时期的研究视角而产生不同特征的学术成果。然而，在相对丰厚的成果当中，“礼”的探讨相对完善，而与其同等重要的“乐”的研讨则相对薄弱。事实上，深入分析“乐”制、“乐”文化是礼乐文化研究不可忽视的重要内容。

本文的研究是在综合整理、分析与选题相关的传世文献、考古出土文献与文物资料的基础上，以“乐制”发展为主要切入点，力图追溯并爬梳两周时期礼乐制度发展的物化、行为两条线索，并将其置于社会政治、经济发展大背景当中去观照，在历史中展开共时性考证，由此对本论域当中的部分命题给予界定与阐释，进而对两周时期礼乐制度发展脉络作出整体性勾勒。

关键词：两周时期；乐悬制度；礼典用乐

汉唐吹管乐器的形制、演奏方式及其历史沿革研究

作者：万　博(2012 级硕士研究生)

导师：修海林

摘要：在西汉至唐代这段历史时期内，吹管乐器的发展达到了新的高峰，对后世管乐器的发展产生了深远的影响。研究汉唐吹管乐器的发展，除了乐器史研究本身的意义和价值

外，还有助于深化对汉唐音乐整体发展的认识。

本文对汉唐吹管乐器的研究，主要是从乐器形制、基本演奏方式这两个最基本、最直观，也是最具应用性和实证性的方面入手，对汉唐吹管乐器进行纵向的历史考查。与此同时，本文还从音乐文化的交流与传播、乐器的历史沿革、乐器类型的多样化、乐器的组合形式、乐器制作工艺的改良与提高，乃至乐器的演奏技能等多种角度来关注乐器的发展。本文在研究中，对迄今为止所能搜集到的汉唐吹管乐器各类音乐图像资料，进行了系统的分类、统计和分析，并参照相关的文献记载，运用“二重证据法”，依照乐器的外形及演奏方式，将吹管乐器大致分为横吹类、竖吹类、抱持类这最主要的三大类（另有特殊类型），进行系统的梳理、归类、分析，建构起汉唐吹管乐器的类型特征，分门别类，并对其类型特征及其应用特点展开阐述，由此使读者对汉唐吹管乐器的发展脉络有更加系统、直观的认识和把握。本文的研究表明，汉唐吹管乐器的发展，曾在东汉、北魏与唐形成3个发展高峰，并在每一历史时期形成独特的成果与特点。

关键词：汉唐吹管乐器；乐器类型；演奏方式；历史沿革

唐代复古运动对古琴音乐文化的影响

作者：张若曦（2012级硕士研究生）

导师：王　军

摘要：中晚唐时期，以韩愈、柳宗元为代表的文人士大夫在复古思潮之下，又进一步提出了古文运动的主张，倡导“文以载道”“不平则鸣”“气盛言宜”，不但影响了唐代文学的发展，也被带入了以古琴为代表的文人音乐中。本文在文学史、历史学和音乐史的交叉视角下，探讨中晚唐时期复古思潮影响古琴音乐发展的原因、嬗递以及给我们当代人的启示，主要包含以下几方面内容：第一，复古思潮以及中晚唐时期古文运动产生的背景；第二，复古思潮对于古琴音乐产生的巨大影响；第三，中晚唐时期古琴音乐的发展给我们的启示。

对我国当代音乐发展而言，对于唐代琴乐的发展研究，已不仅仅是为了探索唐代复古思潮对于音乐文化的影响。在外来音乐文化和传统音乐文化激烈碰撞的今天，如何处理传统音乐文化与现代音乐文化、西方音乐文化之间的平衡关系，如何更好地保护和传承传统音乐文化已成为必须直面的问题。这就使我们必须在保护和传承传统音乐文化的同时，积极吸收外来音乐文化的有利因素。在维护传统音乐精神实质的前提下，将外来音乐文化收为己用，才能使我国传统音乐文化得到更好的继承和发展。同时，在当代音乐教育的改革和发展中，此项研究依然能够给予我们很多启示。

关键词：复古思潮；古文运动；古琴音乐；儒家思想

冯文慈古代乐律学研究成果之研究

作者：郝　帅（2011级硕士研究生）

导师： 王　军

摘要： 冯文慈是我国当代著名乐律学家、音乐史学家、音乐教育家。他在中国古代音乐史、乐律学、音乐文献、史学方法论等方面，均做出了令学界瞩目的成就。限于篇幅，本文仅就他古代乐律学成果、研究方法及教育思想，作为硕士学位论文的研究对象进行研究。

冯文慈对古代乐律学的研究，是以传统的文献工作为基础，以史学思维为方法；以广博的文史知识为依托，以多元辩证的研究方法为手段；以严谨的态度为标准，以开创性的成果为特征的一种学术研究。在他的古代乐律学成果中，清晰地映射出中国传统学术思想和当代学术思潮共同作用的印记。任何学术工作都可能存在不足，冯文慈的古代乐律学研究也不例外，可能存在这样或那样的疏忽，但他的研究成果及其给中国乐律学所做的贡献无疑是主要的，他对乐律学、音乐文献学，乃至音乐史学的未来发展，必将产生积极而深远的影响。

关键词： 史学思维；传统；开创；多元辩证

《旧唐书・音乐志》与《新唐书・礼乐志》比较研究

作者： 张百合(2011 级硕士研究生)

导师： 刘　勇

摘要： “乐志”(或“音乐志”“礼乐志”)是记载一个朝代音乐历史沿革的文本。正史中编纂“乐志”自《史记》《汉书》始，一直延续至清代的《清史稿》。本文以《旧唐书・音乐志》和《新唐书・礼乐志》为研究对象，运用比较和考据的研究方法，结合两唐书成书背景，从乐义、乐史、乐律、乐部、乐器和乐章 6 个部分，对《旧唐书・音乐志》和《新唐书・礼乐志》进行了比较研究。

从两唐书“乐志”的成书背景谈起。《旧唐书》修成于后晋开运二年(公元 945 年)，修撰过程中秉承“按于旧章”的史学思想。《新唐书》修成于北宋嘉祐五年(公元 1060 年)，修撰过程中秉承的是“制度之要，则在礼乐”的史学思想。由于不同的编纂思想，《旧唐书・音乐志》和《新唐书・礼乐志》在文本结构上也有所不同。

两唐书“乐志”文本比较的研究。本文分别从乐义、乐史、乐律、乐部、乐器和乐章 6 个方面对两唐书“乐志”进行了比较研究。由于受编纂思想等方面的影响，《旧唐书・音乐志》和《新唐书・礼乐志》在载录内容和编纂重点等方面有所不同，对史实的记述详略有所差异，甚至有正误之别。这些差异和正误，必会影响到部分音乐史实的真实性。本文对这些差异作了比较，辨析其正误，力图还相关史实以真相。

关键词：《旧唐书・音乐志》；《新唐书・礼乐志》；比较

论音乐考古学学科基础理论的建设

作者： 曹晓卿(2010 级硕士研究生)

导师： 王子初

摘要： 音乐考古学在中国有着深厚的文化底蕴，成果举世瞩目，近代意义上的音乐考古学学科大致成立于 20 世纪 80 年代。从宋代的“金石学”传统，到近代刘半农对学科形成所做的奠基工作，再到当代李纯一、王子初、方建军等学科带头人在基础理论工作方面的探讨，本门学科取得了丰硕的研究成果。但在学科成立伊始就争议不断，音乐能“考古”吗？音乐考古学作为一门学科能否成立？这也是本学科能够不断前进的动力所在。

本文主要从学科基础建设中最基本的“学科定义”一环入手，从研究对象、研究目的及研究方法出发，对中国音乐考古学的定位、定义的研究现状做梳理，并对学科发展过程中出现的误区进行澄清解释。同时，面对国内西方音乐考古学研究资源缺乏的现象，笔者将国际著名音乐考古学家 Richardo Edichmann、Arnd Adje Both 的与学科定义相关的文章加以综合呈现，并试图找出中西方在音乐考古学学科发展中的区别与联系。最后，笔者将音乐考古学置于学科发展的大背景之中，并对 21 世纪音乐考古学的走向做了展望，旨在更好地服务于本学科建设。

关键词： 音乐考古学；基础理论建设；研究对象；研究目的；学科展望

徐养原《管色考》点校与研究

作者： 陆晓彤（2010 级硕士研究生）

导师： 刘　勇

摘要： 徐养原之《管色考》是清代论乐专著中“以笛立论”的代表性书目。徐养原围绕“管色字谱”展开论述，全书征引自宋至清各类古籍共计 20 余部，并分门别类将其归于缘起、管制、谱法、旋宫、银字中管、杀声用声、辨异、笛制、考误等 9 个标题之下，杂以著者的评论与注释并汇集成书。与古代音乐史的其他分支学科不同，对于中国古代乐学的研究，除同样重视文献考证外，还需要严密、清晰的逻辑支撑。《管色考》全书专注于“管色”一词，以管乐器演奏实践为基础，所探讨的核心问题是自北宋至清字、律、音、孔之间的对应关系及发展演变。徐养原于书中虽多沿旧说，然并非简单复述或曲意逢迎，而是通过对旧说的批判研究，审慎地提出自己的看法。这种治学方法体现了清朝学术以考据见长的特色与学者坚实的文献功底。《管色考》是同时期音乐专著中，一本纯粹在管乐器上讨论乐学问题的“务实书”。

本文旨在点校古籍，同时结合笔者自身所学理论知识以及前人的研究成果，对书中涉及的乐学问题进行阐释。本文分为绪论、正文（共两章内容）及结论三部分。第一章对《管色考》每节涉及的具体乐学问题进行分析梳理，并在此基础上探讨徐养原的乐律学研究方法与贡献。第二章对《管色考》全书进行点校，力求为学界提供一个尽可能准确的《管色考》点校本。

关键词：《管色考》；筚篥；谱字

中国古代琵琶形制与演奏方式的演变及其历史特征

作者： 陈岸汀（2009 级硕士研究生）

导师：修海林

摘要：本文对我国古代琵琶形制与演奏方式的演变及其历史特征进行研究。本文的研究是在前人研究的基础上作进一步的深入和展开。第一章对我国古代多种琵琶形制的演变、发展和历史特征进行研究，文中总结出历史上的五弦琵琶具有 3 种主要的形制类别。第二章对历史上的琵琶演奏姿势及其演变的历史特征进行探讨，研究内容主要包括琵琶抱持姿势的特征及变化、执拨与指弹的演奏方式两个部分。第三章，基于对琵琶史文献资料的研究和解读，根据历史文献中有关琵琶形制与演奏的描写和术语，分析文献记载与历史上琵琶演奏实践之间的关系。本文梳理文献记载对不同形制的琵琶、同类琵琶中不同的乐器部位、所用材质等方面的描写用语，尤其以唐代文献为重点，根据对槽、捍拨、弦 3 个方面的文献记载，论述唐制四弦曲项琵琶的典型特征。

本文还总结了史料记载中惯用的“鼓、弹、搊、弄、奏”这 5 个琵琶演奏术语，研究这 5 个术语与琵琶演奏的关系；分析这些术语在对琵琶演奏动作的描述中，其含义既有相同之处，又各有特点，从中揭示历史上琵琶形制与演奏方式之间的内在联系。

关键词：琵琶形制；演奏方式；抱持姿势；圆形共鸣箱-长柄琴体类；梨形琴体类；西域琵琶；汉式琵琶；五弦琵琶 3 种类型；横抱；竖抱；“鼓、弹、搊、弄、奏”

《汉书 · 礼乐志》“史学文献本体论”研究

作者：聂麟枭(2009 级硕士研究生)

导师：赵为民

摘要：本文的研究对象是《汉书 · 礼乐志》，与通常的研究不同的是，本文采取的是一种崭新的史学研究理念——“史学文献本体论”。这种研究理念引入了“文本细读”与“历史叙述学”的研究方法与思路，因此本文在第一章中对其进行了论述。

第一章从“本体论”角度梳理了史学研究范式，提出了“史学文献本体论”研究范式，论述了中国古代音乐史学的“正史乐志本体论”研究，选取了《汉书？礼乐志》作为“研究本体”，引入了两种“史学文献本体论”的研究方法：提出问题的“文本细读”与阐释问题的“历史叙述学”。第二章把《汉书？礼乐志》分成了“礼乐部分”“礼部分”“乐部分”“‘今’部分”，并分别进行了“文本细读”，提出了一系列问题，比较重要的为关于“古乐系统”“雅乐”“宗庙乐”“乐府”“郊祀乐”等的问题。第三章运用历史叙述学的思路对这些问题进行了阐释。

关键词：“文本细读”；“历史叙述学”；“古乐系统”；“雅乐”；“宗庙乐”；“乐府”；“郊祀乐”

昆曲“叶派唱口”的历史传承及传谱唱腔特点研究
——以《牡丹亭 · 游园》(皂罗袍)为例

作者：祝　薇(2009 级硕士研究生)

导师：修海林

摘要：昆曲作为我国最古老的戏剧遗产之一，至今已有约六百年的历史。苏州为昆曲表演的重镇，其中叶堂一派作为昆曲传承中的重要流派被尊为“叶派唱口”。该流派的传承自清代叶堂始，历经七代传人，一直延续至今。本文试图通过对叶堂一派七代传人和四代传谱的传承关系进行梳理，进而探寻叶堂一派传人、传谱的特征以及“叶派唱口”的唱腔特点。

本文分三章展开论述。第一章首先对叶堂一派的七代传人分别进行介绍并梳理其传承关系，总结由清曲家向着清曲家与剧曲家并存的方向发展的过程中，其流派的传承特点是直系传承与多脉系传承并存。第二章主要对叶派传人的4份传谱进行介绍，进而总结出叶堂一派4份乐谱的特征。第三章作为本文的重点，以昆曲的代表性段落——《牡丹亭·游园》（皂罗袍）——为例进行个案分析，对这一经典唱腔段落在4份不同曲谱上的呈现加以对比，并逐音逐句对每一句唱腔的行腔特点进行细致的对比、分析，最终证明，在“叶派唱口”约两百年的传承中，不同的传人之间不仅存在着传谱之间的传承关系，还存在着唱腔上具有共性的活态传承关系；“叶派唱口”的不同传谱，反映了其传人在演唱实践中所形成的新经验。

关键词：昆曲；“叶派唱口”；纳书楹曲谱；传承特征

“乐”，如何成为“德之华”——从《诗经》中记录的礼乐活动看“乐”之核心价值观的艺术化呈现

作者：范梦婕（2008级硕士研究生）

导师：修海林

摘要：本文通过对《诗经》记录的礼乐活动及其“德”的内容的系统阐述、分析、归纳、提炼和总结，指出所谓“乐者，德之华也”，是就具有道德教化象征意义的“乐”及其核心价值观（德）在诸种礼乐活动中的实现而言，并通过“乐”的呈现来展示适应社会发展所需要的美德。

本文认为，自西周至春秋，各种礼乐活动中呈现的不同的“德”，构成了中国早期礼乐文化体系的核心价值观。在不同的礼乐活动中，“德”的内涵有其具体的内容。礼乐的实践渗透在社会、政治、人伦、家庭生活的不同层面。在礼乐文化的创设者和实践者的心目中，礼乐教化的实践及其目的是要使统治阶层成员从道德不自觉的国人成长为道德自觉的国人。正是通过渗透在各类社会生活中的礼乐实践，以及从国学到乡学皆有实施的礼乐教育，“郁郁乎文”的礼乐文明才几乎成为西周至春秋贵族阶层以及一些士阶层成员接受过的人文精神。其“德”的内容才成为身处礼乐文化中许多社会成员给予认同的核心价值观。这一核心价值观也构成了后世儒家文化思想的土壤和基石。

关键词：“乐者，德之华也”；《诗经》；礼乐；德；核心价值观

筒状无指板胡琴类拉弦乐器的历史考查研究

作者：金　慧（2008级硕士研究生）

导师：修海林

摘要：本文主要以筒状无指板胡琴类拉弦乐器的历史发展及其传承系统不同特点的形成为研究对象。“无指板-弦悬空”结构演奏模式是筒状无指板胡琴的基本特征，并由此形成弦间擦奏与弦上悬空取音的独特演奏方法，使筒状无指板的琴成为我国民族传统乐器中的一个独立种类。“无指板-弦悬空”结构演奏模式基本特征的确立使筒状无指板胡琴形制来源的探析成为研究其历史发展的一个重要方面。本文针对目前筒状无指板胡琴研究领域普遍认为的“奚琴源于弦鼗”观点，从文献史料原文辨析出发，结合对史料所处历史文化背景的分析，认为“奚琴不一定来源于弦鼗”，两者只是形似的关系。基本特征的确立亦使本文能够恰当地对筒状无指板胡琴的历史发展状态做出判定，本文认为，唐宋时期的奚琴已经是成熟的筒状无指板胡琴形态，而非一般认为的仅仅是此类乐器的雏形。

筒状无指板胡琴在我国历史的发展中形成了两种不同的传承之路。一种是在我国中原文化中的发展中，融合了北方草原文化的特点，形成了以“胡”字作为乐器名称词根命名的传承系统；另一种是南宋以来在我国福建南音中形成的，以“二弦”命名的传承系统。这些传承系统反映了不同的时代、地域和文化的特点，以及筒状无指板胡琴在我国历史中的多元化发展。

关键词：拉弦乐器；筒状无指板胡琴类；“无指板-弦悬空”；奚琴；二弦

秦汉道家律学思想的“四维”特征——以《吕氏春秋》《淮南子》为对象

作者：宋克宾(2008 级硕士研究生)

导师：修海林

摘要：本文通过对《吕氏春秋》《淮南子》律学史料的分析和研究，认识秦汉道家律学思想的内在结构及思想特征。本文通过对《吕氏春秋》《淮南子》律学史料内容的分析，指出其史料内容基本包括 4 个方面：对“律”的来源、发生的认识；对音律标准、“律”与度量衡等尺度关系的认识；对律数计算、生律法则及相关问题的认识；对律历相配行为下相关律学问题的认识。在此基础上，本文借鉴了前人对中国律学理论结构的认识成果，提出秦汉道家的律学思想具有“律源、律度、律数、律历”4 个维度，界定此“四维”的概念，并从学理层面对律学维度进行剖析。本文在此“四维”认识的框架下，对《吕氏春秋》《淮南子》的律学思想特征分门别类地进行分析，指出以《吕氏春秋》《淮南子》为代表的秦汉道家律学思想所具有的 4 个维度，是一种内在的思维结构，其相互关系是互为前提、密不可分的。本文把秦汉道家律学思想的“四维”特征表达为“律源自然”“律度适度”“律数趋匀”“律历合一”；同时认为这“四维”特征的理论基础都可以追溯到“自然”，因而将秦汉道家律学思维的本质特征表达为“律依自然”。

关键词：律学；秦汉道家；《吕氏春秋》；《淮南子》；“四维”特征；律源；律度；律数；律历

鲜活的记述:从汉赋看汉代的音乐生活

作者: 王正君(2008级硕士研究生)

导师: 修海林

摘要: 汉赋作为文学体裁,代表了汉代文学创作的最高成就。而作为汉代人记录或描绘汉代时事的资料,它又具备了一切后世文献所无法替代的史料价值。不同于一般文献对音乐体裁或曲目的生涩罗列,汉赋通过文学性描述将汉代音乐鲜活地融入其原本的土壤之中,生动地反映了汉代人生活中的音乐活动。

本文对汉赋中的音乐资料进行了全面的整理与分类,并将各种资料放于不同的活动方式与音乐体裁中进行研究,在此基础上,结合其他文献、考古资料进行了比证研究。首先,本文对祭祀、朝贺、射礼、校猎、宴会、游玩等音乐活动方式进行论述,论证了不同音乐活动方式中的音乐体裁、用乐规模、参与人员情况及特点。其次,本文结合汉画像石、砖及其他文物资料对汉赋所反映的歌舞、百戏、器乐体裁进行梳理研究,总结这些艺术门类在汉代人生活中的应用情况。最后,本文总结归纳汉赋中所体现出的汉代音乐文化的特点与内涵。

关键词: 汉赋;活动方式;歌舞;百戏;器乐;文化特征

《琴苑要录》斫琴文献探赜

作者: 隋　郁(2007级硕士研究生)

导师: 吴文光

摘要: 《琴苑要录》是汇集了宋代斫琴文献的明人抄本,其中所保存的唐代斫琴名家雷震、张越之琴的实际尺寸记录,以及关于唐、宋斫琴法的比对性文献,是研究唐代、宋代这两个琴文化发展重要时期的必由之路。笔者以对《琴苑要录》中收录的《琴书》《碧落子斫琴法》两篇所做的文献整理工作为基础,一方面采用表格与图像相结合的方式,将有关唐、宋琴制的数据进行梳理,并与存世唐琴、宋琴的实际尺寸进行对照;另一方面,通过将《琴苑要录》斫琴文献与《琴书大全·杨祖云琴制》所载数据进行互校,引发了对"周天之数是合琴之隐间还是通长"等问题的探讨,并在将不同文献进行对比的同时,针对文献中的某些数据所存在的有待商榷之处展开讨论。笔者从乐器制作视角出发,依据中国历代乐器尺度发展的变化趋势,对历代琴度中尚存的疑点进行分析与推测,并对"唐圆宋扁"这一古琴在不同时代所呈现出的外形特点加以剖析,其中所涉及的有关其声学原理的分析还有待进一步深入。

关键词: 尺度;雷震;张越;石汝砺;周天之数;"唐圆宋扁"

近代以来燕乐二十八调研究模式之初探

作者： 严　薇(2003级硕士研究生)
导师： 吴文光

摘要： 燕乐二十八调是中国古代音乐史学科，尤其是乐律学领域的一个重要课题，长期以来，它一直受到学者的关注。由于古代文献的缺失散佚，关于燕乐的记载很少，而且大多语焉不详，给燕乐的研究造成了很大困难。但这并没有阻挡学者研究燕乐的热情。近代以来，越来越多的音乐学，尤其是古代史、专业史的学者把精力投入这个领域，研究古文献中燕乐的相关记载，试图解开燕乐之谜，于是，形成了自己的燕乐模式。本文便是对这些模式的一次梳理。

本文共分4个部分。第一章介绍和摘录了部分记载燕乐理论的古代文献。第二章列举了近现代以及当代8位比较有代表性的学者的燕乐模式。第三章是对这些模式的分析研究：首先笔者把统一的黄钟高度代入第二章的8种模式，将其归纳为5种类型后进行对比，接着对部分现存的宋代以及后世流传下来的曲调进行分析。本文的结论部分对近现代及当代学者的研究做了一个总体的评述，并对第三章各种模式对比分析的结果做了一个总结。

关键词： 燕乐二十八调；雅乐音阶；燕乐音阶

清代《松风阁琴谱》琴歌研究

作者： 姚　岚(2002级硕士研究生)
导师： 吴文光

摘要：《松风阁琴谱》(1677年)是清代留存至今的重要的古琴谱集，谱内收入了该谱编纂者程雄创作的大量琴歌，这对研究清代琴歌艺术风格特点及其历史发展脉络极具意义。但是由于种种原因，至今关于《松风阁琴谱》的研究极为少见，目前只有吴文光先生已完成所有琴歌的打谱工作。本文在此基础上，以清代《松风阁琴谱》作为切入点，以琴谱内大量琴歌作为研究对象，展开一系列史料考证及音乐本体的研究工作。首先，本文在总结琴歌历史与现状后，说明了《松风阁琴谱》的文化背景及特点，并通过查找史料，证实了词作者多是当时的社会名流，并由此推测出曲作者程雄大致的出生年代。而后，本文从音乐本体形态来分析程雄音乐的创作观念及创作特点，在与《新定九宫大成南北词宫谱》的比较中体现程雄的曲牌调性体系特征；在横向与同时代《东皋琴谱》琴歌的对比及纵向与《白石道人歌曲》的比较中体现《松风阁琴谱》这一典型的文人琴歌作品的音乐特点，从而为进一步研究琴歌音乐风格及其沿袭与发展提供了理论基础。

关键词： 琴歌；程雄；曲牌；调性体系；歌词；旋律；音乐特点

楚商调琴曲研究

作者：杨春薇(1996级硕士研究生)

导师：吴文光

摘要：楚国曾是我国古代历时最久的政权之一。古老的楚地音乐也以它独特的魅力区别于当时的中原文化，深深地吸引着古代音乐史的研究者对其进行探索、整理，这对于填补中国古代音乐史的一些空白，具有十分重要的意义。“楚商”一词最早来自古琴音乐，也是我们在研究楚地音乐时遇到的一个非常关键的问题。老一辈音乐研究者如黄翔鹏先生、吴钊先生、夏野先生也曾在这一问题上做过深入的探讨，这些前人的研究和论述，对于笔者对“楚商”这一课题的讨论及写作，提供了许多思路和帮助。

“楚商”，因为它最早得知于七弦琴音乐之中，所以，笔者认为我们还是应该回到琴曲中去找寻所谓“‘楚商’是什么”的答案。以往老一辈的研究者对“楚商”这一课题的研究大多集中在琴乐的律学和调式的研究上。本文则拟从最早记载“楚商调”诸琴曲的明代《神奇秘谱》《浙音释字》《西麓堂琴统》等琴谱入手，并参考其他版本的琴谱，结合历代的文献记载和今天流行在民间的歌曲，对这些琴曲本身进行音乐形态学、史学等方面的初步探讨和研究。同时，将它们与今天仍在流传的民间音乐中的一些现象进行比较研究，试图揭示在同文化下不同时代的不同音乐形式之间的异同。

关键词：“楚商”；楚商调；古琴音乐；琴曲

中国正史中的中朝音乐文化交流史料研究

作者：林大雄(1993级硕士研究生)

导师：冯文慈

摘要：古代中国和东邻国家朝鲜在文化交流方面有着悠久和密不可分的历史渊源。在中国许多的历史典籍中，记载着中朝文化交流的丰富内容，其中包括音乐文化交流方面的内容。本文拟通过辑录和研究中国正史中的有关朝鲜音乐文化的史料，为研究中朝音乐文化交流提供参考。

在中国正史群书中，有关朝鲜音乐的直接史料大多记载于“东夷列传”“四夷列传”“乐书”“礼乐志”和“音乐志”中。笔者通过对正史中不同时期中朝音乐文化交流史料的研究和了解，将其分为“先秦至南北朝时期”与“隋唐至明清时期”两部分。笔者认为，中国正史中关于朝鲜音乐状况以及中朝音乐文化交流的记载随不同朝代史书的发展而裨补阙漏，有一部分成为世代沿袭的传统史料；还有一部分是反映当时朝鲜音乐风貌的新史料，其内容在反映朝鲜祭祀音乐、宴享音乐和宗教音乐风俗的同时，涉及具体的乐器和乐舞的名称以及配置特点等。开启中朝文化交流先声的历史人物是箕子，关于他的事迹始终贯穿在中国正史中，从而形成了史不绝书的传统史料。

关键词: 中国正史;朝鲜音乐;音乐文化交流

《吕氏春秋》论乐思想及音乐史学价值研究

作者: 王　军(1993 级硕士研究生)

导师: 冯文慈

摘要: 本文的研究主要立足于《吕氏春秋》论乐的文章,并借助同书中其他文章之旨趣,对成书年代以及音乐思想、音乐历史的内容,在前人研究的基础之上作进一步的分析与考证,以期系统地认识《吕氏春秋》的音乐思想,正确地评价《吕氏春秋》的音乐史学价值。

本文研究的要点可归结为:①《吕氏春秋》系吕不韦为秦国制定的一部治国纲领,其成书年代应当是公元前 239 年;②《吕氏春秋》有自己的论乐模式,它是先秦道法自然思想的反映,有选择地沿用了四时、十二纪农业文化的思想与理论框架,淡化其神学的意识,增强其唯物的思想,在天地与乐事之间建立起"类同相召"的联系;③《吕氏春秋》承袭先秦诸家论乐思想,从音乐的产生、功能、审美等方面做了一定程度的贯彻,重在强调人事自然,注重养生,以求得人生、政治、社会之间的理性平衡;④《吕氏春秋》系统地记述了古代乐器行用的时代、乐舞产生的脉络以及四方之乐的由来。其中关于音乐历史的记载合理可信,具有重要的音乐史学价值。其蕴含着丰富的社会历史,同时又有着潜在的一般史学和文化价值。

关键词:《吕氏春秋》;论乐思想;史学价值

朱载堉异径管律的测音研究

作者: 刘　勇(1988 级硕士研究生)

导师: 冯文慈

摘要: 朱载堉发明的新法密率,有弦上和管上之分,分别形成十二平均弦律和十二平均管律。其弦律的正确性早已获得律学界的公认,但人们对朱氏管律的正确性却持不同的看法。比利时音响学家 Victor Nahillon 于 1890 年经过制管实验,认为朱氏管律是正确的;我国律学家杨荫浏先生认为"朱氏之律,尚有细微之误差。相邻二律间相隔音程,都略小了一点",并对朱氏管律提出了修正方案;"中国文化大学"的庄本立先生于 1956 年曾制玻璃律管进行研究,认为朱氏管律与现行十二平均律稍有出入,并进行了修正;当代学者戴念祖、陈正生、陈权芳等也对朱氏管律进行了研究,其结果是戴念祖、陈正生认为朱氏管律正确,陈权芳则反之。

以上不同结果是由不同的检验方法所致。虽然在理论上方法可有多种,但最可靠的还应是严格按照朱氏要求复制律管所取得的测音数据。笔者在充分研究与比较前人研究成果的前提下,在各方的支持与帮助下,依朱氏管律原著复原、制作了部分律管,并对其进行了测音研究,以求对这一历史悬案的解决做出一点贡献。

关键词: 朱载堉;新法密率;异径管律;测音研究

陈旸《乐书》研究

作者：苗建华（1993级硕士研究生）

导师：冯文慈

摘要：陈旸的《乐书》成书于北宋后期，是我国音乐史上最早的大型音乐理论专著，也是对北宋以前音乐理论的一次历史性总结，是中国古代历史上一部非常重要的文献著作。但对《乐书》的研究状况却不尽如人意，除王世襄先生曾写过《宋陈旸〈乐书〉——我国第一部音乐百科全书》一文外，尚无人对《乐书》作较为系统的研究。笔者选取陈旸《乐书》作为硕士学位论文的研究对象，正是要弥补此项缺憾，以期促进对《乐书》进行更深入的探讨，使它在中国古代音乐史的研究中发挥应有的作用。

本文主要内容共分3个部分：第一部分论述了《乐书》的成书年代与性质；第二部分对《乐书》中所体现的陈旸的音乐思想加以总结与概括，重点讨论了陈旸"废二变、四清"的乐学理论；第三部分探讨了《乐书》的历史价值。笔者认为：①《乐书》是一部音乐理论专著，不是类书却深受类书影响；②陈旸音乐思想是儒道合一的产物，其"废二变、四清"的主张对后世乐学的发展起了消极的影响；③《乐书》首创我国大型音乐专著之体例，其内容翔实，至今仍具有极高的史料价值；但同时，《乐书》也有其历史局限性，如在音乐分类上不够严谨，未记录乐谱等，是为遗憾之处。

关键词：陈旸；《乐书》；历史价值

周代宫廷雅乐面貌及观念的历史研究

作者：李方元（1987级硕士研究生）

导师：冯文慈

摘要：本文通过对《周礼》《仪礼》《论语》等雅乐史料的统计、分析，着重从制度化特征、观念内涵、历史渊源及成因等多方面对周代宫廷雅乐进行了广泛的考查，并试图揭示周代宫廷雅乐面貌的历史形态。

首先，本文指出周代宫廷雅乐是礼乐制度的产物，深受制度化影响。雅乐活动是行礼的重要内容，并成为礼仪性活动的组成部分；雅乐呈现出"乡乐""诗乐"这"二元"的音乐现象，对宫廷音乐格局的形成产生极大影响。其次，周代宫廷雅乐产生的音乐实践基础是乐舞与"音"。两者在先周已经形成两条并行独立发展的线索。"乐舞"的产生与原始氏族的生存需要有关；"音"更多是人们在日常生活中的情绪、情感的表露，主要为非宗教的性质。再次，本文分析了春秋时期"礼崩乐坏"的4个方面的表现：①用乐规模的等级规定之乱；②用乐场合之乱；③乐官奔散之乱；④雅郑之乱。最后，笔者指出：周代宫廷雅乐的出现，是我国古代音乐发展中的进步现象，是一次历史性的总结，它在历史进程中的作用及意义是其他音乐无法取代的。今人对待周代宫廷雅乐应该采取历史主义的态度。

关键词：周代；宫廷雅乐；历史形态；历史研究

中国近现代音乐史专业

20世纪上半叶中国音乐社团概论

作者：戴俊超（2007级博士研究生）

导师：张静蔚

摘要：本文以20世纪上半叶“中国音乐社团”为研究对象，旨在通过分析相关史料，从社团活动的侧面来了解、透视中国近现代音乐走向现代化的过程及特点。本论文的指导思想是将音乐社团发展史归入20世纪中国社会变迁和中西音乐文化冲突融合的大背景之下作一个整体观察。在研究方法上，本论文重在对史料的搜集与整理，对于建立在史料分析基础之上的必要评价，也是力求“以史带论”。本文除绪论与结语部分外，正文共8章，可分为3个部分。本文的第一部分为前三章：“第一章 步履维艰的说唱音乐班社”“第二章 凝练国粹的戏曲社团”与“第三章 移步换形的传统器乐社团”主要讨论中国传统班社在中西音乐文化融合的大背景之下的进展情况。第二部分为第四章和第五章，第四章以西乐东渐为特征的新音乐社团为研究对象，第五章以在此间与音乐教育密切相关的音乐社团作为研究对象。第三部分为“第六章 与意识形态相关的音乐社团”“第七章 文化团体中的音乐组织”“第八章 侨民音乐社团”。本文的结语部分是对全文基本内容的概括，旨在对此间音乐社团的历史、文化特征与流变过程做一全面总结与归纳。

关键词：音乐社团；传统音乐；新音乐；音乐教育

西方理性主义规约下的“新潮音乐”研究重论

作者：王福鸿（2012级硕士研究生）

导师：余　峰

摘要：20世纪80年代，首先进入当代文化视野中的“音乐事象”便是“新潮音乐”。除去听觉上的刺激与冲动，还有另一个重要的方面就是当“新潮音乐”在当代音乐理论家的作用下成为“思潮”之时，在器物、思想层面因“价值观念”的冲击所引发的学术冲动。本文以文献史料为基础，通过对有关“新潮音乐”文献的研读，运用史学、社会学、文化解释学等相关方法，以史实为基础，以“理性主义”方法视之，尝试对“新潮音乐”思潮行进中“工具理性”判断与“价值理性”体悟的行为理念做当代的新释与反思。

本文第一章为“新潮音乐”思潮释义及其现有释义的“工具理性”观照，包括“新潮音乐”思潮释义、“新潮音乐”思潮现有释义的“工具理性”观照两节。第二章为“新潮音乐”思潮“理性主义”释义，包括“新潮音乐”思潮“工具理性”“假释”之文献观照、“新潮音乐”思潮“价值理性”之文献体悟两节。第三章为“新潮音乐”思潮之“理性主义”“辩证”思维与当下行为反思，主要包括“新潮音乐”思潮之“理性主义”辩证观、“新潮音乐”思潮之当下行为的反思。通过“新潮音乐”思潮理性主义讨论，笔者从自身的角度尝试对“新潮音乐”、“新潮音乐”思潮以及当下行为反思进行解读，以达到本文的研究目的及意义。

关键词：“新潮音乐”思潮；理性主义；“工具理性”；“价值理性”；辩证观；行为

《东方杂志》音乐史料述评

作者：邓　颖（2011 级硕士研究生）

导师：张静蔚

摘要：鸦片战争以来，随着外来势力的影响与冲击，近代中国开始突破传统的封闭格局，逐渐走向现代化，报纸杂志成为这一时期最重要的文化传播媒介，对当时的文化发展产生了深远影响。近代中国的音乐文化也发生了巨大变化，新的音乐知识与思潮通过报纸杂志这一有力的传媒工具进行传播，其记录着近代中国音乐文化的变化与发展。《东方杂志》办刊 45 年，是中国近代史上办刊时间最长、影响最为深远的杂志，其中不乏许多音乐方面的文论。笔者共搜集到 150 余篇、约 80 万字的音乐史料。本文以历史唯物主义为指导，运用历史学的文献分析法，结合各学科的相关理论体系，对《东方杂志》相关音乐史料进行分类研究。本文共分 3 个部分，第一部分对《东方杂志》及其音乐史料进行总体概述；第二部分将史料分为“西方音乐的译介与传播”“中国传统音乐的研究”“中国近现代音乐发展的探讨与争鸣”三部分进行评述；第三部分为结论部分，总结《东方杂志》音乐史料特点及其对中国近代音乐文化的影响。

关键词：《东方杂志》；音乐史料；中国近现代音乐

《音乐杂志》的“现代性”研究

作者：景锐南（2011 级硕士研究生）

导师：余　峰

摘要：北京大学音乐研究会会刊《音乐杂志》是中国近代音乐史上重要的期刊，在五四新文化运动的推动下，为音乐期刊的创写实践开启了新的征程。本文以史料为基础，通过“现代性”理论视角，理解历史、探寻历史、重释历史，试图在历史的生成中找到一些客观规律。

本文分为 3 个部分，第一章为《音乐杂志》文本研究，主要从刊物的历史背景、内容梳理与分类、“现代性”界说等方面论述。第二章通过技术理论、制度模式、思想意识 3 个方面探讨《音乐杂志》的"现代性"。第三章为《音乐杂志》"现代性"的反思,分析其历史贡献,探寻其合理性与局限性,为当今中国音乐的发展总结出些许经验与启示。

关键词: "现代性";《音乐杂志》;西方音乐;理性

"文化大革命"十年(1966—1976年)民乐小合奏作品研究

作者: 王　琨(2010级硕士研究生)

导师: 余　峰

摘要: 民乐小合奏这一器乐体裁在"文化大革命"时期广泛存在,带有突出的"群众化"与"革命化"特点。在"音乐服从于政治"的特殊时期,该体裁成为器乐领域的一支轻骑兵,活跃在全国各地。

本文以文献史料为基础,参考前人研究的相关成果,通过对作品的分析,关注民乐小合奏在"文化大革命"时期的创作以及作品产生的时代背景,采用史学、政治学、文化解释学、统计学等方法,用客观的态度评价这一时期的民乐小合奏作品的创作思想;同时力求能跳出历史的局限,结合近现当代音乐思想的发展,分析其生成的合理性与必然性,并最终把民乐小合奏这一体裁置于历史背景下,探求它在"文化大革命"时期突显出的社会表征及历史意义。

本文共有三大部分,第一章为"文化大革命"期间民族器乐小合奏注解,包括"文化大革命"音乐理论概括、"文化大革命"期间民族器乐小合奏的生成背景、"文化大革命"期间民族器乐小合奏类型及流行分布状况3节;第二章从"文化大革命"前期与"文革"后期两个时间段对民乐小合奏作品进行客观、学理的分析;第三章分别从"大众美学""政治意识形态""人性无奈"3个方面对"文化大革命"十年民乐小合奏进行进一步的理论探讨,以达到撰写本文的目的。

关键词: "文化大革命";民乐小合奏;政治意识形态;革命化;群众化

施万春音乐创作思想研究

作者: 黄橙橙(2009级硕士研究生)

导师: 余　峰

摘要: 施万春是中国现当代著名作曲家、音乐教育家,他在长达半个多世纪的音乐生涯中创作了大量优秀的音乐作品。笔者发现,中国近现代音乐史学界对于当代音乐文化的关注较少;同时,在整个音乐史学界,研究的焦点也偏向于文字史料的研究,对于音乐、音响文献的研究相对较少。在与导师多次的课堂交流中,并在他"每个音符下都蕴含着思想"话语的引导下,笔者将研究的焦点聚集在了施万春先生这位当代著名作曲家的身上。

本文以社会和时代为背景,以文献史料为基础,以实际音响与作品文本为依托,辅之史料论证的方法,同时,借鉴音乐学分析与文化阐释学等理论对施万春音乐创作思想进行分析研究,为已有的研究成果进行补充性研究,以对施万春进行较深入的当代阐释。本文主体部分由3章构成,第一章:对施万春的艺术历程进行概述,对他的音乐创作进行分期并对其相关历史文化背景进行探求。第二章为施万春音乐创作音本体之形下说,第二章是在分析施万春3个创作时期代表性作品的基础之上,探寻施万春音乐中所蕴藏的深层要素。第三章为施万春音乐创作思想之形上论,通过施万春这一个案的实践理念、人性诉求及音乐教育观,深入认识20世纪中叶至今中国现当代音乐发展的历史进程,以及他个人在此发展进程中所体现出的独特追求和贡献。

关键词: 施万春;音乐创作;"术"与"学";"音"与"心";"文"与"谱"

《上海口琴界》期刊研究

作者: 孙小钧(2009级硕士研究生)

导师: 余 峰

摘要: 上海是中国口琴音乐的发源地,成立于1935年的上海口琴会,是口琴音乐传播的一个重要平台,这一存在了76年的民间组织,对近现当代口琴音乐的传播与推广做出了积极的努力。该会编辑的刊物《上海口琴界》成为口琴音乐教育、口琴音乐传播、口琴交流的理论园地,从该刊物几十年间阶段性出版的历史史料中,真实地反映了中国近现当代口琴音乐的发展状况。

本文主要针对《上海口琴界》中刊载的图片、文论、曲谱进行整理、分类、研究,目的在于:从史料中探寻陈剑晨的音乐观及口琴音乐教育理念,分析上海口琴会及《上海口琴界》在近现当代社会背景下的历史功用,探究中国近代爱乐人士如何以口琴为手段传播音乐理想,如何用口琴音乐宣传爱国意志等诸多方面,解读近代口琴音乐文化形成的原因、影响及意义。

本文分为3个部分:第一章为上海口琴会及《上海口琴界》的历史寻踪与学术交代;第二章在《上海口琴界》载录史料的基础上,对中国近代口琴音乐教育探索之路、陈剑晨口琴音乐教育思想、中外口琴音乐交流、口琴家的口琴"本土化"实践进行分析研究;第三章在史料的基础上,对口琴音乐传播的历史际遇、口琴社会功用,以及城市大众口琴音乐文化等一系列口琴传播之社会观进行探讨。

关键词: 陈剑晨;上海口琴会;《上海口琴界》;口琴音乐文化

刘雪庵《〈屈原〉插曲初稿》研究

作者: 游歆睿(2007级硕士研究生)

导师: 余 峰

摘要: 作为黄自"四大弟子"之一的刘雪庵,是中国近现代音乐史上一位颇有影响力的音乐家,他为我们留下了大量的文论与优秀的音乐作品。在笔者对刘雪庵进行全面研究之时,一本未曾与世人谋面的《〈屈原〉插曲初稿》浮出尘世。为全面考查研究这部音乐作品,弄清它的来龙去脉、与话剧的配合、音乐形态等,本文从以下几个方面进行了考查。本文分为

3个部分。第一章为《〈屈原〉插曲初稿》的历史寻踪与学术交代,通过大量的史实厘清了《〈屈原〉插曲初稿》的来龙去脉。第二章为音乐与剧情相关的文化解释,从剧情的角度入手,阐释了音乐与话剧的配搭问题。第三章为《〈屈原〉插曲初稿》之音乐作品的研究。第三章是本文的重点部分,以统一的格式,从体裁、在话剧中运用的位置、歌词、结构、乐队编制等方面对6首音乐作品进行微观研究。本文以社会和时代为背景,以文献史料为基础,以实际音乐作品为依托,辅之史料论证的方法,同时,借鉴文化阐释学等理论对《〈屈原〉插曲初稿》进行分析研究,为历史中遗留的问题厘清了思路、填补了空白。

关键词: 刘雪庵;郭沫若;《屈原》话剧;插曲

应尚能音乐理论及其作品研究

作者: 曾　艳(2006级硕士研究生)

导师: 余　峰

摘要: 本文试图通过对应尚能一生的学术文本进行较为详尽的梳理,在其完整的文献基础上,以音乐史学和文化解释学的方法,对其教育教学理论及其实践成果加以学理性概括和探讨。其目的在于通过对应尚能音乐行为较为全面的分析、研究,力图彰显应尚能在近现代中国音乐史上正确、积极的思想地位,并以此阐释应尚能在音乐理论研究及音乐作品创作中的创获,以求得其教学实践背后所蕴含的深刻思想。

第一章为应尚能生平简介及其乐学理论研究。第一章从应尚能的生平简介出发,总体了其一生的学术背景及生存环境,以便准确地把握其思维结构和心路历程;对应尚能归国初期在“乐理”基础知识方面所取得的实践成果进行梳理,以挖掘其在乐学理论方面所取得的历史绩效。

第二章为应尚能声乐理论研究。第二章重点探寻应尚能在声乐理论、声乐实践中所取得的成果。应尚能运用众多学科知识对人体的生理结构、发声器官的机能及其活动状态进行分析、解释,阐述声乐的发声原理和科学的训练方法,并将其应用于声乐教学实践。

第三章为应尚能音乐创作理论研究。第三章着重从其声乐创作作品的体裁进行分类,解读应尚能在音乐创作方面的理论成果。

关键词: 应尚能;“乐理”基础知识;声乐教育;教学;声乐作品;音乐思想

马思聪《欢喜组曲》音乐研究

作者: 宿　臣(2006级硕士研究生)

导师: 戴嘉枋

摘要:《欢喜组曲》是作曲家、小提琴家马思聪创作的一首管弦乐组曲。这部作品问世之初被认为是一部“形式主义”之作,并未得到认可和流传。时隔多年,机缘巧合下这部作品再次出现,使得研究这部作品成为可能。

本文以《欢喜组曲》为研究对象，对其创作背景、音乐形态、历史意义以及所包含的音乐思想进行研究和阐释。本文主要包含以下几个部分。第一章一方面介绍《欢喜组曲》创作的相关背景；另一方面则将《欢喜组曲》置于马思聪一生的创作生涯中进行观照，并得出《欢喜组曲》在其创作生涯中属特殊的"转折"位置的结论。第二章、第三章是本文的主体部分：前者对《欢喜组曲》的音乐形态进行陈述式的具体分析，并得出每一乐章的具体发展手法以及音乐形象的陈述；后者则从音乐结构、调式和声以及乐队配器等方面对《欢喜组曲》的技术特点进行总结，最终得出这部作品在技法上主要运用晚期浪漫派等的相关技法与中国音乐相结合的结论。第四章对《欢喜组曲》的意义进行阐释，主要从两方面入手，一方面将《欢喜组曲》与马思聪一生的几首典型作品进行比较；另一方面将这部作品与同时代的相关作品进行比较，最终揭示《欢喜组曲》独特的意义所在。

关键词：《欢喜组曲》；创作始末；形态分析；意义阐释

烽火中的怒吼——围绕《新华日报》窥见重庆抗战音乐

作者：丁晓燕（2005 级硕士研究生）

导师：戴嘉枋

摘要：本文通过对抗战时期重庆地区历史文化及音乐资料的收集、整理与综合分析，力求对这一时期的重庆音乐活动作出客观的历史描述，并结合对该期间音乐作品和音乐理论的分析、研究，总结其音乐活动的特点，探究其现象背后的缘由及深远的影响，最终对于这一时期重庆的音乐活动在中国近现代音乐史中的作用作出科学的历史评价。本文共分 4 章：第一章扼要追溯抗日战争、国共合作等的历史背景，对与重庆抗战文化具有直接渊源关系的抗战文化兴起的脉络进行简要的客观描述；第二章系统介绍了抗战时期重庆的社会音乐生活，并分别从歌咏组织的蓬勃兴起及音乐活动的广泛开展、国乐活动、陪都的交响乐团体及演出活动、音乐教育这 4 个方面加以概述；第三章综述抗战时期重庆的音乐创作，着重于某些代表性作曲家及作品的介绍和音乐形态分析；第四章介绍和评析当时大后方进步文化界的重要音乐理论，如有关"新音乐"的论争等情况，并提出了笔者自己的看法。本文主要运用音乐史学的研究方法，注重对原始资料的掌握和对已有研究成果的整合，最终总结出重庆抗战音乐活动的特点，以期对这一地区的整体情况作较全面的描述，对其在中国近现代音乐历史发展进程中所起的作用做出客观评价。

关键词：重庆；抗战音乐；《新华日报》

含笑挥弦飞远苑 音容德品驻人间——刘雪庵及其音乐思想研究

作者：李世军（2005 级硕士研究生）

导师：余　峰

摘要：刘雪庵是 20 世纪中国近现代著名作曲家、音乐理论家、教育家，他为我们留下了大量的文论与优秀的作品。本文将以社会时代为背景,以文献史料为基础,采用从文本入手、辅之以史料论证的方法,借鉴文化阐释学的方法对刘雪庵的人生轨迹与音乐思想进行分析研究,并对他的两首颇受争议的歌曲进行清理与考证,进而揭示出他对人生、社会及其音乐的态度。

本文分为4个部分。第一章为历史动荡下的刘雪庵,通过大量的史实,对刘雪庵的人生经历与遭遇作了客观的描述。第二章为笃守信仰、勇于探索的刘雪庵,通过对刘雪庵的文本的分析与研究,勾画出他的音乐思想。第三章为“何曲”“谣颂”乐中沉浮的刘雪庵,通过对史料的梳理,对《何日君再来》《长城谣》这两首歌在历史上遗留的问题进行理性的考查与研究。最后一部分是结论,刘雪庵之所以在音乐理论与实践领域做出了突出贡献,除了外界的原因外,究其内因,他思想精神范畴的音乐思想也在发挥着巨大的指导作用。即使用当代人的眼光来看,其对音乐实践也存在着借鉴意义。“要使历史学走上科学的阶梯,必须使方法与史料合而为一。即用科学方法,进行史料之搜集、整理与批判;又用史料,进行对科学方法之衡量与考验。”

关键词: 刘雪庵;人生;音乐思想;历史考查

乐声随战鼓——1937—1945年晋察冀抗日根据地音乐研究

作者: 沈　洋(2005级硕士研究生)

导师: 戴嘉枋

摘要: 本文隶属中国近现代音乐史研究领域,研究对象为1937—1945年晋察冀抗日根据地的音乐。

本文包括4个部分。第一部分为晋察冀抗日根据地文艺的兴起和发展,本部分依据抗日战争的进程和边区形势的变化,将晋察冀抗日根据地的历史分为4个时期进行背景描述,按阶段就边区的各项文艺政策和文艺面貌进行宏观概括。第二部分为晋察冀抗日根据地的社会音乐生活,从社团建设和音乐教育的角度出发,展现了晋察冀抗日根据地部队与地方、专业与业余、普及与提高、理论与实践诸种因素相结合的多方位社会音乐生活。第三部分为晋察冀抗日根据地的音乐创作,按照歌剧及歌曲创作分述,从体裁与风格方面进行分类,对较有影响的作品进行详细介绍和音乐形态分析。第四部分为总结,以音乐史学的视角,分别从宏观和微观的层面梳理晋察冀抗日根据地音乐发展的性质及特点。

关键词: 晋察冀抗日根据地;音乐;特点

“革命交响音乐”《智取威虎山》音乐研究

作者: 秦　萌(2004级硕士研究生)

导师: 戴嘉枋

摘要: “革命交响音乐”《智取威虎山》是以同名现代京剧的唱腔、曲调为基础,由上海交响乐团进行再创作并演出的。这部从 1967 年开始改编创作并演出，到 1974 年定为“样板戏”，历时近 8 年的作品，沿袭了“革命交响音乐”《沙家浜》的命名模式，实际上也是一部清唱剧。与“革命交响音乐”《沙家浜》一样，清唱剧《智取威虎山》通过将中国戏曲音乐和西方多声创作技法相结合，为发展具有民族特色的大型音乐体裁进行了有益的探索。尽管受到“革命交响音乐”《沙家浜》创作模式的影响，但由于这部作品在合唱上颇具匠心的创新应用，因此在总体上还是显示了自己的艺术特色。本文旨在从音乐史学的角度对这部作品的创作演出过程、音乐分析、与清唱剧《沙家浜》和同名京剧的比较 3 个方面进行探讨。

关键词：“革命交响音乐”；《智取威虎山》；音乐分析；影响

花亦犹香曲亦犹芳——陈歌辛及其流行歌曲创作初探

作者：孙小棉（2004 级硕士研究生）

导师：张静蔚

摘要：本文属于中国近现代音乐史研究领域，研究人物为中国早期流行歌曲的主要创作者陈歌辛。陈歌辛一生中共创作了 200 多首歌曲，被誉为“歌仙”、中国的“杜那耶夫斯基”。由于历史原因，目前对陈歌辛歌曲创作的研究相对欠缺。本文通过对陈歌辛生平与艺术创作相关史料的挖掘与整理，梳理出陈歌辛一生的音乐活动及其音乐思想，分析其歌曲创作的艺术特征并做出评价，最终尝试对特殊环境下的流行歌曲及其创作群体进行定位。

本文共分为 3 个部分，第一部分为陈歌辛生平及音乐创作活动概述，对陈歌辛的生平及音乐活动做出有依据的介绍和梳理；第二部分为陈歌辛的流行歌曲创作之析，介绍陈歌辛流行歌曲创作的时代背景，对这些作品的内容与旋律风格等方面进行分类介绍，总结陈歌辛流行歌曲的创作特征；第三部分为陈歌辛流行歌曲之论，梳理了对陈歌辛及其流行歌曲的历史评论，从历史背景和流行音乐发展规律的角度出发，对陈歌辛时期的流行歌曲进行了定位，从而进一步对他的流行歌曲创作做出评价，并阐述其影响。

关键词：陈歌辛；流行歌曲；创作特征；历史定位

李凌三论

作者：潘　娜（2003 级硕士研究生）

导师：张静蔚

摘要：本文从“民族音乐”“音乐创作”以及“音乐评论”3 个方面对李凌的音乐思想进行归纳。作为当代著名的音乐活动家、音乐理论家，李凌在这 3 个方面都有着鲜明的态度和观点，这些态度和观点也折射出 20 世纪音乐发展的特点。

本文共分为四部分。第一部分为“纯种”后的革新——李凌论民族音乐，以李凌对民族音乐的态度为着眼点，主要从两个方面进行论述，一方面是李凌对待“纯种”的民族音乐的态度，另一方面则是“纯种”之后，民族音乐该走向何方？第二部分为采菊千种，“独创”馨香——李凌论音乐创作，论述了李凌对音乐创作本质的认识、对音乐创作中内容与形式的探讨以及对音乐创作中民族形式和民族化问题的分析。第三部分为虽有丝麻，无弃菅蒯——李凌论音乐评论，这一部分主要从李凌的音乐评论入手，通过对音乐评论的释义，以及对《音乐批评杂谈》一文的解读，分析了影响李凌批评的因素，总结了"李凌文体"中的评论方法，凸显了三大评论目的。第四部分为文本中的轨迹，是本文的结语。本文始于文本分析，因此所有的史料都来自李凌的个人著作。通过这些文本，将李凌的思想归结于3组关系：中西关系、古今关系和雅俗关系。这3组关系勾画出了李凌音乐思想的基本轮廓。

关键词： 李凌；民族音乐；音乐创作；音乐评论；文本研究

李凌声乐表演艺术理论研究

作者： 潘木岚(2002级硕士研究生)

导师： 张静蔚

摘要： 在我国著名的音乐理论家、评论家李凌先生留下的著作里，有关声乐表演艺术的文论是最为丰厚的。笔者通过对这部分文论的梳理，归纳出了李凌先生在声乐表演艺术上的理论构架。这个以声乐表演艺术美学为主体支柱，以声乐技巧及相关理论为辅的理论体系，既体现了李凌先生作为一名理论家对表演艺术的观照逻辑，也符合李凌先生在表演艺术领域长期的积累和个人的学养。

其中，归纳出来的"李凌声乐美学理论"的内容主要集中在"情真意深"的歌唱极境，丰富多样的声乐表演艺术风格，歌唱的速度、声腔及恰当而准确的声乐舞台表演这3个方面。品阅先生的文论，归纳先生的理论，仿佛置身于中国半个世纪以来的声乐表演艺术的历史发展进程之中。而我们也随着对先生的认识的深入，随着这个理论体系的轮廓初显，我们才真正体会到声乐表演艺术的博大精深以及面对我国声乐表演艺术未来的发展和建设，我辈学人肩负重任。

本文的"剖析"立足于李凌先生的文论，以专题理论呈现为本文的基本结构，而非遵循社会历史发展的顺序，藉此更能凸显李凌先生的声乐表演艺术理论的神貌。

关键词： 李凌；声乐表演艺术美学理论；声乐技巧；相关理论

音乐：由美育而美学——中国近代音乐美学思想萌芽之初探

作者： 刘恩娜(2000级硕士研究生)

导师： 张静蔚

摘要： 音乐美学可以从哲学、心理学、广义的社会学以及音乐作品自身的美学特性等角度来进行研究。对音乐艺术进行哲学角度的研究，主要涉及下列一些问题：音乐的本质是什么？音乐的内容是什么？音乐同现实的关系是怎样的？本文以《二十世纪中国音乐美学》收录的文章为主要史料基础，以其他出版物的美学文章为辅，以中国音乐美学在20世纪上半叶约50年内的萌芽发展为线索，运用史学方法对以上问题进行研究。本文按时间顺序分为4章，循着启蒙—萌生—生长—发展的学科发展特征，选取有代表性的音乐美学思想。在历史和文化的背景下，将史料进行共时比较与历时对照，力求把握中国音乐美学发展的时代特征和历史规律。

关键词：中国音乐美学；功能；内容

近代中国音乐思想中的智识主义

作者：刘晓江(1994级硕士研究生)

导师：张静蔚

摘要：本文把中国近代以来学习西乐谋求中乐发展的思想称为音乐中的智识主义。智识实为今天的知识。该词在近代音乐文论中常见，其含义不一，可以有科学、理智、方法等多种理解。实际上，它除了知识外，还包括求知的意思。为照顾历史习惯，本文仍袭用智识一词。智识主义是对先辈音乐思想的归纳、概括，而并非出自近代音乐家的理论阐述。本文试验图将先辈零星散落的有关西乐及其以西乐谋中乐的思想化零为整，命名为智识主义，以求对近代音乐思想中这个带有普遍性的思想倾向，作比较系统的论述。在近代音乐家的文论中，涉及西乐及民族音乐的篇目繁多，本文拟从知识、科学法则、进化规律3个方面厘清近代中国人的西乐观，尽量按思想出现时间的先后、论述的详略，取其前者，选择有代表性的音乐家。所选8位音乐家不意味着全部思想的某种共性和结盟，它旨在说明先辈对西乐的不同层次的认识以及以西乐谋求中乐发展的思想。限于篇幅，其他在这些方面有言论的音乐家未能全录或在正文中提到。

关键词：近代中国；音乐思想中；智识主义

论“文化大革命”十年(1966—1976年)音乐理论

作者：余　峰(1991级硕士研究生)

导师：张静蔚

摘要：“文化大革命”的十年是中国当代音乐史上一个十分耐人寻味的时期，从政治史的角度来看也是一段不寻常而又非常特殊的历史。说它“史无前例”是不夸张的。十年中的音乐理论及实践，受到毛泽东思想的影响及“文化大革命小组”的直接操纵和控制。从总体来讲，它是一种“从属理论”，政治上突出阶级斗争、路线斗争、同走资派斗争；文艺上依据“三突出”“三陪衬”“高大全”的创作模式，如《战地新歌》歌集中刊登的大部分“革命歌曲”、钢琴协奏曲《战台风》、戏曲《杜鹃山》以及交响音乐《智取威虎山》等。大多数作品都难免被贴上与内容和形式不相吻合的标签，被政治风向所左右，带有极浓厚的教条主义和庸俗社会学色彩。

“文化大革命”中的这种音乐现象，从其发生的角度来看，是有其政治、经济、社会、文化等历史根源的,诚然也有它存在的合理性。所以,笔者尽量客观地将产生其音乐理论的历史背景做一番陈述铺垫,以追溯探寻这一理论的起源和背后的动因,尽量历史地、具体地、全方位地体现这一时期音乐理论特点的多侧面,试图揭示这一音乐理论发展过程中的深层规律和本质。

关键词:“文化大革命”;音乐理论;规律;本质

西方音乐史专业

二十世纪五六十年代的中苏音乐交流

作者：韩　瑛（2010 级博士研究生）
导师：李秀军

摘要：文化的交流与传播是人类社会发展的主要特征，同时也是人类社会发展的重要方式。苏联作为第一个社会主义国家，在政治、文化、军事等方面均对世界的发展进程产生了广泛的、深远的影响。

中国与俄罗斯相依为邻。在 20 世纪，苏联是同中国交往最为密切的一个国家。中俄两国文化交流有着悠久的历史，民众间传统友谊源远流长。在相同的文化背景下相互认同使两国在许多事情上有共同的认知，有相互的了解信任。人民之间彼此交流、相互借鉴发展，创造了灿烂的历史文化。无论是交流的范围上还是程度上，是任何两个国家无法复制的。故此，我国在各个领域都间接或直接地受到了苏联文化的影响，并且这种影响迄今为止还依然存在。

中苏文化交流中，我国在 20 世纪 50 年代同苏联之间进行了大规模的文化交流活动，对中国社会的发展与进步起到了积极的影响，在文化交流史上有着特殊位置。这其中有着太多我们值得研究的问题。

本文由绪论、正文（分为 6 章）和结论三部分组成。绪论部分为选题的意义与价值、研究现状的简介、主要的创新点和不足、研究方法与本文的结构、相关概念说明、写作思路等。第一章是新中国成立前中苏音乐文化交流历史回顾。苏联音乐的传入及对我国音乐创作的影响，为新中国成立后中苏文化交流的大发展和大繁荣奠定了基础。第二章主要介绍新中国音乐人赴苏留学及其学习成果。新中国建立初期留苏教育对社会主义建设人才培养留下浓重的一笔。加强各国之间文化教育交流以向国外派送留学生为主要手段，这也成为后期国家必须利用的重要途径。第三章是新中国成立初期苏联音乐专家在中国。纵观中国现代专业音乐教育发展史，聘用外籍教师始终是一种独特传统。中国现代专业音乐教育发展的本身就是探索、学习西方音乐中的教育经验，尽管在学习中进行了复制，但其音乐理论、音乐思想、音乐观念等对中国音乐教育的发展起到了促进作用。第四章介绍了新中国成立初期中苏音乐交流的主流是苏联音乐向中国的传播，但是也并非只是单向的，中国音乐学子在学习中，也有自己的创作，中国音乐团体也到苏联进行了演出活动，这也是中苏文化交流不可缺少的一个方面。第五章是对中苏音乐交流“一边倒”政策的原因探析及历史反思，分析其形成的原因、背景及音乐交流的不平衡性。第六章以历史辩证的方式重释中苏音乐交流史，肯定苏联音乐对我国音乐教育的现代化的奠基性作用,总结中苏音乐文化交流的特点及苏联音乐对中国二十世纪五六十年代音乐文化发展的影响。

关键词:中苏;音乐交流;音乐现代化;二十世纪五六十年代

瓦格纳歌剧《帕西法尔》研究

作者:康 啸(2009级博士研究生)

导师:杨静茂

摘要:本文以瓦格纳的歌剧《帕西法尔》为研究对象。作为德国歌剧辉煌时代的最高代表,瓦格纳总是通过自己深邃的思想和独到的理念献给世人一系列传世佳作。《帕西法尔》作为瓦格纳的最后一部歌剧,体现出作曲家终其一生所追求的艺术理想的最后总结。

本文分为4个部分。第一部分为绪论,笔者针对歌剧的基本特点、研究现状进行综述,并且阐述本文的研究意义以及可执行性。第二部分对于瓦格纳创作《帕西法尔》的历史过程进行梳理。《帕西法尔》的诞生历经了25年的时间,作曲家花费了极大的精力,经历散文稿、诗稿、音乐创作稿,到最终总谱稿的书写,不同阶段的创作稿件反映出作曲家对这一题材的理解和认识的不断变化过程。通过对大量史料的引用和解读,本文分析歌剧脚本修改中的变化,并且呈现作品产生的时间脉络。第三部分是全文的重点,主要是对歌剧音乐进行分析,重点阐述作曲家通过音乐表达歌剧戏剧内涵的方式。第三部分分为3章:第一章分析歌剧中主导动机的使用特色,并且以前奏曲与第一幕为例;第二章分析歌剧的管弦乐特色,以歌剧第二幕为例;第三章分析歌剧无终旋律的使用特征,以歌剧第三幕为例。这3章的分析角度有所不同,但笔者力图做到从歌剧戏剧发展的顺序对歌剧进行全方位的分析。第四部分是对全文的总结,笔者将《帕西法尔》体现出的思想内涵进行概括,并且对于歌剧的音乐风格特性进行总结。

总而言之,本文从历史、脚本、音乐、评论等多方面入手,力图展现歌剧《帕西法尔》明晰的创作过程,解释瓦格纳在这部歌剧中的创作技巧,并且阐释这位举足轻重的作曲家在谢世之作中给世人留下的“箴言”。

关键词:瓦格纳;《帕西法尔》;歌剧脚本;主导动机;歌剧交响化;无终旋律

瓦格纳歌剧改革的特殊代表——《纽伦堡的名歌手》研究

作者:房新会(2014级硕士研究生)

导师:殷 遐

摘要:德国作曲家瓦格纳(Richard Wagner,1813—1883年)是西方音乐史上歌剧改革的杰出代表,他的歌剧创作使德奥音乐达到高峰,而《纽伦堡的名歌手》(*Die Meistersinger von Nürnberg*)作为瓦格纳歌剧改革后的作品之一,与作曲家的其他歌剧成果相比表现出与众不同的状态。因此,本文以对这部作品特殊性的考查作为研究目标,力求更完整、更全面地认识瓦格纳的整体创作。

本文力求从以下 3 个方面对歌剧《纽伦堡的名歌手》的特殊性进行分析。首先,《纽伦堡的名歌手》在瓦格纳的歌剧创作中,在德奥音乐体系中,甚至在整个喜歌剧的发展史上表现出独特性。其次,《纽伦堡的名歌手》作为瓦格纳歌剧改革后的作品之一,在人物情节的设计上、技术手段的使用上表现出特殊性。最后,介绍了《纽伦堡的名歌手》在思想内涵上的特殊性,对这部作品从古希腊文化传统、基督教文化传统、与 19 世纪哲学与美学的关联以及歌剧的历史命运等方面进行特殊性的分析。

通过以上的分析,笔者希望能够广泛细致地体察这部作品的特殊性,从而对这部作品在音乐史上的重要意义以及地位进行更为准确的认识。

关键词:《纽伦堡的名歌手》;瓦格纳;特殊性

马勒《悲叹之歌》音乐特征探究

作者: 覃　天(2014 级硕士研究生)

导师: 李秀军

摘要: 康塔塔《悲叹之歌》被马勒本人和马勒音乐的研究者视为具有马勒的音乐艺术特点的首个成熟作品,充分体现了作曲家的创作技巧、艺术思维、创作构思等。通过对该作品进行研究可以帮助我们更好地理解马勒的音乐创作风格与特征,以及马勒不同时期的音乐创作的发展历程与变迁。本文从表现内容、音乐风格、旋律发展手法等方面对《悲叹之歌》的乐谱进行了细致、深入的分析,力求全面、系统、深刻地剖析马勒《悲叹之歌》的音乐艺术特征和魅力,为后人更好地研究这部作品以及马勒的音乐创作提供参考和借鉴。

关键词: 马勒;康塔塔;《悲叹之歌》;旋律发展手法

宽恕与救赎——罗西尼的《庄严小弥撒》音乐研究

作者: 赵艳辰(2014 级硕士研究生)

导师: 李秀军

摘要: 如果古典主义时期和后古典主义时期的歌剧作曲家开始创作宗教音乐,会被人认为这是对自我的认知和证明。对于罗西尼放弃歌剧创作后的生涯,在大部分音乐史书中都难觅踪迹。而事实上,罗西尼在退休后创作了大量艺术歌曲和宗教题材的作品,尤以《庄严小弥撒》为代表,堪称其最高杰作。本文旨在对这部意义非凡的作品从音乐本体、社会历史和宗教心理等方面来分析其音乐内涵,以期丰富现有的对罗西尼的生平和音乐创作的认知。

关键词: 罗西尼;弥撒;宗教音乐

维瓦尔第6首大提琴奏鸣曲的音乐风格分析

作者：付奕心(2012级硕士研究生)

导师：李秀军

摘要：意大利作曲家马利皮埃罗曾说过："维瓦尔第具有两面性：一方面，他很时尚；另一方面，他执拗、有独创性，是一个多产作曲家，在这一点上，没有受到日常生活的影响。与所有的革新者一样，他的风格也就是那个时期的风格，是18世纪音乐创作的风格，不是礼貌的小步舞曲，也不是老套的吉格舞曲，而是全新的旋律，特别的表现形式。"

本文以维瓦尔第的6首大提琴奏鸣曲(RV47,41,43,45,40,46)为研究对象，从维瓦尔第的创作历程和巴洛克时期的奏鸣曲发展状况入手，通过对作品的分析与深层解读，归纳出这些作品的共性和个性，使得我们能够全方位地了解这6首大提琴作品和维瓦尔第的创作风格。本文共4章，第一章交代了维瓦尔第的创作历程、历史环境背景和奏鸣曲的发展状况。第二章、第三章是对这几首作品的结构风格的全面深入剖析。第四章横向和纵向地归纳总结这些作品，从个性和共性的视角解读了其中蕴含的风格特征。本文本着充分依据史料、乐谱的原则研究这6首作品，其意义在于丰富维瓦尔第的音乐作品结构分析，加深对维瓦尔第创作风格的了解，同时，对大提琴演奏者的演奏也有实际的参考和指导意义。

关键词：维瓦尔第；奏鸣曲；大提琴；巴洛克；风格；音乐分析

经典与延续——勃拉姆斯《第一钢琴四重奏》(op.25)研究

作者：王阿西(2012级硕士研究生)

导师：殷　遐

摘要：本文通过对比较边缘化的"钢琴四重奏"体裁的挖掘与研究，来揭示勃拉姆斯在这一领域所作出的具体贡献：他的《第一钢琴四重奏》(op.25)使这一体裁真正地走向成熟。该作品带有强烈的交响性并蕴含巨大的经典力量，以至于勋伯格于1937年出于对经典的继承和创新，又把其改编成管弦乐版本。本文在以op.25为核心论述的基础上，还重点分析了勋伯格对这部经典作品的继承与延续。

本文共分四大部分。第一章主要从"室内乐的体裁形成追溯""勃拉姆斯的室内乐创作"和"原作与改编"3个方面，论述了室内乐的体裁形成与《第一钢琴四重奏》的历史定位。第二章主要从音乐本体和音乐内涵两方面，针对《第一钢琴四重奏》进行了音乐学分析。在第二章中，笔者还引用了"独立音乐观念"，并运用独立音乐的3种分析模式，对乐曲进行了分析。第三章主要是为了突出勋伯格对勃拉姆斯这一经典作品的继承与发展，进而从其在作曲技法(主要为配器技术)上所体现出的传统与创新两个方面，对这首改编曲进行分析。最后笔者还就这一改编曲在历史上所引起的几个问题进行了解答。第四章是结语，主要就西方音乐史上任何时代的任何作曲家都必须面临的一个永恒话题——经典与延续——进行了一定的探讨。

关键词：勃拉姆斯；《第一钢琴四重奏》(op.25)；室内乐；独立音乐观念；音乐学分析；管弦乐改编；勋伯格

文明冲突与博弈：约翰·亚当斯歌剧《尼克松在中国》研究

作者：杨　洋（2011级硕士研究生）

导师：李秀军

摘要：亚当斯是美国20世纪后半叶的重要作曲家之一，他以尼克松总统访华为题材创作的歌剧作品《尼克松在中国》，在1989年获得了“最杰出的当代音乐格莱美奖”荣誉。

本文主要针对亚当斯的歌剧《尼克松在中国》进行研究，其目的在于：通过对歌剧的分析，探求简约主义音乐下的尼克松访华意识形态特点以及歌剧中美国人眼里的中国形象。本文共分4个部分，第一章主要以史料为基础，论述简约主义的音乐特点以及约翰·亚当斯对简约主义音乐的发展的影响；第二章将在简约主义技法分析的基础上，对尼克松访华的原因和现象进行意识形态分析；第三章将以“中国形象”为研究方法，分析毛泽东在美国人心中的形象以及中美会谈中，由于文明的冲突而产生的种种误读现象；第四章对歌剧中的重要形象进行历时性、共时性的分析，展示歌剧里中美文明冲突下的潜意识的意识形态对立。

不管什么形式的作品，它都是在特定的历史背景和意识形态下产生的，有它所要表现的意图。这部歌剧从第一幕表现中美意识形态“友好外交”开始，到第二幕揭示意识形态“中美形象”的不同，再到第三幕展示这次外交的影响和深刻的历史反思，无不体现冷战中后期的中国与美国，既存在共同利益，又在意识形态文化根基等方面截然对立。

关键词：后简约主义；意识形态；文明冲突；中国形象；毛泽东；尼克松

亨德尔《管风琴协奏曲》(op.4)研究

作者：曹　漪（2009级硕士研究生）

导师：李秀军

摘要：巴洛克时期是管风琴音乐发展的高峰期，协奏曲这一新体裁在此时出现，使管风琴协奏曲的发展顺理成章。本文以乔治·弗里德里希·亨德尔的管风琴协奏曲作为研究对象，重点研究他在1735—1736年创作的《管风琴协奏曲》(op.4)，这套作品是他管风琴协奏曲中的代表作，也是他最早出版的管风琴作品，有很高的艺术价值，但却较少受到学术界的关注。亨德尔具“国际化”“自由化”“创新化”风格的创作方式在作品中有淋漓尽致的体现，他的风格也影响了后世许多音乐家。本文通过对这套管风琴作品的研究，试图使人们对亨德尔的了解更加全面、透彻。本文通过对其音乐本体和艺术特征的阐释，试图较为全面地探讨这套作品中的创作手法以及作品深刻的艺术内涵，本文梳理了管风琴音乐在历史上的发展，同时基于对作品曲式结构的分析和作品中的协奏曲“对话”方式进行探究和归纳，以及对这套作品所体现的艺术价值和所具有的戏剧性进行分析,试图探析管风琴协奏曲更深层次的内涵,从而唤起对亨德尔器乐作品更多的重视,也希望能为以后的研究者提供有价值的信息。

关键词: 管风琴;协奏曲;对话;利都奈罗;艺术价值

情感的驱使成就新的表现——歌剧《奥菲欧》研究

作者: 凌　旭(2009级硕士研究生)

导师: 李秀军

摘要: 蒙特威尔第的歌剧《奥菲欧》自1607年问世以来,以其细腻的音乐表现和完整的戏剧结构而被称为歌剧史上第一部真正的歌剧,开创了歌剧这一体裁的新局面。本文以这部作品为研究对象,通过对其进行音乐本体分析与艺术特征阐释,力图较为全面地探讨这部作品的音乐表现手法、深刻的艺术内涵和美学观念。

本文从《奥菲欧》所在的历史环境入手,探讨这一时期的音乐观点与作品成果,继而延伸到蒙特威尔第的创作风格上,考查《奥菲欧》的创作源起与演出情况。同时,这部作品的题材代表了这一时期戏剧作品的取材特点,其中的美学观念影响了剧作家和作曲家的创作。在此基础上,本文将通过对情节展开与音乐段落的分析,并细化到作曲家对各类音乐构成的独特表现上,探讨音乐是如何成就歌剧《奥菲欧》的。本文将不仅较为完整地呈现《奥菲欧》的音乐特点和艺术价值,还要试图填补国内学术界在该领域的空白。在对史料进行整理与学习的过程中,同时参考国外对这一课题的最新研究成果,从而能够站在更高的角度上研究《奥菲欧》的艺术特征,这都将改变以往人们对这部作品浅于表面的认知,让人们在更深入的理解中挖掘《奥菲欧》深刻的艺术内涵。

关键词: 蒙特威尔第;斯特里吉奥;古希腊戏剧;第二实践

约翰·塞巴斯蒂安·巴赫的3首羽管键琴改编曲

作者: 赵心韵(2009级硕士研究生)

导师: 杨静茂

摘要: 本文的研究对象是约翰·塞巴斯蒂安·巴赫的键盘改编曲,重点是他在魏玛时期所改编的3首羽管键琴独奏作品——D大调羽管键琴曲(BWV972)、C大调羽管键琴曲(BWV976)以及F大调羽管键琴曲(BWV978)。改编曲所对应的原作,即维瓦尔第小提琴协奏曲《和谐的灵感》(op. 3 *L'Estro Armonico*)中的3首作品——D大调小提琴协奏曲(op. 3 No. 9 RV230)、E大调小提琴协奏曲(op. 3 No. 12 RV265)和G大调小提琴协奏曲(op. 3 No. 3 RV310)。本文梳理了与巴赫改编曲相关的历史因素,同时基于对作品的分析,探究并归纳巴赫在3首羽管键琴曲中所常用的改编技法。此外,本文结合历史背景,揭示巴赫改编维瓦尔第弦乐协奏曲的动机和目的。本文力图通过对相关文献的系统梳理以及对作品的深入研究，将巴赫的 3 首羽管键琴独奏改编曲进行全面阐释，为巴赫改编曲的研究提供更多必要的信息。

关键词： 约翰·塞巴斯蒂安·巴赫；改编；羽管键琴；安东尼奥·维瓦尔第；《和谐的灵感》；协奏曲；利都奈罗；技法

蒙特威尔第的前三卷牧歌研究

作者： 刘娟娟（2009 级硕士研究生）

导师： 李秀军

摘要： 本文以 16 世纪末蒙特威尔第的第一、第二、第三卷牧歌作品为研究对象，主要从牧歌的创作观念、作曲手法等方面入手，结合音乐本体，全面而系统地揭示出蒙特威尔第前三卷牧歌作品的创作特征，并从历史等角度来分析形成这些牧歌创作特征的因素，从而能够使我们更深入而全面地了解第一、第二、第三卷牧歌。另外，这 3 卷牧歌从另一个侧面反映了 16 世纪末意大利牧歌的创作特点，包括“第一实践”的创作手法以及当时的新派牧歌作曲家如维尔特、马伦齐奥的创作特点等。通过对这 3 卷牧歌的研究，我们能够了解当时意大利牧歌的发展状态与轨迹。因此，对蒙特威尔第这 3 卷牧歌进行深入的研究具有十分重要的意义。

关键词： 蒙特威尔第；第一卷牧歌；第二卷牧歌；第三卷牧歌；音乐分析；传统作曲规则；创新

挣脱规则的枷锁，追求革新的实践——蒙特威尔第第四、第五卷牧歌研究

作者： 于　洋（2007 级硕士研究生）

导师： 李秀军

摘要： 本文以 17 世纪初蒙特威尔第的第四、第五卷牧歌为研究对象，从牧歌的创作观念、作曲手法等方面入手，结合音乐本体，全面而系统地揭示出蒙特威尔第关于“第二实践”作曲理念及其牧歌作品的创作特征。1600 年，阿图西（Giovanni Maria Artusi）出版了对话集《阿图西，论当代音乐的不完美》（*L' Artusi, ovvero delle imperfettioni della moderna musica*），引发了著名的“阿图西与蒙特威尔第之争”。论战是由以蒙特威尔第为代表的“第二实践”（seconda pratica）作曲家的音乐创作违反了 1588 年扎利诺（G·Zarlino）在《和谐的规则》（*Istituzioni armoniche*）中制定的作曲准则而引起的。在这场争论中，阿图西以蒙特威尔第的第四、第五卷牧歌作品为攻击对象，但他的指责却使这两卷牧歌成为众人所关注的焦点。也正因为如此，对蒙特威尔第的牧歌创作进行深入的研究具有十分重要的意义。本文的研究方法是通过对史料的整理、乐谱的分析，将蒙特威尔第这两卷牧歌的创作特点及音乐形态具体地、真实地呈现出来。这其中不仅仅反映的是“第二实践”的创作手法，更重要的

是详细地阐述了蒙特威尔第在牧歌创作方面的特征,进而揭示蒙特威尔第在牧歌这一体裁方面所做出的巨大贡献。

关键词: 蒙特威尔第;第四卷牧歌;第五卷牧歌;“第二实践”;不协和音

格鲁克意大利正歌剧改革研究

作者: 康　啸(2006 级硕士研究生)

导师: 李秀军

摘要: 本文所关注的核心人物是西方音乐历史中重要的歌剧作曲家格鲁克。这位生活在 18 世纪的波希米亚人一生完成了两件永载史册的伟业:①他在维也纳进行了意大利正歌剧改革;②他在巴黎进行法国歌剧创作,那时他已经是六十岁的老人了。由此可见,这位大器晚成的歌剧作曲家通过自己近半生的时间对于歌剧进行不断的思考和尝试,最终“修成正果”并且“名垂青史”。

在本文中,笔者将大量笔墨给予格鲁克艺术生涯的第一次高峰——意大利正歌剧改革。本文分为两个部分进行研究,即历史篇、音乐篇。在历史篇中,笔者主要阐述格鲁克歌剧改革的前因后果以及具体过程,并且围绕着一个核心问题进行论述:作曲家的成功之道。在音乐篇中,分析的对象为格鲁克维也纳歌剧改革时期的三部歌剧(《奥菲欧与尤丽狄茜》《阿尔西斯特》《帕里斯与海伦》)。笔者依据歌剧的组成元素,分别对 3 部歌剧的序曲、咏叹调、宣叙调、重唱、合唱、舞蹈音乐等部分进行研究,而且音乐分析的切入点主要集中在阐述格鲁克歌剧改革思想是如何实施的。

总之,通过历史、音乐两大角度的研究,笔者力图清晰阐释格鲁克歌剧改革的历史过程和细节部分,并且对于作曲家的成功之道以及改革的意义给予总结与评价。

关键词: 格鲁克;杜拉佐;卡尔扎比吉;歌剧改革;音乐分析

对格里格 3 部挪威民间音乐改编作品的研究

作者: 张紫薇(2006 级硕士研究生)

导师: 杨静茂

摘要: 挪威作曲家爱德华·格里格(Edvard Grieg,1843—1907 年)是 19 世纪挪威民族乐派最著名的代表人物之一,他的艺术创作带有鲜明而浓郁的民族风格,这种风格使他的作品具有历久弥新的艺术魅力。本文着眼于格里格与挪威民族民间音乐之间的联系,通过分析与比较格里格在不同时期根据挪威民间音乐改编而成的 3 部钢琴作品——《二十五首挪威民歌与舞曲》(op. 17)、《挪威民间曲调十九首》(op. 66)、《挪威农民舞曲(斯拉特舞曲)》(op. 72),试图对作曲家研究挪威民间音乐的过程加以追溯,并研究他在这一过程中对挪威民族民间音乐改编手法与民族化和声的探索,进而找出格里格的音乐作品中“挪威特色”的由来与根源，总结他作为19世纪北欧民族乐派的代表人物之一对世界音乐所作的贡献。

关键词：格里格；挪威民族民间音乐改编；《二十五首挪威民歌与舞曲》；《挪威民间曲调十九首》；《挪威农民舞曲(斯拉特舞曲)》

阿诺德·勋伯格的歌剧《摩西与亚伦》研究

作者：栾志弘(2003级硕士研究生)

导师：李秀军

摘要：《摩西与亚伦》是由20世纪声名显赫的作曲家阿诺德·勋伯格创作(从剧本到音乐)的一部重要的歌剧作品。这部歌剧以其富于表现力的音乐-戏剧手段深刻地反映了作曲家的宗教、政治和艺术观念，被众多的学者视为极具创造性的、里程碑式的现代音乐精品。

本文旨在对该作品进行全景式的综合性研究，使国内的同行及歌剧爱好者对这部并非耳熟能详的歌剧作品有所了解。本文共分4章。第一章介绍这部歌剧创作的历史环境、创作过程、演出情况及剧情大意；第二章主要分析该歌剧的脚本，谈论其脚本素材的来源问题，并与最初的清唱剧脚本进行比较，从而使读者看到这部歌剧在体裁上的融合性；第三章是对歌剧音乐与戏剧表现的研究，主要涉及对歌剧音乐的序列、主导动机的分析，并对歌剧的音乐与戏剧表现进行了简要的分析；第四章从社会-历史的角度对这部作品的精神内涵进行分析，从犹太人与艺术家两个方面来看待当时勋伯格独特的内心感受，分析了这部作品产生的真正原因，同时对其精神内涵进行了一定的阐释。在本文的结语中，笔者对全文进行了归纳与总结。

关键词：歌剧；《摩西与亚伦》；勋伯格；音乐/戏剧分析；犹太宗教；艺术观念

近二十年的中西音乐交流问题和“五四”时期相关问题的对照以及由此而引发的思考

作者：施　蓉(2003级硕士研究生)

导师：李秀军

摘要：20世纪中西音乐文化交流的问题以及对今后的展望依旧是今天音乐理论界热烈讨论的焦点。正是因为中西音乐文化交流的问题始终没能从根本上得到解决，所以中西关系既是老话重提，又是常说常新。本文通过对中西方音乐文化内部环境、外部环境的比较，说明了音乐作为一种文化，与所处的时代、环境息息相关，这就要求我们对其进行研究时，应全方位、动态地进行。在这种比较文化研究中首要的是加深民族主体意识，立足民族文化之土壤，客观看待西方文化和艺术，从中汲取积极的精神为我所用，这是比较文化进行的目的。

本文分两大部分。第一部分是从正反两方面对近20年来中西音乐交流过程中争论的几大焦点问题的梳理,笔者在文中加入了个人观点。这样既梳理了近 20 年来中西音乐交流过程中一些观点的是非曲直,又对近 20 年来中西音乐交流过程中的热点问题有一个详细的脉络。第二部分是对中国音乐未来的发展提出了一些感受和思考,笔者认为:我们既要了解“为什么”,更要知道“怎么办”,这样对中国音乐的发展才具有更为重大的意义。

关键词: 中西音乐文化交流;民族性;现代性;全球视野

中国音乐思想史专业

乾嘉朴学家礼乐思想研究——以汪烜、戴震、凌廷堪为中心

作者：袁建军（2013级博士研究生）

导师：罗艺峰

摘要：清代乾嘉时期是考据学鼎盛时期，考据中是否有义理阐发成为本文的关注重点。本文以乾嘉时期为时间界限，以徽州学派考据学家的礼乐思想为研究对象，以中国音乐思想史的理论与方法为指导，旨在探讨学界较少关注的考据学家汪烜、戴震、凌廷堪等人的礼乐思想，并阐释他们礼乐思想的内涵及价值。

本文由绪论、正文（共5章）、结语三大部分组成。绪论部分主要交代了选题缘由、研究现状，朴学、礼乐、徽派等相关概念的厘定以及本文拟解决的问题和研究方法。第一章主要解决两个问题：首先，铺陈了乾嘉时期的社会背景和当时的音乐发展概况，包括政治、社会、文化等层面，以及宫廷礼乐、文人音乐发展概貌；其次，梳理了清代礼乐思想的一般面貌和乾嘉学术的关系，目的是展开本论题的社会氛围和时代温度。第二章至第四章选取代表性人物进行分析，分别以清中期徽派经学家汪烜、戴震、凌廷堪为中心，来探讨其礼乐思想。关于汪烜的礼乐思想，本文主要探讨了其“淡在和上”及“慎所感”的理论，此处“淡和”表现为先后关系，即“唯其淡也，而和亦至焉矣”，同时还分析了汪烜改编的琴曲《阳关曲》以佐证其理论。关于戴震的礼乐思想，本文重点阐释了礼乐与情感的关系问题，涉及“理欲”“情礼”“理礼”等关系，同时对戴震提出的“情之不爽失为理”“以情絜情”进行了分析，并给予自然人性论的解读。关于凌廷堪的礼乐思想，本文主要考查了其对礼乐的推崇和践履，他主张“以礼代理”，提倡礼乐的教化意义，同时从“以乐观礼”的角度彰显其礼乐思想。本文还对3人所谈论问题的思想渊源做了纵深挖掘和分析，认为其来源于先秦两汉以来的儒家思想资源。第五章对乾嘉考据学中礼乐思想的定位和意义进行总体评价，对其哲学基础和礼乐在历史上的流变进行音乐美学的观察，说明礼乐的历史流动性问题。

结语中，进一步申明了以下问题：①朴学中有思想；②礼乐思想的流动性；③自然人性论问题；④儒学的地域化性格问题。

关键词：乾嘉时期；朴学家；礼乐思想；汪烜；戴震；凌廷堪；思想史

音乐美学专业

从 Music 到 Musicing——从我国 20 世纪 80 年代以来音乐美学 4 场争论看音乐观念的转向

作者：左升鹭（2013 级硕士研究生）

导师：谢嘉幸

摘要：音乐观念问题一直是音乐美学研究的一个基本问题，看似简单的音乐实践活动的变化其实有着深层的音乐观念的转变问题。本文通过辨析我国 20 世纪 80 年代以来音乐美学的 4 场争论，来阐明 Music 与 Musicing 音乐观念以及音乐观念的转向。同时本文结合 Musicing 的音乐观念在音乐实践中的作用，以及音乐美学学科转向的时代背景，对当下关于音乐活动及其评价的文献进行哲学的思辨分析，以揭示由音乐实践行为的丰富发展而引发的音乐观念转变的实质。

本文共分 4 章：第一章为音乐美学 4 场争论的音乐观念分析；第二章为 Musicing 音乐观念辨析；第三章为 Musicing 音乐观念对实践的指导意义；第四章为音乐美学的学科转向。结论：从 Music 向 Musicing 音乐观念的转向是文化发展的必经之路，Musicing 音乐观念是更加契合当下音乐文化现状的音乐观念。

本文采用 Musicing 音乐观念的全新视角对我国 20 世纪 80 年代以来的 4 场音乐美学争论进行深入的理论分析，不仅更加清晰地梳理了争论中的音乐观念冲突，同时阐述了 Music、Musicing 音乐观念以及两者的文化转向。

关键词：音乐观念；Musicing；Music

电影音乐美学视角中的音画关系

作者：武　迪（2013 级硕士研究生）

导师：修海林

摘要：电影中的音画关系问题是电影音乐美学的核心问题。两者的本质关系是矛盾、对立的，还是互相补充、互相促进的？本文在音乐美学的视角下，从电影音乐的独立性与从属性问题入手，将电影音乐视为电影元素之一，对电影中音乐与画面的关系从不同方面分别进行分析，同时结合自身的观影经验，以诸多案例来印证文中所论。本文通过对电影中音乐与画面的一系列的互补与分叙、和谐与对比，包括有意识地利用其对比、冲突造成的戏剧性效果，对音画关系进行了深入的探讨；再从形式与内容、整体与局部两个角度对电影中的音画关系进行系统性的分析，尝试通过建构起一个"一轴双轨"的功能性认知模型来认识音画关系，认识不同的音画关系如何为影片剧情的展开而服务，音乐与画面双方又是如何对立统一、协调一致的。最后本文通过对"一轴双轨"的认知模型的建构及相关分析，提出在电影局部音画关系中，电影画面的形象与情节、电影音乐的情绪与情感通过相互作用，可以分别起到描绘电影形象、作为符号象征、表现角色心理和表达作者态度的作用；在电影整体音画关系中，电影音乐与画面都共同为电影戏剧情境和电影叙事结构而服务。电影中的音乐与画面是在电影叙事进行的动力过程中产生关系、共同发挥作用的。

关键词：音乐美学；电影音乐；音画关系；音画同步；画对位；音画一致；音画平行；音画对立

是"摇滚"还是"狂放"？——中国传统美学与传统音乐美学中的狂放范畴研究

作者：张俊俊(2013级硕士研究生)

导师：谢嘉幸

摘要：20世纪80年代摇滚乐始入中国，这种个性鲜明、自由、狂放、具有精神和力量的音乐形式一经传入便风靡大江南北，给中国人的心灵带来了巨大的震撼。一些具有自由、奔放、反叛等生命外显特征的行为方式、艺术形态或精神品格等亦多被大众冠以"摇滚"或"摇滚精神"之名。

本文通过文献梳理与艺术作品分析的方法，旨在对中国传统文化艺术，尤其是音乐艺术中的"狂放"范畴进行挖掘与归纳，旨在对目前业界关于中国传统美学范畴的研究作重要补充。本文以具有典型"狂放"气质的中国传统文学、书画与中国音乐几种主要的形态为例进行剖析，得出结论："狂放"这种具有生命力外显特质的气质与审美范畴，自古就存在于中国传统文化精神的多种层面，其不但泼墨于历代文学与艺术作品之上，投影于中国音乐的多种形态之中，亦历经千年影响着当代中国音乐的艺术精神与审美旨趣；"狂放"作为中国文化艺术尤其是音乐艺术的生命力外化形式与我国传统的"含蓄""内秀""中和"等范畴形成了不可或缺的互补；新时代下"狂放"与"摇滚"的碰撞，是"狂放"借助西方音乐形式的一次重新激发，两者的碰撞既是一种"机缘"，更是中华民族文化艺术精神与生命力的复现。

关键词：摇滚；狂放；文人音乐；民间音乐；大众音乐

综合化审美观念下的多媒体音乐会初探

作者：高　菲(2012级硕士研究生)

导师：谢嘉幸

摘要：在多媒体音乐会日趋丰富的今天，两个突出的问题浮出水面，一个是对于单向度纯粹音乐的坚守，另一个是对综合化艺术观念的革新。如何看待这个现象？本文从多媒体面临的视觉暴力大时代背景入手，着重梳理了我国古代以及近代综合化审美观念的流变，并以此作为对综合化审美的观照，之后在描述多媒体音乐会的个案和形式中，包含了对于音乐内容、审美特征的阐释，进而由此对其综合化审美观念进行解读。本文第一章阐述了多媒体音乐会产生的大时代背景以及面临的各种危机，旨在剖明多媒体音乐会及其对应的综合化的审美观念呼之欲出的迫切性。第二章对我国古代的“乐”与现今音乐发展的探索进行梳理，旨在对“乐”的审美理念和其相对的形式做一个纵向的分析，表明其历史的传承性。第三章对多媒体音乐会的审美体验进行简单梳理，也涵盖在审美体验之中包含的多媒体音乐会的审美特征。第四章从多方面对多媒体音乐会及其综合化的审美观念进行解读，以美学的视角阐述音乐何以在多元融合的综合化审美中焕发新的生机。本文的立意在于肯定多媒体音乐会所代表的音乐的综合化审美观的艺术价值，为 3 个维度的创作者提供了更为广阔的联想和创新空间，具有在特殊时代背景下的重大意义。

关键词：多媒体音乐会；综合化审美观念；图像霸权；审美观流变

宋代音乐美学的范畴与命题研究

作者：李国强(2012 级硕士研究生)

导师：修海林

摘要：音乐美学的范畴与命题是一个时代的音乐审美意识的理论结晶，因此对它们的梳理和研究就自然成为音乐美学史研究的重点内容。深入宋代音乐美学史的研究领域，对该历史阶段的音乐美学范畴与命题的研究也就顺理成章地成为必要的学术任务。本文通过对宋代音乐美学的范畴与命题的相关史料的搜集、整理，综合运用音乐史学、音乐美学和统计学的研究方法，分别对琴乐美学的范畴与命题、宋词中的音乐美学范畴、声乐美学的范畴与命题、礼乐美学的范畴与命题 4 个方面的内容进行了研究。

关于琴乐美学的范畴与命题部分主要研究了琴的功能问题、琴乐表演的美学问题、无弦之琴的审美问题等，结论是宋代琴乐活动中，尤其推崇“中和”的琴乐审美观，重视琴所承载的人文内涵。关于宋词中的音乐美学范畴部分主要研究了关于音声特点描写的范畴、关于词人内心感受描写的范畴和关于音乐艺术效果描写的范畴。关于声乐美学的范畴与命题部分主要研究了歌的功能、歌的词曲关系和歌唱的实践等问题。关于礼乐美学的范畴与命题部分主要研究了礼乐的功能、礼和乐的关系、放郑声和抑胡俗的音乐主张以及“中和”的礼乐审美范畴等问题，结论是在宋代的礼乐活动方面，具有很强的礼乐复古思想，重视礼乐的教化功能，推崇“中和”的礼乐美学观，坚持放郑声、抑胡俗的音乐主张。

关键词：宋代；音乐美学；范畴；命题

传统与现代的激荡——黄梅戏《徽州女人》戏曲观念争论的美学探究

作者：李晓菡(2011 级硕士研究生)

导师：谢嘉幸

摘要：在“传统与现代”戏曲发展始终是一个亘古弥新的话题。本文选择了黄梅戏《徽州女人》进行剖析，意在对这一问题进行深度挖掘，以期揭示其在传统与现代的激荡中所产生的困惑及可能的答案。

本文运用文献法和分析法，对《徽州女人》及其引发的问题进行了研究。本文的绪论部分主要介绍了研究的综述、研究的方法和思路以及该研究的意义。第一章主要介绍了黄梅戏形成与发展的文化背景；第二章主要是从《徽州女人》的剧目主体本身来解读，在其中所体现的黄梅戏的传统继承，以及“新”的诗化审美品质的现代性及其艺术品质追求；第三章从社会不同身份的人对黄梅戏《徽州女人》进行解读，论述该剧对于传统的颠覆，以及大力追求与其他姊妹艺术融合所带来的问题，并对正反观点加以述评；第四章主要是笔者通过黄梅戏《徽州女人》所引起的争议，对于现代戏曲困境的启示，引发笔者从传统与现代的双重视角，对地方戏曲发展规律和应注意的问题的反思。结语部分总结了本文的主要思想、观点及笔者对于地方戏曲发展道路的个人期待。

本文的研究意义在于，中国在社会结构转型时期，戏曲工作者该如何保留地方戏曲文化传统，以及在地方戏曲的传统与现代过渡时期，还有哪些值得我们深思和探讨的问题。

关键词：《徽州女人》；戏曲音乐美学；戏曲创新；传统与现代

《溪山琴况》的“心身”解读——由身体美学引发

作者：徐　臻（2011级硕士研究生）

导师：谢嘉幸

摘要：1992年，美国实用主义美学家理查德·舒斯特曼提出了建设“身体美学”学科的设想。在他后来的著作中，都把“身体”作为核心理论。随着舒斯特曼著作在我国的翻译，“身体”以及“身体美学”成为学界最热门的话语之一。舒斯特曼“身体美学”以杜威的实用主义哲学为基础，深受亚洲哲学影响。舒斯特曼对中国古代文化有着深厚的兴趣，他本人也学习中文，试图进一步了解中国文化的“身体”知识。

中国古代文化对“身体”有着独特的看法和深刻的认识，从先秦以来就有很多有关身体的论述，比如礼乐、医学、武术、禅修等领域。中国古琴美学的集大成之作《溪山琴况》，有着丰富的“身体”知识，其音乐美学理论核心可以说是从“心身合一”的基础上实现“天人合一”。受舒斯特曼“身体美学”以及中国古代心身观念的对“身体”的关注与重视启发，本文试图对《溪山琴况》的“心身”观念进行分析。本文首先综述国内对《溪山琴况》的研究现状，然后从“心身”的视角（眼、耳、鼻、舌、身、意）对二十四况进行全面解读，在此基础上，从“心”“身”“心身”3个方面整体分析《溪山琴况》的“心身”观念，加深对《溪山琴况》音乐美学和琴乐美学的理论认识，也为西方“身体美学”学科建设提供中国文本。

关键词：《溪山琴况》；“身体美学”；心；身；心身

论音乐表演中的体验

作者：陈　奋(2010 级硕士研究生)

导师：谢嘉幸

摘要：音乐表演是音乐的活化机制。传统意义上的音乐表演艺术，以乐谱为依据，以忠实性和创造性为原则，赋予音符以活的生命，从而发挥其中介作用。在音乐表演艺术中，对于音乐作品的理解和诠释是表演主体必须掌握的基本技能，也是其在学习与实践中不断探求与内化的课题。体验作为通向掌握娴熟之器、获得审美感受的重要途径，在音乐表演活动中具有不可替代的作用。

研究音乐表演艺术中的体验问题，无法避开表演主体所处的场所、表演主体自身的身体运动、表演主体与对象的情感融合以及表演活动中的审美等因素。通过深入挖掘表演主体的活动参与、身体参与、情感参与、审美参与四方面的体验，从而联结形而上的艺与形而下的技并赋予音乐表演以美学品格，达到形式美的完善。以钢琴家赵晓生为个案研究对象，以小见大地探析表演中的体验问题，从而将理论研究与实证研究相结合，这正是本文写作与研究的目的所在。

关键词：音乐表演；音乐体验；音乐参与

《声无哀乐论》研究的现状、分歧、评价及学理分析

作者：胡　潇(2010 级硕士研究生)

导师：修海林

摘要：学界对嵇康《声无哀乐论》的研究，以近三十来年最为集中，虽然成果很多，但在不少问题上分歧不小、争鸣不断。因此，确实有必要对学术争论中涉及的重点、难点、焦点问题进行梳理，认识产生分歧的缘由，给予一定的评价，并从学理层面进行解析。这也是学术研究发展到一定程度、有一定积累时，必须要做的事。这将有助于对《声无哀乐论》这部中国音乐美学名著进行更深入、同时也更为有效的研究。

本文通过对《声无哀乐论》大量研究成果所涉及的问题、分歧进行梳理、分类和分析，总结成绩，发现问题与不足，并提出《声无哀乐论》再研究时应当给予关注的要点。首先，本文总结了《声无哀乐论》研究的现状和特点，认识不同时段研究问题的变化、不同研究角度的转变，以及表现出来的特点。其次，本文通过对《声无哀乐论》的研究中所涉及的问题进行分类，归纳出八大类十八小类问题。在分类的基础上，找出不同问题之间的相关性，提炼出在研究中所形成的热点、难点问题以及争论性问题。再次，本文通过对《声无哀乐论》研究成果的研究，对其成绩与不足做出总体评价，并且还集中对争论较大的 5 个焦点问题进行了分析和评价。这 5 个问题为：音乐本体论问题；“声”“音”“乐”三者概念区分问题；“心声”关系问题；内容与形式问题；自律论与他律论问题。最后，本文提出完整、准确地把握和认识嵇康

《声无哀乐论》音乐美学思想的 5 个要点。

关键词：《声无哀乐论》研究；现状；评价；学理分析

论“崇高”及其在马勒交响乐中的显现与消解

作者：毛　羽（2010 级硕士研究生）

导师：谢嘉幸

摘要：在诸多审美范畴中，“崇高”当属最为重要的一个。其美学本质是快感对痛感的超越，是主体精神在对现世苦难的超越中获得的快感。其内在的美学结构展现了人渴望征服现实困难、实现自我精神升华的欲求，其美学形态展现了主体情感中积极向上的层面。而作为其反面，“崇高”的消解在美学上表现出一种消极、失落，甚至绝望的情绪。不论是“崇高”的显现还是消解，都在音乐中有所体现。本文以古斯塔夫·马勒的交响乐作为切入点，对“崇高”在其中的显现与消解进行研究。

本文一方面以文献研究的方式对西方历史上重要的“崇高论”加以梳理；另一方面以音乐学分析法对马勒的第五、第六部交响乐展开研究。笔者力图回答两个问题：①“崇高”在音乐中何以显现和消解；②“崇高”在马勒的交响乐中是如何实现显现与消解的。

本文包括绪论、正文（3 章）和结语。绪论是对本文的研究缘起、研究现状和研究方法的介绍。第一章是本文研究的理论基础，包括西方哲学美学视域下对“崇高”内涵不同观点的简单梳理、“崇高”在音乐中的显现以及“崇高”在音乐中的消解；第二章阐释马勒交响乐中对“崇高”的显现，以《第五交响曲》为例；第三章阐释马勒交响乐中对“崇高”的消解，以《第六交响曲》为例。结语是对本文的总结，以及进一步的讨论。

关键词：“崇高”；古斯塔夫·马勒；显现；消解；主导动机；结构

民族音乐学专业

缅甸克钦族基督教音乐的本土化研究

作者： 徐天祥（2013 级博士研究生）

导师： 赵塔里木

摘要： 基督教在世界各地的传播是一个不断与原有文化碰撞、冲突、适应、融合的过程。然而，缅甸克钦族基督教音乐在本土化的过程中涌现出大量民族风格的赞美诗，本民族的传统音乐舞蹈也与基督教相结合，在几乎全民信教的背景下传承发展开来。缅甸克钦教会音乐作为一个典型案例，对中国乃至世界各地基督教音乐本土化的理论与实践具有参考意义。

本文共 7 章，集中探讨了克钦基督教音乐本土化的问题。

第一章通过对缅甸克钦学会总会，景颇、载瓦、浪峨、勒期、日汪、傈僳 6 个支系学会总部，以及克钦族十余个教派的考查，厘清了克钦族的民族构成、支系关系、人口数量、信仰情况；梳理了缅甸各族基督教的脉络体系，论述了克钦浸信会等克钦族 14 个教派的历史与现状，为本土化的研究提供宏观语境。

第二、第三章记录克钦各教派的 20 余场音乐活动，包括景颇支克钦浸信会、圣公会、自由差会，傈僳支基督教会、神召会、浸信会、基督会，日汪支基督会的主日礼拜音乐活动，以及婚礼、葬礼、洗礼、圣诞节、新年、报佳音等音乐活动，分析其特点与本土化的程度及表现。

第四章详细比对克钦族 14 个教派的 20 余部赞美诗集，梳理其脉络体系，发现这些赞美诗主要是西方赞美诗传播的结果，克钦族核心赞美诗集并未充分本土化，仅进行了本土化的初步探索，以克钦浸信会核心赞美诗集为实例进行了分析。

第五章分析克钦本土化的民族风格赞美诗，总结商调式与克钦式和弦的特征，从克钦传统音乐多元性与当前音乐风格单一性的对比中，揭示出克钦风格的双重人为建构过程，大景颇主义强势话语的遮蔽与民族建构的需要，共同导致了当前克钦本土音乐风格的形成。

第六章研究克钦族五线谱、字母谱与傅能仁简谱的名称、创制者、传入时间、记谱规则、基本原理、应用支系、成因来源、传播变形等问题。第六章通过克钦族识谱比例的调查，反思其在本土化进程中的效果，以及乐谱对克钦基督教音乐样态、传承方式的塑造。

第七章阐述克钦传统音乐的基督教化现象，发掘产生这一现象的原因以及背后的意义，提出基督教音乐的本土化是“双向地适应”或“互化”的过程：一方面是外来教会音乐的本土化；另一方面是本土传统音乐的基督教化。如果处理得当，本地原生音乐文化是能够与外来教会音乐文化相协调的。

结语部分总结克钦基督教音乐本土化的表象、成因，对其经验与缺憾进行反思，并提出

"双向地适应"的理论命题。

关键词：缅甸克钦族；克钦族基督教音乐；本土化

城市藏族人声音景观的多元空间表达——基于成都的田野调查

作者：陈　波(2010级博士研究生)
导师：赵塔里木

摘要：在国内民族音乐学界，藏族音乐研究多集中在农牧区的传统音乐研究，对藏族音乐在当代城市中的存在与发展关注较少。本文以藏族人生活集中且具有代表性的城市成都作为田野调查场域，以普遍存在于这座城市每一个角落之中的藏族人日常宗教信仰、生活娱乐、专业音乐艺术领域以及公共传播空间中各种音乐活动所形成的文化场景(声音景观)为研究对象，从民族音乐学的局内与局外、主位与客位等多重视角，在成都市广阔且丰富的藏族人声音景观宏观背景下进行选点调查与微观描述，展示出具有悠久历史传统文化积淀的藏族人音乐在成都这个城市21世纪新的发展，以及形成极具规模的藏族人声音景观格局和丰富多彩的文化呈现。本文分析了藏族人传统音乐在城市中的流变与发展，以及形成新的藏族音乐类型及音乐特征。本文关注的核心是音乐形式与文化的双重注解，通过多个具体的个案研究来探讨城市文化如何塑造藏族音乐，藏族音乐又如何反作用于城市文化的机制。本文构建了城市藏族音乐分类模型，试图回答在一个更广阔的文化场景中，在藏汉交流的中心之地成都，不同藏族音乐如何成为汉藏两种文化积极互动的重要载体。

笔者将城市藏族音乐事象归于4个空间中进行探讨，本文共分为6章。第一章是汉藏关系中成都的时空坐标。第一章将成都放置在汉藏关系的中心点上，从地理空间的横坐标与历史沿革的纵坐标两个维度，叙述成都在汉藏关系中的价值与意义。第二章是宗教信仰空间。第二章描述与研究的对象是在成都的藏传佛教佛事活动中出现的诵经音乐，分析其音乐形态特点，并探讨佛教音乐对藏传佛教在成都传播的作用及意义。第三章是商业演赏空间。第三章选择了成都几个具有代表性的藏族人商业演出场所的声音景观进行描述、分析与阐释。第四章是艺术演赏空间。第四章选择了两个个案——追求世界音乐风格的尼玛乐队与藏族人作曲家昌英忠获金钟奖的藏族题材作品，试图探讨以艺术追求为目的的藏族人音乐特点，以及音乐家建构的藏族人音乐是如何进行自我表达的。第五章是公共传播空间。第五章以城市广场锅庄、广播、电视、音响制作、自媒体等作为研究对象，探讨其社会维系机制及意义。第六章是多元空间的混溶与差异表达。第六章以横向的维度探讨以上4个空间中的乐事、乐人、乐声异同及相互关系，构建了城市第六音乐以佛事音乐为核心，从传统到现代的呈放射状的理论模型。

关键词：藏族人；藏族音乐；声音景观；城市民族音乐学；少数民族音乐

泰国末拉姆、老挝末拉姆与广西末伦的比较研究——同源异流辨析

作者：李秀明(2012级博士研究生)

导师：沈　洽

摘要：本文以泰国东北乌汶府、玛哈沙拉堪府、黎逸府、那空拍侬府湄公河沿岸地区末拉姆音乐，以老挝万象为中心的湄公河沿岸地区末拉姆音乐以及广西右江流域靖西市、德保县末伦音乐为研究对象，通过比较来研究三者之间的关系。本文着重论述两个问题。第一，论证泰国、老挝所研究区域末拉姆音乐经历了从末拉姆辟发、末辟巫术仪式到末拉姆的转型。第二，泰国东北、老挝所研究区域末拉姆音乐与广西所研究区域末伦音乐之间是否存在同源异流的关系。

本文通过对现有文献资料的梳理，厘清泰国东北与老挝历史上的渊源关系。运用笔者的实地调查及艺人的口述资料，说明泰国东北、老挝所研究区域末拉姆音乐之间的关系。

本文以泰国、老挝和广西实地调查为基础，结合现有文献资料，论述末拉姆从巫术到艺术的转型。本文论证了鬼灵崇拜末拉姆辟发仪式中的音乐行为与娱乐型末拉姆音乐行为的关系。

综合笔者实地调查和其他文献资料的考证，现今泰、佬民族与壮族先民系同源民族，可能是在南北朝时期分化出去的，经西双版纳与老挝北部山区克木人的居地迁徙到达目前的地域。佬泰先民迁徙途中吸纳了克木人的饮酒礼俗和乐器凯恩等文化元素，并将其作为末拉姆辟发仪规的组成要件和娱乐型末拉姆的伴奏乐器。

本文通过大量的细节描写和比较分析，拓宽了“广西右江地区魔婆仪式中的歌唱是末伦的古老源头”这一认知，论证了泰国、老挝所研究区域末拉姆与广西所研究区域末伦在鬼灵崇拜仪式音乐行为方面的同源关系。

根据末伦与末拉姆差异性的事实，或可推定娱乐型末拉姆的出现当在泰、佬、壮民族分化之后。通过考证末拉姆辟发仪式与魔婆仪式中不同法器的出现年代，以及上述诸环节文化事象的梳理、引证、描述与分析！本文提出了泰国东北、老挝所研究区域末拉姆与广西右江流域所研究区域末伦从同源走向异流的假设。

关键词：末拉姆；末伦；同源异流；末拉姆辟发；魔婆

扬琴中国化研究

作者：杨　佳(2010 级博士研究生)

导师：赵塔里木

摘要：本文从民族音乐学的角度，以中国扬琴为例，以历史文献和田野材料为据，讨论扬琴及其音乐文化的变迁。本文围绕这一乐器，既关注扬琴音乐历时性传承发展过程，同时也关注扬琴音乐共时性存在的形态现象，运用田野调查和文献互证的方法，探索扬琴由“洋”到“扬”这一乐器文化属性方面的演变过程，透过这些文化元素探索扬琴四百多年具象的外在历史演变轨迹，以至于在当下的民族音乐环境中，更好地传承中国音乐文化，更好地彰显民族文化。

作为人与音乐之间的物质载体，扬琴把抽象的音乐观念用具体的乐器形式体现出来，因此研究乐器所承载的信息，是了解外来文化中国化的重要途径。

第一章围绕 20 世纪至 21 世纪国内学者针对扬琴历史渊源的热点问题进行分析调研：

论述扬琴起源的3种见解，笔者在前人研究的基础上，进一步补充扬琴与古代拨弦乐器有着密不可分的论证关系；论述世界扬琴的名称、分布、形制、功能；分析扬琴传入中国的两种路径。

第二章从乐器改革的角度，论述外来扬琴本土化的变迁，分别从扬琴的形制、材质、音位排列的规律方面分析扬琴中国化的内因，即扬琴受中国地理生态环境、社会环境等相关音乐文化传统因素影响，演变为适用于中国民间音乐的乐器。

第三章从乐器存在方式的角度，论述扬琴从18世纪至20世纪300多年的变迁，分别从民间音乐曲种、剧种、乐种和少数民族民间器乐4种音乐种类，论述扬琴中国化的演变。本文通过田野调查与史料文献相互参照的方法，说明外来扬琴成为中国民族民间乐器，与中国各地方人民的生活习俗、行为方式、思想观念等文化事项密不可分。

第四章从音乐本体的角度，论述扬琴音乐形态的变迁，通过不同音乐文本资料的比较，分析扬琴音乐曲调来源、曲目类型、曲式结构、演奏技法等音乐本体在不同时期的风格特征。

第五章从乐器的文化功能角度，论述扬琴在不同时期社会文化活动中的作用，通过音乐的表现方式反映了中国传统文化观念作用下的扬琴中国化历程。

关键词：历史；形制；传承；音乐；文化

鄂尔多斯礼仪音乐研究

作者：哈斯巴特尔（2010级博士研究生）

导师：乌兰杰

摘要：鄂尔多斯礼仪音乐研究所涉及的范围有两方面，一是成吉思汗祭祀中的仪式及其音乐，二是民俗生活中的仪式及其音乐表演。成吉思汗祭祀中的仪式音乐主要以12首天歌的演唱及相应的仪式表演为对象。12首天歌的演唱与其他仪式音乐相比较，更具有“功能性”。而祭祀歌的功能性不仅体现在祭祀仪式的行为方面，还体现在祭祀仪式的信仰和思想的建构方面。本文将祭祀歌的仪式功能及意义引申到“祭祀中的声音——表演形式——祭祀歌的含义”三维结构框架中做了深度阐释。

本文分上篇和下篇。上篇为祭祀篇，由3章构成。第一章为历史语境中的鄂尔多斯部落及其历史文化；对成吉思汗守陵人达尔扈特部落的构成历史进行了考证，并对鄂尔多斯方言和文字及多元文化的构成原因做了简要论述。第二章主要探讨了成吉思汗祭奠仪式及其祭祀的相关内容，从历史角度，对成吉思汗祭奠仪式的形成及变迁轨迹做了详细论证，在此基础上，进一步探讨了成吉思汗祭祀仪式内容和祭祀文本的样式和版本问题。第三章主要探讨了成吉思汗祭祀仪式音乐的建构和仪式音乐特征。

下篇为民俗礼仪篇，由3章构成。第四章为鄂尔多斯礼仪民歌及其音乐分析，内容包括不同题材的礼仪民歌及其文化含义，在礼仪语境中探讨了鄂尔多斯地方性礼仪民歌的构成和音乐风格特征。第五章主要探讨了鄂尔多斯民俗礼仪音乐的形成和民俗符号意义，以鄂尔多斯奈日仪式中的婚礼、周岁仪式及春节民俗仪式为例，进行了个案描述。第六章为鄂尔多斯礼仪音乐的表演及传承问题，对民俗仪式中的歌手、乐手及表演形式做了阐释，并提出表演的分类和模拟演唱传统的功能和意义。

通过鄂尔多斯民俗礼仪音乐研究,笔者以为,音乐作为仪式符号,它有民俗象征意义,而民俗的建构也是一系列与表演相关的意义表象的整合体。鄂尔多斯蒙古人的各种奈日仪式中,音乐作为背景和特定的符号,为仪式服务,成为仪式活动不可或缺的调味品。通过以上研究,本文认为鄂尔多斯民俗仪式中的音乐及表演行为,不仅有仪式中的象征意义,也有利于宗教仪式、地方传统文化的传承和社会的整合功能。从鄂尔多斯蒙古族奈日音乐及表演形式来看,其最明显的用途还是仪式,这种仪式性是传统的,也是文化的,不仅在音乐表演和表演的互动过程中完成,还体现出仪式音乐所特有的传统文化之核心价值与社会功能。

关键词:鄂尔多斯;成吉思汗祭祀;仪式音乐;民俗仪式;表演

易俗社与秦腔音乐的百年变迁

作者:辛雪峰(2010 级博士研究生)

导师:赵塔里木

摘要:本文是对近现代秦腔发展史上具有重要作用的剧社——西安易俗社,以及其影响下秦腔音乐的百年变迁的研究。围绕这一中心,本文将从班社管理制度、演出活动、剧目及秦腔音乐创新等内容入手,将易俗社置于近现代历史的背景下进行考查,探讨易俗社以何种自我调节机制,既适应不断变迁的社会环境,又继承、发展和不断创新秦腔音乐。

第一章对民国期间传统秦腔班社与易俗社进行了调查、比较和分析,认为易俗社取得辉煌成就的原因在于这个由文人主导的剧社始终全力依靠艺人,在文人和艺人之间、政治和艺术之间找到了促进秦腔音乐发展与创新的平衡点,使其在宣传民主进步思想的同时,又顺应了秦腔艺术的发展规律。它开创的“易俗腔”“易俗模式”引领了改良秦腔的潮流,从而使陕西乃至西北的传统秦腔逐渐被改良新声所取代。

第二章从新中国成立后的“戏改”运动分析入手,揭示戏曲机制的转型给易俗社演出剧目、演出活动等方面带来的转变,分析了新音乐工作者加入后,秦腔音乐在创腔方式、唱腔音乐、伴奏音乐等方面发生的变化。

第三章聚焦“文化大革命”“普及样板戏”给秦腔音乐带来的影响,阐述了移植样板戏在个性化人物唱腔、成套板式结构、主题音调及中西混合乐队的创建与实践等方面给秦腔音乐带来的突变。

第四章阐述了改革开放后秦腔艺术的短暂复苏与急速衰微的过程和原因,从创作主体、创作手段、乐队编制等方面分析秦腔音乐转型的“当代特点”。

第五章通过对 21 世纪以来文艺院团体制改革下易俗社重组、移交企业及事转企过程的考查,分析了“一刀切”的作法给秦腔传承与发展方面带来的新挑战。

本文将秦腔音乐变迁置于易俗社这一载体中,通过大量田野调查所获的第一手资料,特别是口述资料与文献资料的互证,建构了易俗社及秦腔音乐变迁的历史文本。

本文以历史民族音乐学的视角,将易俗社这一重要班社置于整个秦腔音乐的发展过程中,通过对近百年来政治、社会、组织结构、剧社个体等演变过程全面、动态的展示,揭示了一个剧社对剧种发展所发挥的重要作用,阐释了秦腔音乐变迁过程中静态结果与动态过程之间的关联。

通过对易俗社与秦腔音乐百年变迁中不同时期音乐形态与各个要素之间的变量分析得出本文的结论：首先，国家文化制度、市场、戏曲艺术规律是秦腔音乐变迁过程中具有决定性影响的因素，戏曲艺术作为重要的宣教工具，不同时期特定国家文化制度的变迁不仅对秦腔音乐的变迁起着主导性作用，而且影响着剧社开拓市场的积极性；其次，政治力量的介入改变了秦腔音乐的自然创作方式；再次，社会变迁中剧社的发展方向影响着剧种音乐的发展方向；最后，个人的创造对剧种音乐的发展起着重要的推动作用。

尽管本文是针对易俗社的个案研究，但在近现代中国戏曲百年发展史上，在特定文化制度的影响下，班社和剧种的发展有许多相似的经历，易俗社可视为百年变迁历程中的一个缩影，因此，本文可以给班社和戏曲音乐研究提供些许启示。

关键词： 秦腔音乐；易俗社；百年变迁；历史研究

和田维吾尔木卡姆研究

作者： 巴吐尔·巴拉提(2009 级博士研究生)

导师： 赵塔里木

摘要： 新疆维吾尔自治区和田地区在中原与西方文化交流中处于重要的枢纽位置。自古以来，作为古代绿洲丝绸之路南道之重镇的和田，在来自各方的多种文化之影响下，造就了自己独具特色的地方文化，包括几种地方性木卡姆在内的民间音乐是其中的重要组成部分。由于地理位置、语言等因素，和田维吾尔民间音乐至今尚未得到学术界的足够重视，甚至其中的几种民间木卡姆形式也都被看作维吾尔《十二木卡姆》的地方版。据笔者的田野调查及初步分析，情况远远不像现有的说法那样简单。本文以和田的历史沿革、地理生态环境、该地区维吾尔人的宗教信仰、生产方式、民俗活动、民间音乐资源等为研究背景，对仍在和田民间鲜活保存的“克里阳麦西热甫木卡姆”与“墨玉木卡姆乃额曼”这些音乐事象进行分析及相关比较，探寻其独特性和地方性，寻找与其相关的文化要素之间的关联。本文由绪论、正文(5 章)、结语和附录组成。其中，第一章以相关背景为基础初步探讨了和田维吾尔木卡姆的形成及发展脉络；第二章从不同地区木卡姆音乐所具有的共性及差异出发，结合“克里阳麦西热甫木卡姆”和“墨玉木卡姆乃额曼”的体裁、结构、节拍节奏模式等探讨了“和田维吾尔木卡姆”这一概念；第三章分别对以上两种和田民间木卡姆的唱词格律、内容、词曲关系进行了分析；第四章从结构、调式音阶、节拍节奏及旋律发展手法 4 个方面对和田维吾尔木卡姆进行了音乐形态学层面分析；第五章以相关研究成果为参照，对和田木卡姆与维吾尔《十二木卡姆》、刀郎木卡姆进行了比较研究，探讨它们之间的关系以及“克里阳麦西热甫木卡姆”和“墨玉木卡姆乃额曼”的地方性特征。结语部分在 5 章正文及个案调查的基础上对此课题的研究进行总结并做出了相应的结论。总之，对和田各地客观存在的维吾尔民间木卡姆进行民族音乐学视野下的综合研究，将有助于推动木卡姆学的建设、拓展以及对维吾尔木卡姆的认识，有利于地方音乐文化的保护与传承工作。笔者希望此课题的相关研究成果能够为后人的更深入研究提供便利和基础。由于主客观条件之因素，本文难免存在不当之处，望诸方专家赐正。

关键词： 和田木卡姆；民族音乐学；维吾尔族音乐；比较研究

"橘生淮北"——论越南传统音乐中的越南外传弹拨乐器的研究

作者: 阮清河(2009级博士研究生)

导师: 陈铭道

摘要: 伴随着越南文化的开放政策,越南近几年的音乐开始走向了快速发展之路,在音乐教育、音乐表演等领域都取得了瞩目的成就。但是,其音乐学理论则发展严重滞后,特别是越南音乐史学的研究,在越南国内鲜有人问津。笔者作为越南籍学生,希望能依托中国音乐学院和越南胡志明市音乐学院两个学术后盾,从中越文化交流中的典型乐器——外传弹拨乐器——作为切入点,力图探索、剖析中国音乐文化圈对越南音乐的影响,填补中国与东南亚国家音乐文化交流相关研究这一空白。本文除绪论、结论外,分为6章,最后是参考文献。绪论中陈述选题的目的和意义。这部分强调关于各种弹拨乐器流变轨迹的研究,经众多学者的研究考证,成果颇丰,部分研究成果已达成共识。但是其对越南外传弹拨乐器在历史变迁、形制构造方面究竟有何影响,在越南本国及东亚各国都没有详尽而系统的研究。所以本文将为中国音乐学界更好地了解越南音乐提供一些借鉴和帮助。第一章介绍了越南著名音乐学者陈文溪教授在他的博士论文《越南传统音乐》(*La Musique Vietnamienne Traditionnelle*,1962年)及《越南琵琶的倾诉》(2007年)中认为在10世纪琵琶、筝、月琴、二胡等传到越南。其依据是越南北宁省仙游县佛迹寺1057年建造在该寺立柱上11世纪初的浮雕(一尊浮雕,其中有弹琵琶、月琴、筝等者),由此认为琵琶、月琴、筝等最晚于10世纪已经出现在越南了,本文在诸多证据的支持下,尤其通过越南、中国的史料,得出琴、琵琶、五弦等乐器更有可能是由扶南国(现越南南部)传入林邑国(现越南中部一带)进一步发展的结果的结论,而传入时间最晚在5世纪。这一论证推翻了越南以陈文溪教授为代表的现有的较为普遍的观点(即琵琶、筝、月琴、二胡等是在10世纪左右传入越南的)。第二章通过详细的分析,指出中国弹拨乐器与越南外传弹拨乐器的名称及外形的关系。第三章介绍越南外传弹拨乐器的形制、演奏方法及其使用场合,通过介绍越南各种传统戏剧和民间音乐,窥探越南外传弹拨乐器在其中的使用情况。第四章强调越南音腔、音阶、特有的调式转换等是越南各类传统音乐中外传弹拨乐器的音乐特征的成因。第五章介绍了"田野工作"是民族音乐学当中最重要的一种方法。第五章通过笔者在中国,越南北、中、南部等地对乐器进行考查、对各种乐器专业师生及民间艺人进行采访的资料整理而成。第六章从越南不同时期的社会制度、文化影响、民族的审美意识和语言特色,来深入探讨越南外传弹拨乐器的形成原因及发展历程。

关键词: 中国弹拨乐器;越南传统音乐;越南弹拨乐器;越南戏剧

为谁而歌——以海城民间丧葬仪式中的鼓乐为例

作者: 林　林(2008级博士研究生)

导师：陈铭道

摘要：辽宁省海城市在关东与中原文化交流中处于重要的枢纽位置，其民俗文化具有多种基因成分。历史上，由于中原政权对其统治的若即若离、少数民族政权的时而占有、闯关东带来的流民现象等多方面原因，形成了海城独具特色的民俗文化。

海城民间丧葬习俗在经历了“文化大革命”的洗礼之后，于20世纪80年代迅速复兴。与之相依附的海城鼓乐也从中得到了生机，以更具活力的姿态活跃在这片广袤的土地上。在三十年的发展历程中，丧葬仪式逐渐趋于简化，鼓乐也跟随时代的脚步发生着翻天覆地般的变化。

仪式过程的变化并未脱离其基本的行为规范，丧葬中的鼓乐风格转变却在一定程度上让许多头脑中装满传统的老人无法接受。从古至今，丧葬音乐就具有倡孝、教化、颂魂、娱人、聚众等多项功能，但传统的海城民间丧葬用乐恪守着以“悲”为其主格调的法则。而今，情形为之一变，乐队编制发生本质性转变，传统曲目大量流失，各种表演形式目不暇接。丧葬用乐的功能未变，但比重的天平发生倾斜。

对于传统的一再缺失，每一个民族音乐学研究者都会为之惋惜。规模浩大的“集成”工作、用心良苦的“非物质文化遗产保护”、音乐院校“传统音乐”的课程设置，表现出学者对传统的热爱，也体现着社会对传统文化的维系。但是，我们的举动需要抓住事物的内核：传统如一条环环相扣的锁链，任何一个环节的改变都会导致其他环节乃至整体的变异。

本文从历史入手，寻求海城民俗传统形成的根源；以丧葬仪式用乐的功能为主线，挖掘海城鼓乐转型的深层原因；以仪式与音乐结合的法则为契机，探索传统技法的文化内涵。事实证明，学者视为珍宝的传统乐曲逐渐被艺人所遗忘不是喜新厌旧使然；复杂的乐学理论和繁琐的传统技法走出艺人的视野不是“一代不如一代”轮回的结果；丧葬音乐的悲切主调向“观美”的转变也不是道德沦丧与有悖人伦。时代造就一切。

关键词：海城；丧葬；鼓乐；音乐功能

云南西盟马散佤族乐器文化研究

作者：宋　歌（2014级硕士研究生）

导师：赵塔里木

摘要：本文试图从乐器学描述出发，对马散佤族乐器进行分类并研究其在音乐上、制作上、使用上的特点。并在此基础上，运用民族音乐学、民俗学等方法，结合大量田野事实，将马散佤族乐器文化放置于马散佤族整体文化之中，研究马散佤族乐器与组成马散佤族文化各部分的共生关系。

在调查中发现，马散佤族乐器在马散社区的宗教与民俗活动中扮演着诸多重要的社会角色，在这些角色与功能之下，存在与之角色相适应的乐器制作、使用方法与禁忌，而这些行为在一定程度上能够反映马散佤族人的乐器观。这些观念也在无形之中作用于马散佤族人的乐器制作与使用之上，进而形成马散佤族乐器独特的音乐景观。马散佤族乐器作为马散佤族传统社会的产物，遗留着马散佤族作为直过民族的历史，同时也反映着马散社会的变迁。在历史进程中的马散佤族乐器与其相适应的社会生产生活、社会组织构成、精神信仰等产生联结，相互作用，并在马散佤族人的生产生活、民俗与宗教活动的维护以及文化英雄的个人创造中传承下来。

关键词：马散佤族；乐器文化；宗教仪式；民俗

族群记忆·文化认同——新疆蒙古族土尔扈特部长调现状研究

作者：张　颖(2013 级硕士研究生)

导师：杨　红

摘要：蒙古族是中国众多跨界民族之一，其音乐在与异文化的交融碰撞中呈现出多元与个性并存的状态。中国新疆的蒙古族土尔扈特部落，在继承蒙古族传统音乐的同时，又由于特殊的地理与历史原因，有着鲜明的族群特征。本文以新疆蒙古族土尔扈特部长调为关注对象，在对新疆土尔扈特人的 4 个主要居住地充分调研的基础上，以深层访谈、现场采录的方式将历史文本与口头文本结合起来，探讨蒙古族音乐的共性和土尔扈特部落之特性，从而解释蒙古族土尔扈特部长调的历史内涵和土尔扈特人的身份与文化认同。

本文依据历史文献，从族源上梳理新疆蒙古族土尔扈特部的历史脉络，并将田野中所采集到的历史性长调与之对应，互为印证；通过实地调研体悟“东归”文化以及土尔扈特人的长调观念，描述新疆蒙古族土尔扈特部长调的宏观印象；继而从本体出发，探析新疆蒙古族土尔扈特部长调的类别和音乐形态，把握族群认同在长调中的表达；最终在新疆蒙古族土尔扈特部长调的生存语境中，记写民间交流会和代表性传承人之个案，阐释传统与现代博弈下的长调存承现状及其文化意义。

关键词：蒙古族；土尔扈特部；长调；族群记忆；文化认同

中国哈萨克族阿肯阿依特斯曲调类型研究
——以柏杨河哈萨克民族乡阿肯阿依特斯为例

作者：刘晓晨(2012 级硕士研究生)

导师：赵塔里木

摘要：在漫长的历史进程中，哈萨克族形成了各具特色的民间即兴讲唱艺人类型，其社会职能、演唱形式、学艺和传承方式都随环境而变化。随着时代的发展，大多数民间即兴讲唱艺人类型随着自身社会功能的渐弱、观众的流失逐渐退出了历史舞台。而阿肯则历经了漫长的历史发展，不断适应社会的转型，从而成了当代哈萨克族民间即兴讲唱艺人中数量最多、影响力最大的类型。

阿依特斯是哈萨克族流传最广泛、影响力最大的民间即兴讲唱艺术形式。2006 年，阿依特斯被列入第一批国家级非物质文化遗产名录；由哈萨克斯坦和吉尔吉斯斯坦联合申报的“即兴表演阿依特斯”在 2015 年被联合国教科文组织列入人类非物质文化遗产代表作名录，使得世人对阿依特斯艺术有了更全面的了解。

本文以乌鲁木齐市米东区柏杨河哈萨克民族乡为主要调查区域，关注当下国内阿依特斯中流传最广的一类阿肯阿依特斯的分类观念、曲调类别、词曲结合的规律等内容，通过重点分析、归纳阿肯阿依特斯的旋律特征、曲调类型及词曲结合的规律，从民族音乐学的角度探究阿肯阿依特斯的特征，为哈萨克族阿肯阿依特斯的整体研究添砖加瓦。

关键词：柏杨河乡；哈萨克族；阿肯阿依特斯；阿肯；曲调类型；格律

中缅边境地区布朗族民歌比较研究

作者：张雪儿（2012 级硕士研究生）

导师：杨　红

摘要：民族音乐学的研究将音乐置于其产生的文化背景中，在整体文化语境下理解音乐的生成与发展。布朗族是我国少数民族中人口较少的民族之一，历史久远。很早活动于澜沧江流域的“濮人”，极有可能就是如今布朗族的先民，他们是世世代代生活在这片大陆上的土著民族。而今，由于政治、历史等原因，布朗族成了典型的跨界民族。本文以田野调查为基础，运用民族音乐学的学理视野对中缅边境地区布朗族聚居区中的音乐事象进行描述和解读。本文共 4 章，第一章对布朗族历史族源、历代分布及中缅两地族民生存现状进行概述；第二章将视域转向跨界语境中的布朗族民歌展演活动，运用民族志的书写格局，描绘中缅边境地区布朗族音乐文化交流往来的田野景象；第三章通过对民间歌手的访谈，结合节庆表演和民歌传承的内容及过程，展示并构建布朗族传统民歌的分类、社会维护以及文化认同的局内观；第四章对中缅布朗族民歌进行音乐形态分析，厘清音乐本体间的血亲关系以及异化过程。

笔者试图通过较系统地描述中缅边境布朗族地区的音乐景观，对该地区音乐文化上血脉相连的稳定基因与文化变迁中形成的变异性做出解析，以期为学界提供一个音乐文化多样性的文本。

关键词：跨界民族；布朗族；民歌

西双版纳阿卡人社会生活中的民歌

作者：胡耀方（2012 级硕士研究生）

导师：赵塔里木

摘要：民族音乐学的研究将音乐放置于它产生的文化体系中，在具体的文化语境下理解音乐的生成和发展，本文以田野调查为基础，以民族音乐学的视角对勐海哈尼族阿卡人社会中的音乐事象进行描述和解读。本文分 4 章，第一章对阿卡的民族归属、语言文字和信仰体系进行介绍；第二章对存续的阿卡传统民歌体裁进行类别划分和形态分析；第三章通过两位歌手传记的书写，剖析国家、社会习俗观念、个人命运和歌唱之间的联系；第四章介绍阿卡流行歌曲的发展，解读流行歌曲蓬勃的背后是阿卡精英阶层的文化觉醒和积极建构。本文试图全景地描述阿卡这一微型社区的音乐事象,以期为学界提供一个音乐文化多样性的文本。

关键词: 哈尼族;阿卡;民族音乐学

无乐不成礼——东明县地区丧葬仪式音乐研究

作者: 魏珍奇(2011 级硕士研究生)

导师: 陈铭道

摘要: 中国是一个重视死亡的国家,自上而下几千年的历史,形成了当今依旧活跃的丧葬仪式礼俗。通过丧葬仪式,凝聚了一个家族的团结,获得了生者对死者的哀思之情,更加表达了晚辈之于长辈的"孝道"。

儒家的礼乐思想对中国的丧葬仪式影响甚大,"无乐不成礼"的文化观念深入民心,大到皇家贵族们的风光厚葬,小到寻常百姓家的普通土葬,"乐"的痕迹如影随形。在他们的观念中,"热闹"一词或许是能够解释"乐"不散不消最合理的理由。"一家有事儿家家忙,自家有事儿心不慌",吹吹打打"热闹"一天比沉痛、肃穆、按部就班地送老人出门来得实在,也来得体面。

本文在写作前期进行了一系列的案头工作,主要是为了了解东明县地区丧葬仪式所使用的鼓吹乐乐种——鲁西南鼓吹乐——的相关研究;后期进入田野采风阶段,在田野采访的过程中,主要关注丧葬仪式诸环节与鲁西南鼓吹乐之间的互动关系。最后,笔者将相关资料进行整理,进行文化分析。笔者从人类学的相关视角出发,构建东明县地区丧葬仪式中"无乐不成礼"的文化功能,从"礼"的角度分析"乐"的思想,从"乐"的作用解构"礼"的文化内涵。最后本文分析了东明县地区丧葬仪式中"无乐不成礼"的文化动机。

关键词: 东明县;丧葬仪式;鼓吹乐

莱芜梆子展演样态的考查与研究

作者: 尚文佳(2011 级硕士研究生)

导师: 杨　红

摘要: 160 多年前,泰山脚下,汶水河畔,老艺人唱响了一种名为"本地梆子"的艺术形式。这种本地梆子经由徽班艺人传授,发展成一种叫"莱芜梆子"的地方戏曲源头。从此,莱芜梆子在继承传统的基础上,形成自己独特的音乐特点,成为莱芜及周边地区人民的家乡戏。

莱芜梆子是梆子腔系中的重要剧种之一,现拥有编创剧目 400 余出,以梆胡、中音板胡、八角月琴三大件为主奏乐器,保留了莱芜地区独特的方言与声腔特征。如今,莱芜梆子以多样的音乐展演方式活跃于城乡舞台,充分显示其政府效能与民俗文化,鲜活地反映了当地人民的生活,具有独特的地域特质和文化内涵。本文旨在运用民族音乐学及人类学等相关学科方法，选取莱芜梆子专业剧团与业余剧团为研究对象，以专业剧团的进京演出、送戏下乡及业余剧团的民俗演出活动为研究个案，涵盖当下莱芜梆子的多种展演样态。通过对田野中的莱芜梆子活态音乐资料的解析，进一步阐释莱芜梆子的改革发展轨迹，论述莱芜梆子的现代社会功用、国家对其音乐的影响以及莱芜梆子的区域音乐特征。

莱芜梆子历史积淀深厚，演出形态多样，音乐个性鲜明，顺应时代发展，在继承梆子腔系声腔剧种的共性之外，显示出独有的艺术魅力，是具有典型区域特色的传统音乐形式。

关键词：莱芜梆子；剧团；莱芜梆子音乐

甘肃环县“马家班”道情皮影音乐研究

作者：熊　隽（2010级硕士研究生）

导师：杨　红

摘要：甘肃环县地处陕甘宁三省交界处，是中华民族农耕文化的发祥地之一，是古老的秦陇文化和周边的族群文化相互碰撞的融合之地，亦是道教传授教义的圣地。环县道情皮影戏在这片地域上扎根繁衍，马家戏班作为国内保存较为完整的原生态艺术群体的个体代表，以多元的音乐活动样态展示了环县地区道情皮影戏的传统民俗和音乐文化，鲜活地呈现了当地人民的社会生活，表征其特有的地方属性和文化特质。

本文以民族音乐学、文化人类学理论为依据，从环县道情皮影的历史文化生态、当今道情皮影马家班音乐活动的主要展演场域、田野中的音声分析以及相关文化阐释等方面，展开整体性的音乐研究。笔者以马家班3种不同类型的民俗活动为调研个案，从皮影盛会甘肃环县第三届中国道情皮影民俗文化节、环县合道乡陶洼子村钻洞子组九天娘娘庙会到新年节庆时期的表演活动，较为全面地涵盖当下环县道情皮影音乐的生存现状，充分体现了环县道情皮影戏在当代潮流下的生存样态，道情皮影音乐是传统与现代的交融相织，是历史与当代的互动共识。本文通过对田野中的活态音乐的分析，进而解读道情皮影音乐作为环县民俗生活中的重要组成部分，是环县人民历史生活与文化变迁的内涵显现。

关键词：环县；道情皮影音乐；马家班

“请七姑娘”——一个湘西村庄的音乐民族志实验

作者：张　芳（2010级硕士研究生）

导师：陈铭道

摘要：民间信仰是群体的文化形态，总在仪式行为中展现。仪式音乐研究是民族音乐学的主要研究领域。“请七姑娘”在湘西地区已有相当长的历史。由于它有巫性因素，被人们视为封建迷信。在现代化进程中，“请七姑娘”渐渐边缘化，许多地方已难觅踪迹。笔者以湘西瓦乡人与苗族边界的高望界乡为田野点，关注仪式的结构与变迁，以及民间信仰叙事中的地方性特征。

"请七姑娘"是高望界乡正月的一项风俗。民俗学者在对紫姑信仰体系的研究中认为，各地请"七姑娘"相关的仪式都可追溯到我国民间的紫姑信仰。湘西地区的仪式将这一神灵崇拜与神话故事七仙女结合，形成了具有巫楚风格的仪式。

本文以田野调查所得为主要素材，构建音乐民族志，系统探究"请七姑娘"历史语境，将仪式予以结构性分析，关注仪式中的音声，并探讨这些要素的关联与互动。本文最终得出如下结论："请七姑娘"是瓦乡与苗族这两个邻近族群共有的文化事象。仪式维系了两个群体的情感，体现了社会关系的层次，同时仪式也是历史中的文化展演，是人们不断阅读评价的动态社会记忆，而仪式的神秘性在现代化进程中渐渐消解。

关键词： 族群记忆；文化展演；音乐与迷幻

广西平果县嘹歌音乐形态调查研究

作者： 郭　婧(2009级硕士研究生)

导师： 陈铭道

摘要： 嘹歌是流传于广西壮族自治区的壮族民间多声部民歌，流传迄今已近千年，被誉为壮族的"歌经"和社会生活的"百科全书"，并在2008年成功列入第二批国家级非物质文化遗产名录。然而，迄今为止，从事传统音乐研究的学者对嘹歌的研究大多聚焦于历史、唱词、文化、保护传承方面，从民族音乐学角度对嘹歌的音乐形态及其与所在的文化背景的关系等进行研究的学者则寥若晨星。

笔者多次到广西平果县进行实地采风，共采访了百余位群众及民间艺人歌手，对其中88位歌手做了较为详细的个人信息采集与调查访问笔录。笔者撰写本文的目的在于以民族音乐学的视角，用文字、图片、录音、录像等方式，尽可能全面地记录嘹歌的生成发展环境以及活态现状，总结出历史变迁过程中这种独特的民歌传承发展的过程。

本文将对嘹歌音乐本体、音乐形态进行客观描述分析，对其生成发展的文化背景进行文化阐释，填补长期以来嘹歌音乐本体研究的空白；为系统地研究平果嘹歌，提供一个可资借鉴的文本资料，为嘹歌音乐本体的研究与实践提供一个相对详细的理论分析。同时本文以民族音乐学的视角，探讨嘹歌这种独特的传统音乐文化的传承保护和未来发展，给关注她的政府、文化人士、民众提供一个理论参照。

关键词： 嘹歌；活态现状；音乐形态；文化缘由

乌毛素沙漠中的民族音乐之魂——乌审旗礼仪音乐研究

作者： 阿　丽(2008级硕士研究生)

导师： 杨　红

摘要： 乌审旗地处内蒙古西部乌毛素沙漠腹地，是鄂尔多斯市下属的一个蒙古族自治旗。历史上匈奴、鲜卑、党项、蒙古等少数民族曾先后在这块土地上繁衍生息，共同创造了中国北方发达的古代文明。在周边地区蒙汉民族文化日益交融的当下，蒙古族古老的祭祀文化在这里依然传承发展，敖包祭祀、那达慕大会、传统的礼仪习俗等，共同构筑了当地蒙古族人民文化生活的重要内容，音乐文化传统亦在其中得以集中展现。

礼仪音乐，是笔者对长期存在于当地民俗礼仪活动中的音乐形式的整体性称谓，包括鄂尔多斯短调与长调、宴歌等多种类型的蒙古族音乐。随着传统节庆礼仪活动的社会、文化变迁，礼仪音乐的构成内容与表演形式也悄然改变。本文以民族音乐学视野中的区域音乐理论为依据，从乌审旗的历史文化生态、当今蒙古族音乐文化的主要展演场域、田野中的音声景观分析以及相关文化阐释等多方面开展区域性音乐研究。笔者以 3 种不同类型的民俗礼仪活动为研究个案，概览当下乌审旗礼仪音乐的生存现状，通过对田野中的礼仪音声之活态样本进行分析，阐述礼仪音乐表征，进而揭示礼仪音乐作为蒙古族民俗礼仪活动中的重要组成部分，是神圣与世俗的互动显现，是大漠中独特的音声景观，它不仅承载着族群认同的集体记忆，而且是音乐民族特质的文化象征。

关键词：礼仪音乐；敖包祭祀；暖房；那达慕

穿越时空的红都弦声——志丹陕北说书研究

作者：孟佳辉（2008 级硕士研究生）

导师：杨　红

摘要：陕北说书是陕北文化的百科全书。研究陕北说书，对了解陕北文化特质、传承民间艺术具有深远的影响。在当今全球化的影响下，中国传统文化被推到了“边缘”，导致越来越多的传统音乐走向异化、同化，甚至消亡。研究陕北说书，一方面可以总结这一独特艺术形式的本质特征和价值意义；另一方面通过探讨其历史嬗变过程，揭示其发展、演变规律，为今后的保护传承提供实证和方略。

本文以民族音乐学、文化人类学和民俗学知识架构为理论基础，以相关历史文献和田野调查资料相互论证，以实地考察数据为依托，将陕北说书置入文化生态环境中，结合社会人类学中的社区研究法，力图能较为全面、深入地反映陕北说书的生存现状和发展历程，探索农耕文化中的民间信仰、社会行为以及说书音声景观；通过对陕北说书在休闲广场、节庆日、庙会中的展演样态的系统描述，以期客观展示陕北志丹县民间音乐文化生活图景；通过对陕北说书艺术大师韩起祥及其志丹说唱团的调研，进而探讨陕北说书的传承、发展及其社会功能；通过对陕北说书的音声样态分析，探究陕北说书的艺术演变规律，诠释其在当下的社会变迁与文化意义。本文基于田野体验，以考查文本为支撑，将相关文献交织论证，构成音乐民族志研究成果，期望对陕北说书进行合理的文化解释。

关键词：陕北说书；音声样态；韩起祥；志丹说唱团；红都志丹

江西万载潭埠鼓吹乐得胜鼓的调查与研究

作者：程璐怿（2007 级硕士研究生）

导师：傅利民

摘要：2008年，万载县鼓吹乐得胜鼓被国务院评为第二批国家级非物质文化保护遗产项目。本文的研究目的是通过对地方鼓吹乐种得胜鼓的个案调查，探求江西万载地区得胜鼓的发展现状。笔者经过近两年的时间，运用乐种学考查方法和民族音乐学的相关研究理论，以万载潭埠镇的鼓吹乐得胜鼓为研究对象，进行了十余次的追踪调查。本文从5个方面考查该乐种，第一章为历史构成，通过史学研究方法中文献记载和口述历史两种方式对得胜鼓的历史发展进行梳理与分析；第二章采取乐种学的研究方法对乐种的物质构成进行考查，其中包括乐器、乐队组合形式以及所演奏乐曲考查；第三章从民族音乐学的研究角度出发，考查得胜鼓在当地民俗中的运用情况；第四章具体分析得胜鼓的音乐构成因素，将现存的使用频率较高的几首乐曲进行分析，意图找出得胜鼓乐曲中的规律性特点；第五章笔者从得胜鼓传承现状的调查引申出对我国传统音乐传承现状的思考。笔者认为，如今传统音乐的传承主要分为“自我”传承和“他者”传承，并体现出“二律背反”的哲学思想。

关键词：得胜鼓；文化生态考察；音乐本体分析；传承现状

泰山碧霞祠道教音乐研究

作者：徐雅琪(2007级硕士研究生)

导师：傅利民

摘要：泰山丰富的历史文化孕育了泰山道教音乐的形成与发展。由于历史的特殊性，泰山民间信仰、古代帝王封禅、泰山道教等因素交互影响，为泰山道教音乐的发展营造了空间。因此本文首先从泰山民间信仰、古代帝王封禅、泰山道教3个方面谈及泰山道教音乐的历史源流及文化背景。其次，笔者通过实地考察采录泰山碧霞祠斋醮科仪，将音乐放到仪式中来观察，从仪式与音乐的结合中发现音乐之功能与互动规律，并对采录音乐做音乐形态分析，从经韵曲与器乐曲两个方面进行分析，以总结泰山道教音乐之规律。由于特殊的历史原因，泰山道教音乐从某些方面表现出与古代宫廷祭祀用乐上的一致性。本文从历史制度与音乐本身两方面对这一论点进行论证，以期对这一历史现象有更合理和科学的认知。

关键词：文化背景；音乐构成；仪式用乐；音乐形态

梵韵遍法界，声声契禅源——中峰三时系念仪式音乐研究

作者：黄凝薇(2006级硕士研究生)

导师：傅利民

摘要：佛教音乐是中国传统音乐的重要组成部分。“中峰三时系念佛事”是佛教净土宗派的重要仪式之一，此仪式以音声做佛事，来度化自性的众生，以期自性清净成就佛道。本文以元代中峰明本国师创作三时系念的历史渊源为研究背景，以山东省庆云县海岛金山寺所举行的三时系念仪式音乐为研究对象，并通过对其坛场布置、法事内容、仪轨程序等方面

的阐述，从仪式的音乐形态方面入手，对音阶调式、旋法特点、节拍节奏、梵呗曲式类型等方面进行了分析与研究，力求阐明中峰三时系念法会的音乐特点；同时，探究了三时系念仪式中的梵呗功能与意义；最后，从音乐中体现文化内涵和从文化中理解音乐的视角，对其仪式音乐的核心本质——禅韵——作了详尽的分析。本文分4章进行论述：第一章为中峰三时系念法会之缘起；第二章为中峰三时系念法事实录；第三章为中峰三时系念仪式的音乐特征；第四章为中峰三时系念梵呗功能与禅韵。

关键词：三时系念；中峰国师；仪式音乐；梵呗；法器；禅韵

陕北横山春节风俗中的音乐活态资源考察与研究

作者：佘雯婧（2006级硕士研究生）

导师：杨　红

摘要：横山地处蒙陕交界地带，其深厚的历史积淀和多样的文化土壤，孕育了独特的边塞文化，相对封闭的社会人文环境保存了大量的传统音乐习俗。秧歌是横山地区春节的象征性符号，它展现出人类文化行为和社会行为的整合。秧歌展演以城乡、村镇为表演空间，集中展示了横山悠久的历史和丰富的人文风情。

本文以中国传统音乐整合研究的思路为统领，从"时空坐标、社会场域、音乐事象、文化隐喻"这一立体化多维框架视野结构中进行音乐活态资源的整合研究，强调多重元素交织的整合空间。在多个个案的表述中，广泛涉及宗教信仰、乡土结构、文化传承、社会变迁等因素，它们在统合的社会场域中频繁交织、相互作用。蒙陕交界地域的深厚历史积淀和古代多民族混杂遗留的文化土壤构成边塞文化的基石，并与当下的动态社会空间交错，构建了横山社会恢宏的时空坐标。春节吉庆习俗作为"文化支点"，普通村民、神会会长、秧歌伞头、文化工作者、政府官员等不同社会身份的个人与群体一起，编织出当下横山社会的重要文化意义网络。在这个文化意义网络中，具体而多样的音乐事象充分展示了横山社会多神信仰的宗教习俗、节庆时序的构建符号、社会秩序的稳固方式以及文化权力的轮值交替。

关键词：春节秧歌；宗教信仰；岁时风俗；音乐符号；象征行为

太行山"陵川盲人曲艺队"研究

作者：徐天祥（2006级硕士研究生）

导师：陈铭道

摘要：盲人曲艺队是20世纪上半叶在中国大陆特殊的社会政治背景下出现的由盲人组成的文艺宣传队。它作为集宣传、教育、娱乐、盲人互助于一体的组织，以一种独特的方式传承、创造着地域民间音乐文化。本文选取现今太行山地区最为活跃的一支盲人音乐组织——山西省陵川县盲人曲艺队，从音乐学的立场和视角出发，对其进行研究。全文共分3章。第一章概述陵川盲人曲艺队的历史与现状，陈述该组织在各阶段的不同样态，解析盲艺人在新时期获得成功的原因。第二章对陵川盲人曲艺队的从业艺人进行调查与研究。第三章探讨陵川盲人曲艺队的音乐特点,分析盲艺人创造音乐的3个基本原则——“模仿—变化”“组合—联缀”以及“吸收—创造”,揭示出盲艺人改革音乐的动力根源——生存。

本文同时以陵川盲人曲艺队为例,对中国传统音乐中广泛存在的“风搅雪”音乐现象进行了论述,揭示其基本特点,并在本文最后提出,中国盲人音乐史可以分为上古盲人乐官、中古散落民间、近古盲人会社、现代盲人宣传队和当代转型5个阶段,而陵川盲人曲艺队的全部历史,将中国盲人音乐史后3个阶段的特点体现得极为明显。

关键词: 盲艺人;曲艺队;宣传队;三皇会;吹打乐合奏;曲艺;小戏 ;风搅雪

流淌在乡土间的集体记忆——江西高安采茶戏音乐文化研究

作者: 刘沐粟(2005级硕士研究生)

导师: 傅利民

摘要: 高安采茶戏以有着深厚文化积淀的“江右上县”高安来命名,繁衍于江西瑞河流域,流行在江西省多个地区。明清时期高安为江西瑞州府所在地,距省会南昌仅60公里,高安采茶戏得益于该地理位置的便利,汲取南来北往剧种的养分,贴近百姓,源于生活,逐渐形成了通俗朴实的语言、婉转甜美的唱腔、清新自然的表演,并活跃于当地及周边市井乡村,至今仍然显示出旺盛的生命力。

本文以与高安采茶戏相关的文史资料为基础,结合多次田野调查,吸收与融合人类学、民俗学、社会学、符号学、美学等其他多门学科的部分建构理论与研究方法,通过历史考证与唱腔溯源,力图从历史、音乐、文化3个层面上,对高安采茶戏的形成与发展进行全面的、深度的梳理与研究;通过唱腔腔式、句式结构、乐队伴奏及方言声调等方面的分析,对高安采茶戏进行了音乐形态研究;分析了高安采茶戏在与观众的情感、经验进行“对话”时所构建的“符号化空间”,进而从社会变迁角度出发,深入分析“符号化空间”中隐藏的记忆机制,探究了高安采茶戏在“集体记忆”下的延续。本文探寻承载高安采茶戏的文化机制与承传途径,从而对高安采茶戏音乐文化体系做出理论总结,对高安采茶戏的传承与发展提供理论架构。

关键词: 高安采茶戏;腔式;方言声调;符号化空间;集体记忆;社会变迁

传统的背后——凉山彝族“达体舞”现象分析

作者: 张澄宇(2005级硕士研究生)

导师: 陈铭道

摘要: 本文从民族音乐学角度出发,关注少数民族音乐文化的重整现象。以凉山彝族自治州的新编达体舞为实际例子和调查对象,本文从音乐舞蹈本体分析、民族文化认同、历史创造、社会效应、泛文化影响以及社会记忆与社会变迁等多个方面来讨论这个民俗事象。

达体舞在民间音乐的基础上,被改编创造成一种新时代的娱乐性质的舞蹈。面对这种改变，本文一方面揭示了凉山彝族在社会变迁下民族身份上的自我觉醒，以及对自身艺术文化的调适重整；另一方面分析了民间音乐文化传统本质在重整中受到的广泛影响。

本文着重指出了达体舞并非凉山彝族的传统音乐舞蹈，它是州政府的一个创举，虽然达体舞建立在民间音调传统上，但是仍然不能改变它西方思维的创作模式。民间音乐文化的重整是否有必要？这种模式在各民族间竞相出现，究竟是有助于传统的延续，还是在西方全球化影响下掉入又一个文化工业化陷阱？这都是此文将要深刻讨论的一系列问题。

关键词：民间传统；整理；彝族；达体舞；传统文化；现代性

兴国山歌音乐文化研究

作者：钟玉琴（2005 级硕士研究生）

导师：傅利民

摘要：本文在历时和共时的双视角下，以田野和文本并重的原则为前提，把兴国山歌放置在客家文化的大背景中来研究，力图把握现代语境中兴国山歌的崭新面貌。本文选择了至今活跃在乡村舞台中的歌手以及他们演唱的文本作为考查对象，同时力图通过新旧文本的对比而找到兴国山歌的变化轨迹。

每一个口头文本都与具体表演及语境息息相关，本文揭示了兴国山歌是在歌手的表演中创作出来的；同时指出，田野、仪式、擂台不仅是兴国山歌歌手的表演空间，而且是兴国山歌的保存空间。

关键词：口头文本；兴国山歌；客家；表演；歌手

《中国传统音乐符号重建工程》论析——一种民族音乐学阐释论视角

作者：张　乔（2004 级硕士研究生）

导师：吴文光

摘要：本文以阐释学的相关理论为依据，使用民族音乐学的研究方法，系统地记录、研究了中国音乐学院“中国传统音乐符号重建项目”。

本文由两篇内容组成。第一篇首先解释了阐释学理论及其与中国传统音乐文化的关系，并得出“目前正是对古曲进行阐释性编写的最佳时机”这一结论。第一篇的第三、第四章系统地分析了古琴音乐编写性阐释的具体方法、手段以及展开这种阐释方式的原因与必要性。尤其是在第四章提出的本位与非本位人员对古曲的不同化解能力，是本项目通过实践摸索后所体现出来的真实而有研究价值的问题。本文的第二篇为音乐本体分析。中国传统音乐符号重建工作委约了一部分音乐作品，通过分析这些作品，总结出在实际的古曲编写过程中应该如何对待其中的结构、曲调、节奏等具体问题，这对于以后的古曲编写有很大帮助。

本文认为，像“中国传统音乐符号重建项目”这样实践与创新并重的工程是非常有意义的。笔者也希望可以通过本文将本项目的理论成果清晰、客观地记录下来，为中国传统音乐文化的健康发展出一份力，做一份贡献。

关键词：中国传统音乐；中国传统音乐符号重建；阐释学；编写性阐释；古琴艺术

地方性田野——云南省丽江市玉龙纳西族自治县古城区四方街歌舞活动研究

作者：杨　波(2001级硕士研究生)

导师：陈铭道

摘要：本文以2003年11月至12月间，连续发生在云南省丽江市玉龙纳西族自治县古城区(原来称为丽江纳西族自治县大研镇)四方街的两类少数民族歌舞活动(分别以竹笛和葫芦笙作为伴奏乐器)作为背景，以自发组织歌舞活动的个人作为主要调查对象，通过建立个案描述与分析，研究在相对具体、复杂的微观语境中存在于纳西族地区的歌舞音乐文化的传承、适应与变迁。

作为一篇承袭试验性与开放性的论文，本文不追求具有普适性的分析过程与结论，而是借鉴跨学科的研究成果，将具体的研究对象限定为处于一定文化和历史语境中的个人，关注这些个人的音乐活动与他们所处的开放性的社会情景之间的互动影响，通过研究者情景性的个案描述和结合其现实经历进行分析阐释，最终诉诸分析过程与结论在此次调查研究中的合法性。

笔者寄望于通过个人研究视角的创造性阐释及新的文本写作，使读者获得关于相对历史时空中局部存在于纳西族音乐文化中的另类认知与体验，同时对那些原本看似寻常的音乐活动进行不断的质疑和评述，使这些原本就可能富于“阐释性”且处于流动、变化的音乐活动变得更加易于感知和体验，以求重获这些曾经存在和发生的音乐活动可能带给我们的不同意义。

关键词：地方性田野；纳西族；四方街歌舞

北京东郊密云与平谷、河北兴隆大鼓书调查与研究

作者：吴　洁(2001级硕士研究生)

导师：陈铭道

摘要：本文以流行于北京东郊密云与平谷、河北三地的兴隆大鼓书为研究对象，在各地区分别选择了一组艺人作为调查对象。这3个地区彼此相邻，有着相对稳定的大鼓艺人群体。通过对他们的经济基础、师承根源、音乐唱腔、文化根基等多方面的比较分析，描述、阐释当代大鼓在民间的历史进程和变异。本文基于翔实的田野工作记录，运用文化人类学和民族音乐学的理论与方法，强调历史变迁对音乐文化的建构，关注大鼓艺人在农村社会中扮演的文化角色和在现代化进程不断加快的当今社会中生存的状态。

本文按照时间的先后顺序，以笔者开展采风调查的过程为线索，逐步展示北京东郊地区大鼓书的真实生存面貌。本文前3章分别就密云、兴隆、平谷三地的大鼓音乐和艺人进行描

述和历史背景的阐释。在第四章中，关于3组艺人音乐唱腔的综述，笔者没有限制在形态细节的对比描述上，而是更注重3组艺人整体唱腔使用、演出流程的差别，以展示大鼓历史进程和民间音乐观念。第五章是本文的文化论述部分，将个案研究延伸到对大鼓艺术的深度文化阐释，以此反映当代民间大鼓的现实。

关键词：北京东郊；兴隆大鼓书；田野工作；文化阐释

云南省红河州绿春县戈奎乡下子雄寨哈尼人葬礼音乐文化调查报告

作者：曹　军（2000级硕士研究生）

导师：沈　洽

摘要：本文以云南省红河州绿春县戈奎乡下子雄寨哈尼人葬礼音乐为研究对象，以民族音乐学的视角与方法对其展开调查研究。从音乐特征上说，笔者所调查之哈尼族与分布在云南西双版纳州的基诺族之间存有一个显著的共同特征，即音阶中都明显带有半降六级音，这构成了沈洽老师所说的“基诺三度”，这种音乐上的相同显然是后天习得的结果。因此，它应当有民族学上的意义。根据“基诺三度”的特征，沈洽老师曾针对日本学者小泉文夫都节音阶源于中国宋代雅乐的假设，提出其更可能最早源于我国云南的设想。而笔者的调查则进一步丰富了沈洽老师这一设想的论据。因此，如何进一步研究将民族音乐学资料同民族语言学、民族分类学、民族植物学、民族宗教学和其他民族艺术科学相结合来还原这些问题的真相，必将对哈尼族音乐文化史、中日音乐文化交流史和南太平洋音乐文化交流史有一定的意义，也必将对民族音乐学在众多民族科学中学术地位的提升提供某种启示。

关键词：哈尼族；葬礼音乐；基诺族；“基诺三度”；中日音乐文化交流

缠绕的链条：云南省宁蒗县永宁“纳人”（摩梭人）的音乐与婚姻、家庭制度的相关问题

作者：杨　敏（2000级硕士研究生）

导师：陈铭道

摘要：本文运用文化人类学和民族音乐学的理论与方法，对云南宁蒗县永宁盆地和泸沽湖滨“纳”人独特的婚姻家庭形态与音乐的关系做一系列考查。在以往的研究中，“纳”人的音乐与其文化背景的链接没有得到应有的重视。本文在此方面所作的深入探讨将彰显出对该族群音乐文化研究的启发和探索意义。

本文将采用传统的音乐民族志的做法，在现时性的研究中强调历史对音乐文化的建构，用合理的方式展现被研究者的声音。翔实的田野工作记录给予本文对音乐文化事象以深描的可能性，但在方法论上仍需特别注意：对异文化展开丰富而深入描写时，音乐文化中的集体象征行为、符号化的表述系统无疑是展现音乐深层结构的必要工具，在研究过程中如果没有对该音乐文化中情感和经验的不同于主流的文化差异和表现形式进行细致的考查，那么

直接领悟它的本质势必产生阻力。此外,在反对将传统与现代、东方与西方明显二元对立对文化的切割中,突出"纳"人音乐文化的多个层面及混合状态,变迁的因素将"纳"人现存的音乐状态客观化与模糊化。

关键词:"纳"人;摩梭人;音乐;婚姻制度;家庭制度;异文化

西方著作中的戏曲研究——民族音乐学视角的观照

作者:耿红梅(1998级硕士研究生)

导师:沈　洽

摘要:戏曲作为我国特有的民族戏剧形式,是最具中国民族风格与特色的表演艺术样式。国人在戏曲研究方面倾注了大量的精力与心血,西方学界对以京剧为代表的中国戏曲也颇为关注。国内的戏曲研究成果多属于"局内人"对"我文化"的研究,是一种较单纯的"内文化"性质的研究。依照沈洽先生的观点,"局内人"跳出自己的文化,从"外部"来"反观"自己,可以通过两种途径:其一,通过"我文化"与"外文化"之间的比较来进行;其二,通过"我文化"与"局外人"眼中的"我文化"之间的比较来进行。

1934年,王光祈先生在其博士论文《论中国古典歌剧》中用了比较音乐学的方法对中国戏曲与欧洲歌剧做了研究;王国维、陈独秀、张厚载、许地山、徐上沉、程砚秋等则各从中外演剧观、表演、导演体系等方面做了比较。本文将采用第二种方法,在介绍戏曲在西方传播之历史轨迹的基础上,对西方戏曲研究文献做出综述,再以西方对以京剧为代表的戏曲之研究原著为论述基础,从EM角度对部分代表性著作进行解读与评估。

关键词:戏曲;京剧;民族音乐学;西方著作

城市化进程中的纳西人——纳西族音乐文化的适应与变异

作者:李　莘(1998级硕士研究生)

导师:陈铭道

摘要:本文综合民族音乐学、文化人类学、社会学的理论观念及研究方法,以云南省丽江纳西族自治县和北京城区两地纳西族人日常的音乐文化生活为调查基点,通过个案分析,研究他们作为偏居一隅的少数民族,在城市化进程中,其文化边界的打破与修复,以及纳西族人在城市文化开放体系及流动多变的社会环境中,其动机、情感和价值观念从表层现象到深层结构的稳定与变异。此外,本文还涉及在城市环境中,纳西族人对本民族音乐文化传统进行复制、巩固和传播的方式;纳西族传统文化与主流意识形态及主流文化之间发生的碰撞与融合。

本文在当前的时间层面对研究对象加以限定,从微观角度作小空间范围的专题性个案调查。调查具有实验性特征,采取开放的研究态度,不强调以大理论范式来指导实践工作。本文希望以新的研究角度和表述方式,对变化中的纳西族音乐文化作出客观的描述和分析;

同时在弱化大理论范式权威性的基础上，更加致力于翔实地记录多样化的社会体验以及对音乐文化生活片断的阐释，以此来强调在变迁的文化环境中，音乐文化需要不断被重新审视和反思的意义。

关键词： 纳西族；音乐文化；城市化进程；适应与变异

民族音乐学视角下的学校音乐教育

作者： 沈　沁（1996 级硕士研究生）

导师： 沈　洽

摘要： 关于中国音乐教育问题，一直有很多争论。随着世界范围内社会变革的急剧深化，思想观念和方法的不断更新以及国际日趋频繁的接触和交流所带来的文化上的各种冲撞，这种争论变得更加尖锐。目前的争论主要有 3 种不同的意见：第一种认为“中西音乐的根本差异不在民族性，而在时代性”，中国传统音乐应成为“博物馆艺术”，而当前中国音乐的主体，应该“以西方音乐的根本精神进行重建”；第二种认为，中国近百年实际上所走的就是一条“中西融合”的道路，这也是大部分人拥护的主张；第三种认为，中国音乐的“基底”已经西化，中国音乐的当务之急是找回已经失落了的“本位”。

笔者赞成第三种说法。本文通过对中国学校音乐教育现状的实地调查，探讨在当前中国特定时空条件下，我们目前应当怎样去做，才能找回这失落的根基。本文共分 4 个部分：①观点陈述，笔者基本立场和基本观点的说明；②现状调查；③分析与思考，在对调查材料进行综合分析的基础上，提出“多元一本位模式”的构想；④结语。

关键词： 学校音乐教育；民族音乐学

中西传统音乐结构的时空比较研究

作者： 管建华（1985 级硕士研究生）

导师： 董维松　耿生廉　沈　洽

摘要： 不同的文化有不同的“模子”。“模子”问题的尖锐化，是由于两三个不同文化的正面冲击而引起的。只有当人跳出自己的“模子”，接触到一个相当程度相异的“模子”以后，才会出现一个严重的问题。我们会怀疑一个既定的“模子”的可靠性，才不敢说“放之四海而皆准”。

依照文化中“模子”的理论，不同文化系统决定着不同的“美感运思及结构行为”，也形成了不同的音乐“模子”。因此，在对不同类型文化背景的音乐进行比较研究时，只有把两个“模子”放在同一说评上，才能进入“共相”和“差异”的比较；同时避免用一方既定的音乐“模子”硬套到另一方的音乐上去。

本文提出“中西传统音乐结构的时空比较研究”这个命题，目的在于用“时空”观照法对中西传统音乐的性质和特点做出适当的解释。“时间”是指节拍、节奏、速度方面；“空间”主要是指音高形态、音高组合、音高纵横组合、音响色彩以及记谱法形式创作方式等,它们有机地组成了中西传统音乐各自的“模子”。

关键词: 传统音乐;中西方;音乐结构;音乐时间;音乐空间;比较研究

音乐本体化

作者: 箫　梅(1985级硕士研究生)

导师: 董维松

摘要: 本文论及音乐本体的分解与重组。一方面,笔者认为有关本体化的种种阐述和研究都形成了特定的本体观及其体系,它们都只是关于本体问题的特定界,其局限性不可避免。又正因为各个不一的本体观代表了各个不一的视角,所以它们不是绝对互斥的,在音乐本体的参照下,理应互补互渗。此即“分解与重组”的第一层含义。另一方面,笔者深以中国古代先哲“道之为物,惟恍惟惚”“道可道非常道”的恢宏无疆的本体观为至理。其实,老子所言:“无名天地之始。有,名万物之母。故常无,欲以观其妙;常有,欲以观其徼。此两者,同出而异名,同谓之玄。玄之又玄,众妙之门。”“玄之又玄”并不全然是高深莫测、不可言传,更重要的是指出了本体的有无相生正存在于千丝万缕相互包含的整体有机相关之中,这也正是“万有论”的本来意义。因此,“分解与重组”的另一层含义则为对那种遗忘存在本身的主体观“分解析之”,并试以音乐存在的逻辑前提及其存在方式的假说,是本体观重组、重构于音乐存在自身。

关键词: 音乐本体;本体观;分解与重组

中国传统音乐研究专业

中国传统音乐在当代学校教育中的应用研究——以江苏为例

作者：周振亚（2012级博士研究生）

导师：姚艺君

摘要：本文以江苏为例，学习、借鉴应用人类学、应用民族音乐学的理论与实践，研究中国传统音乐的教育应用问题。以江苏为例，因为江苏不仅是中国传统音乐文化大省，诸如江南丝竹、古琴、昆曲等优秀传统音乐遗存源自江苏，而且江苏也是地方戏曲品类较多的省份。

本文通过对应用人类学理论的学习和思考，就相应问题进行理论研究，分析当下困境并探索应对策略，提出了政府、高校、团体、中小学“四位一体”协同创新是突破问题的主体，认知、制度、生态、人才的“四维一体”链条式修补是解决问题的思路。在宏观层面，无论是政策的、理论的，都需优先解决中国传统音乐文化的认知和师资问题，真正做到文化自信。在教育实施过程中，创新人才培养目标，研究出恰当的课程体系，并能够因地制宜，脚踏实地，探索、寻找中国传统音乐教育的有效方法，做到“知行合一”。

关键词：中国传统音乐；应用；传承；江苏；困境；策略

晋剧唱法及其风格研究

作者：樊凤龙（2011级博士研究生）

导师：樊祖荫

摘要：本文是对晋剧唱法及其风格的研究。本文通过对晋剧历史与现状的调查，对相关演唱者现场演唱的听赏与学唱，对演唱录音录像的审听，以表演艺术家的传记、评介等相关文献资料作为实证的有效补充，进行综合性的研究。晋剧突出的艺术特点是注重唱功。因此，研究工作主要围绕方言、发声、共鸣、运气、润腔等有关演唱方法的本体内容进行。

本文由绪论、结语与7章正文构成，主要包括唱法与风格两方面的内容。第一章是关于晋剧形成及方言的描述，以蒲剧的传入、班社及艺人、演唱风格的演变、祁太秧歌等平民文化的参与、晋商的影响等背景变化为参照，概括地梳理晋剧的形成及晋中方言语调对唱腔旋律的影响，借用声学知识，推断出相比普通话，方言声调与晋剧旋律有着更为密切的关系。第二章是音色，是对晋剧角色特征音色、各行当音色的调节及演唱表情音色的总体阐述。第三章至第五章是有关演唱技巧的本体研究,是依据行当音色特征,从具体层面分别论述各行当发声、共鸣、运气的总体规律,到因细微不同而产生的个体特征,以实验语音学知识来丰富充实三大行当的共鸣特点,推测须生共鸣腔较均匀,青衣以头腔共鸣为主,花脸以胸腔共鸣为主。第六章是关于演唱风格方面的润腔分析,分别选用须生、青衣、花脸 3 个传统经典唱段和青衣程、牛、王 3 派的同一剧目中的同一唱段为谱例,以音高润腔为主,归纳 3 个不同行当的润腔规律和区别,总结青衣不同流派的润腔特点。第七章是关于演唱晋剧谚语及声训的总结。谚语口诀中蕴含了深刻的演唱艺术理论;而声训则是培养演员基本功的基础训练,它是提高演员的演唱技巧和贯穿晋剧音乐风格的有力保障。

关键词: 晋剧;唱法;须生;青衣;花脸;润腔;风格

满汉文化融合背景下的岫岩太平鼓“烧香”仪式音乐研究

作者: 冯志莲(2011 级博士研究生)

导师: 乔建中

摘要: 本文是对至今流传于辽宁岫岩满族自治县满族民众中的太平鼓“烧香”仪式及其音乐的考查与研究。笔者以一次“家谱还愿”仪式为个案,一方面逐句、逐段地记录并整理了此次“烧香”活动中 12 个段落(每段俗称“一铺”)、3 000 多句唱词、50 多支曲调的文学、音乐文本;另一方面对还愿仪式的内容情节、叙事结构及其活动以及用乐布局、腔词关系、音乐风格等进行了全面的分析解释。最后,本文重点讨论了这一极为久远的民间信仰仪式中所存见的满汉文化元素,探究它在多民族特别是满汉两个民族的长期交流中所形成的文化融合现象。通过这一个案的考查研究,笔者认为:①岫岩太平鼓“烧香”仪式,虽然目前仅存十余位“执仪者”,但它通过“口传”及手抄本保留下来的长篇曲辞文本,结构庞大,情节曲折,内容丰富,在以往的同类记录中,颇为少见,故具有很高的历史人文价值;②以商、周“乡傩”为源头的我国民间“巫”信仰,流传面广,影响深远,但经过近百年的历史演变,这一信仰及其仪式呈现已经渐渐式微,以至仅仅在一些偏远、闭塞的少数地区得以一见,岫岩太平鼓“烧香”应当是其中的一个,因此可以说,它是当下中国古老的“乡傩”文化保留至今的活态缩影之一,对探讨相关信仰仪式提供了一个宝贵的、富有参照意义的范本;③岫岩太平鼓“烧香”还愿仪式的文化“内核”无疑是祈福、禳灾、保安、求顺的民间信仰,但它的外在形式却是载歌载舞,热烈、奔放的文艺表演,它的击鼓技艺、“癫狂”舞姿和几十种各具风韵的唱调,以及音乐、文学的大篇巨构,反映了我国民间艺术家可贵的智慧和创造力,值得我们进一步深入探讨。

本文共分 6 个部分:绪论;第一章,岫岩生态环境与笔者的田野调查;第二章,岫岩太平鼓“烧香”祭祖仪式纪实;第三章,岫岩太平鼓“烧香”仪式的用乐;第四章,岫岩“烧香”仪式的满汉文化基因;结语。

关键词: 岫岩;太平鼓;烧香;满汉文化融合

中国传统音乐“一曲多变”的观念及其实践

作者：李小兵(2011级博士研究生)

导师：傅利民

摘要：本文从中国传统音乐中筛选“民歌同宗”“板腔变化体”和“八板”3个显性音乐现象，结合文献和田野调查对当下中国传统音乐中活生生的“一曲多变”个案进行详细分析。本文还着眼于从文化人类学的视角考究中国传统音乐如何在中国传统哲学思想和思维习惯的作用下进行“一曲多变”的音乐实践。本文共分八部分：绪论；第一章，“一曲多变”释义；第二章，“一曲多变”的历史梳理；第三章，中国传统文化中“一曲多变”的深层观念结构；第四章，“一曲多变”在“民歌同宗”中的实践；第五章，“一曲多变”在“板腔变化体”中的实践；第六章，“一曲多变”在“八板”中的实践；结语，“一曲多变”的意义。本文的具体内容如下。①对中国传统音乐“一曲多变”的研究范围和对象进行界定：“一曲多变”与“一曲多用”“一曲多变运用”不能混淆，也不是等同，“一曲多变”具有更强的概括性。②“一曲多变”的音乐哲学观念研究：儒家思想、道家思想以及《周易》中“不易、简易、变易”的思想是中国哲学形成的重要思想基础。③中国传统音乐“一曲多变”的历史研究：中国人的审美偏好是对于音乐简单“细胞”结构的精雕细琢，从音乐的旋律、节奏、节拍、音色、力度、速度、调式和织体等结构力因素的“简易”中完成音乐的历史渐变发展和自我审美满足。④“一曲多变”的音乐社会行为和制度研究：音乐文化的综合研究不能回避社会中音乐如何被组织这一话题。⑤“一曲多变”的具体音乐发展手法和逆向分析研究：中国传统音乐发展手法中唱词夹垛、旋律润腔、变板变奏、原板变奏以及器乐中的借字、移调指法变奏和“五调朝元”等都是“一曲多变”重要的音乐发展手法。⑥“一曲多变”的意义研究：中国传统音乐“一曲多变”的研究全面彻底地剖析了中国传统社会音乐创作思维和审美习惯，“一曲多变”研究体现了传统社会对传统音乐的维系方式，“一曲多变”也廓清了以曲牌为纽带的中国传统音乐发展脉络。

关键词：“一曲多变”；社会行为和制度；即兴；传承和传播；移植和改编

跨界民族赫哲-那乃族伊玛堪与宁玛研究

作者：刘雪英(2011级博士研究生)

导师：赵塔里木

摘要：本文是对分布于中国东北地区三江流域和俄罗斯远东地区哈巴罗夫斯克边疆区的跨界民族赫哲-那乃族的伊玛堪与宁玛进行的专题研究。笔者运用人类学的实地调查方法对中国境内的赫哲族，特别是俄罗斯境内的那乃族聚居区，进行了较长时间的田野调查。本文是在充分掌握伊玛堪、宁玛研究材料和对文化背景进行深入调查之后完成的，以民族音乐学的理论、方法和跨界民族的研究成果为基础，从音乐学、语言学、文化人类学、民俗学等视角对伊玛堪、宁玛这一音乐文化现象进行历时和共时以及整体性与比较研究，为拓展少数民族音乐研究范围做出贡献。

本文的内容及基本框架为:赫哲-那乃跨界民族的形成及其历史、自然、社会和文化背景概述;伊玛堪、宁玛的称谓、概念定义等的梳理与解析;伊玛堪、宁玛的分类、表演与流布情况概说;伊玛堪、宁玛语言结构及功能研究;伊玛堪、宁玛音乐结构模式研究;伊玛堪、宁玛现象的文化阐释。

本文新的学术观点和创造性成果主要体现在以下两个方面。①语言学和音乐学方面:对本文关键词"imakan"和"нингман"的汉语音译确定了合理的汉字音译"伊玛堪"和"宁玛",并从语音、语义学角度给出了科学的解释;提出了伊玛堪和宁玛具有广义与狭义两种概念,同时定义出伊玛堪和宁玛音乐的概念范畴;从音乐学角度提出伊玛堪和宁玛音乐的分类原则及其类型划分。②文化方面:对伊玛堪和宁玛所具有的社会文化功能,表演者的角色、地位和作用以及赫哲-那乃人的观念进行文化阐释;指出伊玛堪和宁玛在赫哲-那乃文化发展变化过程中具有稳定性和持续性等特征;用伊玛堪和宁玛作为赫哲-那乃民族文化研究的互证材料。

关键词: 跨界民族;赫哲族;那乃族;伊玛堪;宁玛

跨界民族中的呗耄文化与呗耄腔调家族研究
——以中国滇南彝族尼苏人和越南北部倮倮人为例

作者: 苏毅苗(2011 级博士研究生)

导师: 姚艺君

摘要: 中越跨界民族"彝/倮倮人"的"呗耄/西玛朗/瞄比萨"诵唱的腔调,在不同的仪式以及不同的仪式环节中是由"呗耄/西玛朗/瞄比萨"诵唱的。这种腔调在渊源上"同源共祖";在音乐形态上自成体系;唱诵者具有特定的身份,是仪式的执仪者或"彝/倮倮人"与异世界的沟通者;唱词俱为经文;受众包含"神灵""鬼怪""妖"等异世界的存在,也包含仪式现场的人。本文根据汉文献、彝文献、越南文献的相关记载,以及笔者多年来对中国滇南彝族尼苏人聚居地以及越南北部倮倮人聚居地实地调查所积累的第一手资料,经过深入细致的研究论证,最后提出:中越跨界民族"彝/倮倮人"的"呗耄/西玛朗/瞄比萨"诵唱腔调是一个"腔调家族"的理论,这在中、越两国学界尚未发现。

本文以中越跨界民族"彝/倮倮人"的"呗耄"为研究对象,以中国滇南彝族尼苏人的呗耄诵唱腔调与越南北部倮倮人的"西玛朗/瞄比萨"的诵唱腔调为研究范围,旨在探寻的问题是:中越"彝/倮倮人"的"呗耄/西玛朗/瞄比萨"诵唱腔调是一个家族系统吗?本文从以下几个部分展开:第一,呗耄研究之研究;第二,跨界民族生命进程掠影;第三,呗耄诵唱的腔调家族现象研究。本文通过研究,勘察中越"彝/倮倮人"的音乐文化,精心提炼可资参考的跨界民族音乐比较研究范本,填补我国与东南亚邻国跨界民族"彝/倮倮人"音乐文化比较研究的空白,为我国少数民族音乐研究提供一种新视角;为构建我国东南亚边境和平局面,探求大湄公河次区域跨界民族音乐文化研究可行模式,揭示跨界民族传统音乐文化中变与不变的规律,为国家制定相关民族文化政策提供依据,为建立、健全中国民族音乐教育体系提供理论支持。

关键词：跨界民族；呗耄；腔调家族；尼苏人；倮倮人；中越

科尔沁短调民歌研究

作者：佟占文（2010 级博士研究生）

导师：樊祖荫

摘要：本文的研究对象是科尔沁地方传统中的短调民歌。本文以田野调查为基础，从多维度观察视角出发，对科尔沁蒙古族短调民歌进行描述、分析以及阐释，并探讨了科尔沁短调民歌的传承保护等相关问题。

本文由绪论、正文（6 章）和附录所构成。第一章探讨了短调民歌及其赖以生存的社会文化背景之间的共生关系。伴随着科尔沁部落的形成、发展及演变，科尔沁民歌的发展经历了 4 个历史阶段，即“原科尔沁风格时期”“古科尔沁风格时期”“嫩科尔沁风格时期”“哲理木科尔沁风格时期”。在此，民歌的传统风格也在社会嬗变中不断调整和重新适应。部落文化认同和部落文化的特质决定了科尔沁民歌的风格特征，尤其是近现代以来形成的叙事性音乐风格对科尔沁短调民歌的叙事化产生了重要的影响。同时，第一章交代了当代科尔沁短调民歌的主要分布区域。第二章探讨了科尔沁短调民歌的分类与民众观念、民俗生活之间的关系，其中，从主位和客位的视角对科尔沁民歌进行了深入细致的分类阐释。笔者认为，科尔沁民歌的传统分类法是不成文的“地方性知识”，它隐含在科尔沁蒙古人有关民歌的传统观念和行为之中，通过民间概念表达着不同民歌类型的界定，它不仅以内在的逻辑体现着主位分类的合理性，而且反映出科尔沁民众对民歌本质特征的看法。与此同时，它也为客位分类奠定了认知短调民歌特性的基础。第三章笔者尝试运用口头程式理论（the theory of oral composition）方法，重点探讨了“道沁”（歌手）的表演、表演中的创作、表演的程式、文本及其与它们的互动关系。本文认为，口传音乐的所有事象存在于表演之中，它的存在不是表演之外的任何形式。文本通过表演生成，而表演是一种交流形式，是在特定语境下进行的人际间的互动行为。“文本-表演-语境”是一个彼此关联的整体结构，它们各自的意义只有在这一整体结构中彰显。科尔沁短调民歌作为蒙古族口传音乐的重要体裁，它通过“道沁”（歌手）的表演生成文本，而新的文本既是一种表演的结果，又是一次新的创作。第四章探讨了科尔沁短调民歌的歌词特征与音乐形态特征。第四章对音乐形态的分析包括了如下几个方面：其一，通过大量的实例，概括出科尔沁民歌调式分布的基本情况；其二，通过实例主要对科尔沁民歌的音调逻辑、旋律形态以及结构类型进行了归类。如上所述，科尔沁短调民歌音乐形态是较为复杂的音乐现象，其形态构成缘由极为复杂。例如，调式的分布中商调式的排列高于宫调式的现象、旋律线中的下属方向的推进以及调式色彩音出现微升或微降等现象是音乐形态有待进一步研究的课题。第五章主要探讨了科尔沁短调民歌与其他传统音乐体裁之间的相互关系。本文认为科尔沁短调民歌的存在方式不是孤立现象，它与所处、所属的社会文化体系有着必然的联系。这种联系具体体现在短调民歌与歌舞音乐、说唱音乐、民间器乐之间的内部联系和外部延伸之上。从音乐史的角度探究其所产生的根由，可归纳为如下两个方面。首先，蒙古族传统文化中蕴含了多部落文化特征，但这种多部落特征不是通过孤立的部落文化特征来显现的，而是在漫长的历史过程中形成了多元一体的特征。因此对科尔沁短调民歌在形成、流传以及传承过程中，与其他部落的音乐产生关系是可以理解的。其次，在蒙古族漫长的历史过程中，短调民歌作为科尔沁部落音乐文化系统中的“基石”，在某种程度上能够形成与其他音乐体裁之间产生多层面的关系。第六章主要探讨了“道沁”(歌手)及其短调民歌在当代社会文化背景中的存在方式及变迁。具体来说，本文以田野调查为基础，对科尔沁短调民歌的生存现状进行了客观分析，进而从非物质文化遗产保护的视角，重点探讨了科尔沁短调民歌的传承主体、传承渠道、传承性保护以及对科尔沁短调民歌传承保护提出了具体建议和对策。

关键词：科尔沁短调民歌；口头传统分类与形态传承保护

长三角地区滩簧声腔考辨

作者：袁　环(2010 级博士研究生)

导师：姚艺君

摘要：长期以来，中国众多地方剧种的声腔归属问题处于模糊状态，已成为制约戏曲音乐研究向前推进的瓶颈。本文的主要研究对象是广泛流传在我国南部 7 个省市、涉及 16 个剧种的滩簧音乐现象，重点研究区域为长江三角洲地区(下文简称“长三角地区”)。

滩簧原为形成于长三角地区的一个曲艺类别，清中期以来逐渐流传至我国南部多个省地，并演化为戏曲形式。对于滩簧能否成为一支戏曲声腔，学界意见不一。本文对滩簧所涉剧种的唱腔音乐进行了细致的考证与辨析，认为滩簧可以成为一支有着密切亲缘关系的声腔系统，其包含南词滩簧和花鼓滩簧两个支系。本文分上、下两篇。

上篇主要对苏剧(前滩)、婺剧、瓯剧、台州乱弹、菇民戏、和剧、文南词、文曲戏、赣剧南北词、南词戏等剧种的唱腔进行了深入、细致的比较分析，认为其构成了独立的南词滩簧声腔支系，属于“单体声腔”(“族系”式声腔)。第一章依据大量的历史文献和田野资料，对南词滩簧的历史起源与剧化转型进行考证，廓清了南词滩簧的空间分布及传播特征。第二章对南词滩簧所涉各剧种的音乐概况、演出剧目、文词特征及唱腔结构“头-腹-尾”的内部构成进行了细致的辨析。第三章对南词滩簧基本调“太平调”的生腔、旦腔“原板”“紧板”之亲缘关系进行剖析，认为南词滩簧各剧种基本调之间有着共同稳定的程式性特征，构成了庞大的“太平调”系统。

下篇主要对苏剧(后滩)、锡剧、沪剧、甬剧、姚剧、湖剧、绍兴滩簧等 7 个剧种的唱腔进行了深入、详细的比较分析，认为花鼓滩簧与南词滩簧有着鲜明的对比，构成了独立的花鼓滩簧声腔支系，属于“单体声腔”(非典型的“族系”式声腔)。第四章对花鼓滩簧的历史起源进行了考证，廓清了长三角地区花鼓滩簧的空间分布与传播特征。第五章对花鼓滩簧各剧种的音乐概况、演出剧目、文词特征、唱腔结构“起-平-落”的衍变及应用进行了分析，并着重对基本调“簧调”的稳定与变异因素进行剖析，认为花鼓滩簧各剧种基本调之间有着密切的亲缘关系，构成了庞大的“簧调”系统。第六章从制度层面解析了花鼓滩簧声腔分裂与变迁的内外动因，认为历史规律、方言隔阂是主要内在动因；新中国成立后，国家在场、地方保护、个人再造等因素加剧了花鼓滩簧声腔分裂与变迁的进程。

结语部分对全文的核心观点进行了总结，并对中国戏曲声腔研究中的若干问题进行反思。

关键词：南词滩簧；花鼓滩簧；太平调；簧调

20世纪中国筝乐文化叙事模式转型研究

作者：余御鸿（2010级博士研究生）

导师：乔建中

摘要：2000多年前，筝乐普遍流行于中国的西部地区，抽弦促柱听秦筝，无限秦人悲怨声。（柳中庸《听筝》）；却倚缓弦歌别绪，断肠移破秦筝柱（晏几道《蝶恋花·梦入江南烟水路》）。20世纪，筝乐进入了一个新的历史时期，也是一个重要的历史性转型期。大体而言，传承方式从自然传承（以口传为主）转变为专业学校传承（以书写为主），创作方式从民间集体创作转变为专业作曲家个体创作，观演模式从日常民间观演转变为舞台化音乐会型表演等，不一而足。这一系列模式的全面转变，使筝乐艺术的传承、创作、表演、审美意象等产生了深刻的变化，其作为一种艺术文化现象与特定社会历史的深层关系，形成了一套完整的“筝乐文化叙事模式”。

“叙事”可以作为理解音乐的一个路径吗？叙事学在西方已经讨论了数十年，但至今还是困惑于人们心中，并没有一个明确的定义结果。尽管如此，研究西方音乐叙事理论的一批专家学者还是不断努力地向前探索，以寻求一个有力的解读方式及建立系统化的论点。近年来，中国的一批学者也开始致力于此。当下，在叙事学研究触角广及小说、电影、音乐、美术、图画趋势之际，笔者“大胆”借助“叙事”来阐释筝乐文化的历史、结构形态、演奏审美，期望为筝乐研究探索新的路向。然而，在20世纪的全面转型中，筝所“叙”何“事”？究竟如何“叙事”？则又是一个既富于诱惑，又困难重重的话题。

笔者根据数十年来的古筝演奏、教学和研究所获，立足台湾与大陆筝乐历史、现状，通过筝乐谱本解读、演奏录音分析、乐人访谈、表演类型分类等方式，借助叙事学理论，吸收多年来筝乐研究之学术成果，步入这一极富挑战的课题。具体而言，本文将以叙事学理论为参照，以筝乐资料为依据，以“行为”“作品”“音响”为三大支流，展开叙事行为、叙事类型、叙事结构、叙事美学等新四大主题的系统研究，用以揭示20世纪中国筝乐文化叙事模式转型的面貌、筝学叙事的人文蕴含以及社会意义。

基于上述思路，本文共分绪论、正文4章及结语共6个部分。绪论包括选题缘由、前人研究、研究视角及方法论等；第一章重点讨论中国20世纪社会文化转型所引起筝乐传承、观演方式全面转变的历史轨迹；第二章以传统、现代筝乐不同母题的重要类型，阐释经常出现的形式不同的主题理念；第三章关注传统、现代筝乐不同文本的内在结构，以共时性、历时性视角进行乐曲叙事结构的深入剖析，以探讨不同区域文化滋养下的传统筝曲文本与皆具有作曲家个性的现代筝曲之间的结构差异；第四章以经典传统筝曲《寒鸦戏水》《高山流水》进行音响及审美叙事的论证，前者以4个演奏版本进行音乐形态比较与审美意象释义，后者以相同标题不同版本音乐审美叙事之比较，见证传统乐曲虽有共同意象却又以不同叙事方式创构音响的审美品格；结语是笔者研究后的收获和相关思考。

关键词：筝乐艺术；文化叙事；文化转型；叙事模式

南部侗族方言区民歌旋律与声调关系之研究

作者：赵晓楠(2007级博士研究生)

导师：吴文光

摘要：侗族约有296万人(2000年)，生活在贵州、湖南、广西三省的交界地区。侗语是世界上声调最多、调型最丰富复杂、声调发展得最快的语言之一。侗语又分为南北两个方言区，这一划分在侗族民歌的研究中也具有重要的划界标识作用。本文关注的就是南部方言区的语言声调和南部方言区侗族民歌旋律之间关系的问题。绪论主要梳理了前人关于对语言声调和音乐旋律关系问题的认识和相关研究成果。第一章介绍了本文研究的基本方法和5个步骤，在将侗歌歌词区分为实意词和衬词两类的基础上，用静态(单字)和动态(前后字)两种视角来分析侗语声调和侗歌旋律之间的关系。第二章中笔者选取了南部方言区第一、第二土语区的9个歌种13个谱例，按照第二章中所述方法，进行带有普遍意义的调查和分析。第三章借鉴语言学中声调格局的理论，对南部侗族方言区旋律配音格局进行了总结。第四章在前三章得出的基本结论之上，论述了“当断不断”的入声歌词、被称为“歌骨头”的dogc al的念词，以及衬词3种不受语言声调影响的特殊形式及其音乐特点。第五章中笔者首先将侗歌旋律分为语言-表义性旋律和音乐-表情性旋律两大类。此外在附录中，笔者还通过对汉字记侗音方式的语言学分析，探讨了汉字和侗音之间何以能够建立联系的原因。

关键词：侗族；语言声调；音乐旋律

城市化进程中的上海青浦田歌歌班及音乐研究

作者：毕安琪(2014级硕士研究生)

导师：李月红

摘要：笔者从2014年开始，对上海青浦田歌进行多次实地考察。本文的主要研究对象即为田山歌及田歌班，同时在文化背景、空间分布、音乐形态等方面的论述上也会涉及小山歌体裁，意在展示城市化进程中处于濒危困境的“青浦田歌”的整体性风貌。

本文分为5章，第一章为青浦田歌共生背景文化的概述，从地理环境、文化背景中探析音乐事象的产生因素。第二章介绍田歌的历史与空间分布。第三章是青浦田歌歌班田野调查的记录，以传承人、歌班为主体展现青浦田歌在民间的实际存活状况。第四章为青浦田歌的音乐本体研究，展示田山歌独特的音乐形态类型。第五章在非物质文化遗产视角下，探讨青浦田歌作为一种劳动歌的音乐学意义，进而阐释其在稻作文化中存在的意义。

随着现代化建设不断推进，青浦田歌曾面临濒危困境。2008年它作为吴歌的拓展项目被列入国家级非物质文化遗产名录后，政府对青浦田歌的社会维护呈现出多元化发展趋势。当地学者对青浦田歌也展开了学术研究，但主要集中于演唱形式、歌词内容、传承保护措施的探讨。本文的写作可以弥补学术界在音乐方面的研究缺失。

关键词：青浦田歌；田山歌；稻作文化；歌班；非物质文化遗产传承

湖南常德地区鼓盆歌生存现状研究——以澧县、临澧县两地调查为例

作者：李淑婷（2014级硕士研究生）
导师：陈　爽

摘要：鼓盆歌作为流行于湘北地区和湘鄂边境一带的地方性说唱音乐品种，已入选国家级非物质文化遗产代表性项目名录。与很多“非遗”项目在社会上无人问津的状况不同，鼓盆歌当下在湖南常德地区发展势头火爆，引起了社会的广泛关注。本文从曲艺艺术本体出发，借用音乐学、语言学、民俗学等相关方法，对常德地区的鼓盆歌进行了重点考察与分析。试图通过对鼓盆歌生存现状的研究找出其发展成功的原因。

本文正文部分共分4章。第一章通过对鼓盆歌历史文化和地理人文环境的梳理和介绍，凸显出鼓盆歌文化存在的独特性地位和深厚的历史文化积淀。第二章以澧县、临澧县两地的实地调查为个案研究，对鼓盆歌现今孝堂、茶馆、剧场等演出环境以及鼓盆歌艺人进行了描述与分析。第三章对鼓盆歌艺术特征进行了分析，从音乐、语言、表演等方面论述了鼓盆歌作为曲艺艺术所具有的独特性，包括语言与音乐的结合、“再现”与“表现”的结合、表演的即兴性与灵活性等特点。第四章对鼓盆歌进行了文化方面的思考，从与其他艺术形式的比较中得出鼓盆歌具有的简便性、民间性、时代性等艺术审美特征，探讨了鼓盆歌所具有的文化功能。

关键词：湖南；常德；鼓盆歌；曲艺；方言；生存现状

鄂西北房县民歌及“诗经民歌”现象的实地调查与研究

作者：向清全（2014级硕士研究生）
导师：李月红

摘要：本文主要以房县民歌中的“诗经民歌”及其现象为考查对象，弥补了学术界在房县民歌系统性研究上的匮乏，为鄂西北民歌的整体研究及边缘地区的音乐文化研究提供个案。

本文对房县民歌的生存环境进行了梳理；通过对歌师的民歌人生、歌唱活动的记录与描述，呈现房县民歌的历史境况与存活样态。本文对房县民歌的类别、唱词、音乐形态进行了深入的剖析，并探讨“诗经民歌”的音乐归属、房县民歌交融性特征等问题，最后，对房县民歌4种维护途径进行了讨论。

笔者认为：第一，由于地缘关系、历史原因，不同的音乐文化以人为载体汇入房县，使房县民歌呈现交融性特征；第二，民间丧俗仪式作为房县民歌的原生环境并未改变，而曾作为房县民歌原生环境的节庆活动则逐渐被改造成次生环境；第三，当今政策影响下，“身份化、级别化”后的歌师，是房县民歌传承、传播的主要力量；第四，房县“诗经民歌”为含有《诗经》

唱词元素的山歌、小调。古代房县文人和民间歌师选择将《诗经》作为唱词的现象,可能受到尹吉甫与房县的渊源关系的影响;而在当代由"诗经民歌"引发的"诗经民歌"现象,则为当代语境下传统民歌社会维护的典型案例。

关键词: 鄂西北;房县民歌;"诗经民歌";"诗经民歌"现象;音乐本体;交融性

山东肘鼓子声腔调查与考辨

作者: 张雪骏(2014 级硕士研究生)

导师: 姚艺君

摘要: "声腔"是戏曲的专用名词,本文是对山东境内肘鼓子声腔音乐的学习研究。业内"行话"说的声腔,一般是指那些分别为不同剧种服务的唱腔音乐,但在唱腔音乐之间又具有相应的共同渊源、艺术特征等关联性,且根据这些信息可以梳理出唱腔音乐的分属声腔系统,因此说声腔是中国戏曲音乐十分重要的学术名词,也是业内专家关注的研究点。

笔者尝试对肘鼓子声腔是否成立的问题进行研究。首先从历史的角度出发,进行文献的搜集检索与归纳整理,对五音戏、柳琴戏、茂腔、柳腔等剧种在历史源流方面的资料进行梳理,旨在厘清肘鼓子声腔的发展脉络;其次以音乐本体分析的方式,将剧种作为研究个案,分析唱腔音乐,提取各剧种音乐本体的共性特征,总结肘鼓子声腔音乐形态的特点;最后结合笔者田野工作获取的第一手资料,观察肘鼓子声腔这种传统的艺术形式在当下各剧种、各院团中的传承现状,探讨当今时代潮流冲击下中国传统戏曲艺术的变化与存在。

关键词: 肘鼓子声腔;山东;戏曲

纯如轩十番古乐队研究

作者: 朱昱霖(2014 级硕士研究生)

导师: 桑海波

摘要: 福州十番是中国传统乐种当中最具代表性的民间器乐形式之一,也是一个历史积淀深厚、流传时间久远、传播范围广泛的传统乐种。根据相关资料记载,福州十番最早可能产生于元代以前,并且在明清时期已在福建地区初具规模。本文将福州连江县琯头镇拱屿村纯如轩十番古乐队作为代表性个案进行调查研究,并以民族音乐学的表述方法进行了相关学术观照,以期对该乐队文化的本质特征、存见和发展的文化缘由进行学术解读,对这一乐队的未来发展提供一份可资借鉴的理论参照。

关键词: 福州十番;纯如轩;文化特质

花鼓戏川调音乐研究

作者： 丁玲玲（2013 级硕士研究生）

导师： 姚艺君

摘要： 湖南省地处我国中部地区，环境、经济、物产等条件优越，三湘大地人才辈出，多民族聚居致使民间艺术呈现百花齐放的态势。

“湖南花鼓戏”是湖南省多个地方花鼓戏的统称。根据各地语言与风格的差异，又有长沙花鼓戏、岳阳花鼓戏、常德花鼓戏、衡州花鼓戏、邵阳花鼓戏和零陵花鼓戏之说。本文将这6个剧种的历史脉络进行集中梳理，就其主要唱腔在音乐本体上的形态进行比较分析，进而研究音乐的共性与个性特征，探讨湖南花鼓戏同源共祖的“音乐源”，梳理音乐现象，总结旋律内部运动规律，探讨剧种间音乐共性特征，以期对湖南花鼓戏音乐作系统深入的研究。

本文由绪论、4 章正文和结语组成。绪论部分主要介绍当今湖南花鼓戏的研究现状，提出研究视角和研究方法；第一章对湖南地理环境、文化氛围、艺术背景等方面进行概述，对湖南花鼓戏剧种的历史及各剧种概况、分布加以梳理；第二章对 6 个剧种的主要声腔川调从其由来、上演剧目及主要的文词特征进行分析与探讨；第三章对 6 个剧种的川调在音乐形态上开展多方面、多维度的对比分析，探讨相互之间的渗透与联系；第四章阐述川调音乐在不同的花鼓戏剧种中所呈现的个性特征，把握不同剧种的独特韵味。

关键词： 花鼓戏；川调；共性特征；个性表现

从一位弦师透视北方曲艺的三弦伴奏艺术——师从马小祥习琴的音乐学体认

作者： 陈　楚（2013 级硕士研究生）

导师： 陈　爽

摘要： “三弦”是北方曲艺曲种中的主要伴奏乐器，是研究曲艺音乐构成、表演的重要组成部分。笔者在研究生就读期间师从北京曲艺团弦师马小祥学习曲艺三弦伴奏，以演奏实践为基础，结合音乐学研究的视角，实实在在地触摸到曲艺音乐本体，体认到曲艺三弦伴奏艺术中所蕴含的中国传统音乐文化与音乐院校中常用的西方古典音乐体系的差异，认识到研究中国传统音乐文化必须真正深入其内部，按照其本身艺术规律进行探索才能触摸到艺术的本质。

本文梳理了以马小祥为代表的曲艺世家中三代人的学艺经历与创作尝试；同时以笔者自身的习练经历，梳理出学习曲艺三弦伴奏的基本学习方法与基本音乐认知，从中总结出伴奏的基本规律，使读者深刻触摸到曲艺音乐本体，理解传统音乐中的音乐认知，进而引发其音乐学思考。本文提出了弦师在当今社会下“后继乏人”的现状，再次提出传统曲艺音乐传承与研究应将其置于我国的传统音乐语境之中，并指出我国非物质文化遗产中所提到“活态传承”的理念是目前对曲艺音乐最好、最恰当的传承和记录方式，单纯的记谱、记录和梳理不能鲜活、真实地反映我国曲艺音乐的全貌。

关键词：曲艺；伴奏；三弦；马小祥；传统音乐；口传心授

唱故事的科尔沁人——科尔沁短调民歌及其地方性特征研究

作者：何淑丽(2012 级硕士研究生)

导师：李月红

摘要：蒙古族民歌按照其音乐特点分为长调民歌与短调民歌。短调民歌是蒙古族民歌的重要组成部分，尤其在科尔沁地区是普遍存在并广为传唱的地方性歌种。在社会不断发展的今天，传统的科尔沁短调民歌在适应时代发展时，音乐本体的内在特征也在不断地做出适应性调整。基于对此问题的思考，笔者试图通过对科尔沁短调民歌地方性特征的分析，呈现科尔沁短调民歌在社会变迁中表演形式与音乐本体特征的变化。

本文分 4 章。第一章为科尔沁短调民歌的概述，即对科尔沁短调民歌的历史承载者科尔沁部落与科尔沁短调民歌概念的相关释义。第二章对科尔沁短调民歌的历史做出梳理，在此基础上结合田野调查，描述其生存的现状。第三章是本文所要体现的中心内容，笔者从歌腔入手，结合音乐本体分析，讨论伴奏乐器、唱词对歌腔产生的影响，进一步探讨其地方性特征。第四章为社会变迁中科尔沁短调民歌叙事性特征分析与对科尔沁短调民歌传承与维护的探讨。

笔者认为，科尔沁短调民歌在产生与发展的过程中，受到了当地说唱艺术的强烈影响，形成了叙事性特征。这不仅体现在唱词内容上，也体现在歌腔与科尔沁蒙古语方言的互动上。地方性特征是科尔沁短调民歌鲜活的生命力之所在，它不仅是其区别于蒙古族其他地区短调民歌的重要因素，更是它得以生存发展的内在原因。

关键词：蒙古族短调民歌；科尔沁短调民歌；地方性特征；叙事性；抒情性

板腔化道情剧种特征的梳理研究

作者：孙可臻(2013 级硕士研究生)

导师：姚艺君

摘要：道情戏有板腔和曲牌两种音乐结构体制。本文以宁夏道情戏、陇东道情戏、长安道情戏、商洛道情戏、河东道情戏、灵宝道情戏等 6 个板腔化道情剧种为研究对象，在探究道情词义、整理道情名称内涵的基础上，总结归纳 6 个剧种的共性特征。本文以继承传统戏曲声腔研究的相关理念与方法为研究学习的重要参照，以历史文献学等相关研究视角及方法为理论支撑，经田野调查、文献梳理和音乐形态分析工作之后，笔者认为，在中国传统艺术文化发展的历史长河中，“道情”一词最初作为一种文学意义上的题材所指，主要用于文人、僧人、道士等抒发“隐逸遁世”的思想。宋代以后，其词义内涵逐渐偏向道教，并逐渐演化为歌唱体裁，直至成为正式的说唱、戏曲艺术。本文研究的 6 个板腔化道情剧种，不仅具有相同的历史发展脉络，而且在音乐表现特征、舞台艺术表现手法、剧本文学等方面，均具有高度的相同之处。综上，6 个板腔化道情剧种具有明显的亲缘关系。

关键词： 板腔化；道情戏；共性特征

客家山歌有咁多——江西兴国山歌的实地调查与研究

作者： 应　姿（2013 级硕士研究生）

导师： 李月红

摘要： 兴国山歌是流传于江西省兴国县及周边地区的汉族民歌，至今已有上千年历史，唱山歌是客家人在劳作中消解疲劳不可或缺的方式。兴国山歌是历代客家先民在生活中积累、提炼的智慧结晶，其中蕴藏的音乐价值、文学价值及民俗价值不容小觑。

笔者于 2014 年 7 月始先后 4 次到兴国县对兴国客家山歌进行实地考察，在掌握大量第一手资料的基础上对其进行了梳理归纳，尽可能全面地记录兴国山歌的活态现状及其生态环境，揭示兴国山歌在历史变迁中传承与发展的历程。

本文的基本框架和内容：第一章为兴国山歌兴起的背景，为音乐事象的研究提供支撑；第二章是对兴国山歌田野调查的记录与思考，笔者对山歌的生存境况与文化背景进行全面阐释；第三章是音乐本体分析，从文学特点、社会功能、音乐形态 3 个维度对音乐本体进行客观描述；第四章是兴国山歌的文化解读与社会维护，同时对兴国山歌的传播模式进行了深入探讨。本文采用民族音乐学理论与传播学相结合的研究方法将兴国山歌置于不同历史背景下，分析其传承传播模式，结合拉斯韦尔的“5w”模式得出兴国山歌是国家、群体、个人共同维护下的结果的结论。

关键词： 客家；兴国山歌；跳觋仪式；传承；传播

京剧锣鼓“和色”特征研究

作者： 石　惠（2012 级硕士研究生）

导师： 桑海波

摘要： 本文以京剧锣鼓为研究对象，突破传统地从一个全新视角对京剧锣鼓的“和色”特征进行学术分析，并试图以此诠释出京剧锣鼓应有的形态特质。

自 2008 年始，笔者跟随多位京剧演员学唱京剧，在学习过程中发现京剧的锣鼓与演唱是相辅相成的。随后笔者对现存京剧锣鼓文献进行了梳理，发现现存京剧锣鼓研究文献主要集中在京剧锣鼓的鼓师、京剧锣鼓的演奏与运用、京剧锣鼓的发展创新、京剧锣鼓的记谱方式（锣鼓经）等方面，而对京剧锣鼓本体艺术特征的研究几乎是空白的，由此萌生了对京剧锣鼓音乐的“和色”特征及规律进行研究的想法。本文将从“和色”视角对京剧锣鼓的本体艺术特征进行学术解读。目前针对京剧锣鼓文献的研究主要有平面文献和立体文献两方面。平面文献包括已发表的核心期刊及已出版的专业书籍；立体文献则包含已出版的 CD、

VCD、DVD 等。

本文由引言、第一章至第三章的正文和结语三大部分构成,拟从“和色”视角对京剧锣鼓的本体艺术特征进行学术解读。本文的研究对象为京剧锣鼓,目的是通过研究有代表性的京剧锣鼓,对京剧锣鼓中的纵横“和色”特征加以分析,以期为中国民族器乐理论研究提供一个新视角,为中国民族器乐的创作提供理论参考,为中国民族器乐二度创作提供一个参照。

关键词: 京剧锣鼓;“和色”;特征;形态特质

山东即墨柳腔唱腔音乐研究

作者: 孙　赟(2012 级硕士研究生)

导师: 李月红

摘要: 即墨柳腔是产生于胶东半岛的一个地方剧种。从 2013 年起,笔者对即墨柳腔进行了实地调查,掌握了大量的第一手活态资料;在此基础上,笔者通过梳理与分析相关资料,对即墨柳腔的唱腔音乐做了细致的介绍与形态分析,并结合当地的文化背景,阐释其与文化之间潜移默化、密不可分的联系。在构思、写作的过程中,笔者分别运用了实地调查、音乐形态分析、口述史研究等方法;此外,笔者从方言学和语音学的角度对即墨方言与柳腔唱腔旋律做了初步的比较,还结合格尔兹提出的“地方性知识”对当地文化做了较为深入的解读。

本文的研究得出以下结论:柳腔作为肘鼓子腔系统中的剧种之一,其特殊的衍变方式导致了唱腔音乐的成熟;柳腔作为即墨土生土长的地方剧种,是一种相对高雅的表演艺术形式;柳腔唱腔音乐中持续向下的旋律走向,与即墨方言有着密不可分的联系;即墨百姓“乐”于创新而不“忘本”的性格特点,是柳腔唱腔得以发展与传承的重要原因。

本文的写作,除了可以弥补学术界在即墨柳腔研究的匮乏,还可为中国戏曲音乐的横向比较研究提供可资借鉴的文本资料。此外,笔者运用方言学、语音学视角对音乐形态进行分析,可为研究者提供一种新的研究思路。

关键词: 即墨柳腔;唱腔音乐;花调;悲调;胶东文化

盲叟弹弦诵古今——介休三弦书的实地调查与研究

作者: 田载宇(2012 级硕士研究生)

导师: 李月红

摘要: 三弦书是曾经广泛流行于我国北方地区与陕西全境的一种说唱艺术形式。本文的研究对象介休三弦书,是汾州三弦书的代表和源头。介休三弦书曲艺队是成立于新中国成立前的当地现存的唯一一支三弦书曲艺队,队员全部由盲艺人组成,至今仍活跃在演出舞台上。笔者从 2013 年开始对介休三弦书曲艺队进行实地考察,并且在收集了大量第一手活态资料的基础上进行论文写作。本文将从生存空间、演出状态、音乐构成等方面对介休三弦书进行详细分析,并且对其文化价值做深入阐释。

本文的结论是：①介休三弦书是一种寓繁于简、刚中带柔、内涵丰富的说唱乐种，具有其独特的艺术魅力；②介休三弦书具有聚众造势、娱乐大众、启迪人生等社会功能；③介休三弦书反映了三晋文化融合多元性、地域差异性、崇尚自然性的文化特质；④介休三弦书的发展历程反映了中国的社会变迁曲线，是进行音乐社会学研究的典型个案。

通过本文的研究，可以填补介休三弦书研究史上的空白，给介休三弦书留下珍贵的文字和乐谱资料。此外，笔者对介休三弦书的研究也为学术界研究山西其他地区乃至全国三弦书艺术提供了一份可供借鉴的资料。

关键词：三弦书；盲人说书；晋文化；变迁；功能

东北地方小戏亲缘关系研究——以龙江剧、吉剧音乐为例

作者：魏　轩（2012 级硕士研究生）

导师：姚艺君

摘要：20 世纪 50 年代，中国戏曲界掀起了创作浪潮。其创作不仅限于现代剧目，而是在延伸到某行政区域后以极大的热情创作出以自己的地区命名的剧种，形成了“新剧种运动”。虽然新创剧种形成的年代较晚，发展时间较短，产生影响较小，但事实上，它们的形成已经为声腔的研究增加了新的内容。龙江剧和吉剧就是在此浪潮下产生的剧种。由于上述原因，这两个剧种始终未曾进入公众的研究视野范围，以致至今尚存大量以此为研究对象展开的探索空间。作为我国戏曲音乐内容的一部分，自形成至今，龙江剧和吉剧已历经了半个世纪的实验与实践，并在本土具备了一定的影响力，对其进行深入的理论研究工作势在必行，从而填补这一研究方向的理论空白，为进一步对东北地区戏曲音乐加以认知提供数据支撑，为全面研究新中国人造剧种提供理论参考。

本文选取东北地方小戏龙江剧和吉剧为研究个案，对两者的历史沿革、音乐形态等各方面做了详尽的梳理与归纳，以柳腔作为两剧种共同的主要腔调，并以此为出发点，探寻东北地方小戏龙江剧与吉剧，两个不同剧种在柳腔的作用下联结的亲缘关系。在此基础上，本文调查了两个剧种的发展现状，并从剧种历史和艺术特征两个方面切入，分析了成因。最后，本文对两个剧种的发展进行了思考。

关键词：柳腔；龙江剧；吉剧；现状

弦索乐“和色”特征探析——以《弦索十三套》为例

作者：张立东（2012 级硕士研究生）

导师：桑海波

摘要：本文通过对弦索乐文献的梳理，对《弦索十三套》所收录的 13 首乐曲中最具代表性的《十六板》音乐本体进行形态学的分析，从中国音乐“和色”理论这一新的视角对弦索乐这一乐种的形态特征进行学术解读，并试图对中国弦索乐形态特征规律进行总结。

《弦索备考》作为弦索乐的重要代表,既有悠久历史,又有流传下来工尺谱抄本的珍贵文本。《弦索备考》作为迄今为止中国器乐发展史上记录最为详尽和完整的一部弦索乐合奏谱,通过它能再现清代弦索乐的样貌。笔者通过对《弦索备考》研究文献的梳理发现,对其的研究大多停留在文本的研究,仅有少量的对其中乐曲如《阳关三叠》等筝曲的研究,对其整体形态特征的研究更是少之又少。目前,对《弦索备考》的研究大致分为两个方向在进行着,一个是从结构和技法的角度对《弦索备考》的音乐结构等进行研究,这样的研究大多是作曲理论方面的相关人员在进行;另一个则是《弦索备考》4 件乐器的表演者们,从乐器和器乐的角度在对其进行研究。另外,对于《弦索备考》的研究大致是可以分为两个阶段的,并且两个阶段都是随着民族器乐演奏家们"复活"《弦索备考》将其搬上舞台而展开的。

本文的研究目的有三:一是想为弦索乐表演的二度创作提供理论参照;二是想为新的弦索乐创作提供理论依据;三是想为弦索乐的理论研究提供新的视角和方法。

关键词: 弦索乐;《弦索十三套》;《十六板》;"和色"

河北省内秧歌小戏亲缘关系辨析

作者: 周敬慈(2012 级硕士研究生)

导师: 姚艺君

摘要: 我国北方各地的秧歌种类多样,既有歌舞类型的大秧歌,也有属于戏曲表演范畴的小戏。在河北的乡村社会中就流传着大量的秧歌小戏,相较于剧本有文人参与创作、音乐结构庞大、程式规范的传统大戏而言,秧歌小戏更加贴近百姓生活,表演形式灵活多样,从形成之初便具有广泛的群众基础。从最初的民间小曲演变为有角色扮演的"两小戏",再逐渐发展成行当齐全的地方小戏,其演变过程经历了民间草根文化的创造,几百年来代代相承,经久不衰。

本文将以流行于河北省内的 5 种秧歌小戏为研究对象,详细梳理它们的历史流变,分析它们产生与发展的历史因素。本文运用音乐本体分析的方法,旨在对民间秧歌小戏的内在艺术规律和特征进行总体把握,继而将 5 类秧歌小戏的曲调结构、旋律、音阶、调式、润腔等因素进行横向比较,并结合历史源流加以综合分析,着重探讨它们在音乐上的关联性与差异性,以期为区域性的秧歌小戏研究提供一定参照。

关键词: 秧歌戏;源流;腔式

中缅"象脚鼓"乐器文化比较研究

作者: 初步云(2011 级硕士研究生)

导师: 桑海波

摘要: 中国傣族与缅甸掸族作为同源的跨界民族,他们有着相同的文化基因。"象脚鼓"是两个民族共有的击奏膜鸣乐器,常用于世俗活动和佛教仪式当中,是两个跨界民族日常生活当中不可或缺的重要文化事象。

目前，学术界有关“象脚鼓”文化的比较研究尚属空白，而在“象脚鼓”乐器的研究文献中，更多的只是拘囿于各自民族范畴中乐器本体的描述。笔者认为：①“象脚鼓”一词是局外人对傣族和掸族共有击奏膜鸣乐器名称的误读；②“象脚鼓”的分类标准应从学术上予以共识性明确；③对“象脚鼓”乐器的研究必须以乐器学的视角和民族音乐学的方法加以观照；④对两个跨界民族的“象脚鼓”乐器文化应该从理论层面和实践的高度予以比较研究和实际应用。

本文从乐器学视角，运用民族音乐学的方法，在梳理前人研究成果的基础上，结合大量中缅田野工作调查资料，试图从学术层面去系统解读中缅两个跨界民族“象脚鼓”乐器文化基因的异同，并认为两个跨界民族共有的“象脚鼓”乐器文化不仅具有共通的稳定性特征，更具有不同的变异性特征。共通的稳定性特征说明了两个跨界民族具有血脉相连的文化基因，不同的变异性特征说明，相同的文化在不同的时空中会发生与其文化背景相适宜的文化变迁。

关键词：傣族；掸族；“象脚鼓”；乐器文化；比较研究

京南白庙村“音乐会”实地调查与研究

作者：崔华伟(2011级硕士研究生)

导师：李月红

摘要：白庙村“音乐会”是活跃于北京市大兴区长子营镇白庙村的民间音乐会社，本文试图通过对白庙村“音乐会”的实地调查与研究，进一步完善“冀中笙管乐”的案例论证并为白庙村“音乐会”这一“非物质文化遗产”项目提供一份翔实的理论梳理、研究资料。

本文运用“仪式中的音声”所设定的“信仰-仪式-音声”这一理论角度，对白庙村“音乐会”的灯花节仪式音乐进行实地调查，从音乐学角度阐释白庙村音乐会的历史渊源、文化环境、音乐风格形态。通过对白庙村“音乐会”的生存空间、仪式活动、音乐本体及其文化内涵的调查与研究，笔者认为：首先，本文的研究对象是流行在北京地区的“冀中笙管乐”，其在宗教信仰、仪式行为、音乐风格等方面都体现出与“冀中笙管乐”乐种的一致性；其次，白庙村“音乐会”在村民生活中承担着不可替代的作用，“音乐会”的演奏蕴含着“娱人”和“娱神”的双重功用，是乡村礼俗中供养“神灵”的媒介和手段；最后，通过梳理白庙村“音乐会”的历史发展脉络，可以看出“音乐会”的生存情况与社会文化变迁有着密切的关联。从民间乡村艺术到“非物质文化遗产”的保护对象，强烈的“文化认同感”是白庙村“音乐会”得以被人们熟知的原因，同时也是其继续延续传承的内在动力。

关键词：“音乐会”；“冀中笙管乐”；灯花节；仪式；文化自觉

昌黎地秧歌用乐研究

作者：李远铮(2011级硕士研究生)

导师：李月红

摘要：昌黎地秧歌是河北省最具特色的四大舞种之一，2006 年被列入国家级非物质文化遗产名录。笔者从 2012 年开始，对昌黎地秧歌进行实地考察，收集了大量的第一手活态资料，并在此基础上进行写作。本文描述、分析了昌黎地秧歌在民间的实际生存状况、音乐形态，并对其变迁及原因进行了深入阐释。

本文分为 4 章。第一章为田野描述，通过个案展示、情境分析以及班社比较，展现昌黎地秧歌在民间的实际存活状况。第二章是秧歌曲的形态研究，通过分析乐器、曲目分类、音乐结构、变化手法等内容，揭示用乐规则。第三章描述并分析了已经丢失的秧歌调及其他歌唱内容。第四章对音乐变迁进行深入阐释，在历史语境与当代语境中探寻变迁的缘由。

本文最终得到的结论为：①昌黎地秧歌的音乐发展至今，是遗失秧歌调后的器乐形式；②喇叭在与舞蹈的配合中逐渐形成自己的演奏程式；③昌黎地秧歌虽然受戏曲影响，但不具备向戏曲转化的条件；④歌舞向乐舞的衍变，是其艺术特点、生存环境和偶然性事件三者互动的结果。

本文的写作，除了可以弥补学术界在其音乐方面研究的缺失，还可为中国民间音乐的变迁研究提供可资借鉴的文本资料。此外，笔者对民间歌舞向戏曲衍变的探讨，还可为相关学者提供一种研究思路和角度。

关键词：昌黎地秧歌；秧歌曲；秧歌调；音乐形态；变迁

近代北京民间京剧戏班管理模式梳理研究(1840—1937)

作者：盛　辉(2011 级硕士研究生)

导师：姚艺君

摘要：中国戏曲艺术源远流长，是中华民族传统文化的宝贵财富。戏班作为戏曲艺术存在与发展的重要载体，在戏曲文化的传承、传播与发展过程中起着至关重要的作用。

自唐代的宫廷教坊至宋代以市民文化为基准的勾栏瓦舍，从金、元家乐戏班到明、清营业性的戏曲班社，千百年来，戏班随着朝代的更迭、社会制度的变迁而不断变化，它以不同的组织形态与演出模式活跃在中华戏曲文化的历史长河之中，为戏曲艺术的发展提供丰厚的滋养。清代以来，中国戏曲进入其发展的黄金阶段。以京剧艺术为代表，这一时期的戏曲无论是演出水平与规模，还是伶人的社会认知与地位等方面，都在整个封建历史时期达到了一个高峰。作为戏曲艺术的演出机构，民间戏班在此时期亦得到了良好的发展，其数量与规模不断增大，组织结构日渐成熟，形成了一系列较为规范和复杂的经营管理模式，为我国戏曲艺术的繁荣与发展奠定了基础。

本文拟从管理学的研究视角，以中国近代北京地区民间京剧戏班为研究对象，通过对相关资料的搜集与整理，从经营管理的角度系统梳理与探究我国近代民间京剧戏班的组织管理模式与演出运营机制，分析其在近代社会环境背景下的发展与转变，探求戏班体制转变为近代京剧艺术发展所产生的影响。

关键词：京剧戏班；管理模式；演出形式；戏班体制

文明古国的戏剧比较研究——印度卡塔卡利与中国京剧的兴盛原因之比较

作者： 王乙好(2011 级硕士研究生)

导师： 姚艺君

摘要： 卡塔卡利是印度重要的戏剧形式之一，京剧是中国重要的戏剧形式之一，它们承载着各自民族的历史特征与审美选择。虽然文化背景截然不同，社会意识、社会行为风格迥异，但是，两者在许多方面却展现出惊人的相似之处。本文将两者进行了比较研究，旨在探究不同地域空间艺术文化形式在社会认知体系中的存在价值、社会地位与文化差异等特征。

本文首先对中国京剧和印度卡塔卡利的艺术特征进行了概述，在第一章与第二章中分别对中国京剧第一次兴盛的原因与卡塔卡利至今仍然兴盛的原因进行了梳理。前者主要包括“雅文化的衰落”“集众艺术之长”以及“文化承载者”3 个部分，后者主要包括“艺术圣地喀拉拉邦的文化滋养”“从宗教向世俗的转变”以及“文化承载者”3 个部分。第三章包括两个部分，首先是两者的共性，其次是两者的个性。第四章从人类学理论的角度，对实地调查进行了较为细致的阐述，然后从共性与个性的描述中对两者进行比较研究，同时对本文进行整体总结。

艺术的滋生、发展与兴盛离不开文化土壤的养护，同时也会充分呈现桃符更迭所带来的文化变迁。更为重要的是，其既离不开社会维护，也离不开文化持有者、享用者、传承者、传播者的承载，所以才会一路走来，把遥远历史的文化信息传递到了今天。

关键词： 卡塔卡利；京剧；兴盛原因；比较研究

商路带动下的戏路延展与文化变迁

作者： 何丽娜(2010 级硕士研究生)

导师： 姚艺君

摘要： 两广(广东、广西)地区的文化交流，从古至今历来频繁。珠江水系成了沟通两广地区文化交流的黄金水道，将粤文化的典型标志“粤剧艺术”以不同形态与方式渗透到了桂西一带。此举所形成的结果，其意义在于将粤文化植入到桂西一带。作为粤文化传播的物化象征，粤东会馆和关岳庙在粤剧艺术的传播过程中扮演着重要角色，为当下粤剧在桂西地区的现实存在，提供了良好的历史语境与生存空间。

本文以实地考察为获取第一手资料的重要途径，以尊重文献记载，探访文化亲历者与文化持有者并为其记录整理口述历史为材料支撑，在此基础上，搜集并综合解析粤剧艺术与音乐在桂西百色地区传播的基本情况。同时，本文以地方志及研究论著为参照，以传播与变迁的视角为切入点，对粤东会馆、关岳庙的情况进行调查、考究与阐释，做粤剧当下生存现状勘探性分析，以形成本文研究的主体和内容。笔者通过“水路—商路—戏路”的文化链观察与阐释，以及专业和业余粤剧团在桂西百色地区的变迁解析，得出本文研究的结论。同时，笔者将所获得的第一手田野资料和背景材料制作成视频，并以此方式呈现，采用更加直观具体的视觉感官手段支撑本文的研究。

关键词： 粤剧；传播；变迁；粤东会馆；关岳庙

中国现代民族管弦乐队器乐发展状况研究——以民族乐团为个案

作者： 李雨涵(2010 级硕士研究生)

导师： 桑海波

摘要： 本文试图通过对中央民族乐团器乐作品的形态分析及文化缘由的探究来窥视中国现代民族管弦乐队的器乐发展状况。

我国民族器乐演奏形式可分独奏与合奏两大类，其中器乐合奏是在中西音乐文化相融合的背景下形成的新型民族管弦乐种。中央民族乐团作为国家级乐团成为这一乐种存见和发展的典型代表，他们在自身发展的道路上，一方面坚守着传统器乐“和色”的稳定性特征；另一方面则大胆吸收西方管弦乐“和声”的变异性特征，通过大量的委约创作，从旋律、织体、和声以及配器等器乐形态发展方面做出了诸多大胆的探索，为中国民族器乐在现代的发展做出了革命性的贡献。

笔者通过对中央民族乐团管弦乐队器乐作品与中国传统器乐曲的比较分析后认为：①中国民族管弦乐的发展必须以传统为依托；②不能完全照搬西方管弦乐之创作套路；③在重视传统的基础上还必须与时俱进、锐意创新；④中国民族器乐的发展离不开中国民族乐器的改革。

关键词： 民族器乐；形态分析；稳定性特征；变异性特征

百色粤东会馆粤剧陶塑群像考

作者： 刘倩瑶(2010 级硕士研究生)

导师： 姚艺君

摘要： 广西百色市的粤东会馆位于百色市解放街，沉淀着这座小城的繁华过往和古老文化，也见证着其所承载的历史文化变迁。广东粤剧艺术从活态的舞台表演到静态的彩陶雕塑等形式，随水而流，随商而行，扎根异地，定格保存在他乡的时间、空间和人们的文化消费中。

本文拟运用音乐图像学的视角，以广西百色市粤东会馆屋脊建筑上的粤剧陶塑群像为研究对象，对粤剧艺术与雕塑艺术的完美融合及其戏曲文化的传播、留存与变迁进行深度探究，同时结合对百色当地粤剧团体的调查，追溯特定时空环境下的粤剧艺术在异地民间的地位，考究流变后的粤剧有怎样的文化变迁，试图厘清其历史与文化价值之意义所在。

关键词： 粤东会馆；粤剧；陶塑群像

中国现代民族管弦乐队乐器组合形式研究——以中央民族乐团为个案

作者：宋菲飞（2010 级硕士研究生）

导师：桑海波

摘要：中国现代民族管弦乐队是 20 世纪 20 年代开始萌芽的一种崭新的中国民族乐器组合形式。它是在西方音乐文化思想的影响下，以西方管弦乐队模式为框架，主要由以中国乐器为主所组成的乐器组合形式，是中西音乐文化在特定历史时期融合而成的产物。在 90 余年的发展历程中，这种乐器组合形式不断地得到应有的改革、创新与发展，从而适应中国人不断变化发展的审美需求，并已成为中国民族器乐现代的重要表现形式之一。为此，笔者试图从乐器学的视角，运用民族音乐学的方法，把这一崭新的乐器组合形式与中国传统乐器组合形式进行纵横比较研究，以期探究出这一音乐事象发展的文化缘由，从而为中国现代民族管弦乐队更好地实践和发展做出理论贡献。

关键词：乐器组合；民族管弦乐队；中央民族乐团；比较研究；文化缘由

中国古代乐谱寻遗——以新昌调腔“蚓号”谱为线索

作者：张晶晶（2010 级硕士研究生）

导师：姚艺君

摘要：浙江省新昌县的调腔，距今大约已有 4 500 年的历史。有关调腔的文献记载，最早见于明朝张岱所著的《陶庵梦忆》，因而可以确认，调腔是我国历史悠久的古老戏曲剧种之一。本文主要侧重于对调腔手抄本中“蚓号”谱的研究。目前所能见到的最早关于记录“蚓号”谱的抄本，是清咸丰六年（1856 年）的《双报恩》《凤麟庄》等。“蚓号”谱是一种只标注旋律大致走向，不标注具体音高、调高、节奏的中国民间的古老记谱法，具有“备忘录”的功能。随着时代的发展，“蚓号”谱被简谱所取代，到如今能认识“蚓号”谱并能演唱的人屈指可数，因此，本文着重对“蚓号”谱的形态、形成原因、族谱挖掘、生存现状、保护传承等方面展开调查与研究，希望以地方音乐民族志的方式，为这一特有的古老记谱法保存一份文本资料。

关键词：新昌调腔；手抄本；“蚓号”谱；高腔；圈腔谱

“渊源流新”——从沈煌荣的表演看宣卷“移步不换形”式传承

作者：周　桑（2010 级硕士研究生）

导师：杜亚雄

摘要：宣卷，一种继承唐代佛教“讲经说法”的传统，而于宋、元时期发展成的古老说唱曲艺。宣卷意为“宣讲宝卷”，宝卷即演唱文本。宣卷为宗教服务，它所演唱的宝卷内容大多是“宣传宗教讲义,劝人为善”。明、清时期,宣卷在江浙沪地区极为风靡。但19世纪以来,宣卷历经两次世界大战与“文化大革命”的洗礼,几度沉寂,已失去舞台生命力。传承并保护这一快要消亡的珍贵遗产已迫在眉睫。

本文以浙江省嘉兴市嘉善县陶庄镇的沈煌荣宣卷班为个案,对其宣卷表演活动进行一系列田野调查。在调查中,笔者发现沈君正是利用“移步不换形”的传承方式将传统宣卷挪用至丧礼仪式中演唱,做火白事生意,使宣卷再受欢迎。本文以此成功案例为主要论述对象并结合文献调查、与同县西塘镇袁云甫宣卷班进行对比等多种分析方式,旨在探究宣卷艺术在传承与发展中所出现的问题以及“移步不换形”式改革法对中国传统音乐的传承所带来的弥足珍贵的使用价值。

关键词: 宣卷;丧礼;商机;传承;“移步不换形”

中国音乐学院图书馆戏曲老唱片整理兼及传统京剧《捉放曹》的版本与校勘学问题研究

作者: 何　畅(2009级硕士研究生)

导师: 姚艺君

摘要: 本文以“中国音乐学院馆藏戏曲老唱片”的整理工作为切入点,以“传统京剧老唱片”的版本为研究对象,旨在打开尘封的档案,唤醒沉睡的记忆,为抢救珍贵的历史声音文献以及其典藏、保存和研究尽力。本文以馆藏的《捉放曹》唱片为案例,探究版本源流,校勘唱段音乐表现之差异。

本文由5个部分组成:第一部分为绪论,是对研究对象、内容、目的和意义的界定,以及对前人研究状况、研究方法的阐述;第二部分通过笔者实地考察上海音乐学院,采访台湾师范大学数位典藏中心负责人及美国国会图书馆研究员,总体介绍了国内外老唱片整理与研究现状;第三部分通过笔者采访中国音乐学院前图书馆馆员,梳理馆藏老唱片历史,分脉络阐述馆藏京剧老唱片内容,并介绍了几类馆藏物件;第四部分以个案形式,运用统计(列表、制图)、音乐形态分析、声学测音等方法,对馆藏《捉放曹》唱片及其中的“行路”唱段,进行版本及校勘学讨论;第五部分以《捉放曹》剧目为预设对象,拟构建老唱片保存性后设资料(preservation metadata)栏位及档案索引(finding aid)。

关键词: 馆藏老唱片;京剧;《捉放曹》;保存性后设资料;档案索引

朴东生民乐指挥艺术及其音乐思想研究

作者: 黄　艳(2009级硕士研究生)

导师: 李月红

摘要: 朴东生是一位具有广泛影响的民乐艺术家,是一位集指挥、创作、理论研究于一身的“三栖”民乐人。与民乐艺术结缘60余年,朴东生的人生与民乐事业的发展有着千丝万缕的联系。在本文中，笔者并未对朴东生的艺术人生和成就做全方位的探讨，而主要是从朴东生的民乐指挥艺术及音乐思想上着笔进行分析与研究，并在此基础上对其人生艺术价值做出探讨，同时试图探寻如朴东生一辈的老民乐艺术家们从新中国成立以来的社会历史大环境下取得成功的根源所在，从而激励当代人，启示后人。这是我们民族音乐事业发展的需要，也是时代赋予我们的历史使命。

本文共分为 4 章，第一章“民乐构成我的一生”的内容主要从朴东生的口述历史材料和正式文本资料着手进行记录、整理、归纳所得，详述了朴东生从与民乐结缘到成为民乐界灵魂人物这一过程中他的种种经历；第二章“朴东生的民乐指挥艺术”则主要对他在民乐指挥艺术的理论探索情况、个人指挥风格和理念等方面的内容进行了简析；第三章“大民乐观”主要是针对朴东生拥有的这一民乐思想观念及其相关内容进行评述；第四章“朴东生的民乐人生价值”的内容则主要包括对他在民乐方面所取得的艺术成就及其成因的分析与探索。

关键词：朴东生；民乐指挥艺术；“大民乐观”

古歌用韵与宫调关系研究——以诗词与南北曲为例

作者：刘秦生（2009 级硕士研究生）

导师：姚艺君

摘要：诗章入乐而歌是我国古代歌唱艺术的传统。“有文章者谓之乐府”，广义地讲，所有由文人加工、创作，和乐而歌的古代歌唱艺术形式都可以算作乐府。从这个意义上讲，近体诗、宋词、南北曲都属于乐府。

乐府的创作方式有两种：一种是按乐填词，另一种是选词配乐，后者也称自度曲。无论是按乐填词还是选词配曲，创作者都需要使汉字的字韵、字调与音乐的调式、调性，旋律的起伏相协调。唐段安节的《乐府杂录·别乐识五音轮二十八调图》中记载了由诗章的韵脚确定音乐调式、调性的方法，清方成培在《香研居词麈·宫调发挥》中肯定了段安节的观点。这表明诗章的字韵与其音乐所属的宫调有一定的联系。

本文力图考查诗词音乐及南北曲音乐中字韵与宫调的关系，验证段安节的观点以及发现这种对应关系在发展过程中的变化。

本文在写作过程中遇到了一些有争议的问题，主要有黄钟律高的问题、六宫十一调与八十四调的关系问题、诗章韵脚分类标准问题等。为解决这些问题，笔者利用能接触到的文献，构建了“雌雄笛理论模型”，通过比较分析、逻辑推理，并结合竹笛演奏实践等方法确立了南北曲中黄钟的律高，建立了六宫十一调与八十四调的联系；利用等韵学中韵摄（韵母相近的字的集合）的概念对南北曲韵尾进行了分类。

关键词：宫调；雌雄笛

广西大苗山官话山歌的歌唱模式——以民间歌王李隆球及其关联群体为考查对象

作者：刘振涛（2009 级硕士研究生）

导师：李月红

摘要：广西官话山歌是主要传唱于桂北地区的民歌歌种，流行于当地汉族与各少数民族之间。20 世纪 80 年代以前，山歌对唱是男女婚恋、民族交流与形成族群凝聚力的重要纽带。近年来，官话山歌的歌唱模式、歌唱场所与功能意义不断发生转变，由村落走向城镇，由民众自发性行为转变为以政府主导，以民间为辅的行为，由自娱性功能演变为地域文化标识。

本文以该地区民间歌王李隆球及其客家族群与师徒群体为研究对象，重点考查村落环境下歌王群体的歌唱活动，将官话山歌的生存空间、音乐生态链、曲词结构、歌唱形式等以及相关文化因素所体现的规律性概括为一种地域性的歌唱模式，描述与总结官话山歌歌唱模式及歌唱模式的生成与嬗变脉络，最终，使读者全面认识大苗山地区歌唱化的社会机制与文化模式，形成对其文化存在方式的理解、尊重与认同。

笔者认为：模式化思维、以歌代言、即兴编唱是官话山歌歌唱模式的 3 个基本特点。百越文化与汉文化的长期碰撞与融合是形成官话山歌歌唱模式最重要的文化因素。本文对于大苗山官话山歌的初步研究，可为岭南区域音乐文化的整体性研究提供个案，并且有利于人们更好地理解处于同一时空条件下不同族群音乐生活的共性特点，也有助于改变我国学术界在汉族与少数民族音乐研究中边缘交融性研究不足的现状。

关键词：官话山歌；歌唱模式；歌词结构；歌腔形态；歌唱方式；地域与族群性

秦筝余绪，南北之声——陕西榆林筝乐研究

作者：芮子晶(2009 级硕士研究生)

导师：杨　红

摘要：榆林筝乐与鼓乐筝乐、郿鄠筝乐同为陕西筝派的三大组成部分，但却是唯一留存在榆林小曲中且至今仍流传繁盛于民间的秦筝活化石。榆林筝乐融合了秦筝之声与江南音韵，是榆林人民历史生活与文化变迁的内涵显现。榆林地处蒙、陕交界地带，其深厚的历史积淀和多元的文化底蕴，孕育了独特的边塞文明。榆林筝乐正是在这样的文化生态中依托于榆林小曲，以多元融合的音乐样态鲜活地展演于人们的社会生活中，表征其特有的文化内质和区域特色。

随着民间音乐文化的转型，榆林筝乐与榆林小曲亦在现代社会中得到传续与演变。本文以音乐民族志的视域从历时与共时、田野与文本相结合的角度入手，注重个案调查和深层访谈等当下现代田野学理与研究立场，对榆林筝乐与榆林小曲从历史脉络、留存现状、音乐特质以及文化生态等进行系统性考查与整合性研究，分别阐述筝乐与小曲如何在边塞文化背景下的榆林地区形成和发展，以及其在现今多元文化生活中的地位和作用，从筝乐的 3 种表演形式中窥探其音乐体征，进而阐述榆林筝乐及小曲在社会、群体、个人三者共同维护下的继承与发展，透析其文化内质。

关键词：榆林筝乐；榆林小曲；陕西筝派；秦筝

中国传统音乐实地调查之本土路径探索
——以1949—1979年音研所简其华等学者的采风工作为例

作者： 张　妤(2009级硕士研究生)

导师： 李月红

摘要： 1949年我国第一所专门进行音乐研究的机构——中国艺术研究院音乐研究所(下文简称为“省研所”),在天津建立,在杨荫浏、李元庆等学科带头人的领导下,众多学者从20世纪50年代开始了一系列民间音乐的考查活动,这是具有划时代意义的举动,为我国民间音乐的研究积累了初次的实践经验。这些经验与研究方法在当今文化背景下来看,不但不觉浅显与过时,从某种意义上来说,反而是当今学术界音乐研究最为薄弱的一环。经过学者们在1949—1979年这30年间40余次大小不同的采风活动,某种音乐研究隐性的本土路径在这个过程中逐渐形成。笔者通过大量文献材料的理性整理,加上对该阶段亲历者简其华先生的感性访谈,试图揭示出本文的核心:我国传统音乐实地调查的本土研究方法。

关键词： 简其华;音研所;传统方法

湘桂地区梧州瑶民歌研究——兼论其传承与保护

作者： 常龙飞(2008级硕士研究生)

导师： 樊祖荫

摘要： 梧州瑶民歌作为一种特色鲜明的中国少数民族民歌艺术形式,有着特殊的文化意义。它是瑶族和汉族两个民族、两种文化结合的产物,充分体现出文化的传播与交融对于民族文化发展的积极意义。

本文从历史学、音乐学、人类学(民族学)、社会学、民俗学、语言学等角度,采用中国传统音乐理论与民族音乐学相结合的研究方法,既重视历史文献的参阅,又重视实地调查和对音乐本体进行深入分析的方法;力求系统地对梧州瑶民歌进行音乐本体上的分析,再从民族音乐学的角度把梧州瑶民歌放在梧州瑶的历史文化背景下加以阐释,以在一个更高的角度和更深的层次对这一课题进行研究。

本文的基本框架和内容是:上篇为梧州瑶及其民歌,分为4章,第一章从梧州瑶的定义、历史、成分剖析来阐释梧州瑶的历史文化;第二章着重阐释当地丰富的民歌品种与歌唱习俗;第三章以“蝴蝶歌”为例分析梧州瑶民歌的歌词;第四章从音乐本体的角度详细研究和分析了梧州瑶民歌的音乐形态特点。下篇为梧州瑶民歌保护与传承,同样包括4章,分别从梧州瑶民歌的传承意义、梧州瑶民歌的当下状况、音乐学界及地方上的保护工作和关于梧州瑶民歌传承性保护的思考四大方面进行分析和阐释。

关键词： 梧州瑶民歌;“蝴蝶歌”;保护;传承

“氐羌故里”的山歌子——陕西宁强县毛坝河镇茅山歌音乐文化研究

作者：牟晓凡(2008 级硕士研究生)

导师：李月红

摘要：毛坝河镇位于陕西省宁强县东南端，历史上氐、羌等古老民族曾先后生活在这块土地上，创造了独特的巴山文化。“茅山歌”是毛坝河地方歌种，具有鲜明的地方特色和浓厚的乡土韵味。随着农耕文明劳作方式的变化，茅山歌逐渐失去了原有的生态环境，从内容、演唱场合、演唱形式到传承目的、途径都发生了变化。本文以茅山歌为研究对象，通过分析其音声样态和历史文化生态，总结其艺术本质特征和文化价值；通过探究其历史嬗变过程思考如何维护传统音乐的生态环境这一命题。

本文的研究方法以中国传统音乐理论和西方民族音乐学为基础，借鉴历史学、民俗学的研究成果，以实地考察数据为依托，将茅山歌这一音乐事象与其共生的文化背景相结合，力图反映茅山歌的生存现状和发展历程，展现茅山歌在南北文化交融、各种语言渗透和不同风俗汇集的过程中不断叠加的历史文化信息。

本文从 4 个方面考查该歌种。第一章考查茅山歌的生存环境与历史构成；第二章从民族音乐学研究角度出发，试图完整展现田野工作中的音声样态；第三章考查其音乐形态并对其音乐本体进行具体分析，找出茅山歌的音乐构成因素及规律性特点；第四章从人类学的研究角度出发，对茅山歌音乐文化进行解读，对其传承与维护问题进行相关探讨。

关键词：茅山歌；田野工作；音乐本体分析；文化解读；维护

京西柏峪燕歌戏实地调查与研究

作者：施　艺(2008 级硕士研究生)

导师：李月红

摘要：我国的戏曲音乐历史悠久、艺术成果丰硕，其中一些古老的声腔系统经过流传和发展，成了各具特色的地方剧种。柏峪燕歌戏作为高腔体系的一脉相承者，无论是在历史和文学方面，还是在表演和唱腔方面，都具有相当重要的研究价值。作为当地人民热爱的传统艺术形式，燕歌戏在当地的民俗节日，以及生产生活中扮演着非常重要的角色。本文将以笔者的实地调查为依托，分别从历史、艺人、音乐本体、文化价值等方面对燕歌戏展开民族音乐学范畴内的研究，并重点对燕歌戏的代表剧目展开音乐本体与文化“两面”一体式的分析，并尝试对“诠释学”分析理念进行应用。特别是对那些在表演形式上具有鲜明特征、在音乐创作上具有代表性、在文化内涵上具有深刻意义的唱腔和器乐，将从传统音乐体系的视角出发给予更多文化上的观照，探讨燕歌戏作为传统艺术形式，在自身的维护、发展以及功能方面所具有的特征与意义，本文的研究成果也将对调查对象的维护与发展产生积极的作用。

关键词：燕歌戏；实地调查；民族音乐学；诠释学

湖南桑植民歌传承个案研究

作者：丁　佳（2007 级硕士研究生）

导师：李月红

摘要：湖南省桑植县是一个以土家族、白族、苗族为主体的多民族聚居县。桑植民歌起源于原始农耕时期的生产劳动，具有鲜明的民族风格和浓厚的乡土韵味。经过长期的积累和发展，桑植民歌已形成较为完善的传承体系，拥有众多的民间艺人、表演组织和演出场所。同时，随着民族的融合、时代的推移，从传承目的、途径、内容到演唱场合都发生了变化。社会变迁、民间音乐文化转型对桑植民歌的传承和变迁有着很大影响。本文是一篇在田野工作基础上形成的“音乐传承”个案研究，首先，通过对桑植民歌生存环境与传承现状的实地考察，探寻其音乐形态的地域性特征与传承特征；其次，对向佐绒的家传与师承关系进行梳理，揭示传统的自然传承方式下桑植民歌的传承特点；再次，阐述的是历史发展和时代变迁下，向佐绒的历时性纵向传递和共时性的横向传播；最后，分析了向佐绒所经历的 3 个不同时期传承方式的变迁，论述其传承与政治、经济以及与他人价值判断之间的联系，突出个人的偶然性与历史的必然性。本文以民族音乐学家蒂莫西·赖斯（Timothy Rice）所创建的“历史构成-社会维护-个人创造和经验”研究模式为主要理论依据，以向佐绒个人实践历程为例，对这一音乐文化事象进行分析，力求客观、细致地描述不同历史时期音乐传承方式的时代变化，并从民族音乐学、人类学等学科角度对这些文化事象加以归纳和阐释。

关键词：桑植民歌；传承；向佐绒；传播；自然传承；现代传承

湘西南会同县苗寨村音乐生活模式考察报告

作者：吕　彬（2007 级硕士研究生）

导师：李月红

摘要：湖南省会同县宝田侗族苗族乡苗寨村是一个少数民族比例超过总人口 70%的村落。随着社会经济的发展，苗寨村少数民族与汉族文化已逐渐融合共通。本文以调查苗寨村的音乐生活模式为目的，以田野工作为基础，从历史背景、音乐形态以及文化等不同角度对苗寨村的打鼓锄茶、佛歌以及酒歌等音乐活动进行了描述及阐释。在田野调查的过程中，笔者主要采用实地考察与采访记录的方法，通过接触苗寨村民，观察了解其生产、生活的行为模式，进而获得更为全面、直观的资料。本文以苗寨村现存音乐活动为对象，描述其具体开展过程，进行音乐本体上的分析。同时，本文结合当地的地理环境以及民俗风情，对其历史变迁与社会维护进行剖析和论述，较为全面、客观地展示苗寨村的音乐生活模式，体现其文化个性和历史价值。笔者认为苗寨村的村落音乐生活模式已发生改变，其音乐、宗教、习俗以及文化都不同程度地受到汉民族文化的影响。由此看出，社会的进步及当代文化的变迁直接决定着苗寨村音乐生活的模式，同时，民族特质因素的融合以及生产方式的改变也是导致其传统音乐文化濒临丢失的重要原因。本文希望通过客观地记录苗寨村的音乐文化活动状况,挖掘隐含在社会活动表层中的文化内涵,为后续的研究工作辅以基石。

关键词: 苗寨村;音乐文化生活;打鼓锄茶;佛歌;酒歌

北京顺义大胡营村高跷会调查报告

作者: 张　帆(2007级硕士研究生)

导师: 姚艺君

摘要: 高跷调是北京地区最具特色的民间歌曲种类之一,一般在元宵节、春节、庙会等各类节日庆典中表演。北京顺义大胡营村高跷会已有300年的历史,会中的高跷调、锣鼓点、传承谱系保存完整,为笔者调查的重点。本文将从历史语境、地理坐标、社会场域、音乐本体等方面对大胡营村高跷会这一音乐事象进行全面观照,并将采集到的每一首高跷调与每一种锣鼓点进行完整、细致的记谱与分析,力求对高跷调、高跷锣鼓有一个整体的认识,进而探究其深层次的意义。

关键词: 花会;走会;庙会;社火;香会;秧歌

广东汕尾疍歌的调查与研究

作者: 佘一玲(2006级硕士研究生)

导师: 李月红

摘要: 本文由两篇内容构成,上篇首先对"疍民"这一特殊群体的相关资料进行全面收集,力图将"疍民"这一长期被学界忽略的群体的生产、文化生活方式展现得更为形象、具体。实地考察工作的地点选择在汕尾市,通过接触汕尾"疍民",观察了解他们的生产、生活,进而获得更加全面、直观且深入的第一手资料。对于本文的核心内容疍歌这一歌种,笔者对它的研究不仅限于对曲谱的分析,因此下篇基本上介绍了笔者的田野工作,主要记录了汕尾疍歌的传承工作,即对汕尾渔歌队进行了实地考察与了解,希望能通过对其现今发展状况的考查,将汕尾疍歌的现状较为真实地记录下来,为后人对汕尾疍歌,乃至全国疍歌的研究提供可供参考的资料。

关键词: "疍民";疍歌;汕尾"疍民";汕尾疍歌;汕尾渔歌队

左江壮族人的文化选择——桂南边境"巫文化"中的天琴现象

作者: 宋　唐(2006级硕士研究生)

导师: 姚艺君

摘要: 笔者以实地考察、实际参与和切身体验的方法,多次亲赴中国广西壮族自治区宁明县，考查当地“做天”巫仪。与此同时，笔者专访了民间“做天”巫仪执仪者黄英梅、岑艺清、黄秀兰、农惠花、王海良，对宁明的巫文化“做天”仪式的宗教性与音乐性进行了一次较为深入细致的调查研究。由于目前中国对此种仪式的详尽研究鲜少，对仪式中所用天琴与铜马的法器，即乐器双重身份的探讨未有深入研究，这为本文的撰写提供了较为广阔的研究空间。

本文分为绪论、第一章壮族文化背景、第二章“做天”巫仪文化、第三章巫乐弦歌以及结语 5 个部分。本文从壮族历史谈起，逐一介绍了壮族族群、“做天”巫仪程式以及“做天”巫仪音乐，对左江土语方言区宁明县壮族人的“做天”仪式进行宗教解读及细致的音乐本体分析，力图再现“做天”巫仪的完整仪式过程，还原天琴在“做天”巫仪中的本真面貌。

关键词：“做天”；天琴；铜马；仙婆

郯马五大调的调查报告

作者：王怀静（2006 级硕士研究生）

导师：李月红

摘要：郯马五大调是一种由乐队伴奏，坐唱与站唱兼有的民歌套曲形式，主要流行在山东郯城县马头镇地区，包括满江红、淮调、大寄生草、玲玲调、大调五大套曲。本文以探究郯马五大调的全貌为目的，从历史文化、田野工作和音乐形态等多个不同角度，对郯马五大调的渊源、音乐本体、歌手及社会与历史维护等主要内容进行了论述。在田野调查的过程中，本文主要采用了实地考察与采访记录的方法，从对史料记载的探究到亲临现场的求证，确认了郯马五大调的源流，解决了包括艺人在内的曾经对郯马五大调产生的疑问。本文对郯马五大调的音乐结构形态、调式特征、旋律特点等方面作了归类，总结出了各套曲对应曲目音乐的共性；然后重点就郯马五大调各套曲所对应的曲目进行了详尽的分析，包括段式结构、乐句组合、旋法特征等。本文结合最后一章中对其社会与历史维护的描述，最终呈现出了一个立体的郯马五大调的面貌。

关键词：鲁南五大调；郯马五大调；音乐形态结构；调式特征；社会与历史维护

徽祁门县“马山班”目连戏调查

作者：袁　环（2006 级硕士研究生）

导师：姚艺君

摘要：目连戏是现今依然存活的、中国最古老的戏曲剧种之一，在民间有“戏祖”之誉。其主要由“目连救母”故事而得其名，唱腔音乐属于戏曲声腔的高腔系统。本文选取安徽省黄山市祁门县马山村的宗族戏班——“马山班”——为研究对象，旨在通过对“马山班”的生存环境、组织机制及其保留的目连戏唱腔等方面做音乐学视角的深度调研，揭示出宗族戏班的传承与运行模式，管窥古老艺术在中国民间的生存样态。本文共分两章。第一章就马山村“村落文化”作宏观叙述，梳理“马山班”的戏班史，对“马山班”目连戏剧本和唱腔的历史来源进行了界定；从演员情况、演出时间场合、传承方式、演出仪式与禁忌等方面进行了深入的研究；在此基础上，阐述“马山班”目连戏顺应时代、文化转型的体现，揭示了促使其文化转型的内在动因。第二章从学者、局内人和笔者3个视角出发，对安徽目连戏的唱腔进行了阐述，并对“马山班”目前所恢复演出的唱腔进行了分类研究；目前，徽州地区传统、完整的目连戏演出仪式已不存在，但却在祁门县的民间丧葬仪式中保留着大量的目连戏唱词和唱腔，本文对此文化现象进行了探析。

关键词：目连戏；“马山班”；文化转型；唱腔分类

铜鼓客家山歌音乐形态及其演唱研究

作者：钟　璟(2006级硕士研究生)

导师：傅利民

摘要：铜鼓客家是我国客家体系的一个分支，主要分布在赣西北的宜春市铜鼓县。当地的客家社会受外界的影响相对少，这为其多彩的山歌提供了肥沃的生存土壤。这些山歌在传咏过程中不断得到丰富和完善，形成了铜鼓客家独特的山歌音乐文化。

特色的旋律、节奏、调式调性、曲式结构、歌词等要素组合成了铜鼓客家山歌的音乐形态特征；赋有乡土气息的特色语言、呼吸技巧、共鸣运用等方式增添了铜鼓客家山歌的地域特征。在社会历史的进程中，铜鼓客家山歌的传统及其在民俗中呈现的音乐文化受各种因素的影响，随着人们生产生活方式的改变而以某种方式逐渐变迁，以适应新的环境。本文共4章，第一章对客家的定义及铜鼓客家人居住的地理环境及人口、经济、社会生产等进行概述，并重点介绍了铜鼓客家的源流。第二、第三章主要从音乐本体、演唱方式以及方言歌词的构成等方面介绍了铜鼓客家山歌的音乐形态构成，并阐释了这些音乐要素所具备的地域特征和功能效用；从演唱形式、发声方式、共鸣调节、呼吸技术、咬字吐字、润腔等方面阐释了铜鼓客家山歌的演唱特征。第四章是对铜鼓客家山歌现状的考查和综合分析，同时探讨了山歌的社会功能及其变迁状况。本文最后在结语中呼吁对即将消亡的山歌文化遗产进行保护和抢救。

关键词：铜鼓客家山歌；音乐形态特征；演唱特征；生存现状

北京曲剧调查——“流水板”“剪靛花”的个案分析

作者：冯　娜(2005级硕士研究生)

导师：姚艺君

摘要：北京曲剧是中国首都的地方戏。这是一个较年青的地方性剧种，自20世纪50年代初形成至今约有50多年的历史，其间经历了不同的历史阶段。新中国成立后，原京城的曲艺艺人在政府的支持与关怀下成立了“群艺社”，在演出新段子的同时加演了“彩唱八角鼓"小戏，时称"曲艺剧"。剧目《柳树井》的出现是北京曲剧诞生的标志，此时音乐日趋成熟且开始有了创作的痕迹。十年动荡时期，北京曲剧遭遇了毁灭性的打击。"文化大革命"结束后，北京曲剧开始恢复创作与演出，尤其在20世纪70年代末、80年代初，在国家改革开放大环境的簇拥下，文艺界迎来了百花绽放的春天，北京曲剧出现了较大程度的变化。北京曲剧的表演方式，由初始曲艺表演的一人多角叙事体，到后来戏曲表演的单人专角代言体，经历了从说唱艺术的"单打独练"到戏曲艺术的"群体共演"的变革。唱腔音乐也在剧情的推进中渐趋统一，由原来多个曲种同演一台戏，到后来的以单弦牌子曲为主要唱腔音乐陈述故事情节，北京曲剧完成了由曲艺向戏曲的转变。本文是针对地方剧种"北京曲剧"所作的一篇调查报告。在实地调查的基础上，本文还选取"流水板""剪靛花"作为个案研究对象，分别对其进行纵向比较分析，探索其在不同历史时期、不同剧目中剧种音乐的发展。

关键词：北京曲剧；"流水板"；"剪靛花"

"歌"与"诗"的祭献——甘肃"岷州花儿"及其文化生存

作者：肖　璇（2005级硕士研究生）

导师：姚艺君

摘要：经历了近一个世纪的"花儿"研究成果显著。对"岷州花儿"的研究立意之初在于笔者对"洮岷花儿"分类的重新考量。本文在做好资料辑录以及田野调查的基础上，以音乐本体为基点，运用音乐形态比较的方法对其音乐变迁与音乐形成展开论证，并廓清"岷州花儿"赖以生存的"二郎山花儿会"的文化生存空间，以及以歌手为主体的"岷州花儿"传承状况，以期完成把文化符号之一的"音乐"置于文化背景做整体性研究理念的一次有效实践。

关键词："岷州花儿"；阿欧令；西路怜儿令；多元一体格局；文化空间；一般俗民歌手；专业俗民歌手

"南曲北唱"考——以"二犯江儿水"与"扑灯蛾"曲牌为例

作者：徐　欣（2005级硕士研究生）

导师：姚艺君

摘要："南曲北唱"是明代昆曲的创作手段和演唱方式，它与"北曲南唱"一起成为历史上南北曲交流与融合这一进程中最核心、最特质的因素。本文从对"南曲北唱"的概念解说入手，以程式性音乐形态分析方法对南曲曲牌"二犯江儿水"与"扑灯蛾"在明、清两代"南曲北唱"的具体内容、方式及其南、北体式分别进行详述，主要涉及词式与音乐特征两个方面，阐明典型的南曲北唱曲牌"二犯江儿水"与非典型的南曲北唱曲牌"扑灯蛾"之间的差异，结合对南曲北唱的释义来解答"什么是真正的南曲北唱"这一问题，提出广义的南曲北唱与狭义的南曲北唱概念；在广阔的历史文化背景下，关注它在南北曲交流当中的地位，视其为一种文化的产物，一个思维作用过程的结果，更是这个过程本身；"南曲北唱"也是"南曲→北唱”。

关键词:“南曲北唱”;“二犯江儿水”;“扑灯蛾”;典型“南曲北唱”;非典型“南曲北唱”;词式;音阶

新疆阿勒泰地区楚吾尔、斯布斯额与呼麦的比较研究

作者:庄凌燕(2005 级硕士研究生)

导师:朱卓建

摘要:我国新疆阿勒泰地区居住着国内为数不多的图瓦人,他们长期与哈萨克人、蒙古人混居。当地有着甚为广泛的“潮尔形态”:浩林·潮尔、冒顿·潮尔、托克·潮尔、叶克尔·潮尔。浩林·潮尔(呼麦)是其中历史最为久远的艺术形式,且促进了其他潮尔音乐形式的发展。

学术界关于三者历史渊源的说法不一:有学者推测楚吾尔和斯布斯额乃是胡笳之遗存;有学者认为古代的“龠”是其先祖。关于呼麦,则有学者认为其和古代的“啸”为同指。笔者通过大量史料分析和比较研究,得出楚吾尔、斯布斯额乐器的独特性,是不同于胡笳或者龠类乐器的,呼麦也并非“啸”。

无论是浩林·潮尔(呼麦),还是冒顿·潮尔(楚吾尔、斯布斯额)乐曲,都有一个持续的固定低音始终贯穿乐曲的始终,体现了其独特的双音观念。固定低音概念其实是贯穿人类音乐审美的一个重要概念,在世界其他民族或国家的乐器及器乐方面有充分的体现。究其根源,可能与早期人类的生产生活方式有关。

本文在乐器观念的状态下,运用民族音乐学的方法,对楚吾尔、斯布斯额、呼麦进行比较研究,将三者的异同点及其文化缘由进行深入阐释,以期在实践中对三者进行保护与开发,并提供一个基础性的理论依据和参照。

关键词:楚吾尔;斯布斯额;呼麦;比较研究

韩庭贵古筝艺术研究

作者:付　荣(2004 级硕士研究生)

导师:朱卓建

摘要:山东筝派是我国主要筝派之一,有着悠久的历史文化传统。但在当今理论界对它的活态文化(即人)的研究却少之又少。并且在山东本土艺术院校任教,被人称为山东筝活态文献的山东筝派传人的研究更为紧迫。

本文前半部分以韩庭贵的作品《鲁筝曲集》为线,分别讲述了筝曲的收集、来源、板式、改编及创作;后半部分对韩庭贵的演奏特点及社会活动进行了详尽的阐述。研究韩庭贵的艺术道路与成就,对山东筝派的发展与传承,乃至整个筝乐艺术的发展都是极具意义的。希望本文能抛砖引玉,让更多的人来关注传统筝乐艺术,让具有悠久历史的筝乐艺术得到更大的

发展。

关键词：韩庭贵；山东筝派；筝

赣中南窑头“打八仙”音乐考查与研究

作者：胡晓东（2004级硕士研究生）

导师：傅利民

摘要：赣中南地区民间吹打乐窑头“打八仙”盛行于江西省万安县窑头镇，属于仪式音乐。它承载着千余年来梨园戏班在赣中南民间的兴衰起伏，也浸染了万安古镇人民的繁衍生息与喜怒哀乐。笔者通过对“打八仙”乐人与当地人的观察，通过对乐社具体仪式表演程式内容的记录，进而深入到对“打八仙”音乐本体特点的研究与分析。笔者认为，上述这些与“打八仙”活动有着千丝万缕联系的因素可以被称为“仪式因子”，它们彼此相互渗透、相互影响，最终整合链接成了“打八仙”仪式音乐的整个仪式基因列，共同映射出“打八仙”仪式音乐的整体气质特征与文化内涵。

本文将“打八仙”音乐之文化内涵划分为固定因素和可变因素两大部分，并在此基础上沉淀出表层流行音乐、中层民歌曲艺音乐和内核传统曲牌音乐3个层次。笔者认为，正是因为居于内核的固定因素的传统曲牌音乐占据着相对重要的优势，才使得“打八仙”音乐目前仍散发着传统的气息和魅力，未改变其原有本质，与此同时，外层音乐文化的冲击又使得“打八仙”音乐呈现出“封闭-开放性”双重格局，甚至面临消亡的命运。

关键词：“打八仙”；仪式音乐；仪式基因；文化内涵；固定因素；可变因素

清末民初北京堂会研究

作者：路　艳（2004级硕士研究生）

导师：姚艺君

摘要：堂会演剧是明清以来较为盛行的一种民俗性演出活动，在中国戏曲演出史上长期与其他剧场、戏园等演出形式并存。堂会演剧是中国戏曲历史上特有的现象，也是中国传统文化在特定历史时期的一种社会现象。清末民初是堂会演剧史上最为兴盛的时期，明代以来形成的堂会演剧传统在清末民初发展到鼎盛时期。一方面新军阀官僚群体的出现在一定程度上促进了堂会演出市场的繁荣；另一方面清末京剧票友的出现也对京剧在堂会演出地位的巩固起到了推波助澜的作用。堂会本身就是民俗活动的一项内容，其演出过程中的俗规、定制更是体现了丰富的民俗礼仪意义。北京作为历史文化古都，也是全国政治经济文化中心，各地区各民族文化在这里的交融，使老北京的民俗文化具有其独特之处。清末民初时期的北京堂会就是在这样的一个历史、文化背景下达到了鼎盛的局面。

本文分为3章，第一章是对堂会演剧历史的追溯；第二章描述了清末民初时期北京地区的民俗文化特征及戏曲生存环境；第三章是对演出形态的总结，基本展示了这个时期北京堂会演出的情形,包括演出的各种场所及对演出的程式性过程做了详细描述。

关键词:堂会;戏曲;清末民初;形态;演出场所;民俗;礼仪

民间礼俗中的盂戏音乐研究——以刘家盂戏的田野调查个案为例

作者:夏侯玲玲(2004级硕士研究生)

导师:傅利民

摘要:盂戏是江西省抚州市广昌县甘竹镇当地的一种民间戏曲,又分为刘家盂戏和曾家盂戏。本文是针对刘家盂戏所做的个案研究,从历史文化、田野描述和音乐形态研究等不同的角度,对刘家盂戏进行了立体化的深入论述。在田野调查的过程中,本文采用"现场参与和体验"的方法,对刘家盂戏演出和民俗活动进行了全面的调查和研究。笔者通过从"跳进"并"融入"当地人的生活过程到"局内人"的观察和体验,对田野调查进行了记录和整理;从"跳出"并"反观"田野过程到用"局外人"的视角,通过"主位"和"客位"两个方面的客观调查证实了盂戏、民间信仰与民间礼俗的关系,论证得出刘家盂戏是在以3员将军的民间信仰为支柱的民间礼俗背景下长期存在的,它依附在民间礼俗中并与当地民间礼俗共生共存。

本文从音乐的角度,在曲牌部分重点分析了曲牌的结构组合,用3首曲牌为例对同名曲牌的词格与音乐的关系做了横向和纵向比较;并且对整个曲牌音乐的调式类型、旋法特征、配器、润腔方式、演唱方法等方面做了全面的归纳。

关键词:刘家盂戏;现场参与和体验;刘家盂戏演出;出帅;曲牌组合;同名曲牌

清同治、光绪年间京剧伶人内廷演戏考证

作者:岳　微(2004级硕士研究生)

导师:姚艺君

摘要:清同治、光绪年间是继乾隆朝之后内廷戏曲发展史上的又一次高峰,亦是京剧最终取代昆曲地位的关键时期。京剧伶人作为京剧艺术的承载者、传播者和创作者,不仅书写了京剧内廷发展的历史,亦为民间戏曲艺术与宫廷戏曲艺术的交流贡献着重要力量。本文以同治、光绪年间京剧伶人在清宫内廷的演出活动为主要研究对象,在全面考证相关史实的同时,亦对由京剧伶人"内廷演戏"这一特殊从艺经历而引发的文化问题予以了关注。

本文共分为3章。第一章为内廷演戏概说,分别从管理机构异平署、内廷中的京剧伶人、承差场所及常演剧目三方面整体描述同治、光绪年间,京剧伶人在宫内演出的情况;第二章为京剧伶人个案研究,笔者以谭鑫培、陈德霖、王瑶卿、杨小楼为个案,从艺术经历及地位、宫中承职综述、宫内承差轶闻三方面着手,借助史料与民间轶闻回顾、梳理他们在内廷的演戏经历;第三章为京剧伶人内廷演戏的文化观照,则主要针对由京剧伶人内廷演戏经历所引发的种种社会问题给予了文化上的评析。

关键词:清代;同治、光绪年间;京剧伶人;内廷演戏;承差方式;社会认同;文化观照

台江苗族多声部情歌的考查和研究

作者: 刘　玮(2003级硕士研究生)

导师: 樊祖荫

摘要: 台江苗族多声部情歌是台江地区苗族特有的音乐文化现象。本文采用溯源考查的方法,在对台江苗族音乐文化背景进行阐述探讨的同时,也对该地区多声部情歌的音乐形态进行分析、研究,探寻其鲜明的艺术特征,并对这一古老文化现象的保护提出自己的见解。本文涵盖了苗族的历史、民族风俗,台江苗族情歌文化背景及音乐形态,台江苗族多声部情歌溯源和艺术独特性探究及其保护等几方面的内容。

上篇,从民族性溯源、语言、民俗、台江概况、宗教等五方面论述了台江苗族多声部情歌的文化背景。下篇,即台江苗族多声部情歌的音乐形态,包含了情歌的起源、传承、演唱礼俗、流传情况等音乐文化背景及演唱形式、方法、调式调性、多声形态、词曲关系等音乐形态的分析,证明了其鲜明的艺术性格与特点。

结语通过以上两部分的研究与分析,对于台江苗族多声部情歌这一宝贵的人类精神财富,提出几点行之有效的保护、留存的想法。

关键词: 苗族;台江;情歌;多声音乐;保存

京郊北安河乡周家巷村莲花落调查研究

作者: 石　莹(2003级硕士研究生)

导师: 姚艺君

摘要: 本文以北京西郊北安河乡周家巷村百年来传承的“莲花落”的兴盛衰微为对象,对中国村落文化的生存、变迁等进行个案考查与研究;同时围绕周家巷村的社会文化背景和莲花落的现状,追溯历史、记述传人、研究当下,以求从多角度来解析该村莲花落发展的全过程。

本文第一章以综述的形式对周家巷村的文化生态背景以及在中国北方地区曾广泛传唱的莲花落进行了描述;第二章全面记录了周家巷村莲花落的传承脉络,并对3位莲花落传人及其音乐文化观作了重点调查;第三、第四章从微观角度分别对周家巷村莲花落的演出组织形式及表演形式、特点等作具体的论述;第五章对莲花落曲目进行整理与分类,并且对音乐本体加以分析;第六章为莲花落的文化论,强调社会历史变迁对音乐文化的建构、解构的深刻影响,进而将个案研究延伸到对村落文化现象做深度阐释。

周家巷村莲花落的衰微反映出中国传统音乐文化遗产所共有的问题,作为研究中国近现代民间民俗音乐的代表性案例,本文旨在通过梳理分析莲花落这一民间音乐艺术形式在一个乡村的兴衰史,为保护与弘扬传统音乐文化尽绵薄之力。

关键词: 周家巷;莲花落;传承;民间音乐

赣东北串堂班音乐研究

作者：苏前忠(2003 级硕士研究生)

导师：傅利民

摘要：赣东北串堂班活跃于江西省东北部，是集民间器乐演奏、小调、戏曲清唱于一身的家族性的综合性班社。清唱的剧种主要包括赣剧、徽剧、黄梅戏、昆曲、婺剧、越剧等。常用的打击乐器有堂鼓、大锣、小锣、小擦、云锣。常用的丝竹乐器有唢呐、曲笛、二胡等。乐队少则 6～8 人，多则十几人。有“行乐”和“坐堂乐”两种演奏方式。坐堂演奏常加入演唱、代言体，有说白但不化妆，属于戏曲清唱形式，现以赣剧清唱为主。串堂班音乐以吹打乐和戏曲清唱为主体。

本文主要有以下内容：①对赣东北串堂班音乐的源流与现状作了描述和分析；②对赣东北串堂班音乐的基本形态作了描述、分析与总结；③着重考查赣东北串堂班音乐中的配器特点，指出了串堂班音乐中管弦乐器的调弦定音不仅仅确定了乐器具体音高的关系，而且蕴含了中国民族音乐配器的基础理论——以同宫系统为基础的齐奏、嵌挡让路式的配器特点；④对赣东北串堂班音乐的功能和审美特征作了阐述；⑤提出继承与发展串堂班音乐的一般途径，特别强调了串堂班音乐以及中国民族民间的其他音乐形式必须纳入学校教育，才能使其有效地传承与发展。

关键词：串堂班；吹打乐；乐种；调弦定音；学校教育

潮州筝派音乐风格特征浅析

作者：石　悦(2002 级硕士研究生)

导师：朱卓建

摘要：潮州筝乐作为中国古筝艺术中的一个著名流派，在音乐风格特征、音乐表现形态、演奏技法等特点上都体现着潮汕文化的特征，同时又有着广泛而深远的群众基础。目前，关于古筝技法、流派、代表人物、乐曲等方面的理论研究文献也有不少，可大部分是一些细致到某一个点上的专门的研究。这些文献确实给弹筝者对本领域的理论知识的积累提供了很大帮助，促进了古筝演奏的发展，也在古筝流派理论研究方面做出了重要贡献。但实际上，古筝流派中的许多风格特征不仅是古筝流派的风格特征，也是本土音乐文化中的特质，是地域文化的特质。

本文从潮汕文化出发，站在理论研究与实际演奏的双重角度上再看潮州筝派的音乐风格特征，分别从潮州方言与潮州筝乐、潮筝风格特征对潮汕音乐文化特质的体现、潮州筝乐的演奏特点，以及潮州筝派的传承与现状 4 个方面进行相应的分析和研究，通过这样的分析研究，能够从理论研究与实际演奏的双重角度出发，更好地把握潮州筝派的音乐风格特征，更透彻地了解潮州筝派所具有的丰富的文化内涵及其在潮汕文化、潮汕音乐文化的大环境中的重要地位和作用。

关键词：潮州筝派；潮汕文化；潮汕方言；潮州音乐；记谱法；调体分类；板式结构；旋律发展手法

苗、侗、汉民歌民族融合的产物
——对湖南靖州苗族侗族自治县三锹民歌的考查和研究

作者：龚荆忆（2000 级硕士研究生）

导师：樊祖荫

摘要：湖南靖州苗族侗族自治县三锹地区的民族文化是一个综合体，苗、侗、汉三族在此长期的杂居生活形成了新的共同体“三锹文化”。本文采用溯源考查和比较分析的方法，从三锹音乐文化的现状中探寻三锹异族文化尤其是音乐融合的规律。本文涵盖了三锹音乐文化背景、三锹音乐文化及音乐形态、三锹多民族音乐文化融合的分析与研究等内容。

本文分为上、中、下 3 篇。上篇从靖州苗族侗族自治县三锹概况、民族属性溯源、语言及风俗 4 个方面论述三锹音乐文化的背景。中篇即三锹音乐文化及音乐形态，包含了音乐学习行为、音乐形态及与其他苗、侗族音乐形态的对比分析等内容。在音乐形态及其对比分析中，关于演唱形式、角色、方法、调式调性、旋律形态、词曲关系及多声形态等多方面内容的阐述，证明了三锹音乐是一个完全独立的新个体，经过多族音乐元素的融合发展，形成了独具特色的音乐构造和音乐风格。下篇针对“三锹苗、侗、汉多民族音乐文化融合”这一事象提出了几点认识：三锹民歌是“苗、侗、汉民歌”；三锹音乐文化融合的原因为三锹音乐文化融合的规律。

关键词：湖南靖州苗族侗族自治县；苗族；侗族；汉族；三锹文化；三锹音乐；文化融合

小黄寨侗族音乐调查报告——兼论小黄寨侗族音乐的生态环境

作者：赵晓楠（1997 级硕士研究生）

导师：李文珍

摘要：小黄寨，贵州省从江县高增乡的一个侗族村寨，位于黔东南苗族侗族自治州东南部，都柳江北岸，高增河上游，归树山东麓。其距从江县城丙妹镇东北 15 公里，距州府凯里 267 公里，距省会贵阳 465 公里。小黄寨是由小黄（含高额）、高黄（含杀亚、占千、十八当）和新全（含归树、边额）3 个行政村组成的片村，三村习惯上称为分寨。小黄之名系侗语音译，意为猴子多的地方。

小黄寨三村侗族传统文化习俗相对保持完整，尤以演唱侗族大歌闻名，1993 年被贵州省文化厅授予“侗歌之乡”称号，1996 年被中华人民共和国文化部授予“中国民间艺术之乡”称号。20 世纪 80 年代以来，曾有多批学者对小黄寨进行不同学科的考查，但迄今在音乐界仍无较为详细的小黄寨音乐调查类的研究报告。鉴于此，笔者于 1998 年暑假、1999 年春节、2000 年春节在小黄寨做实地考察,以春节期间的音乐活动为主,兼记小黄寨全年音乐活动的概况,现整理调查报告将其作为本文的第一部分。第二部分是针对小黄寨原有的传统习俗和近年来的发展变化对传统音乐或有利或不利的影响,对小黄寨侗族音乐的生态环境做出分析与评论。

关键词: 小黄寨;侗族音乐;生态环境;调查报告

岔曲与清代八旗文化

作者: 陈　爽(1995 级硕士研究生)

导师: 张鸿懿

摘要: 新中国成立以来,说唱音乐的研究领域中,首先引起音乐学家注意的是单弦牌子曲。国内从 20 世纪 80 年代到 90 年代是各种人文学科交汇的时代,在对这一说唱曲种的研究中笔者也尝试寻找新的视角。当笔者用结合历史文化背景的方法去重新审视单弦牌子曲时,我们惊奇地发现了另一番天地。这种一向被视为纯粹的汉文化艺术品种,其实有着非常丰厚的文化底蕴,并且与清代八旗子弟有着密切的关系,这关系的集中体现就是早期说唱岔曲、单弦的艺人都是旗藉子弟。即使目前喜欢岔曲、单弦的人中仍有不少是旗人的后裔。岔曲是单弦曲种中的独立体裁,常为抒情写景式的小品。从清代至今,岔曲数量之多,令人惊叹。岔曲在清代社会占有重要地位。从宫廷到八旗子弟票房,演唱岔曲是八旗贵族的高级娱乐。伴随八旗子弟从持“龙票”的尊贵显赫到流落茶馆卖唱,岔曲自身的发展透视出了清代的兴与衰,成为八旗文化的一个缩影。由此不得不使人重新审视它在清代社会中的存在价值与历史轨迹。笔者对岔曲的研究首先要从京城第一票房“集贤承韵”说起,在那里我们可以发现并感受到岔曲完全不同于舞台演出的另一种风采。

关键词: 岔曲;清代;八旗文化

巫堂歌曲与雅德根歌曲的比较研究—— 首尔、齐齐哈尔的两地萨满歌曲采风收获

作者: 〔韩国〕曹允贞(1994 级硕士研究生)

导师: 李文珍

摘要: 在中国,萨满这种原始宗教在一定历史时期曾是某些民族的全民族信仰。随着时代的变迁和历史的推移,有些民族现已放弃此信仰,但在中国东北广大农村、牧区仍有萨满活动。达斡尔族人称萨满仪式为“雅德根”,其中的音乐即为“雅德根”歌曲。韩国自古便属于萨满文化圈,在萨满活动中使用的音乐称为“巫堂”音乐。

笔者曾对韩国首尔的“巫堂”以及中国黑龙江省齐齐哈尔市梅里斯达斡尔族区雅尔塞镇奈门沁屯的“雅德根”与其所使用的音乐进行了深入的实地采风活动。笔者观看其全过程,采访参与活动的各方人士,对两者的历史与现状进行回顾与总结。

通过实地的采风及研究,笔者将中韩两国的萨满音乐相比较,认为韩国的“巫堂”及其音

乐，是在持续发展的政治、经济条件下发展的，是适应于韩国国情的萨满文化，它现在的形式也只是它发展历史的一个阶段而已。中国达斡尔族的萨满教则更多地保留了萨满原始宗教的原始时代的原始特征，至于它的发展趋势，目前还不能得出一个清晰的结论。

关键词：巫堂歌曲；雅德根歌曲；萨满；采风；中韩比较

北辛庄村音乐会调查研究

作者：〔韩国〕郑荣宰（1993级硕士研究生）

导师：杜亚雄

摘要：中国民间存在很多不同风格的民间乐队，他们在继承传统音乐精髓的同时，又有着浓郁的地方色彩。但在中国近代历史中，许多民间乐队都在多次的社会动荡与变革中逐渐落寞乃至消亡了。北京郊区大兴县长子营乡北辛庄村的民间乐队是目前为数不多的保存完整的民间乐队之一，至今已有近半个世纪的历史。其音乐主要传承于中国传统佛教音乐，有鲜明的艺术特色。

笔者通过长期的田野调查工作，对北辛庄村民间乐队的音乐活动进行了深入的跟踪采访，对民间音乐家们的音乐思想进行了整理。并以此为切入点，从民族音乐学的角度对中国民间音乐进行分析和考查。本文分4章，第一章介绍北辛庄村的历史；第二章是对北辛庄音乐的历史描述；第三章是对北辛庄村民间音乐的乐谱与乐曲的介绍；第四章概述了北辛庄村音乐与葬礼的关系。

笔者对北辛庄村民间乐队及音乐活动的历史价值加以肯定，同时对比了韩国政府与民间组织在传统音乐传承与保护工作方面做出的努力，认为中韩两国在这一领域有相互借鉴的空间。

关键词：北辛庄村；民间乐队；传承与保护

福建莆田“十音”“八乐”的文化描述

作者：李月红（1992级硕士研究生）

导师：乔建中

摘要：本文试图运用民族音乐学的观念和方法，描述莆田“十音”“八乐”的形态，并追究其与文化环境的依存关系。

福建莆田位于福州与泉州两大文化中心之间，地理环境封闭，是保存民间传统音乐的良好区域。其中的“文武十音”“武十音”与“八乐”是当地器乐品种中历史悠久、乐种发展最为完备的部分，彼此之间有着相互影响和继承关系。为了清晰地显示乐种的整体风貌，本文以3章内容从宏观到微观、由远及近地对其进行逐层描述。

第一章：源流描述——“十音”“八乐”的源流及赖以生存的文化背景。第二章：乐种描述——“十音”“八乐”的乐种特征和作为高度成熟乐种存在的文化依据。第三章：形态描述——“十音”“八乐”的形态与文化环境的依存关系。

本文认为，莆田的“十音”“八乐”与中古时期的中原音乐和南戏音乐有着渊源关系，通过分析它的文化生态，考证其乐器和曲调，将对目前的传统音乐研究有所启发。笔者在这里只是对它进行了整体描述和初步的文化分析。

关键词：福建莆田；“十音”；“八乐”；文化描述

戏曲音乐曲牌“耍孩儿”的形态研究

作者：姚艺君(1990 级硕士研究生)

导师：董维松

摘要：曲牌体音乐是我国戏曲音乐的重要结构体制。“耍孩儿”作为曲牌体音乐中容纳的众多曲牌之一，其“群体”化特征、多样性形式以及其发展演变之过程等，可谓是中国戏曲音乐形态的一个微缩景观。本文以戏曲曲牌“耍孩儿”的音乐形态作为研究对象，从“耍孩儿”的源流、词格与音乐形态 3 个角度进行论述，试图找出其在音乐形态上的特点。

本文认为“耍孩儿”的曲牌在结构体制方面有两种情形：①保持曲牌体原型；②向板腔化转型。前者以南北曲系为主，后者多为地方戏曲剧种。它们分别有 3 种情况：①以曲牌形式出现，本文称之为“曲牌型”，如南北曲、昆曲以及弦索中的原型牌子；②兼有曲牌与板腔之特征，即所谓“中间过渡型”，如山西“耍孩儿”剧种中的“平曲子”、山东五音戏中的“打娃娃”等；③以板腔形式出现的板腔型，其采用原有“耍孩儿”之曲调，但舍弃原有八句词格的结构形式，完全成了上下句格式，如河北的老调等。鉴于此，尽管“耍孩儿”从曲牌到板腔化的演变，不能等同于整个戏曲音乐从曲牌体到板腔体的演进，但笔者认为，此足以对戏曲音乐的演变轨迹之认识有所启示。

关键词：戏曲音乐；曲牌；“耍孩儿”；形态研究

达斡尔族鲁日格勒音乐结构及文化阐释

作者：吴鹏飞(1989 级硕士研究生)

导师：杜亚雄　伍国栋　耿生廉

摘要：达斡尔族的鲁日格勒歌舞作为一种“满-通古斯语”诸族传统音乐发声练习的音乐品种，其音乐除了具有歌舞音乐的一般共性之外，还具有独特的民族性和地方性特征。笔者作为达斡尔族的一员，对鲁日格勒歌舞进行了深入的实地考察和研究，力求做到使之“主位”认识与“客位”认识相结合，而发挥出其客观性优势和科学性优势。

笔者认为，鲁日格勒歌曲作为民族文化特质构成的因素之一，其音乐的形成和发展受整体社会文化结构的制约，且两者间有着特殊而复杂的联系。这使我们看到鲁日格勒音乐的发展与民族音乐文化构成诸因素的发展具有同步运行轨迹。它既存贮了该族狩猎时期文化的某些遗迹，又展现出进入多元经济时期以后的复合文化特征。鲁日格勒音乐结构特征的形成和发展,是一个不断适应和整合本民族特定社会文化结构发展和内容的构建过程。其为我们探寻某一民族传统音乐样式如何保存的科研课题提供了可资作为认识基础的具体实例。

关键词: 达斡尔族;鲁日格勒歌舞;音乐结构;文化阐释;社会文化

四川白马藏族民歌的描述与解释

作者: 何晓兵(1988 级硕士研究生)

导师: 耿生廉

摘要: 四川自古以来便是一个多民族杂居、多文化融合的舞台。氐羌、南蛮、百越、华夏四大民族集团数千年来在这里聚散离合,共同塑造出灿烂的巴蜀文化;同时,也构建了许多星散于“民族走廊”之上的文化孤岛,“白马文化”便是其中之一。

本文的目的是把白马人的民歌作为文化现象进行研究,因此更关注于对其文化的生成关系进行描述与解释。本文共分 3 个主要部分:第一部分总结与概述了白马社区的自然、文化生态及其族属问题;第二部分是对白马民歌形态的系统描述;第三部分从文化的角度对白马民歌加以诠释。本文的结论或假说可以概括为:白马民歌是白马文化系统中不可割舍与忽视的构成部分;白马民歌生成于它的文化背景之中并以其独特的功能反作用于文化整体;白马民歌的形态与周邻民族比较既有共同点又有特殊性,其中某些特质的形成可能与苗、瑶民族文化的传播历史有关。

囿于多方面原因,本文只能算作白马民歌研究的一个开端性质的工作,描述尚未趋于完善,解释也尚需展开与深入。民族音乐研究是集体的事业,倘本文能予同道者以些许助益,余愿足矣。

关键词: 白马藏族;白马民歌;文化描述;文化解释

昆曲音调模式的分析与确定

作者: 杨　红(1987 级硕士研究生)

导师: 董维松

摘要: 昆曲有曲牌上千种,它们彼此在音乐上极具相似性和模糊性。本文的研究旨在对这种模糊项进行定量分析,以助于对其本质做出更恰当的解释。笔者认为,造成这种模糊性的要素可称为“音调模式”。将现代计算机技术应用于中国传统音乐的研究在国内尚处于初创阶段。

本文运用计算机对昆曲的音调模式进行尝试性的定量分析和确定,作为开拓这一研究领域的方法和手段,其意义如下。①对昆曲 31 套曲谱的定量分析,为传统音乐的分析和研究提供了较为可靠的实证。定量和定性相互结合,能够较为客观和实际地认识某种现象的本质。②音调模式作为昆曲特有的音乐表象形态,其贯穿性和融合性特征在分析抽象过程中已充分显露出来。它在较古老的曲牌体音乐中带有普遍性的意义。对这一传统音乐表现形态的深入理解可能具有更为广泛的意义。③笔者认为:本文的研究尝试性地证明了计算机运用于中国传统音乐形态的分析、分类和定量统计是可行的。计算机以它特有的信息处理方式为浩瀚如林的中国传统音乐提供了极为有效的工具和手段,在这一领域将有广阔的发展前景。这也是现代人文、社会、自然科学学科研究发展的重要趋势之一。

关键词: 昆曲;曲牌;音调模式;计算机技术;定量分析;定性分析

蒙古族额鲁特民歌特征的鉴别与解释

作者: 赵塔里木(1987级硕士研究生)

导师: 杜亚雄 耿生廉

摘要: 民歌作为一种社会文化现象,与某一特定地域、群体的其他文化要素密切相关。蒙古族额鲁特民歌与所处所属的社会文化体系有着独特的功能联系。部落与民族文化认同的矛盾形成了额鲁特民歌蒙古化和部落风格对立统一的基本特点。尽管个体之间存在差异,但文化网络的力量却使额鲁特人对文化环境的反应有着严格的一致性。这种反应表现在额鲁特人的音乐行为中,使他们形成一个相对独立的音乐文化群体。他们共同享有的价值观与行为准则正是通过音乐观,民歌的内容、形式、应用和传承方式等方面表现出来的。

额鲁特民歌作为北方草原文明的组成部分,对它的研究是为了对草原文化做出全面和科学的认识。以往对蒙古族音乐的介绍和研究多局限于内蒙古地区,本文采用记述、分析方法,在对蒙古族额鲁特民歌加以概观,为蒙古族音乐文化的丰富多样提供了新的证明;同时,运用联系的观点,为蒙古族额鲁特民歌中的某些现象在其独特的文化背景中存在的合理性提供解释。希望本文能为今后的民族音乐学的比较研究提供一个新的点。

关键词: 蒙古族;额鲁特民歌;文化概观;功能联系

音乐文学专业

《麦克白》:威尔第与莎士比亚

作者: 杜　超(2011级硕士研究生)

导师: 孙允文

摘要: 歌剧《麦克白》的戏剧文本以及音乐分别来自16世纪和19世纪,这部歌剧由此杂糅了不同历史环境下特有的时代因素。虽然在戏剧服装、布景道具方面都保持公元11世纪苏格兰的本来面貌,但这部歌剧还是带有19世纪的鲜明烙印。作曲家威尔第以19世纪意大利的歌剧语言,颇具原创性地讲述了一个发生在中世纪早期苏格兰的历史故事。

威尔第运用意大利歌剧手法来表现北欧中世纪带有超自然色彩的戏剧,导致歌剧《麦克白》很可能会成为一头怪物:头部是莎士比亚,尾部是威尔第,中间是客迈拉。威尔第以他的独特理解,对《麦克白》进行了高度原创性的解读,使得这部作品在一定程度上超出了传统意大利歌剧的审美范畴。这部歌剧试图从意大利歌剧内部突破它默墨守成规的形式,威尔第爆发出创造性的强力,为之谱写了犹如决堤洪水般的音乐,淹没了宣叙调、咏叹调的严格界限。歌剧《麦克白》每一幕当中,几乎都包含了这样一个结构庞大、形式自由、紧张激烈的戏剧场景,完整地展现出作曲家的创造性驱力从相对保守的既定形式中挣扎突破出来的过程。歌剧《麦克白》与莎士比亚原作虽有直接的渊源关系,然而这并不足以充分地解释威尔第早期歌剧何以潜藏着此等力量和强度。

关键词:《麦克白》;莎士比亚;威尔第;戏剧;歌剧

戏剧视角下的歌剧——《彼得·格莱姆斯》

作者: 赵怡轩(2009级硕士研究生)

导师: 孙允文

摘要: 戏剧视角下的歌剧研究是音乐文学学科重要的研究领域之一。它首先要求把歌剧作为一部戏剧作品来看待。歌剧中包括脚本、音乐在内的各种元素在彰显出其各自特质的同时,最终目的都是要为戏剧服务。其中脚本的戏剧作用主要体现在构建戏剧情节框架、体现"团块式"立体思维等方面,音乐的戏剧作用主要包括"刻画人物、引发动作、营造氛围"等。

由英国作曲家布里顿作曲的歌剧《彼得·格莱姆斯》是20世纪经典歌剧之一,它通过对主人公彼得·格莱姆斯命运的刻画和诠释,表现了"小人物"的内心和外部环境之间的种种矛盾和冲突,最终其走向死亡的故事。该歌剧十分注重表现、刻画人物的内心世界,所以被称为"心理现实主义"歌剧。该歌剧的戏剧特质不仅体现在剧情的展开部分,而且歌剧的间奏曲也具有非常独特的角色化的特质。此外,由于受到现代文艺思潮的影响,"人的异化"以及"人性的扭曲"这一主题也通过各种方式,如象征主义或表现主义元素,在作品中得到了诠释,从而使歌剧变得更加丰富,并且深化了歌剧主题。

关键词: 戏剧视角;戏剧特质;《彼得·格莱姆斯》;悲剧性;间奏曲;扭曲异化

崔莺莺、杜丽娘、林黛玉的戏曲舞台艺术形象之比较研究

作者: 楼凝之(2008级硕士研究生)

导师: 孙允文

摘要: 国内外有许多有关京剧《西厢记》、昆剧《牡丹亭》、越剧《红楼梦》的研究文章,也有一些对崔莺莺、杜丽娘、林黛玉三者进行比较分析的文章,这些文章基本上都以文学原著为研究对象,目前还没有对这3位女性的舞台艺术形象进行比较研究的文章。本文从文本内容、音乐结构特点、戏剧美学特征这3个角度出发,结合文学性与戏曲音乐、表演等特征来对上述3部作品中的女主人公舞台艺术形象进行比较研究,重点分析3位女性形象的文学性在剧本中的体现、音乐结构特点与塑造3位女性形象的关系以及戏剧美学的某些特征(主要指悲剧、喜剧风格色彩以及写实、浪漫手法)在3位女性舞台艺术形象塑造上的体现。通过这些研究,本文对戏曲作品舞台人物形象的系统研究方法进行了一个初步的探索,对系统研究戏曲作品舞台人物形象的逻辑思维方法也进行了摸索。

戏曲人物的研究应该综合来进行,因为戏曲本身是一门综合性极强的艺术,而笔者所说的"综合"要求知识范围较广,不仅涉及戏曲表演本身"四功""五法"等方面的知识,还应涉及音乐、表演以外的文学、美学、导演等方面的知识。此外,研究者还应该站在戏剧的高度来进行戏曲人物的研究,这样才能更好地统领相关的各门知识。

关键词: 戏曲;《西厢记》;青春版《牡丹亭》;《红楼梦》;剧本;音乐;表演

音乐文献翻译专业

《牛津音乐教育手册》的理论解析与美国音乐课堂的实践解读

作者：周若杭（2013级硕士研究生）

导师：刘　沛

摘要：本文基于对《牛津音乐教育手册（第一册）》（*The Oxford Handbook of Music Education, VolumeI*）主要内容的翻译与研究，结合笔者在美国半年的访问学习经历，对近年来美国音乐教学领域的新趋势、新动向进行分析，探究了这些“新鲜血液”对我国音乐教学事业的启示与借鉴意义。

《牛津音乐教育手册（第一册）》主要论述音乐教育与音乐在人们生活中的角色，旨在从教育和与教育相关的环境领域对人类经验、行为和发展进行全面概括。笔者在美国佛罗里达州旁听了南佛罗里达大学音乐学院的部分本科、研究生课程，观摩了两所小学的音乐课程，参加了两次州级音乐教育大会，并在洛杉矶地区伯班克市的戴维·斯达·乔丹中学，完成了为期三周的乐队与合唱课程观摩。

本文采用文献与实证相结合的研究方法，以《牛津音乐教育手册（第一册）》的文献内容为主线，结合笔者在访学期间所完成的教师行动研究、个案研究和田野调查，提出我国的普通音乐课堂应与时俱进，以增加音乐参与感、技法创造力和培养音乐素养为主要目标，辅助以计算机技术来进行发展和优化。

关键词：《牛津音乐教育手册》；音乐教育；课堂教育；课程改革

翻译中寻找民族音乐志的写作模式

作者：赵雪萍（2008级硕士研究生）

导师：陈铭道

摘要：本文是对笔者翻译的《*Why Suya Singing: A Musical Anthropology of an Amazonian People*》的一个介绍，主要内容包含《*why suya singing: A Musical Anthropology of an Amazonian People*》的写作手法、写作思路、作者的主要观点和书中的精彩语言4个部分，附录是目前翻译的成果。本文的写作方法主要是以译者的角度对《*why suya singing: A Musical Anthropology of an Amazonian People*》进行概括，让读者对于这本书有

一个大概的认识,并且在本文中加入了笔者的观点和笔者对于音乐学理论的认识,目的在于让更多的人了解这本书以及从中了解民族音乐志的书写方法。

关键词:写作手法;客观;鼠仪;描述;仪式;实地考察;民族音乐学;民族音乐志

对梅里亚姆《音乐的人类学研究》的翻译及评述

作者:穆　谦(2002级硕士研究生)

导师:陈铭道

摘要:艾伦·P.梅里亚姆的《音乐的人类学研究》是民族音乐学领域最重要的文献之一。它主要从人类学的角度讨论了音乐与它赖以产生的文化背景之间的关系。

《音乐的人类学研究》对民族音乐学影响最大的观点是梅里亚姆提出的三段式民族音乐学研究模式,即音乐—行为—观念。梅里亚姆指出,音乐不能独立于人类之外而存在,它是通过行为产生的,而行为本身又以观念为基础。没有关于音乐的观念,行为就不会出现,而没有行为音乐也就无法产生。运用这一理论模式,梅里亚姆在书中对一系列问题进行了思考,包括歌词研究、音乐的用途与功能、作为象征行为的音乐、审美、各种艺术间的相互关系、通过音乐重建文化史、文化变迁等。贯穿本文的观点是不仅要把音乐理解为声音的集合体,更要把音乐理解为人类行为。

本文包含对《音乐的人类学研究》的翻译及译述。译述时对书中涉及的一些术语的翻译进行了探讨,如"音乐的人类学研究""实地调查""涵化" 和"濡化"。

关键词:梅里亚姆;《音乐的人类学研究》;音乐;行为;观念;实地调查;涵化;濡化

《音乐变迁研究中的一些理论和方法问题》述评

作者:张　宁(2001级硕士研究生)

导师:吴文光

摘要:英国民族音乐学家约翰·布莱金在其著作《音乐变迁研究中的一些理论和方法问题》中指出:因为音乐、音乐制造是一种本质上不同于其他社会行为的特殊行为,它们是情感性的结果,与其他符号相比,音乐符号更富情感效力。音乐制造和音乐体验的特殊性质形成了社会学和人类学难以确定的符号体系,但在研究过程中,也必须考查符号模式在社会相互影响过程中的选择,同时要理解音乐符号,社会文化的分析也是极其重要的。

本文是对这本书的翻译和述评。笔者认为,民族音乐学家与人类学家、社会学家的不同不仅仅在于他们有着演奏、记谱或更多一些的其他音乐能力,而在于他们对"人的音乐性"有着更为深刻的把握和理解,并且更多地从"音乐性"出发去研究包括音乐变迁在内的民族音乐学领域的各种问题,而不是把文化人类学或社会学的理论成果照搬过来去研究音乐。

在《音乐变迁研究中的一些理论和方法问题》中,布莱金对"音乐、音乐制造和音乐变迁""'民间'音乐研究中的'纯粹主义者'和'综合主义者'""基于文化的音乐变迁的研究方法"

“音乐变迁中的决策制定”“音乐变迁中的非音乐性因素和大众观点”“对音乐变迁的全面和界定性的研究”等问题进行了探讨。述评部分包括对著述中研究背景与重要概念的研究、对著述内容的解读、对著述的评价等内容。

关键词： 音乐变迁；音乐制造；音乐性；纯粹主义者；综合主义者

《人的音乐性》译述

作者： 马英珺（2000级硕士研究生）

导师： 陈铭道

摘要： 约翰·布莱金（John Blacking，1928—1990年）的《人的音乐性》是民族音乐学的经典著作，1973年首次出版，迄今已被翻译成11种语言。本文是其第一个中文译本，也是西方民族音乐学经典著作第一次以完整面貌呈现在中文读者面前。这本书是布莱金于1956—1958年间，在南非德兰士瓦北部进行田野采风工作的成果。《人的音乐性》极大地拓展了人们对世界上不同音乐体系的认识。在书中，布莱金对那些所谓的衡量人们音乐能力的测试标准提出质疑，毫不留情地指出这些测试模式的局限性。最终，布莱金向“人的音乐性”进行挑战。通过对文达民族及其社会文化的亲身体验和不断的分析和探索，布莱金相信自己所得出的音乐观点，不但适用于包括阿拉伯、印度、中国、日本和印度尼西亚等音乐体系，也一定会对人类音乐能力的估价和音乐教育的模式产生更大的影响。而他的这本《人的音乐性》必将成为不朽的民族音乐学专著，给后人留下新的启示。

关键词： 人的音乐性；音乐能力；音乐评估；布莱金

掌握专业知识，力求准确翻译
——翻译《新格罗夫音乐与音乐家辞典》，对和声、对位条目的几点感想

作者： 任也韵（1994级硕士研究生）

导师： 杨通八　陈铭道

摘要： 近几年来，人们越来越认识到作曲技术理论教学与研究中存在的诸多问题。如何树立正确的观念，如何解决作曲技术理论教学与研究中存在的问题，翻译、借鉴、学习国外的经验，不失为一种可行的办法。《新格罗夫音乐与音乐家辞典》是世界公认的音乐权威著作，笔者汇集了各方面音乐专家的言论，从作曲技术理论的角度，对和声、对位两门技术发展的历史脉络进行了系统的介绍，并就两者的关系作了科学的阐释。

通过学习和翻译和声、对位这两个条目，笔者对作曲技术理论的问题有了更深入的认识：①传统和声理论有其历史局限性；②和声与对位难以截然分离；③作曲技术理论的教学与研究缺乏对技术理论赖以存在和发展的历史、文化的深层次把握。和声、对位等词条，因为关乎作曲技术理论的内容，翻译的过程实际上是巩固和加深专业知识的学习过程；专业术语的翻译更是要从技术发展的历史及其与相关学科的关系，以及中文的行文习惯等方面综

合考查,达到准确表达原文意思的目的。此外,要注意有关作曲技术理论的翻译从概念入手,沿着作曲技术发展的脉络,探究概念在不同时期的不同内涵。同时,还要联系上下文,就不同的学科对象、不同的语言环境,做出不同的翻译。

关键词:《新格罗夫音乐与音乐家辞典》;翻译;和声;对位

世界民族音乐专业

甘美兰音乐的灵魂塑造者
——关于鼓在甘美兰音乐中地位与作用的实地调查与研究

作者： 詹碧金（2014级硕士研究生）

导师： 朱卓建

摘要： 爪哇甘美兰音乐既是印度尼西亚的一种传统音乐形式，也是爪哇人重大仪式和精神世界的承载者。在爪哇人的观念中，甘美兰音乐不仅仅只是娱乐的方式，它还是爪哇人与天地、祖先、神明“沟通”的媒介，是高雅而神圣的艺术形式。随着历史的发展，爪哇人与甘美兰音乐已经水乳交融。爪哇人创造、发展着甘美兰音乐的内容和形式，甘美兰音乐滋养着爪哇人的精神世界。作为爪哇的古典音乐，甘美兰音乐有自己完善的音阶、调式、节奏、结构体系，有成熟的专业术语和记谱法则。

集体即兴性是甘美兰音乐最重要的特征之一，鼓是甘美兰音乐集体即兴性特征得以实现的关键环节。鼓既是甘美兰乐队的统一者，也是甘美兰音乐灵魂的塑造者。无论是乐曲的开始、转折、结尾，还是风格的塑造，整个乐队都以鼓声为信号，统一行动。在本文中，笔者以鼓为研究切入点，通过对鼓在甘美兰乐队中的地位与作用的研究，对甘美兰音乐本体特征和鼓如何在乐队中发挥作用做深入的调查、学习，进而探索甘美兰音乐和爪哇人文之间的内在联系。

关键词： 甘美兰四大音乐要素；乐队的领导者；鼓经；万物有灵；和谐精神

宗教国度的古老赞歌——印度恒河火祭仪式音乐研究

作者： 郑慧玲（2013级硕士研究生）

导师： 朱卓建

摘要： 印度教作为当今印度的主要宗教，信徒人数高达总人口的83%，其严密的宗教理论体系统治着印度人民的生活和思想。宗教经典《吠陀经》不仅记述了其宗教思想，也规定了人们的衣食住行和生活方式。本文以印度教重要的宗教实践活动——恒河火祭仪式——为研究对象，探索该活动中信仰、仪式和音乐间的关系。

作为印度教重要的宗教实践形式，恒河火祭仪式是证明印度教统治力量的外在表现方式。恒河火祭仪式有着200年的历史,是一种以祭火为主的仪式,又被称为“火祭”。火祭仪式同印度民间小规模的“火葬”仪式有着密切关系,“火葬”在传统的印度教实践中被理解为“人生最后的净仪”,“火葬”时人们在祈求火神庇佑死者,从而净化灵魂,最终求得解脱。火祭是以火神为对象的一种祭祀仪式,在火祭仪式中,由婆罗门阶层担任祭司,整个仪式进行过程中音乐贯穿始终,音乐在祭祀仪式中作为伴随仪式行为、表现仪式内容及烘托仪式气氛的一个主要媒介和手段,起着重要的作用,参与者将一切仪式行为和音乐语言视为同神灵沟通的途径。笔者在文中将从行为模式和互动关系两个层面,从文化与宗教、宗教与仪式、仪式与音乐的关系入手,通过对祭祀仪式中的音乐本体进行分析,探求音乐与信仰的内在联系。

关键词: 恒河火祭仪式;仪式音乐;印度教;印度教教义;宗教实践

2006级北印度古典音乐的传承与教授——异文化语境中的承载与体验

作者: 庞　丹(2006级硕士研究生)

导师: 朱卓建

摘要: 印度音乐具有特殊的文化属性,从自成体系的音乐理论,到与音乐相关的人文语境,无不透视出传统的根基。这种传统不是一蹴而就的,而是随着时间和历史的沉淀逐步形成的。印度古典音乐的传承与教授方式作为其音乐传统的一种外在体现,具有极高的研究价值。在这一研究过程中我们可以体验到“口传心授”的传承方式,感受到Guru-Shishya的师承关系,也可以通过亲身实践感受和理解印度音乐理论的基本概念。本文借助于印度驻华大使馆下属文化中心开展的音乐及文化的交流活动,通过笔者亲身参与并学习北印度古典音乐的演唱以及相关的塔布拉鼓(Tabla)和卡塔克(Kathak)舞蹈的学习,将印度古典音乐的传承与教授作为研究基点;另外,这种学习是在一种非本土化的语境中实现的,故本文以体现印度音乐在异文化语境中承载和体验为视角,通过调查问卷和个别访谈的方式,来呈示一种文化交流和互动的态势,以达到对印度音乐理论更为直观的理解和对印度音乐文化更为直接的感受。

关键词: 印度古典音乐;传承;教授;异文化语境;体验

通过《坦森》《流浪者》《印度往事》3部电影探讨印度电影音乐的变迁

作者: 陈文雯(2005级硕士研究生)

导师: 朱卓建

摘要: 音乐是电影艺术中不可或缺的重要组成部分。好的电影音乐会为电影增色不少。提到印度电影,我们总是立刻联想到那无数优美动听的音乐。本文将印度电影音乐的发展过程划分为3个主要时期,《坦森》《流浪者》《印度往事》分别是这3个时期中具有代表性的影片。通过分析这3部电影中的音乐,本文探讨印度电影音乐的发展及变迁历程。本文正文部分通过对3部电影中音乐的分析，探讨3个不同时期的电影音乐风格特征：第一个时期为印度电影音乐的初创时期，时间跨度大约从印度电影音乐诞生直至20世纪40年代末，形成了以传统音乐元素为主的电影音乐风格；第二个时期为印度电影音乐的成熟时期，时间大约从20世纪50年代初至90年代初，这一时期形成了民族、地域特色与西方音乐影响并存的风格；第三个时期为印度电影音乐的新时期，时间约从20世纪90年代中后期至今，形成了印度与西方、传统与现代的不同音乐风格相互碰撞、渗透、融合的风格。通过对3部电影中音乐的分析，笔者将印度电影音乐作为一种特殊价值的音乐现象来认识、学习和探讨，以便为后续的深入研究做好铺垫；同时希望本文能对我国电影及电影音乐的发展有一点点启示。

关键词： 印度电影音乐；印度传统音乐；印度音乐基本理论

越南雅乐的历史与现状——关于越南雅乐的调查报告

作者： 樊　荣(2003级硕士研究生)

导师： 朱卓建

摘要： 起源于周代“礼乐制度”的中国雅乐，几千年后随着宫廷舞台的消失而消亡了。但越南15世纪初期(中国明代、越南胡朝时期)从中国引进的雅乐，却以其特有的形式得以传承并较完整地保存了下来，而且在2003年被联合国教科文组织批准为“人类口头和非物质遗产”，这不仅对研究雅乐在中国周边国家的传承与变迁是极有价值的，而且对中国自身恢复雅乐也具有极大的启示意义。

本文拟从历史文献的参考与现时越南雅乐状况的考查出发，试图达到对越南雅乐的历史形成、传承变化、现状以及音乐本体等的全面分析和认知。本文主要分为3章来论述：①越南雅乐的历史；②越南雅乐的现状；③分析越南雅乐现存曲目《辇部十章之品雪》。

本文采用民族音乐学与历史音乐学相结合的研究方法，通过对越南胡朝以来雅乐历史的梳理，厘清越南雅乐传承和演变的历史轨迹；通过对越南雅乐现状的考查，从音乐学与社会学视角分析其成因；通过对音乐本体的分析，探究越南雅乐的音乐和其文化的流变。

关键词： 越南雅乐；中国雅乐；历史；现状

作曲系博硕士研究生学位论文

作曲专业

唐建平的歌剧《这里的黎明静悄悄》音乐创作研究

作者： 朱婧燕(2014 级博士研究生)

导师： 高佳佳

摘要： 本文以唐建平作曲的歌剧《这里的黎明静悄悄》为研究对象，主要从剧本、整体音乐结构特点、人物形象塑造、音乐语言中的技术运用、音乐风格等方面展开分析，通过对这部歌剧音乐个案的深入研究，期盼能对中国“大歌剧”体裁的创作产生积极的推动意义。

本文共分为五章。第一章从《这里的黎明静悄悄》的原型小说和剧本改编进行论述，主要立足于剧本内涵、剧中人物性格及人物命运等戏剧情节的关系上，概括分析出“小说原型—同名影视戏剧—苏联版歌剧”创作的整体特点，并以此展现中国版同名歌剧剧本的重构方式与改编特点。第二章研究歌剧《这里的黎明静悄悄》整体的音乐喜剧结构，内容分四节，分别从音乐戏剧结构特点、“结构对位”思维在音乐戏剧铺陈中的运用、音乐中主要结构力及其表现方式、歌剧中高潮酝酿与生成手段等方面进行研究。第三章对歌剧中 6 位主人公的音乐形象塑造进行阐释，紧密围绕着技术手法的使用，对人物展现效果进行挖掘，解释了音乐对主人公塑造的成功突破。第四章分析了该剧音乐语言中的技术手法，内容分三节，分别从声乐的表现形式与特点、和声语言、器乐中的戏剧表现等方面进行研究，以展现音乐形式和内容之间的紧密关联。第五章探讨了该剧音乐风格的表现，分别从显性的俄罗斯音乐风格和表露深层诉求的风格内涵的审美两个方面进行表述。

结论部分总结了中国版歌剧《这里的黎明静悄悄》音乐创作的总体特点，并对这部歌剧音乐进行了总体评价与考量，以及对西体中用的美声“大歌剧”体裁的创作提出了一些思考。

关键词： 唐建平；歌剧《这里的黎明静悄悄》；音乐创作

用音乐铸造的“悲剧精神”——论王西麟的交响乐创作

作者： 雒鹏翔

导师： 赵季平

摘要： 王西麟用交响乐音乐语言来诉说与反思苦难，并在创作中形成了他个性化的悲剧精神的美学思想。他的人生经历、精神内涵、美学思想是他音乐作品的灵魂、创作技术的根基。无论是他对民间音乐的创造性运用,还是他对西方作曲技术的借鉴,都是为了能够用民族化和交响化相融合的音乐语言来表达他的悲剧精神。通过对他在不同人生阶段中创作的五部重要的交响乐作品(两部协奏曲与三部交响曲),进行从形态技术到人文美学、从精神内涵到音乐音响、从宏观构思到微观创作等全方位的分析研究,总结出他用交响性思维以"形、神、意"3种不同的维度来改造与运用民间音乐的具体特点,以及他在交响乐创作的微观层面与宏观层面常用的长呼吸结构思维,来进一步理解他音乐作品中深刻的悲剧精神美学思想,从而形成一个统一的有机整体,以达到对作曲家精神世界与音乐语言之间相互关联的分析研究。

关键词: 王西麟;悲剧精神;交响性思维;民族民间音乐;长呼吸;结构思维

张千一器乐作品研究

作者: 姜芷若(2012级博士研究生)

导师: 施万春

摘要: 张千一是我国著名的作曲家。他创作了上百首体裁多样的音乐作品,涉及器乐作品、声乐作品、影视音乐、舞台剧音乐等众多领域,是国内为数不多的同时在多领域都能取得卓越成就的作曲家之一。他的作品经常在各大剧院上演,并多次获得音乐创作奖项。他在创作中,将中国传统文化、中国民族音乐素材与20世纪西方作曲技法相结合,并且在吸收西方作曲技法的基础上加以扩展和创新。

本文主要选取作曲家1983—1990年期间,具有代表性的五部作品作为研究对象,分别是:室内乐作品《吟》、室内乐作品《别》、室内乐作品《为四把大提琴而作的乐曲》、室内乐作品《对称》、《大提琴协奏曲》。本文通过全面、细致的分析,重点研究五部器乐作品的写作技巧。正文共分5章。第一章是对作品的题材与体裁结构的研究,重点对这一阶段的作品的曲式结构进行分析与研究。第二章是对作品中的音高材料的研究,其中分析了创作中对十二音序列技法的运用、中心音组技法的运用、和声的运用、音块的运用、微分音的运用;除此之外,还对作品中主题材料的发展进行了研究。第三章是对作品的节拍、节奏的研究。第四章是对作品中偶然音乐技法的研究。第五章是对作品的织体形态与音色处理的研究,其中重点对作品中线状织体形态、网状织体形态、块状织体形态进行分析,以及对3种织体形态的不同音色处理进行研究。最后,本文总结性地归纳和提炼了张千一在这一阶段中主要的创作特征与创作理念。

关键词: 张千一;十二音;节拍;节奏;偶然音乐;织体音色

中国、蒙古国蒙古族交响乐队作品创作研究

作者: 贺西格图(2011级博士研究生)

导师: 王　宁

摘要：本文主要以中国蒙古族作曲家永儒布与蒙古国作曲家B.沙日布的5部交响乐作品为研究对象。本文由3个部分组成，共分8章，第一章为中国、蒙古国蒙古族交响乐创作的发展综述。上篇主要研究永儒布作品，由3章构成：作品音乐语言的研究、作品配器风格的研究、音乐形象与音乐思想。下篇主要研究B.沙日布作品，由4章构成：创作技法的研究、织体结构与特征、管弦乐法技术分析、创作思维初探。

上篇主要分析与研究永儒布3部交响乐作品《戈壁驼铃》《蜃潮》及《荒寺》的音乐语言及作曲技法特征，从主题的构成与发展、调式与调性、节奏与节拍、手法、复调技法的运用等方面进行分析，研究如何将民歌元素转化为交响乐创作素材，归纳分析其所运用的各种手法，揭示其创作风格与特征。上篇重点研究作品中主体发展、调式调性、节奏及节拍的特征，配器手法、复调技法中的不同风格，通过对作品艺术风格与创作思维的研究，逐步揭示其鲜明的个性与深刻的音乐思想，尤其对蒙古族传统音乐的挖掘及作品创作中音乐形象的塑造等方面。他在创作中有意将欧洲印象派音乐色彩融入蒙古族交响乐中，从而形成了他独特的艺术风格。他的作品渗透着一种高尚的人文主义精神，成为我国蒙古族交响乐发展过程中的重要里程碑。

下篇研究蒙古国作曲家B·沙日布的作品《广阔的世界》与《第二交响曲》，这是两部具有鲜明风格特色的蒙古国当代交响乐作品，作品以蒙古历史文化为背景，以传统音乐为素材，其是运用西方现代技法创作的具有蒙古特色的交响乐作品。下篇主要研究作品的创作技法，如微复调技法及主要音技法，包括音色旋律、音块技法等手段，研究配器中的音色布局、音色对置、音色交替等技法，以及旋律、和声在纵向与横向结构中的进行，分析作品中所运用的声部模仿与对比、调性的转换与叠置、线性和声结构及多重织体结构等内容。从作品的深度与广度上看，蒙古国交响乐创作已具备了先进的技术手段和深厚的理论基础，同时散发着浓厚的民族文化气息，这一点足以说明蒙古国当代交响乐创作水平已进入国际化的层面。

关键词：蒙古族交响乐；音乐语言；创作技法；配器风格；创作思想

音乐中的跨文化现象——兼论新西兰作曲家杰克·波蒂的创作并以其新作《欲望的歌与舞》为例

作者：贾　悦（2011级博士研究生）

导师：高为杰

摘要：杰克·波蒂(Jack Body)是新西兰著名的作曲家、教育家、民俗音乐家。杰克·波蒂的音乐追求简单和自然，他的诸多作品都与民间音乐、民俗文化有联系。他的音乐理念与20世纪下半叶出现的后现代思潮有着密切的联系，而这种思潮很大程度上依赖于不同文化领域中相互交融、相互阐释的跨文化现象。本文分为上、下两篇，每一篇分别由2章组成(共4章)。上篇中以各个时期中外作曲家的作品为例，对音乐中跨文化现象做一个大的背景介绍。上篇中将音乐跨步的历史区分为“前跨步”与“后跨步”两个时代；同时，还特别对中国新音乐创作中的跨文化现象作了历史的阐述。上篇的第二章对音乐中跨文化现象的类型作了分析与研究。下篇针对杰克·波蒂本人及其创作，特别是其新作《欲望的歌与舞》进行具体分析。第三章主要介绍杰克·波蒂的生平、主要作品,并从人文精神、对非西方艺术的关注及师承关系对其创作的影响作了审视。最后一章针对杰克·波蒂的剧场歌舞《欲望的歌与舞》作具体介绍,从作品的构思、内容、体裁、音乐材料的来源及跨步的特征与具体手法进行分析、研究。

在下篇结语部分,除对本文中涉及的诸多问题进行归纳与小结之外,着重表达了笔者对音乐中跨文化的取向,特别是杰克·波蒂创作中的成功经验给予我们的借鉴意义的思考。

关键词: 跨文化;杰克·波蒂;改编;引用;移译(移植);拼贴;混合媒介

新浪漫主义音乐在中国——金湘交响乐作品研究

作者: 吕 欣(2011级博士研究生)

导师: 金 湘

摘要: 20世纪已成为历史,在这百年历史中音乐的发展变迁可谓繁复缤纷。就西方音乐而言,音乐发展的格局也发生着翻天覆地的变化,打破了古典音乐天下一统的局面,出现分流与合流的浪潮,形成丰富多彩、纷繁汇聚的世界。就亚洲音乐而言,一批亚洲作曲家在学习掌握西方现代作曲技术的基础上,凭借自身的民族文化底蕴,跻身进入世界音乐舞台,为世界乐坛注入新的活力。

金湘正是生活在这样的背景之下,以其独特的创作理念、技法、风格及个性活跃于世界音乐舞台。金先生留学美国,见惯"现代音乐"的花哨与高傲却未迷失,用其本人的话说"走进去,走出来",始终坚定其继承本民族传统,纵览西方音乐为我所用,表达内心的声音这条创作道路。他的作品音响颇具现代感,却又是鉴于五度相生基础上的东方范式音乐语言;他不苛求哪种技法、流派,却又流露出不同风格的影响与渗透,且具有新浪漫主义的音乐风范。

鉴于此,本文从"新浪漫主义"音乐这个大的背景入手,以"跨文化"为平台,选取金湘交响乐作品作为研究对象,对其具体的创作技术进行解构,从而对其音乐进行整体把握,梳理出金湘的个性化音乐道路。金湘的创作不排斥哪种形式和技法,也不吹捧哪种流派和风格,而是在音乐之本,艺术之本,自然自我之本。这种对"真"的追求使得金湘先生的创作表现出人文主义情怀,打破了传统与现代的隔阂,融入了炎黄子孙的血脉,走出了一条属于他自己的成功之路。

关键词: 新浪漫主义;回归;旋律;和声;折衷

许舒亚两部交响乐作品研究

作者: 江 雪(2010级博士研究生)

导师: 权吉浩

摘要: 二十世纪七八十年代以来,一批批中国作曲家,如谭盾、叶小刚、盛宗亮、陈怡、陈晓勇、朱世瑞、陈其钢、许舒亚等先后远赴美国、德国、法国等地留学,他们在音乐创作上都取得了令世界瞩目的傲人成绩。

在这股向西求学的浪潮里，许舒亚是赴法国的中国作曲家中，十分具有代表性的一位。出国以前，许舒亚在上海音乐学院就读本科，这期间他完成了《第一小提琴协奏曲》。在这部作品中，他运用了许多西方作曲技巧，同时吸收和借鉴了中国传统文化元素，初步显现出个人风格。1988年起，许舒亚公派留法。在留法学习、工作、生活的二十余年里，他的音乐创作融合了中西方文化的特点，吸取了中、法、德等多种音乐风格的滋养，逐步形成了自己独特的音乐语言。法国媒体称其为："在西方的，中国作曲家群体中的'诗人'"。他的音乐运用了很多西方作曲概念和技术，在不刻意追求表面化民族风格的同时，又能感受到很强烈的东方文化意蕴。"从西方追溯回东方文化，从两极汇合至东西方文化的交融点，是他作为一位优秀作曲家的秘密。"可见，他的音乐具有极为鲜明的个性特征，其风格在中国当代作曲家中独树一帜。

本文选取许舒亚的《夕阳·水晶》和《涅槃》两部交响乐作品作为研究对象，通过全面、细致的分析，重点研究两部作品的写作技巧。正文共5章，第一章为作品概述，包括两部交响乐作品简介、乐曲结构和乐队编制等内容；第二章为音高材料的组织与发展，重点分析主题材料的发展；第三章为纵横立体化织体形态，重点分析织体形态特征及线性对位技术；第四章为音色组合，重点分析局部音色处理与整体音色布局；第五章总结许舒亚两部交响乐作品的音乐发展逻辑，比较两部作品技术手法上的异同，并尝试归纳和提炼他的创作特征。

关键词：许舒亚；《夕阳·水晶》；《涅槃》主题发展；织体；音色

原始与现代的邂逅
——3首交响乐之西南少数民族元素与现代作曲技法融合的研究

作者：柳进军（2009级博士研究生）

导师：金　湘

摘要：本文以3首现代交响乐作品——谭盾为大提琴、声像记录和乐队而作的协奏曲《地图》、金湘作曲的《小交响曲——巫》、朱践耳作曲的《纳西一奇》——中的西南少数民族元素与现代作曲技法融合的问题作为研究对象，总结所涉及作品中处理西南少数民族元素与现代作曲技法融合的特点，进而达到分析作品、为音乐创作提供借鉴之目的。

本文主要采用乐谱分析和音像分析的研究方法。绪论：阐述本文的立论依据、文献综述及研究内容。第一章：概述中国西南概貌及西南少数民族音乐。第二章至第四章：从"结构布局方面西南少数民族元素与现代作曲技法的融合、音高组织方面西南少数民族元素与现代作曲技法的融合、节奏形态方面西南少数民族元素与现代作曲技法的融合、音色特征方面西南少数民族音乐元素与现代作曲技法的融合"等方面出发，分别对谭盾的《地图》、金湘的《小交响曲——巫》、朱践耳的《纳西一奇》进行剖析。第五章：比较3首作品在"西南少数民族音乐元素与现代作曲技法的结合"方面的异同，重点从3首作品西南少数民族元素与现代作曲技法融合体现的美学上进行横向比较。

本文与笔者的作品《云贵两章》中的《引子·赋格·傩》同期交叉进行。本文在最后的第六章里阐述了《引子·赋格·傩》中西南土家族元素与现代作曲技术的融合。本文总结了以上作品中西南少数民族元素与现代技法的融合,通过分析,并结合本人思考中的创作实践及实践中的思考,笔者意识到,一方面,西南少数民族音乐的"原始"中蕴含着"现代"的因素;另一方面,以上涉及西南少数民族因素的管弦乐作品,其"现代"中蕴含着"原始"的基因,"原始"中衍生着"现代"的思维,它们是西南少数民族元素与现代作曲技法融合的产物。

关键词:《纳西一奇》;《小交响曲——巫》;《地图》;民族音乐传统的3个层面;融合;西南少数民族元素;现代作曲技法;结构布局;音高组织;节奏形态;音色特征

陈怡3首协奏曲的创作技法研究

作者: 任丹丹(2008级博士研究生)

导师: 权吉浩

摘要: 陈怡是一位活跃在当今国际乐坛上的著名美籍华裔作曲家,她的作品数量众多,题材丰富,艺术性强,在中国当代音乐作品中占有重要地位。

本文选择了陈怡的3首协奏曲进行创作技术分析,分别为长笛协奏曲《金笛》《打击乐协奏曲》和小提琴协奏曲《德雷斯顿之春》。本文尽可能以创作思维的角度研究作品中的作曲技法,还原作品的创作过程。

本文共分为5章及结语,第一章为绪论,对陈怡音乐观的形成及她的协奏曲写作情况作以简要的介绍;第二章为结构分析,将每部作品按乐章顺序进行了结构分析;第三章为主题-动机-的发展,是本文的重点,笔者借鉴了勋伯格在他的《作曲基本原理》一书中所提的主题及动机的详解及写作手法,将主题和动机两个要素作为构成音乐作品的基本要素,观察它们是如何形成、发展、变奏、演绎、派生,并成长为具有一定规模的作品的;第四章为乐队的织体写作,观察陈怡在织体写作方面的特征;第五章为音色-音响-技法,观察陈怡对乐器及音色的使用以及对音响控制的整体把握。最后,通过以上几个方面进行具体分析,总结出作曲家3首协奏曲的总体创作特点。

关键词: 陈怡;《金笛》;《德雷斯顿之春》;《打击乐协奏曲》;主题-动机;织体;音色-音响

3首管弦乐作品中的旋律"音程向位"与和声"音程位"探究

作者: 魏　扬(2008级博士研究生)

导师: 金　湘

摘要: 本文以现代作曲技法中的"音程向位"为研究对象,旨在对现代音乐作品旋律(特别是旋律特性动机)中音程的方向进行定向研究,对旋律音程及和声音程的距离进行定位研究,以找出"音程向位"的结构规律,进而达到全面、透彻地分析作品,指导音乐创作之目的。

"音程向位"分析法是现代作曲理论研究中的一种新兴分析方法,本文主要运用这种分析方法对武满彻、金湘、鲁托斯拉夫斯基等作曲家的3首管弦乐作品进行研究,旁及多种风格的现代音乐作品中"音程向位"的规律,从而进一步认识现代作曲家在音乐创作中所显现的“音程向位感”及“音程向位”式的创作手法，由此归理此类创作手法，期望为音乐分析与创作提供新的参考。

虽然目前国内外对“音程向位”的研究已经获得了初步成果，对音乐作品片段“音程向位”特征的研究也不难见到，但专题性及对大型管弦乐作品整体性的研究却尚未得见，所以，笔者尝试将其作一专题研究。

本文由绪论、8 章正文和结语三部分组成。绪论部分阐释选题缘起及意义；概述“音程向位”分析法的基本特征，包括旋律“音程向”、旋律“音程位”、旋律“音程向位”和声“音程位”等基本概念；并介绍目前国内外“音程向位”作曲技法特征研究的现状。正文部分共 8 章。第一、第二章主要讨论“音程向位”在创作中的意义及其主要类型。第三、第四章是武满彻为单簧管与乐队而作的《诗篇幻想曲》分析，以回旋性的旋律“音程向位”与三维构架的和声“音程位”为主要特色。第五、第六章是金湘为琵琶与乐队而作的《琴瑟破》分析，以对比性的旋律“音程向位”与纯五度复合的和声“音程位”为主要特色。第七、第八章是鲁托斯拉夫斯基《第四交响曲》分析，以衍展性的旋律“音程向位”及和声“音程位”的对称与贯穿为主要特色。结语部分主要探讨作为结构力量化特征的“音程向位”作曲技法与作品风格之间的关系。

关键词：作曲；“音程向位”；“音程向”；“音程位”；旋律 ；和声；结构

音乐视野中的观念艺术研究

作者：温展力（2007 级博士研究生）

导师：王　宁

摘要：观念艺术探讨的是“艺术如何表达”“艺术如何发生”等一系列议题的新艺术形式，其中所探讨的方向趋近于探讨艺术的本质，并给出与传统艺术完全不同的新解释。这与事先假定艺术媒介材料的传统艺术有着巨大的区别。而音乐视野中的观念艺术，则探讨“音乐如何表达”“音乐如何发生”等一系列议题的新的音乐形式，其所探讨的方向同样趋近于探讨音乐的本质，并给出与传统音乐完全不同的新解释。本文在简要论述了观念艺术的特征、发展历史以及思想渊源、形式、情感、技术等内容的基础上，从音乐创作的角度出发，探讨了音乐如何从假定媒介材料的创作转向探讨“音乐如何表达”“音乐如何发生”的创作，并通过这一转向的具体细节，结合视觉艺术领域对观念艺术的分类及出于时代变迁而导致的艺术表述方式的改变，归纳出迄今为止音乐视野中的观念艺术常见的几种表现形式，分门别类地从音乐史以及艺术史中梳理出相应的作品并逐一进行分析。

关键词：观念艺术；音乐；音乐创作

陈银淑笙协奏曲《空气》创作技法分析

作者：刚　妍（2014 级硕士研究生）

导师：王　非

摘要：作为亚洲为数不多的女性作曲家，陈银淑在国际舞台上发出了具有极强个人风格的声音，并在东西方音乐中找到了支撑起创作的平衡点。她从不拘泥于严格的技术手段，并且善于将这些比较固定的技术化作她丰富想象力的基础，使其有力地支撑着她的创作。

本文从作品的局部结构、曲式结构和音色安排及乐队的写作特征三方面对作品《空气》中的创作手法进行研究。

关键词：陈银淑；《空气》；节奏；节拍；音响

陈晓勇《时代万花筒》创作技法探析

作者：邵文婧(2014 级硕士研究生)

导师：权吉浩

摘要：陈晓勇是一位活跃在当今国际乐坛上的著名旅德华裔作曲家，他在突破风格归属、建立个性化风格特征方面始终坚持着积极探索。

本文以陈晓勇的管弦乐作品《时代万花筒》为研究对象，全文共分为 5 章。第一章为作曲家与《时代万花筒》的介绍，从作曲家创作经历、不同时期风格特征以及作品的创作背景 3 个方面进行介绍；第二章至第五章为作品的本体分析，分别从音高材料组织、曲式结构、织体形态、配器手法运用这 4 个方面对作品《时代万花筒》进行相关创作技法运用的分析。笔者尽可能从创作的角度出发，并结合对本曲音响的主观体验，试图总结和提炼出陈晓勇的创作技法运用特点。

关键词：陈晓勇；《时代万花筒》；管弦乐作品；创作技法运用

盛宗亮《月笛》作曲技法研究

作者：沈顺姬(2014 级硕士研究生)

导师：权吉浩

摘要：盛宗亮是当今国际乐坛上最杰出的华裔作曲家之一。他的创作体裁广泛、数目繁多，广受国内外音乐界的赞誉。本文以盛宗亮于 1999 年创作的作品《月笛》(Flute Moon)作为研究对象，对作品的创作技法进行全面而深入的研究。

本文由前言、正文、结语三部分组成。前言部分阐述了本文的选题依据、研究目的及国内外研究现状。正文部分共分为 5 章：第一章对作曲家的音乐背景以及《月笛》的概况作以简要的介绍；第二章分别从横向、纵向的角度对作品的音高组织形式进行了系统的阐释；第三章对作品中运用的复调技法进行了归纳和总结；第四章就作品的主题特征以及结构布局进行了论述；第五章对作品中运用的配器手法作了分析和梳理。

结语部分根据上述分析内容，对作曲家的创作风格与音乐理念作了提炼与总结。

关键词：盛宗亮；《月笛》；五声性音级集合；微复调；暗香

小提琴协奏曲《长白魂》创作技法研究

作者：许恩敬（2013 级硕士研究生）

导师：禹永一

摘要：朴瑞星是中国当代一位极富创造力的朝鲜族作曲家，本文以其小提琴协奏曲《长白魂》为研究对象，从主题四音列、调性远离、"长短"节奏三方面进行了深入研究。

本文由绪论、3 章主体部分及结语五大模块构成：绪论就该课题研究目的、意义和实用价值及在国内外的研究现状、发展动态加以说明和阐述；第一章是对朴瑞星个人简介、作品创作背景的整体概述及灵感来源；第二章为创作技法分析，从主题与四音列的发展模式、作品结构布局、和声特征、配器手法这四方面对《长白魂》进行具体分析；第三章对该作品中运用朝鲜族音乐元素的体现进行了具体分析；结语介绍了朴瑞星在音乐中对西方现代作曲技法和朝鲜族音乐元素的结合做了概括性总结。朴瑞星以其深沉的民族情怀，将朝鲜族音乐素材和西方作曲技法巧妙地融合在一起，运用朝鲜族"长短"节奏的律动与西方节奏、节拍之间的交织，乐器之间的音色碰撞等手法充分展现民族音乐特有的艺术性。作为朝鲜族作曲家，朴瑞星担负着对本民族文化的传承和探求的历史责任，我们可以从中获取创作中的宝贵经验，再运用到我们的音乐创作及研究中。

关键词：朴瑞星；《长白魂》；"长短"节奏

约翰·科里利亚诺小提琴协奏曲《红色小提琴》创作技法研究

作者：费　鹏（2013 级硕士研究生）

导师：金　湘

摘要：约翰·科里利亚诺是美国当代活跃于国际乐坛的主流作曲家之一，他在继承古典音乐传统的基础上吸收近现代作曲技法，其作品具有极佳的可听性和如同浪漫主义音乐般的动人吸引力，又具有现代性和鲜明的时代特征，被许多理论家纳入"新浪漫主义"音乐风格，但作曲家本人并不承认，所以他目前被广泛接受的创作定位是"折衷式"音乐风格。

笔者以小提琴协奏曲《红色小提琴》（改编自电影配乐《红色小提琴》，2003 年）为切入点，通过细致认真的研究，论述其如何汲取各家之所长而做到专业与实用、传统与现代兼收并蓄的创作特点。其表现在音乐结构上，有变奏特色、回旋特色、三部性特色等；表现在音高组织上，有音程序列的应用、核心材料的应用及十二音序列的应用等；表现在独奏小提琴的演奏技术上，有单音技术、多音技术及现代技术等；表现在协奏曲配器特色上，有小提琴与乐队对答式、前景和背景交替式、强调色彩的对比、声部的独立性使小提琴和乐队相区别等。本文为研究和总结约翰·科里利亚诺的音乐风格及其"专业化"与"大众化"相结合的技术手法提供参考。

关键词：约翰·科里利亚诺；协奏曲；结构；音高；演奏技术；配器

壁画中的音乐——周龙室内乐《石窟传奇》作品分析

作者：刘一涵(2013级硕士研究生)

导师：王　非

摘要：周龙是一位个性十足、多产的作曲家。周龙的音乐纯净、真挚，有着不寻常的精致、严谨，富于逻辑性，是充满个性的、生动的。本文选择周龙室内乐作品《石窟传奇》为研究对象，意在通过细致分析音乐写作技术，通过对作品中音乐材料、音高组织、节奏节拍等多个方面进行作曲技术分析，以具象分析得出理论依据，以使笔者之后的创作能更好地运用西方现代作曲技术来继承、发展中国传统文化、传统音乐及民族民间音乐，使音乐作品在追求浓郁的民族风格和创新方面较好地结合汲取营养。

本文共分为4个部分。第一部分为绪论，其内容为研究《石窟传奇》的目的和重要意义。第二部分为作曲家及作品简介，对作曲家、《石窟传奇》的创作背景进行介绍。第三部分为作曲技术分析，用7节内容从音乐材料、音高材料、调式调性等方面对《石窟传奇》进行具体分析。第四部分为《石窟传奇》——让音乐飞出壁画，这一部分对《石窟传奇》中的创作技法、作品中的文学思想进行了总结。

关键词：周龙；《石窟传奇》；“花儿”；音色及音响形态

瓦雷兹为女高音和室内管弦乐队而作的作品《奉献》的创作研究

作者：盛　姣(2013级硕士研究生)

导师：阮申昆

摘要：法裔美国著名作曲家埃德加·维克多·阿西尔·夏尔·瓦雷兹(Edgard Victor Achille Charles Varèse)是20世纪乐坛上最具独创性和革新性的作曲家。他所创造的新音响对20世纪的音乐产生了革命性的影响，他不仅是新音乐的先驱者，也是电子音乐的开拓者，为20世纪先锋音乐的发展做出了重要的贡献。

本文以瓦雷兹的作品《奉献》作为研究对象，从作品入手深入了解他的创作手法、创作理念及美学思想。本文共分为4个部分。绪论对于选题的缘起、选题的研究目的、理论意义及实际应用做概括性介绍。第一章为瓦雷兹音乐的创作简述，对瓦雷兹的生平、创作时期、音乐观念以及他与电子音乐之间的关系做简要梳理。第二章为《奉献》的主要音乐语言，从音高组织、节奏技法、配器手法、整体结构等方面对作品进行全面的分析，进而深入了解瓦雷兹的创作特点及其创新精神。第三章探讨《奉献》的美学思想以及它对后世音乐创作的启示，总结瓦雷兹创作的美学思想以及其作品对后人的启示。

笔者认为，对瓦雷兹《奉献》的音高、节奏、打击乐器的分析研究以及对新的技术理念的总结，会对我们今后的音乐创作实践、分析提供有益的参考。

关键词：瓦雷兹；《奉献》；噪音音乐；创新精神

韦伯恩《交响曲》op.21的分析

作者：孙超群(2013级硕士研究生)

导师：罗忠镕

摘要：《交响曲》(op.21)是韦伯恩成熟时期的作品，它以精湛的镜像结构写作方法而为世人所称赞。但是笔者在深入分析这首作品后，发现镜像结构只是其表层的结构特征，它还有更多更深层次的其他方面特征得以启发世人，供后人学习与思考。因此本文以发展的角度，从卡农开始的情况、各段横向衔接与纵向组合方式、音高关系等方面，对这首作品进行全面的分析，并最终总结出几点特征。

关键词：韦伯恩；《交响曲》(op.21)；卡农；逆行；咬尾；对称；组合性

倒影技法在音乐创作中的运用——以中国作品为例

作者：孙程程(2013级硕士研究生)

导师：高为杰

摘要：众所周知，作曲四大件课程是音乐院校作曲教学当中基本支撑的课程学科，全部都已有系统的理论研究，而关于旋律学方面的内容至今都没有一个比较完备的理论体系。倒影技法作为旋律学当中关于旋律发展的一种具体技术手法，在各个时期的音乐作品中都是一种经常被运用的作曲技术手段。在我国的音乐作品中，倒影技法被不同年代的中国作曲家大量地运用在音乐创作中，并在技法运用的形式上有所发展、创新，形成了倒影技术在中国作品中独特的表现形式。

本文以中国作品为案例，对倒影技法在音乐创作中的运用进行研究，由绪论、3章正文和结语构成。第一章为倒影技法作为旋律变化手法在中国作品中应用的理论归纳和实例分析；第二章为倒影技法作为复调手法在中国作品中应用的理论归纳和实例分析；第三章为倒影技法在中国现代音乐作品中应用的理论梳理和实例分析。

通过本文希望可以引起作曲者对倒影这一技法的关注，为实际创作提供一种技术上的可能，本文具有一定的启发意义。目前以倒影技法为主要研究内容的文献较少，关于旋律学方面的研究也还尚未深入，因此本文仍有研究的价值和空间。

关键词：旋律学；倒影技法；中国作曲家；中国作品；创作手法

施万春《传奇皇帝朱元璋》音乐暨电视剧音乐创作初探

作者：田佳慧(2013级硕士研究生)

导师：禹永一

摘要: 电视剧音乐创作不同于一般音乐创作,电视剧音乐是一种综合的艺术表现形式,不单为电视剧画面配乐,在渲染场景、烘托气氛、刻画意境、揭示与深化剧情主题思想等方面存在着重要的影响;在塑造人物性格、表现人物思想、抒发人物情感、表达人物内心活动、揭示人物前途命运等方面也尤为关键。

本文以电视剧《传奇皇帝朱元璋》中的5首音乐作品为主要案例进行分析研究,着重对电视剧音乐的构成、音画关系及音乐在电视剧中的功能作用等方面进行阐述。所要达到的目的有:①了解电视剧音乐创作、音乐叙事化线条与结构布局的表现技法;②通过音乐与画面相结合的角度,分析如何拓宽电视剧音乐创作上的技术视野,怎样全方位地诠释音乐作品,将音乐与画面有机结合;③总结归纳课题研究结果,学会如何将民族化的音乐语言与创作技法运用于电视剧音乐的创作实践中。

关键词: 施万春;电视剧音乐;音画结合;音乐案例分析

施尼特凯的"复风格"及其《第一交响曲》的探析

作者: 魏晴皎(2013级硕士研究生)

导师: 金　湘

摘要: 本文共分为两个部分:第一部分从施尼特凯复风格创作分期、原则和成因这3个方面进行梳理与总结;第二部分以他的《第一交响曲》为例,通过对其整体结构、音高组织、十二音序列、节奏、微复调、配器等方面的分析,阐述施尼特凯早期复风格的音乐语言特点。

在这部作品中,施尼特凯使用了他复风格的两个原则——引用原则与暗示原则。在引用原则中笔者直接引用了5位作曲家的经典代表作;在暗示原则中主要运用宗教音乐的暗示——格里高利圣咏末日经的旋律加入12音序列或者是带有装饰音的效果。这部作品对其之后复风格成熟期创作奠定了基础。

关键词: 施尼特凯;复风格;引用原则;暗示原则;微复调

"行走、求索、交融"——解析梁雷弦乐队作品《境》

作者: 张　姣(2013级硕士研究生)

导师: 权吉浩

摘要: 本文以美籍华裔作曲家梁雷2009年创作的弦乐队作品《境》(*Verge*)为研究对象,通过音高材料与组织形式、音色组合方式、织体形态、音响空间布局等角度对作品进行全面、深入的分析与解读,进而系统地阐述其多元的创作维度与音乐风格。

本文由前言、正文、结论3个部分构成。第一部分为前言与第一章,介绍了笔者的选题依据、国内外研究现状、作曲家梁雷的音乐生平及《境》的创作背景等。第二部分为正文,为第二章至第六章,从作曲技术理论角度(包括音高组织、织体形态、结构分析、音色组合方式等)对《境》进行全面的分析,同时对梁雷的创作维度进行阐述。第三部分为结论,综合陈述梁雷在《境》中使用的作曲手法，并通过技术层面，探究其作品中透射出的多元文化背景与音乐美学思想。

关键词：梁雷；《境》；作曲技术；音响空间；蒙古族音乐元素

陈怡《中国民族舞组曲》的分析与研究

作者：祝冰清（2013级硕士研究生）
导师：王　非

摘要：陈怡是20世纪著名的美籍华裔女作曲家。她的创作在娴熟地运用西方作曲技法的同时，较多地融入了一些中国音乐文化元素，在音乐语言、音乐结构及对音响色彩的追求等方面都有独特之处，使之在作曲技术理论方面具有较高的研究价值及意义。

本文所选作品《中国民族舞组曲》是陈怡于2000年在美国国会图书馆"库谢维茨基音乐基金会"(Sergey Koussevitzky Music Foundation)作曲委约奖的资助下而创作的一首小提琴协奏曲。笔者主要从作品的音高材料及组织方式、主题特征、节奏节拍、曲式结构、配器手法等方面对她的创作理念进行综合分析，全方位地对此作品的创作思维、组织手法进行技术性研究，解读她如何运用现代音乐创作思维将民族音乐素材推陈出新，实现自身音乐语言的创新与发展。

关键词：陈怡；《中国民族舞组曲》；民族音乐素材；双主题；对称性

王宁作品《为长笛、大管与弦乐队而作的慢板》的分析与研究

作者：胡晓昉（2012级硕士研究生）
导师：王　宁

摘要：本文通过对《为长笛、大管与弦乐队而作的慢板》这部作品的分析，可使读者更全面地了解十二音序列作曲技法在现代创作中的新用法。本文主要针对作品运用的十二音场、节奏的数字比例关系以及作品的结构与音色音响这4个主要方面进行了论述。这部作品的创作手法以及音色的大胆尝试，对现代作曲技法的创作来说无疑提供了理论及实践的依据，同时给我们以后的音乐创作带来了新的思路和启示。

关键词：十二音序列；音场；节奏；数字比例关系；音级集合；音色

约翰·科里利亚诺《钢琴协奏曲》的分析与研究

作者：孙佳慧（2012级硕士研究生）
导师：高为杰

摘要：通过整理关于约翰·科里利亚诺的文献，笔者发现国内音乐学者对约翰·科里

利亚诺的创作技法的研究主要集中在其管弦乐和室内乐方面,且没有对《钢琴协奏曲》进行专门论述的文章。笔者想通过从曲式结构的继承与创新、旋律的音乐性格及技术构成、音高体系的构成方式、复调织体形态、协奏曲体裁运用的特点及配器特征、科里利亚诺的创作中创新与传统的关系等方面,深入分析这部作品,挖掘其对约翰·科里利亚诺创作承上启下的意义,同时也希望本文能为科里利亚诺的研究尽一些绵薄之力。

关键词: 科里利亚诺;《钢琴协奏曲》;创作技法;音高体系

亨策《第五交响曲》的创作研究

作者: 王东旭(2012 级硕士研究生)

导师: 阮昆申

摘要: 20 世纪是西方作曲家不断极力寻求独特的个人表达方式和音乐语言的时代,这一时期似乎可以按照不同的流派勾画出一个音乐发展的大体轮廓,但也有一些作曲家并没有属于某一种特定的流派,他们游刃于不同的创作风格中,亨策便是这样一位以"泛技法"著称的作曲家。汉斯·维尔纳·亨策是 20 世纪德国著名的作曲家,他一生创作了数目庞大的优秀音乐作品,在 20 世纪众多作曲家当中亨策显现出较为独特的创新意识。一方面,他的音乐带有很强的德国"基因",但创作技法很难归类为某一种音乐流派,他在不同技法的相互融合中形成自己的音乐风格,更多的是对技法的开拓而非革新;另一方面,亨策的作品带有很强的人文思想和精神内涵。亨策公开发表自己的"音乐与政治"的言论,他的歌剧和交响曲中带有文学戏剧化因素特征,体现了音乐与社会关系的思考和对社会底层人物的关怀。

本文以亨策《第五交响曲》为研究对象,对作品中的音高材料、节奏节拍、配器及结构这几个方面进行技术分析和研究,同时将作品的创作特点与文化审美内涵相结合,试图深入到亨策的创作思想、创作意图和音乐审美观。而本文的最终目的是使读者从该作品中获得艺术修养和精神境界的熏陶与提升,并指导读者实际的音乐创作。

关键词: 亨策;《第五交响曲》;创作技法;风格成因

尹伊桑 *Novellette* 作品研究

作者: 张　婕(2012 级硕士研究生)

导师: 王　非

摘要: 朝鲜裔德籍作曲家尹伊桑(Isang Yun,1917—1995 年)的每一部作品都力图创新,以东西结合的方式,运用西方创作技术来表达东方传统音乐的思想。尹伊桑的新型创作思路和手段主要体现在他的"主要音(Hauptton)技法"中,这一创作手法在 20 世纪乐坛中占有重要地位。本文分析研究的 *Novellette*(新事曲)便是作曲家众多室内乐作品中的一部,此部作品是作曲家为长笛(中音长笛)和竖琴附加小提琴、中提琴或大提琴而作的室内乐,此作品仍以其特有的创作风格"主要音作曲技法"贯穿全曲。

本文共分为 3 章:第一章对尹伊桑的生平概况及创作理念进行阐述,并介绍了作曲家的创作分期以及他的"阴阳哲学""主要音"与"主要音响";第二章通过创作背景、结构布局、音高关系、速度等方面对作品 *Novellette* 进行深入分析;第三章为归纳总结,对作品的创作意义及研究加以说明,通过东西文化的对比分析,更加清晰地了解作曲家的创作风格。

通过对此部作品的分析研究,使读者更加透彻地了解尹伊桑"主要音作曲技法"的创作方法和思路,对于我们今后在创作中努力探索中西文化结合,实现现代与传统相辅相成的创作风格有着重要的现实意义和应用价值。

关键词: 尹伊桑;传统文化;主要音;主要音响;动静结合;阴阳原则

《来自第三极的韵律》(为混声合唱队与钢琴而作)之分析

作者: 章旻彦(2012 级硕士研究生)

导师: 王　宁

摘要: 本文主要是以《来自第三级的韵律》这部作品的民族内涵与作曲技术及风格把握方面为研究方向,分 4 章,从藏戏藏民族音乐入手,对作品的合唱声部、钢琴声部进行全面深入的探讨、分析。第一章主要对该作品的创作背景和创作素材来源做简单介绍;第二章主要是对藏戏音乐的结构与特色进行阐述,并对该作品的结构、音高组织、多声技法、节奏节拍、歌词、音响布局、钢琴用法等层面进行深入剖析;第三章则说明该作品合唱部分与钢琴部分在技法上、风格上所体现出的创新性;第四章阐述的是作曲家在这部作品中体现的人文思想、审美和创作理念。最后,笔者希望通过对这部作品的分析,提供一些有价值的素材,能够对今后的音乐学习者们有所帮助。

关键词: 音高组织;多声技法;创新性;藏戏音乐;民族文化;节奏节拍

叶小纲《马九匹》作曲技术分析

作者: 丁　蓉(2011 级硕士研究生)

导师: 权吉浩

摘要: 本文的研究对象是中国当代作曲家叶小纲先生于 1993 年创作的室内乐《马九匹》(op. 19)。这部作品为 10 位演奏家而作,音乐风格幽默、诙谐,其织体形态、音色特点都与"马"的形象极为相似。本文主要通过对作品结构、主题材料、音高关系等技术层面的具体分析,以及中国传统音乐元素在作品中的运用,从而加深对作品的理解与把握,梳理与总结这部作品的创作特征及艺术价值。

关键词: 叶小纲;《马九匹》拱形结构;主题材料;音高关系;中国传统音乐元素

皮亚佐拉《班多钮手风琴协奏曲》分析

作者：黄　青(2011 级硕士研究生)

导师：高为杰

摘要："跨界音乐"译自英文"crossover"，其形式大多为古典与流行的结合，出现至今大约有半个世纪的历史了。"新探戈之父"阿根廷作曲家阿斯托尔·潘塔莱昂·皮亚佐拉将探戈音乐从通俗流行的歌曲舞蹈伴奏音乐提升为可以单独在舞台上展示的、具有高度艺术性的纯音乐形式，并由此而创立了"新探戈乐派"。这种音乐风格具有异域风情的独特，却也不乏古典音乐的严谨，最大限度地表现了探戈音乐的风采。

本文以皮亚佐拉《班多钮手风琴协奏曲》为研究对象，对作品中的风格特征、调式调性、和声手法、节奏特点及主奏乐器的运用等方面进行分析研究，以试图进一步剖析作品所蕴含的创作特点、创作意义和人文思想。

由于皮亚佐拉对于世界音乐的深刻影响与杰出贡献，国内外目前对于皮亚佐拉音乐风格的研究可以说是十分广泛的，其中不乏非常出色的论著。研究这部作品存在一定的挑战与难点，比如，作品中所包含的人文思想；作者是如何将当地民俗音乐与传统作曲技法进行恰到好处的结合；中国文化与南美音乐所存在的隔阂，等等。本文以这部作品为出发点，希望通过分析作品的特色与意义，能够对读者的理论和实际创作带来帮助，同时也希望从皮亚佐拉的音乐中得到何以将民族音乐带向世界的启发。

关键词：皮亚佐拉；班多钮手风琴；探戈音乐；跨界音乐；民族音乐

张千一《为四把大提琴而作的乐曲》作品分析

作者：姜渊中(2011 级硕士研究生)

导师：张千一

摘要：张千一是我国当代著名作曲家。他所创作的作品涵盖了器乐(包括交响乐、室内乐、民乐等)、声乐(包括合唱、独唱等)、舞台剧音乐(包括歌剧、舞剧、其他戏剧、舞蹈等)和影视音乐等不同领域。

本文以张千一的室内乐曲《为四把大提琴而作的乐曲》为研究对象，全文共分为 5 章。第一章介绍了 20 世纪中外音乐创作的新思维，重点介绍反叛、标新和多元的音乐创作风格；第二章分析了《为四把大提琴而作的乐曲》的主题材料，并对这首作品的和声组织和音高元素进行了分析；第三章分析了《为四把大提琴而作的乐曲》的音色-音响处理手法与布局；第四章分析了复调与微复调手法；第五章分析了偶然音乐元素与中国思维的关系在作品当中的体现。笔者尽可能从创作的角度出发，并结合对本曲音响的主观体验，试图总结和提炼出张千一的总体创作特征，以此还原《为四把大提琴而作的乐曲》的创作历程。

关键词：张千一；《为四把大提琴而作的乐曲》；室内乐；微复调；偶然音乐

李滨扬二胡协奏曲《图腾》作曲技术初探

作者：徐海博(2011级硕士研究生)

导师：权吉浩

摘要：李滨扬是一位活跃在当今国际乐坛上的著名美籍华裔作曲家，他在“音乐民族化”问题上始终坚持着自己独特的艺术风格并积极地进行多元化探索。

本文以李滨扬的二胡协奏曲《图腾》为研究对象，全文共分为4章。第一章为“图腾”和《图腾》，重点介绍“图腾”的文化内涵和本曲中所包含的西南地区传统音乐元素，并简要概括本曲中的简约派和“中心对称”观念；第二章为结构分析，对《图腾》整体结构和次级结构进行分析；第三章为音高材料的组织与发展，论述本曲音高材料纵向的组织方式与横向的发展模式；第四章为音色与织体形态，将本曲中两种重要的音色(二胡和男低音)作为重点，分析两者在乐队中的具体应用方式以及乐队织体形态。

笔者尽可能从创作的角度出发，并结合对本曲音响的主观体验，试图总结和提炼出李滨扬的总体创作特征，以此还原《图腾》的创作历程。

关键词：李滨扬；《图腾》；西南地区传统音乐；简约派；中心对称

交响音诗《枫桥夜泊》创作特色研究

作者：董　芳(2010级硕士研究生)

导师：姜万通

摘要：20世纪以来现代音乐创作逐渐呈现风格多样化的趋势，受西方现代作曲技术的影响，中国作曲家们也不断尝试用新的音乐语汇创作更具本土风格的作品，在此形势下，徐振民坚持以自己真实内心感受的“新浪漫主义与新现实主义”的人文理念进行创作，他将西方现代作曲技法与中国传统调性音乐两者很好地结合在一起，在继承、延续传统的基础上创新，同时又不完全依附现代作曲技法及手段来创作，因此，从他的作品中可以观察到一种独特的中国特色与魅力，其形成了鲜明的“徐振民式”音乐风格，具有较高的技术性及艺术性。

本文以徐振民交响音诗《枫桥夜泊》为研究对象，对作品中的音高材料、调性关系、音乐结构、配器原则及音色处理等技术方面进行分析研究，以试图进一步剖析作品的创作特色及创作风格。目前，对徐振民作品的学术研究与探讨还不够系统和全面，对其创作风格与创作特色的解析还处于相对匮乏阶段，因此本文以这部作品为出发点，通过分析与挖掘作品的特征与特色之处，对笔者的理论研究提供更多的发展空间，同时为笔者的实际音乐创作增添了更为丰富的资源储备。

关键词：徐振民；《枫桥夜泊》；主导动机；展衍；散点结构

交响大合唱《金陵祭》合唱技术分析

作者: 郭炎焱(2010 级硕士研究生)

导师: 金　湘

摘要: 金湘是我国著名作曲家、指挥家、音乐理论家和音乐教育家。现任中国音乐学院教授,中国音乐学院、中国艺术研究院博士生导师。金湘的作品体裁广泛,风格多样。从大型歌剧、交响乐、协奏曲、大合唱以及各种室内乐直至影视音乐等,共有近百部作品问世。他的作品以其鲜明的个性、强烈的当代审美意识以及东方优秀的美学传统与西方近现代作曲技法的多样结合,赢得了广大中外观(听)众的赞赏。

交响大合唱《金陵祭》是作曲家的主要代表作之一,于 1997 年 2 月应纽约华人“为和平而歌”音乐会的邀请,为纪念南京大屠杀 60 周年而作;后于 2005 年对合唱部分进行修改,并将原有的钢琴伴奏编配成管弦乐总谱,完成《金陵祭》作品第 61 号(*Symphonic Chorus Nanjing Lament*, op. 61)。

本文共分为三个部分。第一部分是《金陵祭》相关背景简介,简单介绍作曲家及作品的创作背景。第二部分是《金陵祭》合唱作曲技术分析,对作品进行了整体与各部分的和声、复调及曲式结构分析,并详细摘取作品中有价值的创作技法加以举例分析。第三部分是《金陵祭》中的音乐文学,主要分析了由作曲家亲自完成的歌词与音乐的结合。

关键词: 金湘;《金陵祭》;交响合唱;偶然音乐;混合音色

高平创作的民族室内乐《清风》分析

作者: 黄凯然(2010 级硕士研究生)

导师: 高为杰

摘要: 民族室内乐是 20 世纪中国音乐发展中脱颖而出的一个新的体裁,它凝聚了几辈作曲家们的艰辛探索,其成就主要体现在现代民族器乐演奏与创作的各个方面。如今,民族室内乐已经在中国民族器乐音乐的多种体裁中成为演出最多、发展最快的表现形式,越来越多的作曲家青睐于对其的创作。被称为中国第六代作曲家的高平先生在 2010 年为紫禁城华乐团创作了民族室内乐《清风》,并首演于“高为杰教授从教 50 周年师生音乐会”上,获得一致好评。

本文将系统地对高平先生创作的民族室内乐《清风》进行分析,通过对其调式、结构、旋法、节奏、和声、配器等诸多方面进行分析,力求深入了解高平先生对于民族室内乐创作的手法,并结合中国传统音乐美学观念对“传统”与“现代”、“传承”与“创新”等问题进行探究。

关键词: 高平;《清风》;民族室内乐

王宁《第一交响前奏曲——时代》创作研究

作者：孔祥怡(2010级硕士研究生)

导师：王　宁

摘要：本文所分析研究的作品《第一交响前奏曲——时代》的作者王宁教授是中国当今活跃的、创作涉猎广泛并获得世界性影响的作曲家。王宁老师的音乐从骨子里渗透着我国民族民间音乐的因素。受导师影响，笔者也在创作上有意识地吸收和运用民族民间音乐素材，但在创作过程中，经常会遇到关于民族民间音乐与现代音乐创作的结合方面的技法、风格等这样或者那样的诸多问题。为此，笔者选择了王宁老师的代表作之一《第一交响前奏曲——时代》进行分析和研究，力图总结出值得学习与借鉴的风格技巧，为民族音乐融于现代乐队音乐创作探索和积累一些宝贵的经验。

本文从以下几个方面进行了考查：第一章主要是对王宁的艺术历程的概述；第二章从《第一交响前奏曲——时代》看王宁“一个中心，两个基本点”的创作理念；第三章是《第一交响前奏曲——时代》的结构形态，主要包括乐队编制和结构分析两部分，通过曲式分析、挖掘他是如何进行“古为今用，洋为中用”的创作实践的；第四章是《第一交响前奏曲——时代》的主要素材，通过对作品中两个主要素材的剖析，研究王宁在创作中对“民族性”“时代性”的把握及“一个中心，两个基本点”创作理念的贯穿。

关键词：王宁；交响前奏曲；“一个中心，两个基本点”；“古为今用，洋为中用”；“民族性”与“时代性”

金湘笛子与交响乐队作品《冥》的创作与美学分析

作者：任　晨(2010级硕士研究生)

导师：金　湘

摘要：本文的研究对象是作曲家金湘的笛子与交响乐队作品《冥》，这是金湘于20世纪90年代在海外时期所创作的作品。相对于他之前在国内创作的音乐作品来看，这部作品体现了东西方音乐美学在思想上的碰撞与交流，也显示出了作曲家本人对于东西方作曲技法的融会使用。

金湘是国内著名作曲家、音乐评论家和指挥家。他创作的音乐作品体裁广泛、题材丰富、风格多样，包含室内乐、交响乐、协奏曲、歌剧、音乐剧、交响合唱以及影视音乐，共有将近百部的作品问世。他的代表作有：音诗《曹雪芹》《红楼浮想》等；交响大合唱《金陵祭》；民族交响音画《塔克拉玛干掠影》；民族管弦乐《离骚》；笛子与民族交响乐《冥》；琵琶与民族交响乐《瑟》；二胡与民族交响乐《索》；琵琶协奏曲《琴瑟破》；第一钢琴协奏曲《雪莲》；歌剧《原野》《楚霸王》《杨贵妃》《八女投江》《热瓦普恋歌》等。

本文分为3个部分：第一部分阐述作品的创作背景以及作曲家的个人简介；第二部分是

作品的技法分析，包括作品的结构、旋律、音程、节奏、复调等方面的分析；第三部分阐述了金湘音乐美学观念的形成、发展以及其美学观念在该部作品中的具体体现。

关键词： 金湘；《冥》；作曲技法；结构；主题旋律；复调；美学观念；传统

高为杰钢琴小协奏曲《童年回忆》分析

作者： 赵　莹(2010 级硕士研究生)

导师： 高为杰

摘要： 为青少年创作的钢琴小协奏曲《童年回忆》，是高为杰受日本国际音乐公司委约，创作于 2002 年的一部钢琴与弦乐队作品，该作品还有一版双钢琴版本。正如很多作曲家将自己很有分量的作品奉献给青少年一样(舒曼，《童年情景》；巴托克，《献给孩子们》；德彪西，《儿童园地》；布里顿，《青少年管弦乐队指南》等)，高为杰教授也为青少年奉献了一部具有浓浓情意又清新流畅的作品。这部作品分为两个乐章，第一乐章为《乡愁》，第二乐章为《童趣》。这是部调性音乐作品，是作曲家在经过多年无调性音乐探索之后的一种回归，作为对调性音乐空间的探索和开发，在调性音乐的范畴中，寻找自由的调式、调性的变换。笔者通过对这部作品的技术分析，得到创作上的启示。

关键词： 调式；调性扩展；调性和声；五声性旋律

析交响组曲《中山颂》

作者： 姜芷若(2009 级硕士研究生)

导师： 施万春

摘要： 施万春先生是我国著名的作曲家，教育家，中国音乐学院教授、博士生导师。施万春先生多年来在教学和创作等领域里取得了显著的成就，他创作的音乐影响了几代人。交响组曲《中山颂》的主要素材取自影片《孙中山》的音乐，是施万春先生于 2011 年年初创作并整理完成的。音乐歌颂了孙中山先生伟大和光辉的一生。

本文是对交响组曲《中山颂》的全面分析，共分 3 章进行阐述。第一章是对施万春先生和交响组曲《中山颂》的简单介绍，使读者对作曲家的概况和乐曲的表现内容有所了解；第二章是对交响组曲《中山颂》的综合分析，主要从调式、和声、配器、旋律、复调等创作特征进行研究；第三章探讨了施万春先生在创作中对作曲技法的合理运用。

关键词： 施万春；人工调式；多调性；复合和弦；卡农式模仿

高平创作的弦乐四重奏《天光云景》的分析

作者： 李美佳(2009 级硕士研究生)

导师：高为杰

摘要：本文的研究对象是作曲家、钢琴家高平之弦乐四重奏《天光云景》(2006 年作)。这部作品是受新西兰弦乐四重奏团委约创作的，于 2007 年 1 月在新西兰亚当姆斯国际室内乐音乐节中首演，并出版，笔者根据八大山人的同名画作《天光云景》中的题画诗得来灵感而作。《天光云景》是八大山人的 10 幅画作中的第一幅，题画诗道："春山无近远，远意一为林。未少云飞处，何来人世心。"作曲家高平坦言这是自己"最中国化"的作品，主要体现在中国的韵味和精神上。

本文用 3 章的篇幅从以下几个角度分析了这首作品：①曲式结构；②织体语言；③音响效果。通过结合谱例对作品进行研究后，笔者发现，这是一首极为"中国化"的弦乐四重奏作品，主要体现在中国的韵味和精神上。作曲家高平在遵循弦乐四重奏的基本创作手法的前提下，突破传统，将中国绘画艺术上的空间感、影像艺术上的镜头感移植到音乐创作当中，独具匠心。

由于国内外目前触及高平音乐创作的研究较少，本文仍具有一定的提升空间。在研究过程中，笔者有幸对作曲家高平进行了直接采访，这对本文的研究具有和较大的帮助。

关键词：高平；弦乐四重奏；曲式结构；织体语言；音响效果

《别梦》中调式性元素的运用

作者：王　琪(2009 级硕士研究生)

导师：高为杰

摘要：《别梦》这部管弦乐作品是高为杰教授于 1991 年为中国传统乐器笛子与西洋管弦乐队而作。在这部作品中，作曲家运用了无调性的现代音乐创作手法，同时，将中国传统五声性调式元素以多样的方式镶嵌其中，把或明显、或隐藏的方式运用在作品的不同曲式结构部位中，构成了音乐作品的横向旋律与纵向和声，突出了个人风格与民族特色。

本文共分为 4 章，分别详细举例并分析了作品中不同曲式结构部分中调式性元素的运用。第一章分为两节，分别对作曲家高为杰教授的相关信息及作品的相关信息进行简述，使读者对于作曲家和《别梦》这部音乐作品有所了解。第二章划分了作品的曲式结构，为以后的分析提供先决条件。第三章对"调式性元素"及相关问题进行了说明。第四章分为 4 节，分别论述了调式性元素在作品的引子与叠部中和插部一、插部二及尾声中的运用方式。

关键词：高为杰；非调性音乐；调式性元素

莫五平室内乐作品《凡 Ⅰ》研究

作者：李希萌(2008 级硕士研究生)

导师：权吉浩

摘要：20 世纪 80 年代，中国音乐创作呈现出向西方"新音乐"学习的趋势。现代音乐作品创作在思维、技法及风格等方面,在继承传统的同时,大量使用近现代作曲技法,如序列、拼贴、复风格、现代记谱方式运用、发声的音响手段等。1978 年后,“新潮音乐”作为中国音乐界新时期音乐文化建设的两大思潮之一,在西方“新音乐”的影响下迅速崛起。中国作曲家在广泛尝试并吸收西方现代作曲技法的同时,结合传统民族调式,创作出大批表现我们民族历史与当代生活的作品。

在这样的大背景下,莫五平创作了极具特色的室内乐作品《凡Ⅰ——》(为人声及九件乐器而作),这部作品为荷兰新室内乐团约稿,完成于 1990 年 9 月,定稿于 1991 年 2 月的室内音乐作品。在创作中,莫五平运用现代音乐创作手法,对民族民间音乐素材进行引用、变化及创新,发掘中国传统音乐中潜在的能量,汲取民间音乐素材中最贴合自己创作思路的元素。作品中最具特色的是微复调手法、节奏模仿手法的运用及在音色上对民族乐器音色的模仿。本文从结构布局、音高组织方式、复调手法、织体、主题材料运用及音色组合方面,对作品进行全面的技术分析;从音高方面,以阿伦·福特(Allen Forte)的音级集合理论为主要分析手段。

关键词: 莫五平;室内乐;三十里铺;音级集合;卡农;微复调;音色

民族管弦乐《庆节令》分析

作者: 刘婷婷(2007 级硕士研究生)

导师: 权吉浩

摘要:《庆节令》是近年来频繁演出的民族管弦乐新作,尤其在香港中乐团专场音乐会中多次被选定为演出曲目,深受乐团与观众的喜爱并得到专家的认可。《庆节令》的诞生,为国内民族音乐创作领域注入一股新鲜的空气,可见这部作品具有一定的艺术价值。目前为止未见任何关于此作品的分析研究。本文在规划出作品的结构后,基于此结构对作品进行分析,运用采样的分析方法,截取作品中比较有特色的细节,从音高组织、乐队整体音色等写作手法方面进行分析,以说明作者的创作美学理念在作品中的体现。通过分析,将现下民族管弦乐创作提升至一个新的层面。本文对王宁教授创作的民族管弦乐作品《庆节令》进行了分析研究,着重于深度解析作品的结构、和声、配器等技术手段以及作者的创作美学理念。

关键词: 王宁;《庆节令》;民族管弦乐;分析

高为杰管弦乐作品《玄梦》研究

作者: 张晓倩(2007 级硕士研究生)

导师: 权吉浩

摘要: 高为杰老师是我国当代卓有成就的作曲家之一,他的 3 个创作技术体系——“音级集合配套”“十二音定位和弦”“非八度循环周期人工音阶”——具有创新性,并用此技法创作出大量的优秀音乐作品。他的音乐创作中,拥有新颖的甚至是他首创的音高体系与技法的同时，其音乐表现手法也具有明显的传承性，与传统音乐文化保持着一脉相承的关系。

其中“十二音定位和弦”创作技法在高为杰梦系列之《玄梦》中得到广泛的应用。本文共分为5章，以乐曲音乐形态分析为路径，分别从“十三音定位和弦”的历史背景、构成方式、在作品中的运用曲式结构、乐曲的节拍布局以及丰富的织体变化等方面对音乐作品的结构途径及组织方式进行研究。第一章对高为杰教授的艺术成就和成长历程进行介绍，使读者对作曲家的概况有所了解。第二章概述《玄梦》的基本信息。第三章详细阐述“十二音定位和弦”的历史背景、构成方式以及在作品中的应用。第四章从曲式结构的角度对作品进行剖析。第五章探讨作品中和声紧张度的调控。

关键词：“十二音定位和弦”；半音数音程；整数音值；转位；移位

布鲁克纳《第八交响曲》第Ⅰ乐章分析

作者：陈支那（2006级硕士研究生）

导师：罗忠镕

摘要：本文所要论及的是音乐史上浪漫主义晚期的奥地利作曲家安东·布鲁克纳(Anton Bruckner)《第八交响曲》第Ⅰ乐章的分析。

布鲁克纳一生创作了11部交响乐作品（其中包括未编号的NO.0和NO.00交响曲），除第九部交响曲未完成外，其他作品均为4个乐章。《第八交响曲》是“人类末日景象的启示”（布鲁克纳语），是“对一切的完整回答”（罗伯特·辛普森语）。

由于本文主要论及的是“作曲技法”，故没有像其他文章那样分析全部4个乐章，而只通过对第Ⅰ乐章的深入研究总结出布鲁克纳的创作特点。布鲁克纳的创作手法和音乐语言是具有创新意义的，用传统的理论体系去进行分析会有一定的局限性。勋伯格是受布鲁克纳大胆的和声运用影响的一位作曲家，他的和声体系放宽了对和声功能的要求，本文将主要使用勋伯格和声体系进行作品的和声分析。

本文分三大部分：第一部分概述作曲家的简要生平、创作技法的特点以及《第八交响曲》的简单介绍；第二部分主要是第Ⅰ乐章的具体分析；第三部分笔者首次结合勋伯格的理论体系分析布鲁克纳音乐创作的特点及其音乐的宗教意味，从而能使读者更深入地了解布鲁克纳的独特性。

关键词：布鲁克纳；《第八交响曲》；作曲技法；宗教意味；勋伯格体系

武满彻管弦乐作品 *Dream /Window* 创作理念及音乐分析

作者：江　雪（2006级硕士研究生）

导师：权吉浩

摘要：本文研究的是日本作曲家武满彻（1930—1996年）的管弦乐作品《梦窗》(*Dream/Window*，1985年）。这部作品是武满彻晚期音乐创作的代表作之一，能够较全面地体现作曲家在晚期音乐创作上的理念和技术特点。武满彻一生创作了300多部各种体裁的音乐作品。他的音乐创作历程和风格经历了3次大变化。这些变化紧随时代步伐、体现时代特征,突出了他作为日本人、作为东方作曲家特有的、区别于欧洲等其他地区作曲家的独特个性。武满彻是自第二次世界大战结束以来,备受瞩目并具有非凡成就的日本作曲家。

20世纪80年代至90年代是武满彻音乐创作的晚期。在经历了20世纪50年代至70年代中期创作时"凯奇冲击"的强烈影响和对日本本土文化的"重新发现和认识"之后,他晚期的音乐风格"回归"了。"回归"的音乐明显地反映出调性因素和"新浪漫主义"色彩,在音响上更趋于协和,在创作风格上更趋于"保守"。本文希望通过对《梦窗》的分析,了解武满彻音乐创作的理念和技法,并从中学习和借鉴。本文分为两个部分:第一部分阐述《梦窗》的创作背景;第二部分是创作技术分析,包括作品的结构、动机与核心音程、主题的发展规律、音高组织方式,以及笔者感受到的武满彻的"音乐流"。

关键词: 武满彻;《梦窗》;结构;主题;音高;音乐流;织体;节奏;音色

谭小麟艺术歌曲《彭浪矶》分析研究

作者: 熊　欣(2005级硕士研究生)

导师: 罗忠镕

摘要: 谭小麟(1912—1948年)是我国近代音乐史重要的作曲家、琵琶演奏家。除创作与演奏外,他在中西音乐理论方面也造诣极高。他的艺术歌曲和室内乐创作独树一帜,作品具有浓厚的民族气息和鲜明的个人风格。深入研究他的作品对于发展我国民族音乐创作意义深远。

从前对谭小麟的创作研究为数虽然不少,但大都属于概论性质,较少对作品各个层面做具体、细致的分析研究,特别是创作技术方面。本文对谭小麟的艺术歌曲《彭浪矶》进行全面分析。由于谭先生是作曲大师欣德米特在中国的直接传人,所以谭先生的创作当然会深受欣德米特的影响。欣德米特的作曲理论体系和方法虽然仍属调性音乐范畴,但比起传统的调性音乐来,却有了大大的扩充。谭先生的音乐基本上属于这样的音乐。他的创作虽然有许多他自己的想法,但基本上都是根据兴氏作曲理论体系的一些概念和方法来考虑的。因此,运用兴氏作曲理论体系的观念来分析当然最容易说明问题。该曲从旋律、两部骨架、和声起伏、调性布局等这些技术的处理上都极为精炼,堪称经典。更重要的是,谭先生并不是生搬硬套地运用兴氏作曲理论体系,而是富于创造性地将其与中国传统民族风格相结合,并具有现代特征。

关键词: 和声细胞;和声场;级进进行;和声起伏;调性布局;音级进行

画面的音乐——论作曲家约翰·威廉姆斯的音乐创作

作者: 张　巍(2005级硕士研究生)

导师： 杨　青

摘要： 约翰·威廉姆斯(John Williams)是当代具有影响力的作曲家，尤其是在电影音乐的创作方面引起世界广泛瞩目，他的电影音乐已成为美国电影音乐的标志，通俗易懂且具有较高的学术品位。国内对威廉姆斯音乐创作的分析和研究还不够深入，在他写作的电影音乐方面有一些文字上的评述，但是就创作和具体分析上来说其评述非常少。对于他的音乐会作品的研究更是比较缺乏，本文的目的在于希望能够填充这一空白。

本文通过对作曲家威廉姆斯的音乐创作进行分析研究，探寻作曲家的独特创作和理念，研究的方式是对作曲家的音乐会作品和电影音乐作品进行片段分析和概述，通过这些来对威廉姆斯的创作理念有所深入了解，并且对他的历史地位和贡献有所总结。

导言部分主要对威廉姆斯进行了简要的介绍，以及介绍了本文的研究的意义和目的。第一章分为两个部分，一是对威廉姆斯的音乐会作品按年代进行概述，二是挑选他的比较有代表性的作品进行深入片段分析，从而了解他在音乐会作品方面的创作手法。第二章对威廉姆斯的电影音乐片段按照类别进行分析，从而了解他在电影音乐创作方面的多元化，以及他的音乐与画面紧密结合的关系。在结语中对威廉姆斯和他的创作进行了评价和总结，以及介绍了笔者对威廉姆斯音乐创作上的认识。

关键词： 约翰·威廉姆斯；音乐会作品；电影音乐；多元化；画面

音乐的戏剧与戏剧的音乐——歌剧《原野》作曲分析

作者： 柳进军(2004级硕士研究生)

导师： 金　湘

摘要： 本文以金湘创作的歌剧《原野》为研究对象，对其进行专门的作曲分析，探讨并总结该剧音乐创作的特点，以期对中国歌剧的创作实践产生积极的现实意义。

本文包括绪论、正文6章及结论8个部分。绪论概括了《原野》的哲学基础及美学追求。第一章讨论了《原野》的结构布局，指出“原野”主题与“爱情”主题形成的音乐结构力，以及“中国东北民谣风格主题”的特点及其对结构的意义。第二章概括了《原野》的形象塑造。第三章揭示了《原野》的和声特点，以“非三度叠置”为主的和弦结构，以线性逻辑为主的声部进行，多调性、泛调性的调式调性处理方面的特点，微分音思维导致的和弦色彩装饰。第四章讨论了《原野》中的复调手法，重点揭示了歌剧中的“风格复调”。第五章是织体形态，分析了歌剧中的变节拍、节拍对位、相同节拍的速度对位、紧拉慢唱的散板、灵活多面的竹奏形态以及偶然音乐。第六章是配器特征，讨论了与人声结合时器乐的表现特点、器乐单独承担音乐戏剧功能时的表现特点、人声与乐队交织的表现特点。结论部分概括地总结了歌剧《原野》音乐创作的特色，并就它对歌剧创作的积极意义提出了笔者的见解。

关键词： 风格与技法；结构布局；形象塑造；和声特点；复调手法；织体形态；配器特征

“交溶”的经典——约翰·科里利亚诺《第一交响乐》浅析

作者：温展力(2004级硕士研究生)

导师：王　宁

摘要：美国当代作曲家约翰·科里利亚诺(John Corigliano)的《第一交响乐》又被人们称为“艾滋交响乐”，是作者通过交响乐的形式，对其生活中“由于艾滋病的传播而失去的许多朋友和同事”这一“重大事件”的记录与思索。据不完全统计，该作品自1990年首演以来，“迄今为止，被超过125个交响乐团演奏过，并被许多世界主要的交响乐团确定为保留曲目”。而约翰·科里利亚诺也凭借此曲“声名大噪，成为无人不晓的作曲家”。这部作品是20世纪末重要的交响乐作品之一，也是他标志性的管弦乐技巧“交溶(cross dissolve)”的代表作品。因此，对约翰·科里利亚诺《第一交响乐》的分析，不仅是对科里利亚诺作曲风格的学习与了解，也是对其标志性的管弦乐技巧“交溶”的窥探。

本文是对《第一交响乐》的分析。该作品作为约翰·科里利亚诺的代表作之一，既是20世纪末一部重要的交响乐作品，也是科里利亚诺使用其标志性的管弦乐手法“交溶”的代表作品之一。本文试图从5个环节对作品的诸多细节进行分析，试图说明科里利亚诺对“交溶”技巧的使用深入到了该作品的每一个细节。

关键词：约翰·科里利亚诺；《第一交响乐》；分析；“交溶”

斯蒂芬·莱奇《小提琴相位》音乐分析

作者：谢文辉(2004级硕士研究生)

导师：施万春

摘要：斯蒂芬·莱奇(Stephen Reich)是当今美国简约派音乐的重要代表人物之一，“相位移动(phase-shifting)”的创作手法是他在简约音乐旋律发展中的一个重要特征，即将一个简短的动机材料分配给两个或两个以上不同或相同的乐器演奏，通过保持动机原型的节奏或旋律特征，利用各声部不同音色的对比、进入时拍位的不同，在整首音乐的进行中构成多线条的复调对位声部，从音响上造成如同多声部轮唱或轮奏的卡农式回声效果。为了丰富“相位移动”手法的表现形式，莱奇还充分使用电子合成器，根据简洁短小的音乐材料制成重复不同音色或者不同织体片段的固定音型，或者通过录音设备制成磁带，再用“多声道反复竞奏(tape loops)”的手法产生固定音型。

本文以莱奇的早期代表作《小提琴相位》(*Violin Phase*，1967年)为例，通过具体分析“相位移动”发展手法在音乐中的表现方式、节拍组织和音高结构之间的关系以及作品的结构布局3个方面，体现出作曲家对该作品进行了充分的理性构思。笔者认为我们应该更深入地、更广泛地去分析并理解简约音乐的创作理念。

关键词：斯蒂芬·莱奇；简约音乐；相位移动

论歌剧《原野》的和声

作者：徐文正(2001级硕士研究生)
导师：金　湘

摘要：歌剧《原野》是作曲家金湘于20世纪80年代创作的一部大型作品，上演后引起了巨大的反响，被誉为“中国歌剧史上一部具有开创性的重要作品”(乔羽语)，是第一部走向世界的中国歌剧。作为其音乐重要组成部分之一的和声以其新颖的音响、强烈的表现力及浓厚的民族色彩为本剧的成功奠定了坚实的基础。具体说来，《原野》的和声主要由两个大的方面构成：一个是接近浪漫派的；另一个是现代派的。而后者在全剧中占有绝大部分的比例，也更能体现作曲家的创作精神。因此，本文主要对后者的运用做详尽的分析。

本文拟从3个方面对歌剧《原野》的和声语言进行较为详尽的分析和总结：①和声材料的构成及进行原则，从和弦构成、和声进行和持续音的应用这3个角度加以阐释；②和声对戏剧的结构作用，包括和声的色彩布局、和声对戏剧矛盾冲突的揭示、和声对高潮起落的作用、和声的形象性、和声的开放性及再现性5个部分；③《原野》的和声所体现的美学思想及其学术价值。

关键词：和声；和弦；色彩；结构；中华乐派

音乐在灵动中行走——莫五平弦乐四重奏《村祭》创作分析

作者：周　叙(2001级硕士研究生)
导师：杨　青

摘要：莫五平(1958—1993年)是一位英年早逝的中国作曲家，在他短暂的艺术生涯中，留下了若干弥足珍贵的作品。弦乐四重奏《村祭》是他大学四年级时创作的作品，这部作品使他在国际上崭露头角。

传统的继承与创新一直是当代作曲家们在创作中不断探索的主题，在创作中如何恰如其分地把握继承与创新的关系，对作曲家提出的要求很高。《村祭》在这一点上处理得相当出色。这部作品短小却凝练，共分4个乐章，最长的一个乐章不过56小节，最短的19小节。作者在每个乐章的个性上都做了不同的探索：第一乐章为山歌式旋律素材的写作；第二乐章为节奏张力的设计；第三乐章模仿了琵琶的拨奏与十二音技术的写作并且引用了古曲《夕阳箫鼓》的主题；第四乐章为4件弦乐器展开为8个声部以及民歌素材的引用等，全曲充分体现了莫五平灵动的思维方式和强盛的艺术创造力。

莫五平在学生期间就显现出活跃的思维，《村祭》这部作品即是将“异想天开的想法”完美“纳入可理解的形式”的一部成功之作。本文以研究作品的创作技法为基点，给予学理上的阐释。通过对《村祭》的分析，可让读者更加透彻地理解莫五平在这部作品中所流露出的独特音乐气质。

关键词： 莫五平；弦乐四重奏《村祭》；山歌式旋律素材；节奏张力；模仿琵琶的拨奏；十二音技术；《夕阳箫鼓》；8个声部

水墨音符——陈晓勇室内乐作品分析

作者： 毕思粤(2000级硕士研究生)

导师： 杨　青

摘要： 陈晓勇，1955年生于北京，幼年学习小提琴，1980—1985年就读于中央音乐学院作曲系，毕业后考入德国汉堡国际音乐学院，师从世界著名作曲家利盖蒂(Ligeti)。其作品曾多次参加世界性的音乐节并屡获国际奖项。美国音乐家Leonard Stein在柏林听完陈晓勇的作品演出之后，惊叹陈晓勇的音乐是“来自天堂的声音”。在欧洲，陈晓勇被称为“年轻一代作曲家中有影响的代表人物之一”。陈晓勇作为一名中国作曲家，在现代音乐的创作手法上独树一帜。其在材料的运用上，风格简约，创造出“言有尽而意无穷”的音乐空间；在多声手法的运用上，和声语言简洁清晰，对位手法自由灵活，纵向和声与横向线条相生相长；在音色上，通过不同的方式来改变音色，使音色有更广泛的扩展，音色变化更为细微；在结构设计上，材料统一和谐，风格散淡。他的创作方式和美学思想融入了深厚的中国传统文化。

本文主要以陈晓勇的几部室内乐作品〔*warp*：*for Chamber orchestra*(1994)、*Evapora*：*for Flute oboe*(*or Clarinet*)，*Piano*，*Violin*，*Cello*(1996)、*Diary_l*：*for Piano*(1996)、*Invisible Landscapes*：*for Cheng Percussion Piano and Ensemble*(1998)〕作为分析的对象，从陈晓勇的材料观、多声观、音色观及结构观4个方面入手，来研究其创作方式及美学追求。

关键词： 陈晓勇；音乐创作；音乐分析；艺术风格；美学追求

非八度循环周期人工音阶

作者： 卢　璐(1997级硕士研究生)

导师： 高为杰

摘要： 音阶(scale)是由不同音高按上行或下行顺序排列起来的一列音。它可以表明一种调式调性关系，或者是特殊的线性结构。一般说来音阶的长度为一个八度。

在多数人的观念中，无论是欧洲传统音乐，还是世界各民族、国家的音乐，几乎都是建立在某一种或几种音阶之上的，也就是说在一般人的观念中音阶只有有限的几种形式。但在现实生活中，世界上各民族的音阶是多种多样的，这些音阶是在漫长的岁月中反复被人们使用而逐渐被固定下来的。

非八度人工音阶作为一种新的音高体系的作曲技法，它可以为作曲家提供组织音高材料的非常自由而又广阔的天地。非八度人工音阶既可以与传统紧密结合，又可以独立提供非常新颖的音高组织形态。在传统大小调体系以及八度人工音阶中适用的各种技术，都可以运用到非八度人工音阶中来，并且能够推陈出新。如果将非八度人工音阶扩展到微分音领域，那将是一片更为广阔的天地。总之，非八度人工音阶这一课题的研究，与现代音乐的创作有直接的关系。限于笔者的学识和水平，只进行了初步的研究。但这一课题广阔的运用前景已经展现在我们的面前。相信在今后，更多的有识之士会涉足这一领域，不断丰富研究成果，为现代音乐的创作提供更加完善的技术理论参考。

关键词：非八度循环周期；人工音阶；音高组织形态；现代音乐创作

继承与创新——论肖斯塔科维奇的钢琴赋格曲

作者：禹永一（1993 级硕士研究生）

导师：施万春　孙云鹰

摘要：德米特里·肖斯塔科维奇（Dmitri Shostakovich，1906—1975 年）是当代著名的作曲家之一。他一生创作了大量不同体裁、不同题材、不同风格的作品，是一位多产的作曲家。他的艺术风貌异常独特，音乐语言和风格处处表现出独特的鲜明特征。肖斯塔科维奇在创作中非常擅长运用复调技术手法，而最能代表他复调手法的作品，应该说是他的《24 首前奏曲与赋格》。这套作品所揭示的形象与深刻的程度是他以前的作品里前所未有过的；无论是形式还是内容，这套作品都标志着他的创作步入了一个崭新的阶段，集中体现了他在技法上对传统的继承与创新。

本文从横向与纵向两个角度对这套作品进行研究。横向研究的切入点为调式与调性，包括：①同音列基础上的多种调式的结合；②民间调式与传统大小调的结合；③多调式与多调性的结合。纵向角度探讨的是和声与对位，包括：①较为自由的对位化和声；②使用线条化对位的方式来控制作品的紧张与松弛程度；③以三、六、五、八度音程为主，以二、七度音程为辅的音程使用习惯等。

肖斯塔科维奇的《24 首前奏曲与赋格》借鉴了许多 J. S. 巴赫的创作经验，同时在音乐语言上带有 20 世纪作曲家“激进”的一面。这套作品是传统、民族与创新三者完美的结合，三者精心的交融使这套作品成为他钢琴作品中的最高杰作，也是 20 世纪乃至音乐史上最重要的钢琴音乐文献之一。

关键词：肖斯塔科维奇；《24 首前奏曲与赋格》；复调技法；继承；创新

“复风格”音乐现象论——斯尼特凯《大协奏曲》分析

作者：阮申昆（1993 级硕士研究生）

导师：高为杰

摘要：“复风格”作为一种音乐创作手法和风格，由苏联作曲家斯尼特凯于 1971 年首次提出。其概念为：在音乐的创作中，往往采用不同时期、不同风格因素的综合，在历史的时间长廊中，从现代哲学及审美意识的角度，对其传统、时代和风格的深刻理解。

本文对西方音乐风格的历史演变进行了回顾与梳理,重点关注了整个西方音乐历程中的"渐变式"以及目前"突变"的复音乐风格。本文从形态特征及美学观念两个角度对"复风格"这一音乐现象进行了深入的研究与探讨,并以斯尼特凯的作品《大协奏曲》为例,通过对这部作品的深入分析,对"复风格"的创造性实践加以解释与验证。通过上述研究,笔者认为:"复风格"现象在音乐发展过程中无处不在,而斯尼特凯在20世纪70年代提出这一术语,是将在实践中已经存在或萌芽的现象加以归纳、总结和定义,使其成为一种明确、具体的观念。

关键词:"复风格";斯尼特凯;《大协奏曲》

音乐工学及计算机作曲专业

中国民族乐器采样音色低音音域拓展方法研究

作者：张翔宇(2012级硕士研究生)

导师：程伊兵

摘要：本文集实验、分析、创作、创造、探讨于一体，以实验设计的方式和逻辑展开。采用数字化采样变调的方式，将现有的几种中国民族乐器音色采样之低音音域加以拓展，通过客观声学分析和主观听觉评判，层层筛选，挑选出与本项研究最为相关的变调算法以及音色，即能够最大限度地保留原有乐器采样音色、频谱等特征，并且通过人的主观听辨，感知与该乐器原有音域音响实现自然过渡的变调算法和方法，并据此拓展各音色采样，探寻中国民族乐器特有的音色特征，保留对应的音色采样。在此之后，将这些音色制作成为数字采样音源，通过电子音乐的制作方式将其运用于作品之中，以探索音域拓展后的中国民族乐器音色在民族器乐合奏中是否具备一定的可行性，研究对比其在相关作品中，低音乐器在音响等方面运用的异同。

关键词：中国民族乐器采样；低音音域拓展；实验筛选；变调方法；主观评价；声学分析；作品中的应用

科学技术对音乐创作的“调制”——析计算机协奏曲《无极》

作者：邸大鹏(2004级硕士研究生)

导师：王　宁

摘要：电子音乐从诞生至今不过短短五十多年，它从早期的“具体音乐”一直发展到了今天的以电子科技为主要技术依托、融合了音乐文化和科学技术的现代电子音乐。相对于为传统媒质创作音乐作品来说，电子音乐的出现意味着作曲家又增加了一种新的思维方式和创作手段，从而吸引了大批优秀作曲家涉足电子音乐领域，创作出大量优秀的电子音乐作品。

计算机协奏曲《无极》是2001年中国作曲家王宁受法国GRAME国立音乐创作中心委约为2001年国际音乐节创作的一部作品。《无极》之所以能够成为一部成功的电子音乐作品，独特的创作手法是必不可少的。本文从作品所体现的文化内涵入手，对作品的结构、电子音乐技术手段、声场设计特性和作品审美进行了具体分析,从而我们能够了解作品的创作手法:①主题立足于中国传统文化,使用大量的具有中国传统文化内涵的具体声音材料做音乐素材;②利用主题意境结构、特色乐器使用结构和逻辑音响结构来结构作品;③通过先进的电子音乐技术平台,实现了交互式的音乐演奏形态;④运用多通道、多层次声场的声音表现形式;⑤继承、发展了中国传统音乐美学精神并丰富了中国当代音乐创作。

关键词: 电子音乐;文化内涵;音响结构;Max/MSP;实时;声场;审美

让古老的中国乐器步入时代的门坎
——利用现代高科技录制中国民乐的理论与实践

作者: 王　钰(1996 级硕士研究生)

导师: 李西安　李大康

摘要: 20 世纪 80 年代以来,中外文化交流越来越频繁,在为我们带来丰富的世界音乐信息的同时,也让我们面临着一个严峻的挑战,即如何把历史悠久的中国传统音乐和当代音乐介绍给世界。其中,录音技术及音乐制品无疑是当今最重要、最广泛的传播媒介之一。然而,长期以来我们的音乐制品还无法跟世界进行平等交流,由于对乐器性质和录音方式的研究起步较晚,中国民族乐器的录音在 20 世纪 80 年代初仍处于较低水平。最近十几年来,在一大批致力于发展中国民族音乐的音乐家和潜心钻研民族乐器录音的工程师的共同努力下,民族乐器的录音取得了突破性进展,积累了相当丰富的经验,目前正在缩短与国际的距离。因此,迫在眉睫的问题是从理论上对这些录音实践进行探讨和总结,让古老的中国乐器步入时代的门坎。这不仅可以满足中国听众的需求,而且将为民乐走向世界创造必要的条件。本文从这个问题入手,分两大部分进行论述。第一部分包括中国民乐录音制品的历史回顾、对代表性民族乐器独奏的基本录音模式的探讨和具体录音实例的比较研究,第二部分结合笔者进行的民族室内乐与电子音乐相结合的录音实验,具体验证现代高科技手段在民乐录音中的运用。

关键词: 录音技术;中国乐器;民乐;理论与实践

现代录音艺术对音乐的三度创作

作者: 金　岑(1995 级硕士研究生)

导师: 李西安 李大康

摘要: 录音艺术是研究声音的记录与重放的学科,它涉及室内声学、建筑声学、电声学、物理学、生理学、心理声学、美学及音乐艺术等多门学科,范围广泛。从早期原始机械地记录与重放,发展到现代的数码、激光、磁光盘录音,录音技术的进步日新月异,对音乐的录音不再是被动的记录与再现,而是录音导演利用各种高科技手段,将自己的审美观和创作意图融入音乐录音中。

本文分为上、下篇两大部分。上篇主要从理论上论述作曲家的写作是音乐的一度创作，演奏家、演唱家的表演是音乐的二度创作，而录音艺术对作品与演奏、演唱的再设计、再体现，是音乐的三度创作。录音艺术是一门新兴的交叉学科，它是音乐艺术与科技相结合的产物，随着社会和技术的进步，现代录音艺术在音乐的创作和传播中起到了越来越重要的作用。笔者将从历史、社会、科技和艺术的角度，谈一谈录音艺术的产生、发展，它为何是音乐的三度创作，又是如何进行三度创作的。下篇则结合笔者进行的民乐录音对比实验，具体验证现代录音艺术对音乐进行三度创作的各种可能性。

关键词：音乐创作；录音艺术；三度创作

在天使与魔鬼之间徘徊——关于电子音色与民族乐器相结合的研究与实验

作者：陈　倩(1994 级硕士研究生)

导师：李西安

摘要：千百年来，音乐充满了我们的丰富想象和无穷创造。西方的工业文明造就了钢琴、小提琴、木管、铜管，东方的悠久历史则孕育出埙、筝、琴、箫；从小型的室内乐，到大型的管弦乐队，“莫扎特们”和“贝多芬们”在多年的探索中几乎穷尽所有可能；从孔夫子“三月不知肉味”的韶乐、巴赫充满理性智慧的巴洛克音乐，到贝多芬充满激情的“命运”交响曲……人性，这一永恒的主题始终贯穿了音乐发展的历史长河。音乐，当它发展到这样一个在许多人看来近乎完美的境地时，难道真的已经几近极致了吗？20 世纪初，随着世界上第一台电子琴发出的单调、冷漠的怪异声音闯入音乐这片净土，那些已被动听乐音“宠坏”的人们又如何忍受如此怪诞、令人无法接受的“魔鬼诅咒”呢？数十年来，人们精心地调教这一出生时近乎丑陋的“婴儿”，为它注入人的感情、人的个性，同时，一再为它究竟是天使还是魔鬼而争论不休。时光荏苒，在 20 世纪之末，我们回首从前，电子音乐从它的诞生至今已有近百年的历史，如今，这逐渐成长的音乐品种是否已然成为天使，或者依然是人们心中的魔鬼？

本文通过电子音乐的发展、某些典型电子音乐作品的分析以及有关实验，探讨电子音色与常规乐器特别是民族乐器相结合的方法。

关键词：电子音乐；计算机音乐；电子音色；常规乐器音色；Csound

和声专业

里曼与新里曼

作者：杨家林(2010 级博士研究生)

导师：杨通八

摘要：本文包括两部分：上篇——里曼和声理论拾遗；下篇——新里曼转化理论研究。其中的核心议题包括两方面，首先是里曼的和声功能理论，其次是 20 世纪 80 年代末兴起于美国的新里曼转化理论。

本文的上篇试图通过对里曼和声理论的研究，向国内读者介绍里曼和声理论的真实面目，进而梳理出一条里曼和声功能理论发展的轨迹，力求让国内读者更加准确地了解里曼的和声功能理论。

上篇的主要内容有：研究了对里曼的和声功能理论形成具有重要意义的概念、观念；介绍了里曼早期对于和声学的科学基础所作的探索与研究以及和声二元论；研究了里曼在 1893 年正式提出“功能”概念之前的二元论和声理论；系统地介绍了这一时期里曼和声理论的概念以及标记符号，还有里曼旨在探索调性功能理论而进行的和弦关系研究；研究了 1893 年里曼正式提出的和声功能理论。

本文的下篇论述了新里曼转化理论在调性音乐和声分析以及无调性音乐音高结构组织分析方面的原理、作用；主要介绍了戴维德·卢因的转化理论，并结合艾伦·福特的音级集合理论介绍了两者在研究对象、方法上的不同。

下篇的主要内容有：介绍了 20 世纪 80 年代末美国的新里曼思潮对于里曼和声理论的挖掘、继承与发展，梳理了新里曼转化理论与里曼和声理论之间的关系；对于和声二元论观念的复兴与运用也有所涉及；介绍了新里曼转化理论将如何继承里曼的“转化观念”并将其与艾伦· 福特的音级集合观念相结合，运用于调性音乐音高材料的分析，包括音程与三和弦的转化；论述了这些转化观念与传统功能观念之间的异同点，对于转化理论在调性和声分析中的实用价值做了论述；介绍了卢因的转化理论在音级集合理论中的运用，总结了戴维德·卢因提出的音程函数与艾伦·福特的音级集合理论在研究对象、方法上的不同。

关键词：里曼；和声功能理论；和声二元论；里曼转化理论；广义音程空间；音程函数；嵌入函数；单映射函数

“神秘和弦”在斯克里亚宾晚期作品中的不同形态及认识方法

作者：刘　茜（2013 级硕士研究生）

导师：徐平力

摘要：本文借助作曲技术理论领域对斯克里亚宾晚期创作音高结构体系的众多研究成果，提出以“神秘和弦”音高关系体系为主体，八声音阶是“神秘和弦”音高材料上的扩充与补充，以及用拓展出的其他综合类型音阶材料进行分析的方法，来确认斯克里亚宾晚期作品中“神秘和弦”中心成分的性质与不同形态，并通过研究过程中所得出的经验，总结“神秘和弦”的实用认识方法，为斯克里亚宾晚期作品分析的音高确认提供一个捷径。

本文共分为 4 章：第一章详细阐述了斯克里亚宾晚期创作中所涉及的音高材料（“神秘和弦”、八声音阶和由不同音阶综合而成的“合成音阶”）与它们之间在作品实际运用中的相互关系。第二章按照“神秘和弦”形态的辨识度，将晚期每部作品中的“神秘和弦”分为常规类与非常规类，逐一进行分析论述，解析其形态的不同变化。第三章介绍笔者在分析“神秘和弦”过程中所总结的几种实用性认识方法，大致可分为两类：“神秘和弦”基础音的认证与特殊旋律形态的辅助认证。第四章总体论述“神秘和弦”音高关系的基本构成原理及其统一性，以全面理解斯克里亚宾的创作思路与技术手法。

关键词：斯克里亚宾；“神秘和弦”；八声音阶；形态；认识方法

伯恩斯坦《西城故事》的和声分析

作者：王　雪（2013 级硕士研究生）

导师：施万春

摘要：本文通过对音乐剧《西城故事》中的音高组织体系进行分析与研究，来说明伯恩斯坦是如何将众多的和声语言有机地统一在同一部作品当中的。

本文将《西城故事》中所用到的众多和声语言分为两大类型：一类是非严肃音乐和声语言；另一类是严肃音乐和声语言。非严肃音乐和声语言有流行和声语言和爵士和声语言，严肃音乐和声语言有传统和声语言和近现代和声语言。它们的运用与它们之间的相互渗透、相互融合都显示了伯恩斯坦和声语言的多样性与多元化。这些融合性的语言成为伯恩斯坦自己所特有的音乐语言。

本文细致地研究了《西城故事》中用到的众多调式音阶、调性、和弦以及音程关系，并且对大部分场景音乐进行一一阐述。本文通过对《西城故事》音高组织体系的分析与研究，体现了作曲家伯恩斯坦深厚的作曲功底和多元化的思维方式。他用严谨的创作态度、发散的和声思维构建了一部经久不衰的百老汇音乐剧《西城故事》。

关键词：伯恩斯坦；和声语言；多元化

和声功能理论初探及相关术语梳理

作者：邓　波(2009 级硕士研究生)

导师：杨通八

摘要：里曼在其《简明和声学》(或称《和弦功能学说》)著作中，从数学领域借鉴了“功能”(Function，Funktion)一词来表示和弦与调中心的关系。尽管当时的和声理论中功能概念的定义尚不十分明确，但是，我们仍然应当将功能的概念与那个时期理论家们的观念联系到一起，而追溯到拉莫。和声功能理论在里曼时期就产生过很大的影响，后来在欧洲、东亚甚至北美都得到较为广泛的传播。

功能和声理论在中国的影响是十分巨大的。但鉴于特殊的历史原因，中国学界对这一学说的了解多是通过俄国人的诠释和示范实现的。因此，我们不仅对功能理论以外的广阔天地知之甚少，即使是功能理论本身，对它的元理论、历史、现代发展等也都缺乏较为深入的研究，这对和声学科的发展建设非常不利。学术有其宗谱，带着追本溯源的研究态度，笔者尽自己所能在功能和声领域做了一次艰苦的学术之旅，试图将功能理论从拉莫、里曼、俄罗斯再到我国的发展流传过程，梳理出一条清晰的线索来。最后，本文还参考亨利·克隆彭豪厄的最新研究，对最近一二十年北美兴起的“新里曼理论”思潮做了简要的概括。

在研究过程中，笔者发现，就传统和声教学而言，我们熟知的斯波索宾等人的和声理论并不是功能和声理论的全部，而功能理论也不是传统和声学的全部，传统和声理论与实践的天地十分广阔。为了能跟上学科发展的世界步伐，传统和声教学也需要有一个立足于传统，在认识科学观念之上，在其教学内容、方法及训练标准方面均有所突破的发展更新，长期囿于一个教本、一种说法的局面应当结束了。

关键词：和声二元论；功能理论；音级理论；反功能；新里曼理论

乾之道——金湘交响曲《天》之音高关系解析

作者：贾海乐(2007 级硕士研究生)

导师：徐平力

摘要：金湘是我国著名作曲家、指挥家、音乐评论家，在他的音乐创作生涯中，创作了大量体裁广泛的声乐、器乐作品，获得了极高的艺术成就。金湘的作品体裁广泛、风格多样，从大型歌剧、交响乐、协奏曲、大合唱、各种室内乐直至影视音乐，共有近百部作品问世。他的作品以其鲜明的个性、强烈的当代审美意识以及东方优秀的美学传统与西方近现代作曲技法之多样结合，赢得了广大中西方观(听)众的赞赏。交响三部曲之一《天》是金湘交响乐作品中的代表作，此曲从 1993 年构思并完成第一乐章初稿起，直至 2008 年 8 月才最后完成全曲，这首乐曲较为集中地体现了作曲家的哲学思想、美学理念、技术功底以及技法构成。本文共分 4 章，第一章“作曲家生平与创作”主要介绍作曲家生平与创作理念。第二章“《天》

各乐章的结构特点”主要分析作品的曲式结构，特别是对第一乐章的凤点头结构作出详细的阐释。第三章“《天》各乐章特殊的主题发展手法”详细地分析了各乐章主题的不同发展与变形手法。第4章“《天》的和声分析”主要用一种全新的音程控制方法——音场坐标分析法——来分析各乐章的音高关系。

关键词：金湘；《天》；凤点头；音场坐标

沃尔夫冈·里姆早期钢琴作品的和声技法分析初探

作者：王彩霞(2007级硕士研究生)

导师：徐平力

摘要：20世纪下半叶德国作曲家沃尔夫冈·里姆(Wolfgang Rihm)被誉为当今世界最具代表性的4位作曲家之一。近年来，他的作品逐渐引起音乐理论研究者以及爱好者的关注。本文以沃尔夫冈·里姆早期钢琴作品的和声技法分析为研究方向，通过对其早期钢琴曲创作理念和技法等方面的探究，使人们对沃尔夫冈·里姆的认识由历史层面逐渐转化到具体的技术层面，实现立体化的了解。本文共分5个部分：绪论主要介绍本文选题的缘起以及笔者对所选课题的研究角度；本文的主体部分包括3章内容以及最后的结语，从各个角度阐述了沃尔夫冈·里姆作为20世纪后三分之一时期著名作曲家的创作特征。第一章主要介绍沃尔夫冈·里姆的生平以及创作风格特征，其中第一节主要从出生、学习经历、获奖经历、工作经历等方面向大家介绍里姆的基本情况；第二节则主要对里姆的创作风格及美学思想两方面进行简单介绍。第二章是对里姆的钢琴作品1～7号之中具有代表性的5首钢琴曲(第一、第二、第三、第六和第七)进行详细的结构分析。第三章对上述5首钢琴作品的音高材料、组织关系进行详细的分析，并由此总结出里姆在早期的创作中对和声的运用特征。最后的结语则是对里姆早期创作风格特征的总结，从历史角度对里姆的和声运用及美学思想进行大致的概括。

关键词：沃尔夫冈·里姆；和声技法；钢琴作品

源自民间音乐的创作新技法——音诗《纳西一奇》和声分析

作者：范　黎(2004级硕士研究生)

导师：樊祖荫

摘要：朱践耳是我国著名的作曲家，他创作了大量体裁广泛、风格各异的艺术作品，取得了极高的艺术成就。于20世纪80年代初创作的交响音诗《纳西一奇》，在他的创作转型期中占有十分重要的地位。本文将这部作品作为研究对象，重点通过对作品的整体布局、和声的结构、曲式结构、调式调性、民间音调在作品中的应用、主题动机与展开、复调配器手法等方面的综合分析来探究他和声写作技法上的特征和规律，试图从中分析出民间音调中存在的多种因素与现代技法相结合的特点，从而有助于读者更好地理解和把握作曲家在音乐创作上的总体思想。

本文共分4章:第一章 是创作背景概述,主要将纳西族的宗教音乐与民间音乐做简单的介绍;第二章是整体分析,主要将作品的曲式结构、调式调性布局、复调手法运用以及配器手法等做一个简单的概括性介绍;第三章是调式、调性分析,主要将纳西族蕴含的特有调式、特殊音律和各种"语调式旋律"在作品中具体应用的手法进行详细分析;第四章是和声分析,主要是从4个方面(即构成和弦的音调基础、和弦结构、和声在作品中的运用以及各乐章结尾部分的和声)做细致具体的分析。

关键词: 朱践耳;和声;《纳西一奇》;多调性;口弦;口弦式和弦

调性音乐和声变奏研究

作者: 杨家林(2004级硕士研究生)

导师: 杨通八

摘要: 本文试图在前人研究成果的基础上,通过研究历史文献、分析实际音乐作品,对和声变奏的发展情况加以梳理,对和声变奏的技巧做探索性的归纳,同时也介绍和声变奏在中国音乐创作中的运用情况。按照《新格罗夫音乐与音乐家辞典》对于和声的定义,和声不仅仅指多声部音乐的纵向结构,而且也包括横向的关系和声部进行问题。对那些纵向材料虽然没有改变,但横向的声部进行变化活跃的变奏亦不应忽视,声部、排列法的变化也同样会带来和声张力与色彩的变化。所以,本文的研究范畴不仅是材料变化意义上的变奏,同时也包含材料自身表现形式变化的变奏。和声变奏思维不仅表现在变奏曲中和声的变化处理上,还渗透在大量非变奏曲体裁的创作中,因此本文的研究范围还包括那些蕴含和声变奏思维的非变奏曲作品。

本文主要追溯了音乐创作中常用的、具有重要地位的和声变奏手法的历史渊源,以音乐作品为据,探讨不同风格的和声变奏技巧在和声实践与理论发展过程中的价值、地位,同时也涉及和声变奏在中国音乐作品中的应用及和声教学中变奏思维训练的一些问题。

关键词: 和声;和声变奏;变奏思维

穆索尔斯基艺术歌曲的和声创新

作者: 李昕艳(1999级硕士研究生)

导师: 杨通八

摘要: 19世纪中叶,俄罗斯涌现出了一批运用自己民族的音乐语言创造自己民族的音乐作品的作曲家,穆索尔斯基就是其中最具开拓精神和创新意识的一位作曲家。其作品具有强烈的民族性和现实性,深刻地表现了俄罗斯的艺术理想和人文精神;表现手法新颖别致,和声随意大胆,有许多超越古典和浪漫主义音乐传统的独特手法,被专家普遍认为是当时在和声方面堪称最新颖独特、最富革命性的作曲家之一。这位具有强烈创新意识的作曲家不仅在当时的音乐史上占有重要的地位，对近代作曲家——印象主义大师德彪西、斯特拉文斯基、肖斯塔科维奇和普罗科菲耶夫等人——的音乐创作产生了很大的影响，并预示了后来音乐发展的进程，被人们誉为“现代主义的先驱者”。

国内目前对穆索尔斯基的研究大都集中在《图画展览会》《荒山之夜》以及歌剧《鲍里斯·戈都诺夫》等几部大作品上，对他的艺术歌曲的介绍和研究尚不多见。笔者通过对穆氏艺术歌曲的研究，通过对其和声思维、和声手法方面的探讨，揭示出他的艺术歌曲在作曲技法、音乐史方面的价值，为我们更好地理解 20 世纪音乐创作提供参考。研究穆索尔斯基的和声，不仅对和声发展史的研究有意义，对俄罗斯音乐以及对他的深入了解有意义，而且对中国的和声民族风格的探索有一定的借鉴作用。

关键词：穆索尔斯基；艺术歌曲；和声

马思聪小提琴作品和声技法研究

作者：孙晓洁(1996 级硕士研究生)

导师：樊祖荫

摘要：马思聪先生是我国著名的小提琴演奏家、作曲家和音乐教育家，一生创作了各种体裁的大量音乐作品。其中，影响最大、流传最广、最富有代表性的当数他的小提琴作品，研究这些代表性作品可以窥见他的音乐风格全貌，故本文专以马思聪的小提琴作品为研究对象。

对于马思聪先生的生平、音乐创作和历史贡献已有许多人进行过研究。纵观已发表的研究文章，从作曲技术理论方面来看，在旋律构成、曲式结构与复调写作特色等方面都有过较系统的阐述，而在和声技法的研究方面，则仅限于苏夏的《论马思聪的音乐创作》和樊祖荫的《试论马思聪〈中国民歌新唱〉中的和声技法》两篇论文。

和声是音乐艺术整体的一个组成部分，也是音乐创作中最基本、最重要的技术手段。通过对于马思聪和声技法的研究，不仅可以进一步了解马思聪的音乐风格，而且对我国今后的音乐创作实践会产生积极的启示作用。本文共分 3 个部分，第一部分为马思聪的生平简介、音乐作品总体特征及和声写作特点；第二部分为马思聪作品和声技法的深入研究；第三部分为全文结语。本文的研究建立在对其和声现象进行细致分析的基础之上，并力图从中归纳出若干规律，以便为我国和声学的发展提供一份可资进一步研究的材料，并为作曲界提供一些可循的具体方法。

关键词：马思聪；小提琴作品；和声技法

杰苏阿尔多半音化和声风格探微

作者：刘　诚(1994 级硕士研究生)

导师：杨通八

摘要: 卡洛·杰苏阿尔多(Carlo Gesualdo)是16世纪意大利牧歌的重要作曲家。他的作品表现力丰富,个性鲜明,大量使用半音进行及远关系调性对置,新颖复杂的和声手法使杰苏阿尔多的牧歌创作独树一帜,得时代风气之先,成为文艺复兴后期音乐文化的杰出代表之一。

和声的半音化是杰苏阿尔多的首要创作特征。出于对半音化和声所产生的音响效果的偏爱,以及对其所蕴含的特殊色彩的追求,杰苏阿尔多将半音化和声的应用发展到了一个前所未有的高度。他的创作常因使用连续的半音和声而导致调性感觉模糊,故曾被人称为"早期三和弦范围的无调性音乐"。在调式和声向大小调和声逐步演化的过程中,在音乐向非自然半音领域的初期探索中,杰苏阿尔多以其迥异于同时代其他作曲家的半音应用手法确立了自己的风格。进入20世纪以来,随着由德彪西引发的对和声独立音响意义(即和声的色彩价值)的日益关注,以及巴托克等一批现代民族乐派作曲家所倡导的调式半音体系的逐步确立,作为先期探求者的杰苏阿尔多越来越为人瞩目。包括斯特拉文斯基在内的相当一批音乐家对于杰苏阿尔多的创作,特别是对他的半音化和声风格,给予了高度的评价。作为一种独特的艺术现象,杰苏阿尔多和他的半音化和声风格,在作曲技术发展史上的重要地位正在被日益揭示出来。本文拟通过对杰苏阿尔多半音化和声的技法分析,探求其规律性,把握他和声风格的历史定位,以期从中吸取有益的启示。

关键词: 杰苏阿尔多;半音化;和声风格

和声作用的相对性

作者: 杨静茂

导师: 黎英海

摘要: 多声部音乐是由节奏、旋律、和声等要素组成的综合整体,其运动规律由音乐的特殊性及一系列美学原则所决定。组成这一整体的诸要素都有其各自的规律,并对整体起着重要作用,它们的变化、重复是整体运动的具体体现。在运动的整体中,诸要素间形成了一种相互配合、相互制约的关系。它们时而表现为同时起某种作用,时而表现为一种或数种要素起主要作用;但是,具体在什么情况下起什么作用,则由整体规律决定。作为多声部音乐构成要素及重要变现手段之一的和声,也有其自身规律,也存在于这种相对关系中,也要受到整体及其他要素的制约。例如,和声中"属"到"主"的进行,当它被用在终止中,可以起到终止作用;但并不说明和声自身要求终止,也不说明唯独和声才能起到终止作用;而恰恰说明整体要求终止,和声是对整体的服从,和声仅是整体中的一部分。

在具体作品中,和声的作用通过和声进行来发掘,它作为整体中的部分,具有明确、具体的目的。和声进行由按一定顺序排列的和弦组成,同一和弦在不同排列中会获得不同意义,排列顺序的改变又会使和声进行的意义不同。从音乐的发展来看,不同的和声风格、和声语言,反映出人们和声观念的不同,这决定了人们在多声部音乐创作中,如何运用和声。

这说明和声本身具有相对性,和声在整体中的作用也是相对的。为了清楚起见,本文着重从和声的表现作用和结构作用两方面论述和声作用的相对性。

关键词: 多声部音乐;和声;和声作用;相对性

复调专业

对位变奏思维及模式研究

作者：徐　婧(2012级博士研究生)

导师：张韵璇

摘要：对位变奏(countrapuntal variations)是对位技法和变奏技法交叉形成的一种创作手段，它在不同时期、不同风格的音乐创作中均有广泛的应用价值。本文从对位变奏思维的角度动态地研究对位变奏的运行，解读作曲家的创作意图，明晰作曲家的逻辑思索，揭示对位变奏的技法真谛。

本文分为上下两篇。上篇"理论探索"根据思维的4种基本属性(内隐性、依附性、指向性、规律性)及思维模式的3种类型(求异式、求同式、复合式)，结合音乐创作思维必须以音乐材料为中介，而音乐材料又必然关联诸多表现要素综合运用等特殊性问题，对对位变奏的概念、对位变奏思维的特征进行了界定和探究。本文在尽量贴近作曲家创作构思过程去感悟对位变奏思维自身特点的同时，通过对诸多音乐文献的分析和考证，最终提炼出对位变奏思维的5种基本模式，即"增减式""更替式""置换式""间插式""复合式"。这5种模式既是作曲家在进行对位变奏音乐构思和写作中的技术支撑，也是分析这种音乐的理论工具。下篇"案例分析"以两部20世纪不同体裁、不同演奏载体的作品(肖斯塔科维奇钢琴曲集《24首前奏曲与赋格》之第24首《D小调赋格》和欣德米特交响曲《世界和谐》之第三乐章"天体音乐")作为案例，从解读作曲家创作立意出发，根据乐曲整体或阶段性结构的要求，结合音乐的多种表现要素并关注所有的变奏因素，考量各变奏单元的结构功能和技术特征，以获得对作曲家创意做出尽可能符合实际的解读。分析结果表明，作曲家在各自的音乐中，他们可以创造新的风格、探索新的形式，甚至建立新的技术规范，而通过历史风化后的思维模式将潜移默化地影响着他们的创作意识。

关键词：对位；变奏；对位变奏；思维；思维模式

传统对位技法在当代作品的新形态——以德尼·柯恩作品 *Jeux* 为例

作者：唐碧聪(2013级硕士研究生)

导师：刘　青

摘要： 20世纪是复调音乐的复兴时期，同时20世纪也是所有作曲新观念、新技术集中爆发的时期，这一新一旧在同一个时期交融碰撞，必然会产生诸多值得研究的现象。作为20世纪中期新兴的音乐形态，电子音乐从音响特征到组织方式，都与传统音乐有着明显的区别。20世纪的作曲家在这一领域开拓创新并留下了一大批优秀的成果。其中，有一部分电子音乐作品采用电子音乐与传统乐器相结合的形式。

本文以法国作曲家德尼·柯恩1989年为电子音乐与钢琴创作的作品*Jeux*作为切入点，通过分析说明电子媒介与传统媒介(传统乐器)的结合所带来的先锋音乐特征，揭示其深层的传统创作思维，思考传统对位技法如何与现代作曲技法巧妙结合。本文通过细致地梳理电子音乐与钢琴音乐的对位关系，以及钢琴部分本身的对位技法，尝试展现传统复调思维与技法在当代先锋音乐中新的表现方式，以及传统复调思维与技法在其中所起到的深层控制作用。

沿着传统的道路，并在此基础上不断演变创新，这是历史上很多作曲家成功的经验。笔者希望通过本文为后来者抛砖引玉，使中国作曲家在此理念下走出独特的中国当代新音乐风格。

关键词： 复调思维；对位技法；电子音乐；传统/现代

潘德列茨基《第五交响曲》对位技法研究

作者： 王晶(2009级硕士研究生)

导师： 张韵璇

摘要： 波兰当代著名作曲家、指挥家克里斯托弗·潘德列茨基(Krzysztof Penderecki)是20世纪最具影响力、创作力的音乐家之一。他所创造的新音响对西方先锋音乐潮流产生了革命性影响。然而，从20世纪70年代中期开始，潘德列茨基一改地道十足的“先锋派”风格，而转向了“新浪漫主义”风格，这个转变轰动了整个音乐界。他于1991—1992年创作的《第五交响曲》就是风格转型后较为成熟的一部代表作。

本文共分5章：第一章是20世纪音乐创作的“回归”浪潮；第二章是贯穿全曲的核心乐思；第三章是核心乐思在全曲对位结构中的运用；第四章是传统与现代完美结合的赋格段；第五章是富有空间立体感、结构支撑力的帕萨卡利亚。

本文在对20世纪两次回归浪潮的产生、发展作了简要综述以及对潘德列茨基在第二次回归浪潮中的影响和地位作了总结归纳之后，试图通过对《第五交响曲》中独具特色的核心乐思的详尽分析，以及对传统对位技法、对位曲体如何与现代作曲技法巧妙结合的深入研究，充分展示潘德列茨基线性思维的独特魅力、超强的艺术想象力、极高的音乐天赋和良好的结构平衡能力。笔者认为，对潘氏《第五交响曲》对位思维、技法的研究以及对新的技术理念的总结，定会对我国今后的音乐创作实践、音乐理论分析提供有益的参考。

关键词： 潘德列茨基；《第五交响曲》；对位；赋格段；帕萨卡利亚

衔接传统、演绎个性——鲍元恺两部交响乐的对位思维及技法研究

作者：徐　婧（2009 级硕士研究生）
导师：张韵璇

摘要：本文主要以作曲家鲍元恺的《第一交响曲——纪念》和《第三交响曲——京剧》中对位思维及技法的运用特征为立足点，从分析具体的对位技法和复调曲体入手，力图探究出作曲家在运用对位思维从局部到整体的轨迹中，如何使对位技法个性化和创新化，并还原作曲家的创作意图。

本文由绪论、正文、结语与参考文献几部分内容组成。其中正文的第一章、第二章、第三章为论述的重点：第一章对作品整体的多线条思维进行提炼，显示出作曲家从微观技法到宏观布局的控制力；第二章和第三章分别对两部作品中的帕萨卡利亚和赋格段予以分析，展现作曲家对这两个传统复调曲体的个性化演绎。作曲家在这两部作品中，以严谨的构思、纯熟的作曲技法和细腻的音乐情感，将东西方两种不同的音乐元素恰当地糅合为一体，使其彻头彻尾地从“血肉”到灵魂，都弥漫着浓郁的中华气息。

关键词：鲍元恺；交响乐；对位技法；帕萨卡利亚；赋格段；中国传统音乐元素

王宁两首“复风格”作品对位技法研究

作者：何佳玲（2008 级硕士研究生）
导师：张韵璇

摘要：本文主要以著名作曲家、中国音乐学院作曲系教授王宁创作的两部“复风格”作品——弦乐四重奏《风格对话》和室内乐《异化——人类与它们自己 世纪末的祷歌——献给1999》——中的对位技法为切入点，深入研究王宁音乐创作中的对位思维和技法特征，并试图在技法研究的基础上提炼出他的创作思想、风格特征和美学追求。笔者亦希望研究成果能够对广大音乐创作者在如何继承和发扬中国传统音乐方面有所启迪。王宁教授曾说，他在创作中是非常注重复调思维和对位技法运用的。笔者在听过他大部分作品后觉得这种复调思维和技术全方位体现在他的交响乐、室内乐、歌剧以及民族管弦乐、大合唱等创作中。

本文包括以下 4 个部分：绪论；第一章是弦乐四重奏《风格对话》解析；第二章是室内乐《异化——人类与它们自己 世纪末的祷歌——献给 1999》解析；第三章是王宁音乐创作中的复风格及其技法特征。其中第一章、第二章是本文的重点。通过对王宁两首作品的深入剖析，我们不仅对对位技法在当代的运用形式有了更广泛的了解，而且对音乐表现社会、反映现实、关注人类命运的功能有了更加深刻的认识。

关键词：王宁；“复风格”；对位技法；变奏原则；现实主义

从两首20世纪非传统多重赋格曲看赋格的变异

作者: 周　强(2005级硕士研究生)

导师: 张韵璇

摘要: 赋格作为最高级的传统复调音乐体裁,它的形成和发展曾不同程度地反映了西方多声部音乐发展的进程和轨迹。本文以西方传统赋格创作特点为参照和坐标,选取了两位当代波兰作曲家创作于20世纪70年代的两首非传统观念的多重赋格作为本文的研究对象。

本文共分为3章。第一章是赋格主题的变异。笔者以传统赋格主题特点作为基本坐标,对20世纪赋格主题的基本特点进行了简明扼要的阐述。与此同时,第一章对这两首赋格主题的新型构成技巧以及其变异性和表现功能特点进行了相应的论述和分析。第二章是赋格其他结构成分的变异。本文选取了"答题""对题""间插段"以及"密接合应"作为论述"赋格其他结构成分变异"的对象。通过这些结构成分的剖析去论述这些结构成分怎样以变异后的形态和转义后的功能履行赋格曲的格律性和程式化特点。第三章是"调性"结构手段的变异。第三章从全曲宏观音高关系体的布局发展为出发点,通过分析两首赋格个性化的核心和音材料组织,去论述两位作曲家以个性的"新型调性"的结构力取代传统赋格所依附的传统大小调功能和声体系的结构力,并以传统赋格特征为准绳,从理论上升华文章赋格形式的论证性、思辨性以及乐思发展多维性的精神实质。

关键词: 赋格;结构成分;结构手段;变异;表现功能

马克思·雷格尔对位风格初探——半音化和声架构上的线性写作技巧

作者: 刘　青(1998级硕士研究生)

导师: 张韵璇

摘要: 19世纪末的欧洲乐坛被瓦格纳、勃拉姆斯、马勒、R. 斯特劳斯等重量级的作曲家点缀得分外夺目。在这些耀眼的光环之下,德国作曲家马克思·雷格尔依然凭借着他的独特个性引起了我们的特别关注。复调体裁的作品超过他全部作品的三分之一,这在任何一位其他晚期浪漫派作曲家的作品目录中都是见不到的。这种现象说明了雷格尔在对位方面的偏好及其浓郁的"复古情结"。然而,当我们翻开他的作品时,会惊讶地发现谱面上堆砌的繁多音符、缜密的层次、厚重的和弦以及随处可见的变化音记号与半音进行,这俨然是典型的晚期浪漫派音乐语言。从听觉来说,扑朔迷离的调性、暧昧的半音进行、繁杂的声部则更是当时的新潮音乐典范。这一切又使他成为走在时代前沿不断开拓创新的弄潮儿。这一新一旧两者结合出的独特产物在当时可谓独树一帜。有人说他是“巴赫第一”或“勃拉姆斯的精神后裔”,也有人说他是瓦格纳的继承人,更有人称他为十二音音乐的先驱。

笔者以雷格尔作品中的对位手法为研究对象,深入探讨其在半音化和声架构上的线性写作技巧,试图从中总结他的音乐形式、创作风格以及多声技法。

关键词：马克思·雷格尔;复调音乐;晚期浪漫;对位风格;半音化和声;线性写作技巧

音乐作品分析专业

吉雅·坎切利交响曲研究

作者：边　中(2010级博士研究生)

导师：高佳佳

摘要：吉雅·坎切利(Giya Kancheli)是成长并成熟于苏联格鲁吉亚联邦的作曲家。20世纪70年代在西方世界崭露头角。至今，其作品在国际舞台上常演不衰。他的作品既有西方传统音乐的美学与作曲技法基础，又表现出对新的美学、技法、音乐语言的探索，并且无形中受到格鲁吉亚传统民间音乐的影响。坎切利最初以电影与舞台表演创作音乐开始职业生涯。其影视音乐及舞台音乐作品受到多方面的关注与鼓励。其后，其创作了7部交响曲与若干大型管弦乐作品。20世纪90年代后期，其又开始向室内乐创作倾斜。

本文将研究视角锁定于吉雅·坎切利创作于20世纪70年代初至80年代中期的5部交响曲(第三至第七交响曲)，试图通过对作曲家的美学思想、创作技法等方面的观察分析，对他的交响曲创作进行研究，并讨论吉雅·坎切利的创作特点。本文主要分为4章。

第一章专论吉雅·坎切利交响曲的主题材料构成、陈述结构与材料的展开方式，讨论并陈述结构概念与内涵的变化，对坎切利交响曲主题的特殊组织形式及呈现主题材料的特殊陈述结构进行了剖析。

第二章从音高组织关系方面讨论了吉雅·坎切利常用的调式语言与阐明调性的手法。这是坎切利交响曲整体结构上调性布局及音高组织框架的基础。

第三章主要讨论了坎切利交响曲整体结构上存在的结构原则、次级结构构成的方式，以及结构划分中多种音乐参数所起的作用。

第四章从整体上分析了第三至第七交响曲的曲式结构，并列出了5首交响曲曲式结构的图表；通过对作品整体结构的分析讨论了坎切利交响曲结构上的循环性特征及奏鸣曲式结构某些方面的体现。

关键词：吉雅·坎切利；交响曲；研究

20世纪上半叶的奏鸣曲式研究

作者：张忠平(2009级博士研究生)

导师：张筠青

摘要：在横跨20世纪上半叶的五十年间，作为西方音乐曲式结构之精髓——奏鸣曲式——发生了颠覆性的变化。我们在对这些音乐巨著"惊呼"的同时，也不免会产生疑问：在调性解体之后，奏鸣曲式中新的"调性"布局如何构建；主题中的民族元素如何植入与融合；第二次世界大战、社会经济危机对曲式如何影响以及新古典主义、新民族主义、社会主义、现实主义如何影响曲式风格的缔造等。上述现代奏鸣曲式领域的诸多未解之题，给予笔者探索和解决问题的广阔研究空间。

正是基于浓厚的兴趣和探求的目的，笔者着手进行本文的研究。本文以20世纪上半叶的奏鸣曲式为研究对象，通过对一系列具有代表性的奏鸣曲式作品进行系统的分析与论述，以展示奏鸣曲式在新的历史阶段所体现出的形态特征，并且通过对发生在奏鸣曲式主题与结构等方面的变异现象进行分析和解读以及对其文化与美学层面的诠释，从而最终形成对现代奏鸣曲式的更为精深、全息式的理解。

本文共分5章，第一章以时间与风格流派为线索，梳理20世纪上半叶奏鸣曲式创作概貌与时代背景。第二章至第四章隶属技术领域的分析，针对奏鸣曲式的主题、调性和声、结构进行系统研究。第五章为奏鸣曲式作品的个案分析。在结语部分，笔者针对20世纪奏鸣曲式的风格与审美特性做出概括性的归纳和总结，并提出了自己的观点。

本文通过上述各章对20世纪上半叶奏鸣曲式的创作技法进行了深入的探索，以期能为音乐分析学的研究展现新的视角和提供理论数据支持，同时笔者也希望对于本文的研究，能够有更多的学者对此给予关注并深入地研讨，进而为本文的后续研究提出宝贵的建议和拓宽思路。

关键词：奏鸣曲式；20世纪；结构；主题；变异；无调性；音乐内涵

西洋艺术歌曲曲式结构研究

作者：左　佳（2008级博士研究生）

导师：高为杰

摘要：艺术歌曲作为声乐艺术的重要体裁之一，是作曲家将诗歌、人声、琴声三位一体化构思的产物。其产生、发展和创作的文学性、融合性、互动性、专业性、艺术性，以及纵横交错的立体音乐构思，使得这一体裁独具品格。在艺术歌曲中，由于诗词的介入，形成了词、曲、乐三方面的融合。诗歌艺术与声乐艺术表达方式的不同、声乐与器乐陈述方式与表现手法的不同，都必将产生出千变万化的曲式结构形态。声乐曲的音乐陈述方式与器乐曲有相同之处，也有不同之处。歌曲曲式与器乐曲式虽在音乐结构的基本思维原则上有很多共同点，但其结构形态往往有自身的特点，有其一定的特殊性。同样的曲式、程式在声乐曲和器乐曲里，表现出来的样式可能是不一样的。

本文以艺术歌曲这一声乐体裁为出发点，参考前辈们对于音乐作品曲式结构的论述，站在技术分析的立场，使用音乐学分析的方法，对18世纪末到20世纪初西洋艺术歌曲的曲式结构特征，进行较为全面、客观、系统的分析与研究。本文首先从艺术歌曲体裁的界定、特点及风格类型入手，对世界各国艺术歌曲以及声乐套曲的特点作了详细描述；然后对艺术歌曲中诗词与音乐、声乐与器乐的关系进行了深入的探讨，并对影响歌曲整体结构的各种因素进行了综合分析；在此基础上，对一些常见的艺术歌曲曲式结构形态及其在音乐历史时期的演化过程，进行了梳理、论述与分类；最后从不同国家、不同作曲家、不同题材类型、不同时期、不同风格、不同曲式结构的艺术歌曲中选取了8首具有代表性的作品，进行了详细的分析与解读。本文力图通过这些个案范例的分析、研究与论述，能引起音乐学术界对艺术歌曲研究和创作的兴趣与关注，为艺术歌曲的表演提供一些理论支持，同时能催生新的思路与新的启发，为艺术歌曲在中国的再度繁荣和发展做出贡献。

关键词： 艺术歌曲；体裁；诗歌；声乐；器乐；曲式；结构；作品分析

中国传统音乐的音高元素在现代音乐创作中的继承与创新

作者： 赵冬梅(2007级博士研究生)

导师： 李西安

摘要： 本文从中国现代音乐创作与中国传统音乐的诸多元素中选择“音高元素”为切入点，从作曲技术理论的角度，对近三十年来中国现代音乐创作在这方面的探索及成功的经验进行归纳总结。本文着重从构成音乐的最小细胞——单个音、横向线条中的传统旋律及其构成要素和纵向多声织体3个方面——对中国传统音乐的音高元素在现代音乐创作中的继承与创新进行研究。

纵向多声写法是专业音乐创作中重要的作曲技术，由于中国音乐在20世纪初期与西方音乐的第一次交汇之前没有真正进入复音体制，也没有深入研究民间音乐中的多声现象。因此，在吸收外来现代音乐观念和作曲技术的同时，怎样才能使它与中国固有的传统音高元素在纵向写法上相互适应并有机融合，就成为必须要解决的全新问题。中国现代作曲家一方面从中国传统音乐中重新发现了民间多声，另一方面在延续对西方古典作曲技术的本土化改造的同时，从西方现代作曲技术中寻找与中国音乐风格相适应的多声语言，使以往仅限于借鉴西方古典大小调体系和声时难以协调的音乐纵横关系问题产生了质的飞跃。

本文从作曲技术理论的角度深入探求中国传统音乐的音高元素与现代音乐观念和作曲技术之间的内在联系及其相互结合的多种可能性，不仅对于中国传统音乐的音高元素在传统音乐中的具体表现进行梳理和归纳，还特别对其在现代音乐创作中被重新发现和在作品中的表现意义进行了重点剖析。本文涉及的作品来自老、中、青几代中国作曲家，所选作品的时间跨度基本涵盖了中国现代音乐创作的不同时期。

关键词： 中国现代音乐；中国传统元素；单个音；传统旋律；纵向多声

肖邦和希曼诺夫斯基玛祖卡创作的比较与研究

作者： 苏　倩(2011级硕士研究生)

导师： 高为杰

摘要： 作为波兰音乐史上两位著名的作曲家，肖邦和希曼诺夫斯基在对波兰民间音乐玛祖卡的创作上具有令世人瞩目的成就。玛祖卡这一音乐创作体裁，在两位作曲家的音乐创作中占有重要地位和意义。本文从玛祖卡的起源与分类、节奏特点、旋律特点、和声思维、音乐织体和曲式结构等几个方面对两位作曲家的玛祖卡创作进行了全面的分析，通过对两位作曲家的创作技法和特点进行比较与研究，希望能从中学习到两位作曲家对民族民间音乐的传承和发展及再创造等创作技法，为民族音乐的创作和发展带来一定的促进。

关键词： 玛祖卡；节奏和旋律；和声思维；音乐织体；曲式结构

扎根民间，融技于情——王西麟两部交响组曲的创作研究

作者： 朱婧燕（2011 级硕士研究生）

导师： 高佳佳

摘要： 中国当代作曲家王西麟的作品以丰富的人文背景和深刻的思想内涵而著称。本文以他的两部交响组曲《云南音诗》《太谷秧歌》为研究对象，分别从民间音乐语言的运用、音高、配器和结构等方面进行分析，力求展现作曲家在这两部作品中所表现的技法特征，并通过研究看清作曲家在创作的前期和后期、在风俗性体裁的音乐里，对于创作和美学观念上的延伸、变化与发展。

本文由 4 章构成。第一章研究这两部交响组曲中所体现的民间音乐元素，主要从调式与音调两个方面入手，并将原型曲调与创作中的主题采取比较的方式，来探究作曲家如何汲取原有的曲调特征来进行横向的旋律创作。第二章研究作品中的纵向音高材料，主要以三度叠置、四五度叠置和其他方式叠置的纵向音高结构为研究主体，从中来展现出作曲家在这两部作品中对于音高材料使用上的共同性和差异性。第三章研究作品中的管弦乐配器手法，主要从音色使用特点和织体中的配器手法两个方面进行分析，来展现两部作品中的主要配器特色。第四章研究作品中的结构布局，主要通过组曲的体裁特点、两部作品的整体结构及其曲式原则的使用特点三大方面的分析，来探索作曲家如何将音乐的内容承载于音乐的结构之中，并以此来完成符合他的情感体现。

关键词： 王西麟；交响组曲；创作研究

肖邦玛祖卡舞曲研究

作者： 倪　胜（2009 级硕士研究生）

导师： 谢嘉幸

摘要： 本文主要从音乐结构、和声与音乐织体写作特征 3 个方面分析肖邦玛祖卡舞曲的全部作品。玛祖卡舞曲中采用的音乐陈述结构包括乐段、复乐段、双乐段等形式。舞曲体裁中，音乐陈述结构之间以及它们内部在音乐材料的方整性与结构的对称性方面是比较严格的。作品中绝大部分的乐句都是 4 个小节的规模，乐段一般都包括两个乐句。

在和声分析这一部分,本文从离调半音体系、调式交替的半音体系以及变和弦的半音体系等几个方面研究肖邦的半音化和声手法,并且总结肖邦常用的和声技法。肖邦的玛祖卡舞曲在和声上除了具有所处时代的风格特征以外,由于这种体裁的音乐源于波兰民间舞曲,它还蕴含许多民间音乐元素,比如在大小调式和声应用的框架下,交替运用民间调式,这可以说是肖邦这种体裁音乐最具特色的和声现象之一。

舞曲体裁的音乐节奏感一般很清晰,在肖邦的玛祖卡舞曲中,立柱式和弦伴奏音型作为基础音型普遍使用。在旋律与立柱式和弦伴奏音型相结合的音乐织体基础上,还发展出各种相关的织体形式,有时主调音乐织体中渗透着对位化的思维等。受民间舞曲的影响,肖邦玛祖卡舞曲的很多音乐段落在力度上加强了弱拍,使得它们的重拍分布显得很自由多变,这也是舞曲体裁音乐极具特色的方面。

关键词: 玛祖卡;曲式;音乐陈述结构;半音化;民间调式;卡农式模进

八板元素在当代音乐作品中的应用

作者: 卞婧婧(2008 级硕士研究生)

导师: 高佳佳

摘要: 本文的研究内容是“八板”运用于当代音乐作品中的作曲技法问题,解析蕴含于作品中的“八板”元素的结构形态以及具体呈现方式和处理手法,揭示八板元素在作品当中的结构意义。作品的研究将涉及从微观到宏观、从局部到整体、从创作技法到创作思维以及八板诸元素在当代作品中“显性”与“隐性”的体现方式。同时,本文对当代作曲家创作技法、创作风格及创作思维进行深入的剖析,以便达到传统民间元素与现代创作技法、传统音乐创作思维与现代音乐创作思维融合的探求。

本文正文分为两大部分:第一部分(第一章)主要阐述了八板的含义,分析了八板的原型以及其流传过程中所形成的典型的编创手法,并且对八板的审美进行了简要的解读;第二部分(第二章至第四章)对当代作品中的八板元素的呈现方式进行归类,从音高组织、节奏组织、变奏思维 3 个方面入手,以八板诸元素在原型当中的体现方式为参照,深入分析当代作品中八板元素的运用手段以及八板元素对当代作品的结构作用,来揭示当代作曲家对八板元素的继承与创造和蕴含于其中的个人风格。本文的研究力图以对分析对象的细致观察和对作曲家创作技法的深入分析,揭示文中所涉及作曲家乃至所有当代作曲家对民间元素的继承方式,以实现对“中西合璧”音乐语言之探索。

关键词: 八板;音高组织;节奏组织;变奏思维;风格特征

多元的风格、整体的统一——库萨柯夫《第五自由低音手风琴奏鸣曲》创作技法探析

作者: 李　旋(2007 级硕士研究生)

导师: 高佳佳

摘要：《第五自由低音手风琴奏鸣曲》是当代俄罗斯手风琴家、作曲家库萨柯夫的代表作，通过对这部作品的研究可以达到对库萨柯夫创作思维和手法的管窥之效。目前，国内对库萨柯夫作品的详尽研究相对匮乏，对其奏鸣曲体裁的手风琴作品研究还未深入展开，这也为本文的撰写提供了较为广阔的研究空间。

本文力图从创作的角度出发，旨在对这首作品的技术风格加以分析。本文的整体结构共分3个部分。第一部分"绪论"主要阐明本文的选题缘起和目的，介绍作曲家及主要音乐创作，并且针对《第五自由低音手风琴奏鸣曲》的创作背景及创作特征进行概述。第二部分为本文的主体与核心部分，共分3章：第一章主要以微观的作曲技法研究为基础，重点从作品的音高组织、节奏、演奏法3个不同的角度对作品的多元创作技法做出细致分析；第二章则通过对作品主题材料的梳理与整体结构的组织方式探讨，解读库萨柯夫是如何将多元的作曲技法统一于作品的整体结构框架之内，进而获得体现奏鸣曲体裁革新性发展的启示意义；第三章是在深入分析作品的基础上，对其创作手法和创作风格所进行的进一步归纳与阐释。第三部分"结语"是对《第五自由低音手风琴奏鸣曲》在库萨柯夫音乐创作中的地位和影响进行的揭示与评论。

关键词：库萨柯夫；现代音乐；巴扬；奏鸣曲；创作风格

浪漫主义的神秘绝响——斯克里亚宾《钢琴奏鸣曲》奏鸣曲式的演化

作者：边　中（2006级硕士研究生）

导师：高佳佳

摘要：本文共分为绪论、四章正文及结语6个部分。绪论中简要阐述了斯克里亚宾生平及创作概况，可从中一览这位个性独特的作曲家生活及创作成长的历程。第一章分两节，分别论述了斯克里亚宾的世界观、哲学观和美学观的变化在10首钢琴奏鸣曲创作中的反映，以及斯克里亚宾的钢琴奏鸣曲整体结构从套曲形式向单乐章形式演化的过程。这一演化过程与斯克里亚宾哲学观、美学观及创作思维的变化有着密切的联系。第二章分若干方面讨论了单乐章奏鸣曲中引子、尾声、主部、连接部、副部与结束部的材料陈述方式及变化，并考查各部在奏鸣曲式整体结构中所处地位及结构功能的变化。第三章研究了奏鸣曲式最重要的结构原则：调性附和的逻辑及实施方法。由于斯克里亚宾在中晚期创作中放弃了功能和声与大小调体系，转而发展出"神秘和弦"的音高组织方式，因此，其作品在奏鸣曲式调性布局的逻辑上与传统形式有了很大差别。第三章就新的调性的判断和布局方式进行了一定的研究和讨论。第四章则是对材料发展手法等创作技法的分析，探讨了在斯克里亚宾复杂的和声手法、织体写作技法的基础上，其作品仍然保持了统一的音响风格和清晰的主题形象的原因。

关键词：斯克里亚宾；钢琴奏鸣曲；奏鸣曲式；演化

宣叙调段落在西洋歌剧音乐中的作用

作者：丁劲松(2004 级硕士研究生)

导师：张筠青

摘要：歌剧是把音乐、戏剧、诗歌、美术、表演、舞蹈等融合为一体的综合性的舞台艺术。其中的音乐部分包括声乐和器乐，声乐部分又分为歌唱性段落与宣叙性段落。宣叙性段落(宣叙调)是歌剧中音乐与语言结合得最紧密的部分。它既要符合语言的规律，又要有一定的音乐性；既要表达一定的情感，还要“戏剧”在不停顿地进行。如果在歌剧音乐中忽视宣叙性段落，将会使全剧的各个方面得不到完整的、完美的表现。有人说宣叙性段落的处理是歌剧成败的关键，“宣叙性段落是歌剧音乐中的关键问题之一”。

本文主要阐述的是宣叙性段落在歌剧音乐中的作用，通过对各类歌剧作品中的宣叙性段落进行着重分析，从而对宣叙性段落在歌剧音乐中的作用进行了初探。其作用大致可分为介绍剧情的作用、全剧音乐的连接作用、增强音乐的戏剧性作用、刻画人物音乐形象的作用、歌唱性段落引入作用。笔者希望本文分析和总结出的内容可以使读者对歌剧音乐中的重要组成部分——宣叙性段落——有进一步的认识。而在我国的歌剧创作中，需要在继承自己民族传统的基础上吸取其他国家成功的经验，逐渐探索和完善我国自己的宣叙性段落的创作。

关键词：宣叙性段落；音乐的戏剧结构；音乐的戏剧性；音乐形象

“地图”指向何方——对谭盾《地图》的音乐解释学分析

作者：冯　滨(2004 级硕士研究生)

导师：谢嘉幸

摘要：本文选择谭盾的多媒体交响乐(大提琴协奏曲)《地图》作为分析对象，并应用音乐解释学方法，对作品的乐谱文本和音像文本以及美学观念与人文背景进行分析。分析的框架采用谢嘉幸老师在其博士论文《音乐的语境》中提出的音乐语境的 3 个层次框架理论(即 形态语境、情感语境、意念语境)，并从形态语境中 11 种音乐材料构成的分析框架入手，依次从 3 个层次逐步深入地对《地图》这部作品展开分析。

本文分为以下 4 个部分：绪论介绍作品的创作背景、对其研究的意义以及本文的分析基础。第一章分析各个乐章的形态语境与情感语境，运用谢嘉幸老师提出的 11 种音乐形态的分析框架，以分析该作品将传统音乐与现代创作技法相结合所产生的多样复合的音乐材料，并将焦点放在两者的融合及碰撞产生的效果上。第二章分析整个作品的意念语境，即《地图》的创作观念分析。作为一部典型的后现代综合艺术品，本文将分析其所具有的后现代特征及由此引发的回归传统、回归自然、在继承民族文化基础上勇于创新的理念。结语部分得出结论：在《地图》这部作品中，“传统”是它的灵魂。创新只有在继承传统的基础上才具有生命力，而传统又必须在不断创新的过程中才能保存和发展，这正是《地图》的指向。

关键词： 谭盾；《地图》；音乐解释学；分析

"明月红弦声停处，别有深情几万重"——徐晓林古筝作品研究

作者： 李　菲（2004 级硕士研究生）

导师： 徐晓林

摘要： 本文通过查阅大量的背景资料，并依托《徐晓林筝曲集》进行作品分析，对徐晓林古筝音乐进行了较为系统的研究，旨在探讨徐晓林古筝音乐的特点及其在中国古筝音乐中的地位和作用。本文主要研究成果和结论如下。①通过了解徐晓林的生活和创作经历、个性气质和创作背景，为系统研究徐晓林古筝音乐奠定基础。②从创作题材、创作思想、结构特点、音乐素材的运用与设计、演奏方法的拓宽与创新、音色的构想与组合、旋律的发展与表现方法以及审美体现等方面着手，对徐晓林的具体古筝作品加以分析。③进一步总结了徐晓林在不同创作阶段的古筝音乐风格特征，以寻求其创作风格形成的轨迹，并挖掘其古筝作品中的三大审美特点——民族韵味、诗情画意和自然美感。④徐晓林对中国古筝音乐的主要贡献包括：以其大量"多元化"的古筝作品丰富了中国民族古筝音乐的宝库；为中国民族古筝音乐的传播和普及不遗余力；以其特有的风格为音乐史和后来的作曲家提供了宝贵的创作经验；充分利用自身优势，坚定不移地推动中国古筝音乐的发展。

总之，徐晓林古筝音乐不仅具有中国优秀古筝音乐的共性，还以其鲜明的个性和魅力对中国古筝音乐的发展起了重要的推动作用。

关键词： 徐晓林；古筝音乐；中国风格；美学特征；表现手法

勃拉姆斯作品 116—119 钢琴曲集研究

作者： 王　丹（2004 级硕士研究生）

导师： 高佳佳

摘要： 约翰内斯·勃拉姆斯（Johannes Brahms，1833—1897 年）是浪漫主义时期德国著名的作曲家、钢琴家，在德国音乐发展史及世界音乐文化中享有很高的声誉。因钢琴创作是他器乐创作的重要领域，所以本文将对勃拉姆斯的最后 4 套钢琴曲集作品 116—119 中总共 20 首钢琴作品，从作曲技术理论角度进行分析与研究。这 4 套钢琴曲集是勃拉姆斯在创作技法与美学思想上的成熟之作，研究它们将会使我们更深入地了解作曲家的音乐创作特征。分析证明，作品 116—119 的确在本体形态上呈现出多样化的特征，不仅有着整体上的组合特点，而且内部各乐曲的处理手法也相当灵活。尽管它们大都规模短小，但体现出很高的艺术性。

本文的中心内容共 4 章：第一章对勃拉姆斯的创作进行概述；第二章将阐述作品 116—119 曲集中体裁的运用；第三章对 20 首钢琴作品的曲式结构进行分类研究；第四章对作品

其他音乐表现手段进行举例论述,包括和声技法、复调手法与织体特点、节奏节拍的运用等方面的内容。本文希望能够通过对勃拉姆斯后期4套钢琴曲集的研究,来进一步了解这位浪漫派作曲家的创作技法与艺术追求,其很多方面值得我们借鉴和学习。

关键词: 勃拉姆斯;体裁;曲式结构;和声;织体

黄自艺术歌曲创作研究

作者: 申雪娜(2003级硕士研究生)

导师: 高佳佳

摘要: 黄自是我国著名现代作曲家和音乐理论家、教育家,在中国近代音乐史上占有很重要的地位。在黄自短暂的一生中,其声乐作品占全部创作的绝大部分,而艺术歌曲创作在其中最能代表黄自音乐创作艺术水平的高度。本文试图从作曲技术理论的角度对黄自先生13首艺术歌曲进行分析研究,以得出黄自艺术歌曲长盛不衰的原因。

本文分4章。第一章对黄自先生的生平作简要介绍,并对艺术歌曲作以界定。第二章从作曲技术角度对13首艺术歌曲的旋律、钢琴伴奏、和声、音乐发展手法和曲式结构等5个方面进行分析研究,并作以总结归纳。其中,第一节旋律是本章的重点,笔者认为黄自艺术歌曲的旋律发挥了汉语言的音乐性,与中国的音乐传统相结合,能恰当地表现出每一首诗词的意境;第二节对这些艺术歌曲的钢琴伴奏织体及其中反映的复调思维进行了分析研究;第三节对黄自在艺术歌曲中使用的和声手法进行了分析与归纳;第四节对黄自艺术歌曲写作中使用的音乐发展手法进行了分析,得出其简洁统一的特点;第五节则对黄自艺术歌曲的曲式结构进行了分类研究。第三章分别对《思乡》《春思曲》《玫瑰三愿》《点绛唇·赋登楼》《卜算子·黄州定慧院寓居作》等5首艺术歌曲做了力求详细的整体分析。第四章为全文结语部分。

关键词: 黄自;艺术歌曲;作曲技术

斯克里亚宾的"微观宇宙"——《24首钢琴前奏曲》(op.11)创作技法研究

作者: 张忠平(2003级硕士研究生)

导师: 高佳佳

摘要: 斯克里亚宾是19世纪末、20世纪初俄罗斯著名的作曲家,《24首钢琴前奏曲》(op.11)是他早期钢琴音乐的代表作,这部作品以丰富的艺术想象、精湛简练的音乐语言创造出一个完美的音乐"微观宇宙",因此被誉为钢琴前奏曲的典范之作。

本文将从音乐基本表现手段、曲式结构特征等方面对作品作较详尽的技术分析与归纳总结,并对斯克里亚宾早期创作风格与艺术特征作深层次的透析。本文共分5章。第一章介绍斯克里亚宾的早期艺术经历及代表作品,简要叙述前奏曲的体裁特征及演进轨迹,对《24首钢琴前奏曲》的创作背景及作品的基本情况加以说明。第二章概括这部作品的总体调性布局与调性发展手段，并针对和弦结构与功能进行的复杂与特殊形态加以系统研究。第三章分别论述作品的旋律、节奏、速度与力度、织体等音乐基本表现手段。第四章为曲式与作品分析部分，包括作品的创作概况、音乐内容及技术分析，文中采用大量的图示与表格统计。第五章对斯克里亚宾早期创作的背景、风格与艺术手法做全面的归纳与总结，并对其结构的微观特征作深入的探究。

关键词：斯克里亚宾；“微观宇宙”；《24 首钢琴前奏曲》(op. 11)；创作技法

施万春电影音乐风格研究

作者：岳　明(2003 级硕士研究生)

导师：施万春

摘要：施万春是我国当代著名的作曲家，他的作品体裁广泛、数量众多，在创作实践中逐渐形成了自己独特的艺术风格。本文通过对施万春创作的诸多电影音乐进行分析，对其电影音乐的创作观念、思想加以梳理，从而管窥施万春电影音乐创作的艺术个性，为我国当代电影音乐的发展提供可资借鉴的个案研究。

本文分 3 章展开论述。第一章为生平与创作历程；第二章为电影音乐分析；第三章为施万春电影音乐作品分析，对施万春的电影音乐作品进行详细分析。笔者以施万春的成长、创作历程为研究背景，以其电影音乐作品为研究对象，对具有代表性的重要电影音乐作品进行较为深入的剖析，总结施万春对电影音乐独特的创作理念和手法。施万春在多年的电影音乐创作实践中，从电影的整体性出发，在真正把握作品内涵的基础上，确立电影音乐的创作主体性，进一步使电影各元素“音乐化”。在此过程中，他把自己的全部感情、艺术个性融入电影中，从而创作出一部部有分量的艺术佳品。

关键词：施万春；电影音乐；创作思想；美学观点；作品分析

20 世纪 80 年代以来的中国现代民族室内乐创作研究

作者：雷　蕾(2002 级硕士研究生)

导师：高为杰

摘要：本文考查的是从 20 世纪 80 年代初至今二十余年，现代民族室内乐创作在作曲技术上的成果。作为现代音乐中许多共存的品种之一，尽管现代民族室内乐不可避免地与其他音乐形式如西洋室内乐、民族管弦乐等在写作技法和音乐审美上存在某些共同的特性，但是本文则自始至终突出强调其个性的一面。因而这篇关于现代民族室内乐研究的论文并不是一般性的作曲技术的全面总结，而仅对那些对于民族室内乐来说独特而有效果的技法进行梳理和归纳。

本文由绪论、上篇、下篇、余论 4 个部分组成。绪论主要对民族室内乐的历史进行了回顾，并对现代民族室内乐的产生作了介绍。上篇以技法研究为重点，从编制、多声、音色音响、节奏节拍、曲式等方面着手,试图多方位、多角度地归纳、总结现代民族室内乐技法上一些新的特点与品质。下篇选择了现代民族室内乐创作中的4部优秀作品作为实例进行个案分析。它们既从不同侧面印证了上篇中论述到的技术手法的某些共同特征,同时每个作品又带有自己强烈的个性和技法运用的独创性。余论作为前文的延伸,除了对文中所研究的中心问题进行归纳和概括以外,同时对民族室内乐与其他类型艺术形式的结合以及民族室内乐在创作中所体现出的美学倾向进行了初步探讨。

关键词:现代民族室内乐;随机组合;多声;音色音响;节奏节拍;曲式结构

民族管弦乐《霓裳羽衣舞》音乐分析
——兼及中、韩、日音乐历史渊源及现状的比较

作者:吴允逸(1997级硕士研究生)

导师:李西安

摘要:本文的中心课题是中国著名作曲家高为杰教授的代表作品民族管弦乐《霓裳羽衣舞》。《霓裳羽衣舞》是高为杰“创造性地运用历史遗存的信息,以今人独特的视角和审美心态,表达了时代对历史的观照”;在曲式设计上,作曲家将回旋曲式、单一主题变奏与原歌舞大曲中的“散序、中序、破、长引声”4个部分巧妙地结合起来;在主题材料的处理上,作者只截取了原谱中“最接近唐代风貌、最具有异国情调以及最适合器乐表现的旋律片断”加以组合、变形,并贯穿全曲;和声写法以三度叠置的和弦为基础,同时运用了较为丰富的现代作曲技法,并将功能性和声与色彩性和声有机结合,生动地表现了乐曲的意境;乐队编制既尽可能地仿照唐代的乐队,又充分发挥现代民族管弦乐队的表现力;作者在主题运用和音乐整体发展手法等方面,成功地探索了民族管弦乐的交响化写法。

中国和韩国、日本在音乐文化上有着深厚久远的渊源关系,笔者简要回顾了中、韩、日音乐交流的历史和现状,这既有助于我们从更广阔的历史层面理解《霓裳羽衣舞》的文化背景,也有利于我们更深入地理解和借鉴中国发展民族音乐的经验。

关键词:《霓裳羽衣舞》;高为杰;民族管弦乐;交响化;音乐交流

德彪西音乐结构的模糊性

作者:赵冬梅(1991级硕士研究生)

导师:高为杰

摘要:曲式结构作为音乐的组织方式,多年来在自身不断的自我完善过程中逐步形成了自己所特有的逻辑和思维规律,虽然结构的表现形式多种多样,但都遵循着组织音乐的原则——曲式结构。音乐作为一种形式感极强的艺术,其结构是使音乐以整体的形式出现在欣赏者面前的关键所在,作为听觉艺术的音乐要与欣赏者在时间上产生审美上的共鸣,结构的逻辑必须符合欣赏者在审美心态上的要求。有序方可称为逻辑,而符合逻辑方可把握音

乐。因此组织音乐的原则如同写文章的章法，即使修辞方法千姿百态，但组织的方式总是万变不离其宗。音乐无论以何种音乐语言出现，其组织方法总能在某种程度上体现出一些传统的结构原则，即使这些组织方式被作曲家用各种手法掩盖，但剖其表面，结构的深层总是有序的排列，因此结构的思维原则古往今来均有相同之处，传统的结构原则即使是在20世纪的今天仍具有重要意义。

德彪西是音乐史上划时代的作曲家，是在结构上由传统步入现代的中介。对德彪西音乐的研究国内外已有很多成果，但在这些成果中关于其音乐结构的却很少，国内除了武汉音乐学院陈国权教授的《论印象结构——德彪西的曲式思维及其结构形态》一文对德彪西的曲式思维和结构形态做了较详细的研究之外，关于德彪西音乐结构的其他方面研究成果并不多，因此对德彪西音乐结构的研究还尚可进一步深入。本文在陈丹布的《模糊结构功能的曲式意义》之后提出德彪西音乐结构的模糊性，试图从德彪西音乐作品的结构入手，分析他在结构中所表现出来的模糊倾向与其曲式在宏观上的有序性，了解传统曲式模式是如何向20世纪最终的解体过渡的，并试图通过对德彪西音乐作品的结构分析，解释自由的音乐形式同样具有有序的一面，以使我们对20世纪音乐结构与传统结构原则之间的关系有更进一步的认识。

关键词： 德彪西；曲式；音乐结构；有序；模糊性

配器专业

利盖蒂“唯音主义”作品《大气》之管弦乐法研究

作者：方礼君（2005 级硕士研究生）

导师：王　宁

摘要：20 世纪的西方乐队音乐写作可谓五彩缤纷、风格迥异。利盖蒂（Ligeti，1923—2006 年）的乐队音乐创作更显得别具一格和富有创新性，利盖蒂可谓是 20 世纪音乐史上的一位重量级的人物，是世界乐坛的一位顶级作曲家，被誉为“20 世纪匈牙利音乐三杰”之一。他一生中创作了大量的音乐作品，随着 20 世纪西方音乐的不断传播和影响力的逐渐扩大，利盖蒂的作品被越来越多的人所认识与接受。

本文选择西方享有盛名的作曲家利盖蒂的“唯音主义”代表作品《大气》（*Atmospheres*）作为研究对象，重点对其管弦乐法艺术方面进行研究与探讨。之所以选择《大气》作为研究对象，是因为《大气》这部作品是利盖蒂音乐创作的一个重要转折点，对西方乃至世界乐队音乐创作的发展有着深远的影响，并占据着重要的历史地位。管弦乐法的艺术是实现“利盖蒂风格”的重要构成因素之一。

本文对于利盖蒂《大气》这部作品的管弦乐法做了一系列的研究，论述了《大气》所采用的“唯音主义”创作技法的形成及其特点，并重点论述了利盖蒂如何使用传统的管弦乐队和独特的管弦乐织体创造出新颖奇特的乐队音色和音响效果，以及《大气》所使用的创作手法对当时及后来音乐创作的影响和贡献。

关键词：“唯音主义”；《大气》；管弦乐队编制；音色；织体；新观念

潘德列茨基早期管弦乐创作的巅峰之作——《第一交响乐》之管弦乐法分析

作者：竹　岗（2003 级硕士研究生）

导师：王　宁

摘要：波兰当代作曲家、指挥家克里斯托弗·潘德列茨基（Krzysztof Penderecki）是 20 世纪 50 年代以后的世界新音乐作曲家中最具创造性和最有影响力的领军人物之一。西方世界对他的关注和研究从没有间断过；而在我国，学术界虽然对他的音乐和技术都有一定的了解，但至今对他本人及其作品进行研究的论文和专著并不多。国内外对潘德列茨基的研究主要集中在对他作品的作曲手法、体裁结构以及他的宗教题材上的研究，且多集中在他的弦乐和室内乐作品上，而极少有专门研究他在管弦乐配器方面的技术和成就的。因此，本文对潘德列茨基早期赖以成名的作品在配器方面的成就进行研究，对那些曾经轰动一时的记谱法和演奏法进行比较深入的剖析，这对我们本身是一次学习，对后来者希望也能有借鉴意义。

《第一交响乐》是他第一个创作时期乐队写作风格的巅峰之作。本文对他这部作品的管弦乐法艺术进行了研究，重点论述了他如何使用传统的管弦乐队乐器创造出新颖奇特的乐队音色和音响效果，以及构成这些效果所使用的音区两极化和微分音等方面的技术在他配器手法中的地位；以及节奏在他的管弦乐配器中的重要作用和他的管弦乐法新观念、手法与传统技术的区别，对当时和以后的现代音乐的影响和贡献。

关键词： 潘德列茨基；《第一交响乐》；管弦乐法艺术；新观念；现代音乐

视唱练耳专业

一种多元化的视唱练耳教学探索

作者：于星晨(2013级硕士研究生)

导师：范建明

摘要：视唱练耳是一门音乐基础课，所涵盖的训练内容十分广泛，且与音乐实践不可分割。音乐是综合音响的艺术，视唱练耳课程的学习需要营造良好的音乐“语境”，以便达到更好的学习效果。

笔者在视唱练耳教学实习过程中对多元化视唱练耳教学进行了一些思考，并在教学反馈和经验总结的过程中不断探索，力争改善课堂教学环境，营造音乐“语境”，努力实现多元化的视唱练耳教学模式，使音乐基本技能的训练更好地与音乐实践相结合，积极发展学生音乐听觉，不断拓展学术视野。

本文共分为2章，第一章阐述多元化视唱练耳教学的意义和基本内容，第二章介绍多元化视唱练耳教学在课堂实践中的基本规则与操作方式。

关键词：多元化；视唱练耳教学；音乐“语境”

曼哈顿音乐学院教学调研及其对视唱练耳课程改革的启示

作者：权　威(2011级硕士研究生)

导师：范建明

摘要：本文基于笔者在美国曼哈顿音乐学院的两年学习经历和近距离体验，对其教学体系和教学现状进行了调研分析，希望能够借此来为视唱练耳学科的课程改革和学科建设提供一个跨国的案例。研究内容包括了该院的课程设置、教材使用以及视唱练耳课程的特点、乐理课程及键盘和声课程的教学理念与特征，并对其科学性、综合性、趣味性和实用性等进行了总结。在曼哈顿音乐学院和中国音乐学院比较的基础上，本文最后提出了对视唱练耳课程改革的一些思考与建议。本文的研究拓展了笔者音乐教学与学术研究的视野，并希望本文的研究能够为视唱练耳学科的课程改革提供一些积极有益的帮助。

关键词：视唱练耳；教学创新；曼哈顿音乐学院

多声部旋律听写艺术探微

作者：田　丹（2012级硕士研究生）

导师：范建明

摘要：世界上任何事物都受到规律的约束，规律反映着事物发展的本质联系，它是客观的、不可创造的。而规则是人为主观制定的，合理科学的规则必然是客观规律的反映。所以，认识规律并制定相应的规则，是人在活动中达到目的、获得成功的重要途径。

多声部音乐作为数量众多、影响广泛的音乐形式之一，对于专业音乐的学习与实践都有着极为重要的作用。视唱练耳课程作为系统培养学生音乐听觉能力的基础学科，发展多声部音乐听觉是其重要的教学任务。本文选择了多声部旋律听写艺术这一研究角度，旨在对多声部旋律的听觉规律以及对听写规则等问题进行探索，希望能为学生多声音乐的听力发展提供一些有益的帮助。

本文主要由三部分内容构成：首先是对视唱练耳教学中的多声部旋律听写意义的界定；然后是对多声部听觉基本规律的分析；最后是对多声部旋律听写规则的一些初步探索。

关键词：多声部旋律听写；音乐听觉原理；音乐听写规则

视唱练耳教学中的力度训练

作者：王　翔（2012级硕士研究生）

导师：高　缨

摘要：本文对视唱练耳教学中相关读谱问题，在实践中如何培养学生主动地关注力度处理，准确诠释作曲家意图与作品内涵；培养学生如何第一时间形成关注力度的习惯，分析、处理力度的意识，并通过技术性手段最终获得理解、诠释音乐作品的综合能力，具有重要的意义与实用价值。

本文在众多音乐表现手段中，总结出主要对音乐力度产生影响的四大因素：旋律、节奏、和声与音色。围绕这些因素，笔者通过大量分析，以技术性手段加以实现，并结合教学实践，总结出关于各因素的力度处理原则与教学方法，希望会对今后的读谱与实践具有指导性作用。

视唱练耳作为一门基础性学科，其教学的基本任务与根本目的都是培养与发展学习者的音乐表达能力与音乐审美能力，并使学习者充分将其运用到音乐实践活动中去。本文以培养学生感知音乐力度、其理解音乐情感、发展音乐审美意识为前提，试图在教学中能够使学生随着音乐审美意识的发展与提高，使创作反作用于音乐美的本身，在音乐的创作与表演中展现音乐美，从而影响和促进音乐艺术的发展。

关键词：音乐力度；情感表达；音乐审美

视唱练耳教学中民族多声音乐思维的训练——以西南少数民族多声音乐为例

作者:曹 蜜(2011级硕士研究生)

导师:高 缨

摘要:视唱练耳作为音乐基础学科,不仅仅要提高学生的基本音乐技能,更要使学生拥有广阔的音乐视野,同时也使其肩负着学习与传承中国传统音乐的重任。民族多声音乐在思维形式上与西方的调性音乐是存在一定共性与差别的。如果仅仅采用西方传统调性音乐的听觉方式来聆听本民族音乐,我们是很难全面、深刻地理解音乐作品的。因此,将少数民族多声部音乐融入视唱练耳教学当中,具有很重要的实用价值。

本文以西南少数民族多声音乐为例,对其产生的背景及音乐的形态特点进行了详尽的描述,通过教学个案分析与课堂实践,总结出民族多声音乐的思维方式以及一些教学方法,试图将少数民族多声音乐的研究从理论层面上升到实践层面,以达到更好的传承和发展。

本文对少数民族多声音乐思维进行研究,其目的是希望通过视唱练耳这门基础课,让更多的学生能了解和学习少数民族的音乐文化,培养学生建立起多重乐感的审美能力,促进民族情感的交流。

关键词:少数民族多声音乐;民族多声音乐思维;多重乐感

朝鲜民族音乐中“长短”节奏元素分析及实践

作者:金香花(2011级硕士研究生)

导师:彭世端

摘要:朝鲜民族有着悠久的民族文化,并深受儒家文化的影响,非常注重思想、道德、文化教育和民间礼俗。朝鲜民族音乐具有体裁、调性、“长短”节奏、记谱法等诸多特点,而“长短”节奏是其中最重要的因素。朝鲜民族音乐“长短”节奏特点既符合朝鲜语中“长”和“短”的规律,又与民族文化特征有着密切的关联。

本文将主要对朝鲜民族传统音乐中的“长短”节奏进行研究和分析,从重音、速度、拍子、情绪、长度等方面进行归纳与总结。首先,陈述“长短”节奏在历史文化的背景下发展的音乐特征;然后,对实际作品中“长短”节奏的具体运用加以说明;最后,将两首朝鲜民谣与四物打击乐作品中的“长短”节奏要素作为视唱练耳课程技能训练的基础元素,并以实际教案作为教学过程参考。

朝鲜民族音乐“长短”节奏研究与实践的目的:一是增强学生对朝鲜民族传统音乐的理解,同时更深入地了解一个民族的音乐风格及其特点;二是通过对三分性节拍节奏的训练增加节奏训练模式的多样性,丰富视唱练耳的教学内容。

关键词:朝鲜民族;长短;视唱练耳;节奏

即兴能力在视唱练耳教学中的重要意义及其训练途径

作者：赵梧柳(2011 级硕士研究生)

导师：范建明

摘要：本文的研究旨在探讨视唱练耳教学中即兴能力的重要意义与基本原则，以及培养学生即兴能力所应开展的一系列即兴活动。视唱练耳教学中即兴能力的培养，是通过学生获得学习的经验与操作实践过程而获得的，这个过程即是创造性思维形成的过程。

本文的第一章介绍了即兴的基本概念及相关术语和研究状况，论证了视唱练耳教学即兴能力培养的重要意义。第二章、第三章分别对视唱练耳教学中节奏、旋律与和声 3 项基本内容的即兴训练过程进行了论证分析。第四章阐释了视唱练耳教学中，培养和提高学生即兴能力的必要性与教学目标。

关键词：视唱练耳；即兴能力；教学目标

新疆维吾尔木卡姆艺术中的节奏元素分析及其实践意义

作者：赵艺竹(2010 级硕士研究生)

导师：范建明

摘要：2005 年 11 月 25 日，在联合国教科文组织宣布的第三批“人类口头和非物质遗产代表作”名录中，我国政府申报的“中国新疆维吾尔木卡姆艺术”全票通过，成为“人类口头和非物质遗产代表作”。

维吾尔木卡姆艺术作为维吾尔族人民艺术智慧的结晶，承载着古老的民族文化，是维吾尔族人民千百年来真实生活的写照。作为珍贵的“人类口头和非物质遗产代表作”，维吾尔木卡姆艺术不仅是民族的，更是世界的。

在木卡姆艺术中，节奏是构筑维吾尔木卡姆音乐的重要元素。维吾尔木卡姆艺术为板式变化体，随着板式的不断变化，其音乐的节拍和节奏也随之发生改变，且都有着极其鲜明的特点和独特的表现力。本文所研究的主要内容即新疆维吾尔木卡姆艺术中的板式变化和节奏元素，以及其在视唱练耳教学中的实践意义。

对木卡姆艺术中节拍节奏进行研究与实践的目的：一是对音乐听觉能力和节奏思维方式的拓展；二是将木卡姆艺术引入专业艺术教育的基础课程之中，探索“教育传承”的新模式。

关键词：维吾尔木卡姆；视唱练耳；节奏；传承

试论音高听觉的培养及视唱练耳教学中的“因材施教”

作者：胡馨予(2009 级硕士研究生)

导师：彭世端

摘要：音高感的产生离不开音乐，只要音乐要素中含有音高的因素，那么音乐听觉的能力、音乐理解的能力，都是音高的能力，但又不仅仅是辨别音名的能力。音乐听觉是一种综合的能力。奥斯特洛夫斯基说过，音乐听觉是领会、想象、思考音乐印象的能力。有组织地发展起来的音乐听觉，是一种很复杂并且统一的能力，它可以完整地理解音乐作品的形象和思想内容。

奥斯特洛夫斯基的《基本乐理与视唱练耳教学法论文集》一书中曾提到过，根据领会乐曲的方法和性质，音乐听觉可分为绝对音高听觉和相对音高听觉。两种完全不一样的听觉能力应该如何训练？要客观地对待两种不同的听觉思维方式。

在视唱练耳的教学中，不能用自己的听觉实践去替代学生的听觉实践，一定要设身处地地从学生的实际角度出发。在学生没有音名的情况下，如何去做视唱练耳课中的训练，又怎么来做音高听觉的训练呢？而有绝对音高的同学又该如何通过听觉分析更好地运用自己的听觉能力呢？这就需要各种不同的方法、途径去达到我们的目的，达到一个完整的音乐听觉的水平。真正的因材施教要通过了解学生自身情况的不同，做出具体不同的实践来解决学生的实际问题。

关键词：音高听觉；音乐听觉；相对音高听觉；绝对音高听觉 ；因材施教；视唱练耳

论达斡尔族民歌在视唱练耳教学中的运用

作者：金祥婧(2009 级硕士研究生)

导师：高　缨

摘要：一直以来，我国的视唱练耳教学体系基本上采用以“欧洲大小调为基础”的教学体系，少数民族音乐学习者由于所处音乐环境与音乐母语均为少数民族音乐，因此在当前的视唱练耳教学体系面前无所适从，视唱练耳学习出现障碍。作为音乐基础课的视唱练耳课程，重视技能的培养。在实际操作过程中，建立起以本民族音乐为教学内容和载体的课程教学模式，是具有重要意义的。

本文针对内蒙古自治区音乐教育中的视唱练耳教学现状进行调研，尝试探索运用达斡尔族民歌进行视唱练耳教学的模式，以减少内蒙古自治区少数民族学生在视唱练耳学习过程中遇到的障碍，丰富少数民族基础音乐教学理论。本文以达斡尔族人文背景及其民歌为着眼点，选取适用于教学训练的典型民歌曲例，运用不同教学手法，旨在让学生在课堂学习过程中从理论上分析音乐的形态，掌握各种元素组成的特点。在实践操作过程中应使学生提高音乐技能，深入理解民歌蕴含的民族音乐元素。

笔者希望通过探究达斡尔族民歌在视唱练耳教学中的运用，能为通过少数民族音乐进行视唱练耳教学的模式做出自身的努力。

关键词： 达斡尔族民歌；视唱练耳教学；扎恩达勒 ；哈库麦

节奏中的数列现象与音乐听觉的数理逻辑思维

作者： 汪　超（2009 级硕士研究生）

导师： 范建明

摘要： 节奏是构成音乐的最基本的要素之一。在实际的音乐作品中，节奏作为其他要素在时间运动上的承载者，其组织形式不仅体现在按一定规律重复的节拍体系当中，按照特定的“数”的关系来构成音乐的节奏也是节奏的重要结构组织形式之一。

这种由“数”所构成的节奏形式，不仅出现在近现代的西方音乐作品中，在中国器乐曲中，尤其是地方锣鼓乐中也被大量运用。本文所研究的对象正是这些由数列关系组织形成的节奏。本文的研究目的不仅在于掌握这些具体的节奏形态，更重要的是听者的数理思维建构以及相适应的听觉习惯的养成。

节奏感是个体对节奏产生的心理反应，是由听觉引起的运动神经条件反射。在音乐活动中，节奏感更多地表现为对于规律的声音运动所具有的心理期待感。这与人的生理特征，如心跳、呼吸的规则律动是密切相关的。数列节奏打破了规律的节拍控制，体现为数理逻辑基础上的音值组合。因此，在听觉培养过程中，首先强调的是对节奏中数理逻辑的理解。在大量对数列节奏逻辑关系分析研究的基础上，逐步培养数列节奏的听觉分析能力。在实际的视唱练耳技能训练中，本文采用数列节奏帧格练习法，即用数的思维方式去理解或记录数列节奏，使其在数列节奏的学习过程中，更好地达到技能发展与思维构建的统一。

关键词： 节奏；视唱；数列；帧格；数理；思维

中国传统音乐视唱与“唸-诵-吟-唱”

作者： 杨欣韵（2009 级硕士研究生）

导师： 孙　虹

摘要： “唸-诵-吟-唱”来源于吟诵，它是中国古代教育系统中唯一的读书方式，集文学、诗歌、音乐三者为一体。在音乐方面，它从一字一音的“唸”发展到最后带有声腔的唱，始终以“字”为发展线索，唱腔的旋律音高、节奏、句法、呼吸、情感等元素表现均是在“字”的基础上逐渐释放出来的。这种“以字为根”的思维与中国传统音乐中“依字行腔”“依字创腔”一脉相承，对中国传统音乐的音高表现、节奏节拍特点以及风格表现产生一定的影响。

本文将以视唱练耳学科的角度对“唸-诵-吟-唱”的具体内容进行研究，并从中借鉴其“以字为根”的思维，运用于中国传统音乐视唱的音高训练、节奏训练及其风格表现之中。希望能以此为构建中国传统音乐视唱练耳教学模式提供有意义的参考。

关键词："唸-诵-吟-唱"；音高；节奏；风格

民乐系学生视唱练耳需求调查

作者：刘畅(2008 级硕士研究生)
导师：范建明

摘要：此次对民乐专业学生视唱练耳需求的调研，以民乐系学生的学习需求作为出发点，联系其专业培养目标、专业特点、专业发展等方面，通过采访本校师生、查阅乐谱资料、社会调查等方法，尽可能真实全面地反映出民乐学生在传统音乐学习过程中各个方面的情况。其中，不仅包括了他们的音乐成长环境、专业学习方法、专业学习内容、乐器特点等方面，并将这些实际情况与民乐系师生们的想法、建议、需求结合起来，使视唱练耳教学具有普遍教学内容、教学目标的同时，也可以针对教学对象的专业特殊性及特殊需求，做出适当的调整，使教学的功能性、针对性更强，可以更好地辅助学生的专业，与学生整体的音乐学习相融合，使学生形成更好的学习状态，达到最好的学习效果。本文是围绕视唱练耳教学的 3 个主要方面进行调研的：听觉能力、读谱能力、记谱能力。本文分别阐述了目前学生在这三方面学习的具体情况，以及在这三方面的需求。

关键词：民乐系学生需求；视唱练耳；听觉能力；读谱能力；记谱能力

京剧锣鼓节奏教学初探——从视唱练耳教学视角解析京剧锣鼓教学

作者：刘怡君(2008 级硕士研究生)
导师：许　清

摘要：京剧锣鼓教学与视唱练耳教学有着许多相似的能力培养目标，包括发展听力、记忆力、模仿能力，培养节奏感，对音色、力度的细腻把握以及对音乐曲目的积累等。在京剧锣鼓教学中有自己的方法来达到这样的目标，这些方法都隐藏在几乎无谱的教学中。本文将以视唱练耳的视角来观察京剧锣鼓教学，对其口传心授教学方式中所蕴含的教学思维、教学内容以及学生的能力成长几方面进行归纳总结。希望能以此文为正处于初创阶段的传统音乐视唱练耳教学提供有意义的参考。

关键词：口传心授；锣鼓点；能力成长

运用心理学原理培养音乐内心听觉

作者：荣　誉(2008 级硕士研究生)
导师：孙　虹

摘要：音乐内心听觉能力是每一个学习视唱练耳的学生都应该具备和培养的一种能

力，它的好坏直接影响着人们对于音乐作品的理解和想象。在视唱练耳这门课的学习过程中，音乐内心听觉一直伴随其中，并在某些时候起到关键的作用。目前，大多数的文献都记载了音乐内心听觉的某一方面，或对其某一个侧面进行详细论述，少有资料全面而深入地研究音乐内心听觉的原理以及心理发展过程。本文试图探究内心听觉的心理全过程，并结合笔者在视唱练耳教学中的实践总结，力求整理出适合学生训练音乐内心听觉的资料。

本文首先阐述了什么是音乐内心听觉、音乐内心听觉的特点，以及建立音乐内心听觉的过程所要经历的4个心理环节，分别是感知、记忆、想象、思维；然后结合单项的音乐元素进行逐个分析，说明了在对单项音乐要素进行训练的时候所要经历的心理过程；最后结合一部音乐作品进行听觉训练。希望给广大学习视唱练耳的学生提供一个参考，能够帮助他们更好地建立音乐内心听觉，增强音乐理解力。笔者也会沿着这条探索的道路继续走下去。

关键词： 音乐内心听觉；心理原理；音乐元素；听觉分析

视唱教学中的无伴奏多声部重唱训练

作者： 王　瑗(2008级硕士研究生)

导师： 彭世端

摘要： 奥斯特洛夫斯基曾经指出："视唱练耳课的基本任务是组织并发展学生的音乐听觉，训练其积极地将听觉运用到创作表演实践当中去。……整个视唱练耳课的教学工作必须与训练内在音感的工作有机地结合起来，以使学生的音乐鉴赏力具有现实主义的方向，并以足够数量的、宝贵的艺术作品充实学生的头脑。"

笔者认为，视唱练耳课的最终目的是通过对音乐元素技能的训练来建立学生良好的音乐听觉习惯，建立发达的多声部音乐思维，最终更好地服务于学生本身所学的专业。多声部读谱训练是培养和建立多声音乐思维的重要方式，学生是否掌握了读谱能力不单单取决于是不是能够把谱子准确读下来、表达出来，更重要的练习目的与培养关键在于要培养学生掌握对于音乐的分析和解读能力，简单地说，首先是音符、节奏、音乐术语的表达是否准确；其次是调式、和声、曲式结构的理解；最后是风格、时期、内在情感的把握。笔者通过亲自参与阿卡贝拉无伴奏多声部重唱的创作与演出，得到一些关于通过无伴奏多声部重唱训练来培养学生多声音乐思维的体验，并分析与解读创作作品，来浅谈多声音乐思维对于创作的帮助和指导作用，从而阐述无伴奏多声部重唱对于学生多声音乐思维培养的帮助。

关键词： 视唱练耳；无伴奏重唱；多声音乐思维

传统音乐视唱教学借鉴昆曲唱法的初探

作者： 刘音铄(2007级硕士研究生)

导师： 孙　虹

摘要： 昆曲在演唱技巧上注重气息的控制、节奏速度的顿挫疾徐和四声咬字的讲究。

视唱作为音乐学院学生的基础技能训练科目,在其教学中引入昆曲基本唱法这种中国最古老的声乐演唱技巧,就能够在中国传统视唱曲演唱方面提供给学生们一些值得参考的方法技能,也可以帮助学生们了解怎样更好地把握中国传统音乐的风格韵味等问题。本文从古代声乐著作《唱论》入手,从我国古代最古老的关于昆曲演唱的理论出发,以与实践相结合的视角对昆曲的基本演唱方法进行研究。昆曲的基本唱法为中国传统音乐视唱的研究提供了一个新的视角,让我们看到了视唱在中国传统音乐研究领域的广阔前景。

关键词:昆曲;视唱;中国传统音乐

试论音乐风格与节奏风格的联系

作者:程佳佳(2007 级硕士研究生)

导师:彭世端

摘要:音乐的发展历史悠久,由于社会、文化等多方面因素的不同,形成了多种音乐风格。一个独立的、有个性特点的音乐风格形成必将建立于其特有的音阶、调式、节奏及曲式、和声之上。这其中节奏的重要性是不可忽视的,它在确立一种音乐风格中起到了骨架作用。在音乐风格的研究中,我们往往偏重其历史、发展、音调等理论研究,但对于节奏风格、节奏风格与音乐风格形成的联系认识得还不够深入。

节奏是音乐的灵魂和生命,它的结构、韵律、强弱、快慢、长短、音色等都在音乐作品的整体风格中起到了决定性作用。本文以音乐风格和节奏风格为核心,具体论述了音乐风格确立中节奏的作用,节奏与音乐其他要素体裁、旋律及曲式的关系以及音乐风格和节奏风格的联系等问题;同时以中国民族音乐——朝鲜节奏“长短”风格和十番锣鼓的节奏风格——为研究对象,做了简要的理论分析和听觉分析,并运用教学实例对节奏风格在民族音乐风格的形成和确立过程中占据主要作用进行了论证。在视唱练耳课程中,对于如何更深入地认识节奏风格与音乐风格的联系,以及如何将节奏风格更好地运用于音乐实践,从而更好地体现音乐风格等问题,本文在此做了一些初步的探讨和研究。

关键词:音乐风格;节奏风格;朝鲜“长短”;十番锣鼓

人声与钢琴的完美艺术——视唱视野下的拉赫玛尼诺夫浪漫曲

作者:周　彦(2007 级硕士研究生)

导师:孙　虹

摘要:教材是视唱练耳教学活动的中介,它为教学提供了具体的信息和内容。视唱练耳教材的好坏、使用的正确与否都是制约效果的重要因素。自设立视唱练耳课程以来,专业音乐院校应用的教材以中外传统视唱曲目为主。随着学科的发展,视唱练耳课程已经从单纯的以认谱为目的的教学向培养音乐综合能力转变,逐步发展为“音乐才能教育”的课程体系。以现代音乐教育观念来观察我国当前视唱教材的建设和发展,还存在一些待研究和解决的课题。

本文以拉赫玛尼诺夫的声乐作品作为视唱练耳课程的潜在教材，对其进行多层次、全面的介绍，从调式调性、节奏节拍、织体对位层次、和声技法及曲式结构等几方面具体分析说明，并且按视唱难易程度划分拉赫玛尼诺夫的艺术歌曲。笔者希望能够借此拓宽视唱练耳教材可选择的领域，以满足专业发展的质量与需求。本文力求使含有音乐技能技术训练的教材内容与含有音乐审美意义的教材内容进行更为合理的布局，使教材提供更多的有关练习不同风格的音乐语言结构、音乐内容、音调特征等有价值的文字说明与教学法建议，达到使学习者能够将其技术性、艺术性结合起来，在接受艺术熏陶的同时，逐步掌握各种音乐技能的目的。

关键词： 拉赫玛尼诺夫；视唱教材；人声与钢琴；线条因素；织体对位；和声；复杂化

培养"双重乐感"——为适应更具广度的音乐听觉需要

作者： 林晓潇(2005级硕士研究生)

导师： 范建明

摘要： 本文从视唱练耳教学的角度出发，将音乐听觉训练与中国传统音乐的学习内容有机结合，并对某些具有民族特色的节奏、调式、多声部等音乐要素进行了听觉分析，在如何发展音乐听觉，培养"双重乐感"，以适应更具广度的听觉需要等问题上作了一些初步的探讨。

从视唱练耳教学的现状来看，现已在原来单一的"识谱教学"基础上，加入了多个发展元素，使其与各相关学科交叉、相互渗透，并不断拓展与完善，成为当今具有综合意义的视唱练耳学科。由于音乐听觉能力是音乐素质的核心，所以其在教学中得到了更多的重视，从目前已经发表的各种论文与专著中，对于如何建立起适合中国传统音乐的听觉思维，已经引起一些学者和专家的重视，并提出了一些相关论点。视唱练耳课程是音乐语言训练的载体，学习者通过对视唱练耳理论知识的学习、训练和理解，在积累了丰富的音乐语言后，形成稳定的音乐感觉，进而实现音乐语言感知的准确体验，视唱练耳课程对促进听觉思维的发展起着重要的作用。

关键词： 视唱练耳；中国传统音乐；"双重乐感"

读谱技能与创造性思维——视唱心理基础及艺术手法探微

作者： 罗祯祯(2002级硕士研究生)

导师： 范建明

摘要： 本文第一部分简述了视唱练耳作为一门独立学科在我国发展的现状。本文从历史的角度，以唱名法和记谱法为线索追踪溯源，回顾了视唱练耳发展的过程。从这一历程中可以看到，该学科的发展是为音乐本身、为更有效的音乐实践服务的，却长期以来被人们视作一种单纯的技术训练而忽视了其音乐本身。本文接着从人类思维发展的角度出发,阐述了不同的思维层次所产生的视唱的差异,并指出人类在立体思维占主导地位的今天,应以创造性音乐思维来指导视唱,而不应停留在平面思维指导下的还原性视唱中。

本文的第二部分从思维的角度出发,以视唱心理为基础,阐述了在遵循认知、记忆、想象和投情的思维发展规律的同时,视唱平面思维上升到视唱立体思维的过程。本文遵循了辩证唯物主义的观点,对音乐创造性思维能力进行分析和论证,以求得到其本质的、内在的必然的联系。

本文的第三部分具体论述了如何在技能训练中发展创造性思维。从视唱的人声艺术、时间艺术和情感艺术三方面特性着手,主要以音准、音色和力度、节奏、节拍和速度以及乐感几个方面作为技能训练的方向,本文着重分析了技能训练中的艺术手法,以及其对创造性思维能力的培养。

关键词:平面思维;立体思维;视唱心理;艺术手法;技能训练

试论用实际音乐作品进行听觉训练

作者:赵　苏(1999级硕士研究生)

导师:彭世端

摘要:近年来,随着教育改革的深化,音乐教育日益受到社会的关注。视唱练耳作为音乐教育的一项基本技能课,也出现了一些新的动态与发展趋势。2001年10月,来自德国的音乐听觉训练专家玛兹教授就为我们中国的同行们带来了一种用实际音乐作品进行听觉训练的方法。她指出:“听力教育的意义在于真正的音乐,它贯穿于整个音乐而不是孤立地训练某项技术,它的目的在于培养学生对音乐清醒的意识与独立思考的能力。”如果说原来的听觉训练以技术性为目的,那么这种训练方式则是将这种目的上升到审美的层次上来,训练将变得具有更广泛的文化内涵。

在所有的音乐技术中,音乐听力是最基本的一项内容。一些美学家认为音乐是由于对声音的倾听、理解而存在的,没有理解也就没有音乐,这也是音乐听觉实践的真谛。如何在听觉训练中发展学生的音乐感,提高他们的音乐理解力,正成为音乐听觉技巧教学研究中的重点,用实际音乐作品进行听觉训练是帮助学生理解音乐各组成要素及它们之间的相互作用的有效方法之一,本文将阐释这种训练方式的意义及其方法。

关键词:音乐听力;听觉实践;音乐理解;听觉训练

建立多维、整体的听觉思维模式——20世纪音乐听觉训练探微

作者:左　佳(1999级硕士研究生)

导师:许敬行 范建明

摘要:20世纪的音乐作品,由于调性的瓦解、旋律的淡化、节奏的变异以及音响的奇

特,使人们长期形成的听觉习惯一时难以适从。传统、熟悉的音乐语言被一种新的音乐语言所代替,我们很难用原有的听觉模式去认知它。20 世纪音乐语言的创新是全方位的,各种音乐表现参数的充分发展,使音乐的空间运动达到了空前的规模,产生广阔的纵、横、深空间运动感。

本文借鉴了音乐分析中结构水平的概念,以多维、整体的感知原则为音乐听觉训练的理论依据,将实际音乐作品作为音响来源,并采用了多媒体技术手段,提出建立与其相应的,多维、整体的听觉思维和训练模式。其训练分为参数训练、多维训练和整体训练 3 个不同的阶段来进行:首先从整体音响中提炼出单元素,分别从纵向、横向、深向三维空间进行单独训练;然后采用具有典型空间组合意义的实际音乐作品中的片断进行组合训练,以求达到第四维——心理想象空间——的效果;最后再对实际音乐作品进行整体结构的听觉分析。训练目的是让学生充分理解构成音乐的各要素在一个有机整体中的相互关系和相互作用,从而培养学生更好地听辩和理解 20 世纪音乐的能力。

关键词:听觉;思维模式;听觉训练;心理想象;参数;多维;整体

音乐教育系博硕士研究生学位论文

音乐教育学专业

基督教仪式音乐的教化功能研究——以崇文门堂教会仪式为例

作者：赵美荣(2011 级博士研究生)
导师：谢嘉幸

摘要：孔子早在 2500 年前就提出“兴于《诗》，立于礼，成于乐”的音乐教化思想，蔡元培亦提出了“以美育代宗教”的设想，但由于近代以来众多历史的波折，音乐教育迷失了其教化本意。本文以“音乐教育的教化意义何在”为研究问题，从宗教要素结构理论的视角，运用文献研究、田野调查、访谈、统计等研究方法，对北京市基督教会崇文门堂的教会仪式及信徒的信仰生活进行了观察与分析，解答了基督教仪式音乐的教化功能及实现教化的内在机制问题。

全文由绪论及 9 章正文内容构成。绪论包括选题缘起、相关研究、研究意义、研究问题、对象、方法及理论视角等。第一章对北京基督教会崇文门堂的相关情况进行了介绍。第二章对崇文门堂的礼拜仪式、聚会仪式、婚礼仪式、葬礼仪式 4 种仪式进行了观察与记录。第三章至第四章叙述了笔者与崇文门堂信徒的交流访谈，并介绍了崇文门堂信徒的信仰生活。第五章至第七章分别探讨了崇文门堂教会仪式音乐的审美教化功能、教义教化功能、伦理教化功能。第八章以崇文门堂“主立圣餐日礼拜仪式”为具体语境，分析了基督教仪式音乐实施教化的过程。第九章是结论与讨论部分。本文得出的结论是：基督教仪式音乐具有审美教化、教义教化、伦理教化三大教化功能。基督教仪式音乐之所以能够产生教化功能，作用于信徒以“爱”为核心的伦理行为，原因有以下几点。首先，基督教仪式音乐在形式上符合基督教的神学美学要求，在内容上体现了基督教的信仰内涵。其次，基督教仪式音乐与仪式中的其他程序相互作用，全方位地对其信仰内涵进行阐释，坚固信徒的宗教信仰。最后，信徒在仪式过程中建立起来的宗教信仰与信徒的生活相结合，作用于信徒的伦理行为，实现教化。需要说明的是：基督教仪式音乐是实施教化的有效媒介，它作用于人的感情，使“神”变成可以感知的存在，从而使信徒从内心深处“崇拜神”，服从“神的旨意”，践行“爱神”与“爱人如己”的伦理要求。

“教化”是社会人文科学领域的核心概念之一。音乐教育作为实施教化的重要途径之一，在音乐的审美活动过程中培养人的道德情操，从而促进人类社会的和谐与发展。因此，探讨音乐的教化功能问题涉及音乐教育的学科本质及价值问题。而基督教的仪式语境不仅提供了丰富且有效的解释音乐教化功能的情境，同时也对我国优秀传统文化教育具有借鉴意义。

关键词：基督教仪式音乐；审美教化；教义教化；伦理教化；音乐教育；中华优秀传统文化教育

中小学音乐创造力教学的理论研究与实践探索

作者：喻　意(2012级博士研究生)

导师：谢嘉幸

摘要：半个世纪以前，西方已经对创造力进行了较为深入的探索。近十年来，有关音乐创造力研究的著作相继在美国、英国出版，世界上许多国家把音乐创造力教学纳入普通音乐教育中并作为重要教学内容，21世纪，中国关于音乐创造力的研究也在不断升温。本文梳理国内外音乐创造力理论，结合我国中小学音乐创造力教学现状，建构了"5C"音乐创造力教学模式，并通过实验教学验证了这一模式的合理性和有效性。

本文首先全面梳理国内外音乐创造力研究的相关成果，包括音乐创造力的内涵、影响因素和测评方法，以及音乐创造力教学的构成要素、教学内容、教学方法和教学策略。采用量化、质化结合的研究方法，本文还分析了中国国家音乐课程标准和教材，调查了北京市120位中小学音乐教师，访谈了8位教师并观察他们的课堂，以全面调研我国中小学音乐创造力教学的政策制定、教材编写情况和北京市中小学音乐教师的音乐创造力教育观念与实际教学现状。

本文结合前人的研究成果与我国当前的教学状况，构建我国中小学"5C"音乐创造力教学模式。此模式共由5个部分构成：创造型学生(creative student)、创造型教师(creative teacher)、创造型环境(creative environment)、创造型行为(creative acting)和创造的过程(Creative process)。最后，本文运用"5C"模式进行教学实践，实践课程包括即兴创作、创编、改编、创意聆听和创造性表演，实验结束后对教学效果进行分析与反思，总结音乐创造力教学的经验和规律。实验研究结果表明，本文构建的"5C"音乐创造力教学模式是合理有效的。在此教学模式的教学实践过程中，学生们在创造力技能发展(创造性思维、创造性人格)、音乐知识的学习及音乐产品创造能力方面均得到了不同程度的提高。

关键词：音乐创造力；音乐创造力教学；中小学音乐教育；教学模式

中国少数民族音乐课程的文化理解范式建构

作者：尚建科(2011级博士研究生)

导师：管建华

摘要：本文的核心论题是高等院校的中国少数民族音乐课程范式问题。本文研究的主要内容是，通过对高等院校中国少数民族音乐课程的历史和现状进行分析，在总结其基本经验和反思成败得失的基础上，提出中国少数民族音乐课程的文化理解范式。本文认为，中国少数民族音乐课程的文化理解范式主要着眼于本土文化的内在发展和个体能力的整体发展，其基本内涵主要体现为知识、社会、人 3 个维度的课程价值观革新与重建。从课程知识观的角度来看，本文强调将中国少数民族音乐作为一种有机的文化整体来把握。从课程与社会的关系角度来看，本文强调以文化认同为目标的中国少数民族音乐及其课程的内在发展。从课程与人的关系角度来看，本文强调课程回归学生生活世界，实现“整体的人”的发展。

本文共分 5 章。第一章立足不同历史时期的社会文化语境，归纳和分析了中国少数民族音乐课程范式的基本类型、基本特征和发展症候；第二章立足哲学诠释学视域，提出了中国少数民族音乐课程的文化理解范式；第三章立足本土文化语境和当代学术语境，对中国少数民族音乐课程的知识观进行了考辨和重构；第四章在课程知识观的基础上，论证了中国少数民族音乐课程的文本观；第五章主要论述了中国少数民族音乐课程的实施策略。

理解是人文学科在对待人的精神世界时的一种独特观察方式。将文化理解作为构建中国少数民族音乐课程范式的价值坐标，反映了课程顺应当代人文学科精神的理论品格与实践走向，也是中国少数民族音乐课程在当代教育改革语境中得以创新发展的必由之路。

关键词： 中国少数民族音乐课程范式；文化理解；自主性发展；文化认同

蒙古族音乐数据库的设计与制作

作者： 滕　腾(2010 级博士研究生)

导师： 谢嘉幸

摘要： 在数据库技术飞速发展的今天，如何使数据库更有效地服务于音乐的研究、教学以及其他广泛应用，已成为一个必须正视的问题。如何从传统、当代以及发展的视野来看待一个特定民族音乐文化的生态，以期使数据库包容更多的内容，具备更有效的途径与更简捷的方法，也被研究者日益关注。本文选择蒙古族音乐文化生态为研究对象，涵盖蒙古族原生、次生与再生音乐的生态景观，包含广泛多样性的图、文、音像等资源，力图构建一个面向专业研究者和普通音乐爱好者的大规模音乐数字化公共服务的规范化、标准化平台，这构成了本文审视的整体内容。

本文分为文本论述与数据库展示两部分内容。文本论述主要包括宏观阐释、资源分类、资源采集、设计与制作、功能展示等五部分内容。第一章、第二章主要对所涉及的概念、已有数据库存在的问题、蒙古族音乐的分类等内容做了论述。在蒙古族音乐的分类中，笔者借鉴了文化生态学学科的研究方法，将蒙古族音乐划分为原生态、次生态、再生态蒙古族音乐 3 种类型；基于前人对蒙古族传统音乐的分类方法，对现有的蒙古族创作音乐也进行了划分；试图通过蒙古族传统音乐与创作音乐来研究蒙古族音乐的整体内容。第三章对蒙古族音乐的文本、音频、视频、图像资源的采集流程做了阐释。第四章是本文的技术支持部分，在技术架构方面，通过使用语义网技术、关联技术应用的关联数据集、知识图谱和音乐本体的构建、软件的选用等进行设计与制作。第五章是本数据库的功能展示部分，主要对“存取与分类”“浏览与搜索”“特色功能”以及“学术社交”等其他功能做了介绍。数据库展示部分参见“蒙古族音乐数据库”，网址：www.mmdb.cn。

本文可谓是一次音乐研究者与信息技术工作者的深度对话，是一篇以蒙古族音乐为案例，侧重方法论的博士学位论文。该数据库打破了当前传统单一、老套的观念和认知，进行全新探索，做到了集采录、分类、分析、研究、教学、描述等多功能为一体，有效地解决了教学与科研工作开展的应用性、系统性、科学性等多方面的问题，通过多维的视角共同阐述蒙古族音乐整体，为国内外专家学者提供学术参考。

关键词：蒙古族音乐；数据库；传统音乐；创作音乐；文化生态；音乐本体

关于伦纳德·伯恩斯坦音乐教育实践的研究

作者：张烁(2010 级博士研究生)
导师：谢嘉幸

摘要：伦纳德·伯恩斯坦是 20 世纪著名的音乐大师，他集作曲家、指挥家、演奏家、教育家以及社会活动家等多重身份于一身。多年来，由于其在指挥事业方面的辉煌，致使了人们对其另外身份的忽视，尤其是教育者的身份。从伯恩斯坦身上，我们看到了一个问题——音乐教学与音乐创作乃至表演是矛盾的还是互动的？在教育者的身上能否体现对于音乐艺术的热情与执着？

伯恩斯坦从 20 世纪 50 年代中期开始借助公共传媒工具针对不同年龄、不同身份的人们开展了形式迥异的音乐教育活动。本文从历时性的角度进行叙述。第一章在回顾伯恩斯坦教育背景的同时从宏观上对其教育理念进行概括，着重提出伯恩斯坦后来的很多教育方式和思想与其早年的教育经历有着密不可分的联系。从第二章开始到第五章，依次论述从 20 世纪 50 年代至 80 年代伯恩斯坦具体的教育活动，每十年为一个时间段落，且每一段有着不同的教育形式，从“公共汽车”到“青少年音乐会”，从“诺顿演讲”到“晚期讲座”，这些教育活动很多不为国内的读者所熟知，实为遗憾。笔者从教育学的角度出发，在论述事件过程的同时进行教育学角度的分析，并总结其得失。第六章对伯恩斯坦一生的教育活动进行总结，从教学理念、教学目的、教学形式以及教学手段等方面提出对于中国的经验和教训。

纵观伯恩斯坦的一生，其一方面对音乐有着狂热的追求；另一方面，对教育也有着由衷的热爱，两者紧密结合成了一个不可分割的整体。笔者认为，伯恩斯坦在进行作曲和指挥事业的同时，其对音乐教育的关注是一种必然，当然在这其中也有偶然的因素，究其根本原因是由他的个性和所处的环境决定的。从伯恩斯坦的身上可以看出，音乐教学并不仅仅是单纯的输出性劳动，教学与表演完全可以成为水乳交融的艺术，音乐家无论从事教学活动还是创作活动，都在追求音乐的激情，这也是伯恩斯坦给予后辈音乐人最珍贵的礼物。

关键词：伦纳德·伯恩斯坦；音乐教育；实践形式；大众传媒

全球化背景下贵州苗族音乐传播研究

作者：张应华(2009 级博士研究生)
导师：管建华

摘要： 本文研究的问题来源于当代贵州苗族音乐的传播实践，研究起点是其传承策略的封闭性和传播策略的现代性。研究的构想与基本思路是：在田野调查的基础上，运用多学科综合分析的方法，全面梳理贵州苗族音乐当代传播的现状，并深刻揭示其现代性特征，同时，通过对不同群体不同观点的深度访谈和问卷调查，揭示其关于贵州苗族音乐传播的不同价值观，以此进一步提出全球化背景下贵州苗族音乐传播的文化策略和行动策略。本文主要的理论来源包括文化全球化理论、后现代文化、文化传播、文化生态、人类学、教育学、文化产业、苗族文化研究等。

本文主要包括以下几章。第一章简要地梳理了贵州苗族音乐的文化空间结构及其研究历程，对传承与传播两个概念进行了较为详细的比较与辨析，并在此基础上提出了全球化背景下贵州苗族音乐传播研究的几个主要问题。第二章主要研究全球化背景下贵州苗族音乐的民间自然传播，包括“民间自然传播的历时性梳理和功用概述”“苗族音乐‘代际传播’的行为方式与个案调查”“苗族音乐‘族际传播’的行为观念与个案调查”以及“贵州苗族音乐民间自然传播的挑战”4 个部分。第三章主要研究全球化背景下贵州苗族音乐的现代媒介传播，包括“贵州苗族音乐创作传播及个案分析”“贵州苗族音乐表演传播及个案分析”“贵州苗族音乐文化原生态推介”以及“贵州苗族音乐现代媒介传播的价值与现代性症结”4 个部分。第四章主要研究全球化背景下贵州苗族音乐的学校教育传播，包括“20 世纪下半叶贵州苗族音乐学校教育传播”“21 世纪以来贵州苗族音乐学校教育传播”“贵州苗族音乐学校教育传播的现代性悖论”3 个部分。第五章主要采用文献研究、问卷调查和个别访谈的方法梳理和探讨贵州苗族音乐传播的地方策略和社会舆论，包括“贵州苗族音乐传播的地方策略与新闻导向”“青年学生群体社会舆论的问卷调查”“文化学者群体社会舆论的深度访谈”3 个部分。第六章为全球化背景下贵州苗族音乐传播的文化策略和行动策略的探析。其中文化策略包括“价值判断的文化自觉观”“研究策略的文化全球观”“信源策略的文化主体观”“信道策略的多层分级观”“解读策略的文化相对观”“交流策略的主体间性观”“产业策略的文化生态观”。行动策略则主要研究了以下 5 个方面：①以“合目的、合规律”的生产实践维护贵州苗族音乐文化生态；②从“元素型”转向“文化型”的贵州苗族音乐创演传播；③回归民间主体性行为，重构贵州苗族音乐的“原生态”推介；④以“交往理性”重构贵州苗族音乐当代教育传播体系；⑤以“主体选择”策略重构贵州苗族音乐保护体制。

关键词： 全球化语境；贵州苗族音乐；民间自然传播；现代媒介传播；学校教育传播

音乐短时记忆的组块研究
——从音乐短时记忆形成的本体因素到音乐偏好发生的认知心理基础

作者： 任　恺（2007 级博士研究生）

导师： 刘　沛

摘要： 音乐认知和音乐情感反应研究一直是音乐心理学所关注的重要课题。然而，影响音乐短时记忆形成的音乐本体因素、音乐偏好产生的认知心理基础以及它们之间的关系是所属领域较少涉及但又十分重要的问题。本文以音乐短时记忆的组块研究为切入点，回顾了音乐记忆和音乐偏好领域内最具代表性的研究，在文献综述的基础上，获得从思路、方法到操作层面的启示。在本文中，确立了音乐心理学的音乐本体研究范式，采取了定性和定量研究相结合的方式，通过3种类型的问卷调查和基于搜索量的网络调查研究等新手段，找寻人们音乐生活中与音乐认知和情感反应有关的"事实"，同时，依据这些音乐生活中的现象，以组块理论为突破口，通过实验的方式，系统研究了组块感、组块的长短、组块的速度、组块系列位置效应下的重复以及组块内部的复杂性这5个方面对音乐短时记忆及音乐偏好的影响。测试音乐在保证基本材料和长度不变的情况下，通过以上5个方面的变化和处理，造成同一材料下不同的组块特性，并通过由移调、分心任务、"测试音乐顺序设计"构成的"三重过滤体系"，将短时间内可能形成的熟悉度降到最低，在保证材料属性和特点不变的情况下，有效地抑制了近似材料反复出现可能引起的实验误差，在变量的"变"与"不变"间找到平衡。首先，研究的结果以及对结果的图表和统计学分析显示，实验假设基本成立。组块感、组块的长短、组块的速度、组块系列位置效应下的重复以及组块内部的复杂性变化构成了音乐本体的常规变化，并引发了不同的短时记忆效果和音乐偏好程度，由此表明，音乐短时记忆除了受到被试的主观因素——认知因素——的影响外，还受到音乐本体因素的影响。其次，在随后的研究中，通过统计学的方式，研究发现了音乐短时记忆的效果与音乐偏好程度间存在较高的正相关性，这表明了人的认知加工与情感判断之间有着密切的关系。这成为音乐偏好理论除熟悉度等理论之外的新解释，是音乐偏好产生的重要认知心理基础。最后，研究结果还显示，音乐专业被试和非音乐专业被试之间，无论是在音乐短时记忆的效果上，还是在音乐偏好程度的属性和变化趋势的判断上，存在较高的一致性，只是程度上的不同而已。研究结论为音乐教育、音乐治疗、音乐创作、音乐产业的发展打开新的思考空间，具备理论上的创新和实践上的意义。

关键词： 音乐短时记忆；组块研究；音乐偏好；本体因素；认知心理

学习分析视野下的音乐教育——音乐学习的"私人订制"

作者： 刘一浔(2014级硕士研究生)

导师： 谢嘉幸

摘要： 信息化革命在教育领域引起了一场从"教"到"学"的根本性变化，在这个变化中，如何"学"日益成为教育改革关注的重点，学习分析理论正是在这个背景中涌现的。本文对学习分析理论的国内外文献进行了初步的梳理与总结，在此基础上制订了音乐学系"私人订制"的基本方案，并通过问卷调查及行为研究优化本设计，形成一个可满足音乐学习者个性化需求的学习软件。笔者认为，"个性化学习方案"有助于提高学习者的学习积极性，对于提高学习效能有积极作用。本文研究的意义在于在教育资源网络化、信息化的大背景下，对现有学习资源的挖掘、整合、利用，这顺应了时代发展的趋势。

关键词： 学习分析；大数据；音乐教育；个性化学习

影响乐器性别刻板印象的因素分析

作者：刘　悦（2014 级硕士研究生）

导师：刘　沛

摘要：如何打破性别刻板印象？纵观国外相关文献，已经有许多研究者开始探究产生性别刻板印象的原因及解决方案。一方面，刻板印象虽具有一定的合理性，但是它的负面影响却不容忽视；另一方面，人们对乐器存在的性别刻板印象会导致人们失去尝试每一类乐器的机会。

本文试图基于社会学、心理学等学科理论，使用定量研究验证笔者的两个假设：第一，音乐专业学习者对乐器的刻板程度与非音乐专业学习者对乐器的刻板程度不同；第二，男性对乐器的刻板程度与女性对乐器的刻板程度不同。基于布朗芬布伦纳的生态理论系统，结合定量研究与定性研究方法，本文试图探究影响人们刻板程度的因素。

通过数据结果以及访谈信息显示，个体对乐器存在的性别刻板印象程度不同，笔者试图将此状态归因为个体对每类乐器的认知程度不同，并且研究结果显示，影响个体对乐器认知的因素有家庭、学校、同伴以及媒体 4 个因素。最后，笔者通过讨论，试图以这 4 个因素为出发点，营造良好的乐器学习氛围，以缓解性别刻板印象。

关键词：刻板印象；性别；乐器

音乐校本课程研究——以佛山、深圳、北京的 3 所学校为例

作者：宋栢（2014 级硕士研究生）

导师：管建华

摘要：本文选择广东省深圳市深圳中学、北京市朝阳区虎城中学（现已更名为北京工业大学附属中学英才分校）、广东省佛山市顺德区勒流育贤实验学校等 3 所学校开展实地调研，以此为切入点进行中小学音乐校本课程案例分析，发现了地方乡土音乐并未得到广泛重视，教材编排缺乏科学性的细化与指导资料，没有明确具体的课时安排，没有成型的教材，缺乏雄厚的师资力量等问题。笔者总结归纳了音乐校本课程设置和实施中存在的共性问题，通过深层次剖析后提出了一些建议，如挖掘中国地域传统文化精华，课程内容设置要坚持民主和科学的原则，教材内容应坚持以人为本的原则，要加大教学的课时，建立灵活多变的评价体系，增大教育资金投入，保障师资与硬件设施等。

关键词：音乐校本课程；文化传承；乡土音乐；地方文化；中国传统文化

音乐专业大学生的非正式学习研究——某音乐学院的个案研究

作者: 王　璇(2014级硕士研究生)

导师: 刘　沛

摘要: 本文着眼于社会学视角,运用法国社会理论学家布尔迪厄提出的"场域-惯习"论阐述大学生的音乐非正式学习。本文以国内某音乐学院学生为研究对象,了解其在音乐非正式学习方面存在的问题,提出了提高大学生音乐非正式学习能力的几项策略。全文共有6章:第一章为绪论,介绍了非正式学习的研究缘起、目的、价值、方法和架构;第二章为理论依据和文献综述,解释相关概念并梳理国内外相关文献;第三章描述了研究前的准备工作,确定研究地点、研究对象和统计方法,并提出研究假设,设计问卷;第四章对当前音乐专业大学生的非正式学习能力现状进行调查,运用 Excel 和 SPSS 进行数据分析,对现状进行总结;第五章在非正式学习能力现状的基础上,从大学生自身因素、学习场域因素、学习惯习因素方面切入,探究影响大学生音乐非正式学习能力的多种因素;第六章基于前期的研究,提出了提高大学生音乐非正式学习能力的建议,并总结研究成果和局限性,以期为传统音乐教育敲响警钟,为现代音乐课堂教学注入新鲜血液,为当前正在进行的音乐学习与课程改革提供有益的借鉴。

关键词: 非正式学习;场域;惯习;音乐专业大学生

中小学民歌教学的理论与实践——以齐齐哈尔市第三小学的课堂教学为例

作者: 武闻彤(2014级硕士研究生)

导师: 傅利民

摘要: 新时代呼唤精神境界的回归,新时期大力弘扬中华优秀传统文化。传统音乐文化的历史绵长久远,为以后的音乐发展奠定了雄厚的基础,传统音乐文化是华夏子女共同的精神财富。黑龙江民歌现存1 186首,有一部分民歌至今仍传唱度很高,它们活跃在银屏中和人们的生活中,在当今时代,仍然有它们存在的意义和价值。

小学是义务教育的基础阶段,以黑龙江民歌作为内容的音乐教育应以黑龙江省内的学生为主体,在小学范围内广泛地开展民歌课势在必行。本文共分3章,分别从民歌的教学理论、民歌的教学实践和民歌传承的相关思考3个方面进行阐述。本文以黑龙江省民歌的传承为个案研究,为民歌的音乐教育提供了一个切实可行的视角,通过对黑龙江民歌的教学实践,验证并丰富了民歌的教学理论,并给中国音乐教学法的构建提供启发。

关键词: 教学理论;民歌学习;音乐课

音乐的动态可视手段在新媒体音乐教学中的应用

作者：袁　野（2014 级硕士研究生）

导师：谢嘉幸

摘要：本文以新媒体音乐的视觉属性为研究对象，搜集了国内外各领域中音乐动态可视化的相关实例和文献，并设计与实现了一部京剧作品的动态可视化。本文以此为基础，分析了动态可视化相比传统记谱法的优势与不足，系统地整理了不同动态可视化手段在音乐教学等各种场景下的应用范围与特点。

第一章为绪论。第二章从媒体技术角度回顾音乐生产的历史，论述了多媒体时代音乐生活的剧变及其美学意义。第三章从多角度梳理了传统静态视觉手段。第四章分类描述动态可视化的当代应用场景。第五章是结论与研究意义。

笔者认为：以听觉和静态视觉为基础的传统音乐教学手段已不能有效帮助当代学习者理解并参与新媒体时代的各种音乐现象。音乐的动态可视化在新媒体时代的音乐实践中处于关键性的位置，它既是对当下音乐教育提出的要求，也是辅助音乐教学的有效途径。与以追求精确性为主的传统视觉手段不同，在音乐动画、虚拟现实游戏、声音可视化、音乐装置、电子艺术等不同领域中，动态可视化手段的设计目标是多种多样的。

关键词：动态可视化；电子音乐；实时乐谱；京剧；音乐游戏；虚拟现实

“博雅教育”视野下我国音乐教师教育的“教育”本位问题

作者：赵俊芬（2014 级硕士研究生）

导师：李方元

摘要：我国音乐教育专业主要以培养音乐教师为目标，而长期以来在培养过程中却重专业知识技能培训，疏于关注未来音乐教师作为一个人的“心智的解放和成长”，而这点恰恰才是高等教育最基本的使命。本文即以“博雅教育”为考查起点，从“通识教育”视角来看待和分析我国音乐教师教育的相关问题。本文的讨论指向音乐教师教育中的一个重要问题，即当前我国音乐教师教育中“教育”的内涵缺失的问题。

本文共分四部分。第一部分为绪论，阐述了本文的选题依据、提出的问题、研究意义、研究的对象及方法，以及目前研究的进展等。第一章梳理“博雅教育”的历史以及“博雅教育”与课程的关系，解读“博雅教育”的内涵。第二章以中国音乐学院、首都师范大学音乐教师教育为对象，分析了这两所院校的课程设置现状。第三章从“博雅教育”的视角探讨了这两所高校音乐教师教育的培养目标、内容与实施，并指出目前我国音乐教师教育中的一些疏忽与不足。第四章在第三章的基础上，探讨了我国音乐教师教育的“教育”本位问题，并提出应继续关注高等学校音乐教育中“人”的发展。

关键词：教师教育；音乐教育；博雅教育；教育本位；教育课程

深圳市福田区、龙岗区小学音乐课程改革的调查研究

作者：孙林琳(2013 级硕士研究生)

导师：刘　沛

摘要：本文以广东省深圳市为例，对龙岗区和福田区 4 所有代表性的小学音乐课堂进行深入的调查研究，采用课堂观察、问卷、访谈等方法，对当下小学音乐教师教学理念、教学方法、课程评价以及学校教材等方面进行了调研，并且对一线教师进行了深度访谈，总结深圳市小学音乐课程改革的现状，提出建议以便于研究后最终推广。

笔者对近十年来课程改革的文献著作、博硕论文及相关文章进行了深度的研读，并结合自己的教学经验和理论知识，获取了深圳市小学音乐课程改革的第一手资料，然后进行分析和研究。本文总共用 7 个部分来呈现：第一章为引言部分，提出本文的研究目的和意义；第二章是文献综述，把相关的课程改革内容进行了归类和梳理，为本文的研究提供了理论支持；第三章是实验过程，包括对实验对象的调查、实验前期准备等；第四章是定性研究的论述，包括研究的目的及方法、研究内容；第五章是定量研究的论述，包括问卷维度设计、效度信度检测、实验结果分析；第六章是讨论，提出笔者自己的建议、实验的不足以及对未来的展望。

关键词：课程；课程改革；教学理念；教材；课程实施；课程评价

巴陵戏的传承模式及保护策略

作者：袁　卓(2013 级硕士研究生)

导师：刘　沛

摘要：巴陵戏是流行于湖南的地方大戏，本文章主要探讨旧式传承和新式传承两种传承模式对巴陵戏的传承与发展起到的重要作用，以及对两种传承模式下存在的问题进行一定的调查与研究，采取有效的保护措施，希望能为岳阳市巴陵戏的传承与发展提供有效的方式方法。

本文分为 5 章：第一章论述本文的研究对象、研究目的、研究方法、研究问题；第二章是巴陵戏的概述，主要介绍了巴陵戏传承的地理环境和人文环境，并分析巴陵戏的发展变迁及音乐特征，较为系统地叙述不同时期的发展状况；第三章运用访谈法等调查方法对巴陵戏旧式传承模式以及存在的问题进行总结归纳；第四章是本文的调查部分，对岳阳市“巴陵戏进课堂”试点学校的教师、学生进行问卷调查以及对巴陵戏剧团演员进行采访，分析岳阳市巴陵戏在学校“一内二外”传承模式的现状以及存在的问题；第五章从教育学的理论出发，分析调查结果，尝试在旧式传承模式和新式传承模式的基础上提出切实可行的保护策略。结语部分总结全文的研究，并进行全方位的归纳总结，进一步反思与提问。

关键词：巴陵戏；传承模式；学校教育；保护策略

当下我国初中音乐教材伦理内容的思考

作者：陈航航（2013级硕士研究生）

导师：李方元

摘要：自梅里亚姆指出音乐的10种社会功能后，越来越多的学者关注到音乐和音乐教育所具有的更为广泛的内容与意义。笔者针对当代音乐教育中的伦理问题展开探索与研究，试图为当代音乐教育的哲学内涵提供更多的可能性与新的理论依据。

本文一共有4个部分。绪论部分主要介绍了选题来源与选题意义、文献综述、研究问题与方法、伦理、伦理学与音乐教育的概念界定。第一章以2011年教育部颁布的“音乐课程标准”以及“新课标”指导下编撰的音乐教材（7～9年级）为研究对象，并对中学音乐课堂进行调查研究，进而探讨当代普通学校音乐教育中是否存在伦理性缺失这一问题。第二章从不同的层面分析和探讨中国古代礼乐教育中的伦理内涵，以礼乐教育中的“德”“善”“真”与“和”等伦理内涵展开研究与讨论，从而探索音乐、伦理、教育三者之间的内在关联。第三章则以史为鉴，对照我国古代情况，讨论当下音乐教育与伦理的关系，进而提出当代初中音乐教育中“情”“真”“德”“善”等伦理内容的严重缺失。最终，本文通过纵向和横向的比较，分析当代音乐教育中伦理内涵的意义与价值，为当代音乐教育的教育内涵探寻可能的理论空间和实践依据。

关键词：伦理；新课标；音乐教材；古代礼乐；音乐教育哲学

音乐会讲座——音乐教育的一条新路径

作者：霍东方（2013级硕士研究生）

导师：李方元

摘要：随着社会的发展进步、社会文化传播媒介的日益发达，音乐教育的开展渠道和方式也越来越全方位化和多样化。音乐会讲座将音乐会和学术讲座有机地融合在一起，使音乐表演和音乐教学相结合，开辟出了一条创新性的音乐教育新路径。但由于兴起时间较短，各方面统筹机制尚未成熟，音乐会讲座目前在国内还停留在极少数群体受益的“初级阶段”。

本文以伯恩斯坦“青少年音乐会”、挪威“音乐会复兴运动”以及北京市中山音乐堂“‘打开艺术之门’系列艺术讲堂”等众多国内外经典音乐会讲座案例为考查对象，探讨了音乐会讲座与社会音乐教育、学校音乐教育、音乐文化普及之间的纽带关系，进而再与当下学校音乐教育进行对比，明确音乐会讲座对学校音乐教育的补充意义的同时，反思学校音乐教育在整个国民音乐教育中的角色转变以及不足之处，从而推动以“音乐会讲座”为载体的音乐教育活动的发展，完善其社会艺术普及服务功能。

笔者通过音乐会讲座这个视角，展望音乐教育事业的未来，鼓励我们去探寻更广泛丰富的社会媒介来为音乐教育服务，同时音乐教育也将通过多维度多元的“载体”造福于更多的国民。

关键词:社会音乐教育;音乐会讲座;学校音乐教育;音乐普及

信息时代下中国传统音乐教学与传承之新探——以当下中国的“慕课”实践为例

作者:栗红建(2013级硕士研究生)

导师:傅利民

摘要:在信息时代,人们的生活、学习和工作跟以前已经大不一样。移动学习、家庭办公等这些在以前看来难以实现的事情,如今在信息技术的引领下,都可以轻而易举地做到。具体到教育领域,信息技术促使传统教育的转型升级,促进教育方式方法、教育理念的更新换代,这些新的变化都表明信息技术在教育行业正扮演着越来越重要的角色。近年来,由互联网技术催生的慕课(MOOC)快速发展,加剧了传统教育形态的改组与重构。本文以当下在中国的“慕课”课程实践为例,通过对其进行研究与分析,探讨了以“慕课”课程为代表的信息技术的运用对于中国传统音乐的教学与传承的理论和实践意义。

本文分为以下四部分:绪论包括选题缘由、研究目的及意义、国内外研究现状;第一章探讨了慕课的来源、定义及其结构和类型;第二章针对当下中国的几个慕课课程案例进行分析,并总结了它们的特点;第三章是对当下信息技术对于中国传统音乐教学和传承的借鉴意义的分析以及基于信息技术的传统音乐传承的未来展望。

关键词:信息时代;慕课;中国传统音乐;教学;传承

美国国家核心艺术标准的课程设计理念及音乐课程标准研究

作者:徐　婷(2013级硕士研究生)

导师:刘　沛

摘要:本文对美国《国家核心艺术标准》予以深入阐释与逐层分析,旨在为国内音乐教育界呈现一种新的课程改革视野,为我国音乐教育的发展提供国际参考。

笔者的结论包括以下几部分。①从育人目标上来看,将艺术素养作为艺术教育的总目标,运用哲学基础与终身目标的方式进行陈述,有助于教学目标的实现。②从综合性课程理念上来看,借助综合性的课程设计模型,通过以任务为导向的课程设计,逐层分析并具体化到课程单元之中,有助于跨学科综合的教学目标的实现。③从创造性实践的培养上来看,将“创造”的艺术过程置于艺术教学的首位,有利于学生创造性、感受能力、欣赏能力和表现能力的培养。④从课程评价方式上来看:a. 大观念和关键问题的运用有助于跨学科评价的实施;b. 内含形成性评价与终结性评价的基石评估模型的运用,有助于教师对学生学习情况从整体到过程的掌握;c. 嵌入型的课程评价方式有助于课程目标的实现;d. 重视学生自我评估能力的培养,有利于对学生认知能力的培养;e. 相册式评价的运用有利于教师及时掌握学生情况,激励学生学习。⑤从课程设计理念上看,理解为先的教学设计中所倡导的课程的逆向设计法，为教师教学设计提供了一种新的思路。

关键词：美国《国家核心艺术标准》；音乐标准；理解为先的教学设计；逆向设计；文献研究

传统音乐元素在音乐教学中的运用——以十番锣鼓为例

作者：许慧玲(2013 级硕士研究生)

导师：傅利民

摘要：十番锣鼓是中国传统民间器乐的代表性乐种，具有中国民族音乐的典型特色。传承不是将所有民族音乐文化都原样照搬地吸收，中国传统文化之丰厚、民族多样性的特点也让这样一个任务难以进行。无论哪一学科领域，都很难有一套放之四海而皆准的理论体系，音乐学科也不例外。笔者认为在音乐的教育与传承中更应该关注的是决定民族音乐文化风格特色的元素、决定民族基因的元素内核，并将之梳理整合成一套在一定范围内能适用于中国民族音乐的乐理体系。本文就是基于这样一个理念，将十番锣鼓音乐分析与当下音乐教育现状分析相结合，借鉴国外四大音乐教学法的教学理念与方法，一步步展开了对传统音乐元素在音乐教学中的探索。

本文首先对十番锣鼓的历史发展以及音乐本体进行了研究、分析，提取出了十番锣鼓当中极具代表性的中国传统民族音乐元素，随后探讨了其音乐元素进课堂的可行性，进而与国外教学法进行比较研究，以民族音乐学、互联网教育的视野探讨了当下音乐教育的转变，经过一系列的理论分析与研究，最终落实到传统音乐元素进课堂的教学实践。

关键词：十番锣鼓；音乐元素；序列节奏；音乐教学

南音传承模式与传承现状研究

作者：颜　妍(2013 级硕士研究生)

导师：谢嘉幸

摘要：南音是我国现存最古老的乐种之一，被誉为华夏传统音乐的“活化石”。在千百年的传承过程中，南音逐渐形成了师徒传承、班社传承、家族传承和以名角名师为主导的 4 种民间传承模式。随着时代的变迁，南音朝着更为专业化的方向发展，不仅走进了闽南地区部分中小学校课堂，也被纳入高校专业音乐教育的范畴。泉州师范学院在 2003 年开设了音乐学(南音方向)专业，为南音基础教学培养了合格的师资队伍。当代南音文化随着传承模式和传承途径的变化，形成了民间传承和校园传承两大模式。

本文采用文献研究法、问卷调查法、访谈等方法，对闽南地区南音民间传承现状和校园传承现状进行调查研究，探讨不同传承模式下南音传承现状以及传承效果，比较两种传承模式所培养出来的人才特点，思考当今南音艺术文化传承发展趋势及面临的问题，从而为促进南音艺术文化更好地传承与发展提供理论基础。通过对南音民间传承模式与校园传承模式背景下的南音传承现状进行描述和分析,笔者得出如下结论:南音文化的民间传承模式和校园传承模式是一脉相承、密不可分的。但是,无论在哪种模式下,南音的传承与发展都面临许多问题,这值得我们深入思考。

关键词:南音艺术文化;传承模式;传承现状;传承效果

非音乐专业成人音乐整体结构认知能力的教学设计实证研究

作者:袁艺丹(2013 级硕士研究生)

导师:刘　沛

摘要:本文针对非音乐专业成人,就如何提高其音乐整体结构认知能力进行教学设计的研究。本文采用定量和定性相结合的研究方法,共有 30 名被试者参与其中。研究结果表明,本文采用的以逆向设计为框架、具身认知为教学活动设计理念的教学设计模式,对提高学生音乐整体结构认知能力是有帮助的,且适用面比较广,即学生的年龄、文/理科、学历对音乐整体结构认知能力提高的幅度基本没有影响,核心自我评价水平的差异对学生音乐整体结构认知能力的音乐能力倾向度方面略有影响,但从整体看影响不大。

从整体结构认知音乐、把握音乐是本文的思想核心,通过教学设计将这种认知音乐的方式传递给学生是本文研究的立足。在教学设计中具身认知是教学活动设计的基本理念之一,基于研究结果,该文在一定程度上证实了身体在认知过程中的重要性,让学生参与到抽象的概念具体化的过程会促进学生对概念的理解。这也为针对非音乐专业人士的音乐教育提供了一种思考方向,在一定程度上证实了达尔克罗兹教学法强调的“体态律动”、奥尔夫教学法提出的身体乐器、柯达伊教学法运用的约翰·柯温手势等理念在音乐教学中的重要性。

关键词:音乐整体结构认知;格式塔;具身认知

山东省滕州第一中学音乐鉴赏课程学生学习困难成因与对策研究

作者:赵　灿(2013 级硕士研究生)

导师:向周俊

摘要:高中音乐鉴赏课程对高中生形成良好的审美情趣和高尚的品格修养有着至关重要的作用,是实施美育发展的一条重要途径。2003 年颁布的《普通高中音乐课程标准(实验)》对我国高中音乐教育改革发展起到了推动的作用。通过十多年的发展,在地方高中音乐教育教学实践上也出现了一些问题和困境急需解决。

笔者以山东省滕州第一中学为研究对象,从学校、教师、学生 3 个大方向入手,对该校音乐鉴赏模块开设情况中的问题进行调查分析。通过对该校音乐鉴赏课程教师教学与学生学习现状的深入调查研究,分析滕州市高中音乐教育出现的问题。本文突破了过去以学生研究为主的单一模式,而是以学生为中心,从社会环境、教学理念、教学模式、教学过程、评价模式等方面多维度地寻求解决该校学生音乐学习困难的对策。

本文共分为3章。第一章对滕州第一中学音乐鉴赏模块开设情况进行统计与分析。第二章从社会环境、学校、教师、学生四方面出发,分析该校学生音乐鉴赏课程学习困难的成因。第三章以《普通高中音乐课程标准(2017年版)》的基本理念为指导,结合国内外先进的教学思想,提出适合该校音乐教学的具体对策。

关键词: 课程改革;调查;课程标准;学生发展需要;教学过程

汉族音乐教师的跨文化适应策略与师生心理关系研究——以大、小凉山彝族自治州8所中学为例

作者: 冯钰荃(2012级硕士研究生)

导师: 刘　沛

摘要: 执教于我国少数民族地区的汉族音乐教师,实际上是在经历一次跨文化适应的过程。一方面,汉族音乐教师在跨文化适应过程中难免会使个体的自我特性、思维系统、行动模式、情感知觉、交际模式等受到冲击;另一方面,由人际认知关系、情感关系、个性关系等内在联系组成的师生心理关系则是师生关系中教育关系的基础和深化,常常以内隐的方式直接影响教育关系。教师在自身交际模式、思维系统、行动模式、情感知觉受到冲击而不能有效调整的情况下,其与异文化背景的学生所建立的师生心理关系也会受到影响。此外,师生心理契约关系作为师生心理关系良好与否的重要维度,与教师的跨文化敏感性有显著的关系。

在大力提倡多元文化音乐教育的当下,音乐教师对待异文化及异文化群体的态度应得到广泛关注,而一些对待异文化的认知偏差、内群体偏见以及刻板印象等不利于树立多元文化价值观的因素,其成因以及对师生心理关系造成怎样的影响是本文关注的重点。

关键词: 跨文化适应策略;跨文化能力;文化距离;跨文化压力;师生心理关系;师生心理契约关系;师生心理距离

国学启蒙教育网络传播中音乐作用研究——以《三字经》为例

作者: 付冰洁(2012级硕士研究生)

导师: 谢嘉幸

摘要: 本文对9个《三字经》网络传播的音乐类型,从不同的角度来展现音乐在《三字经》中的参与形式以及特点,从而探究音乐在国学启蒙教育网络传播中所起的作用、所扮演的角色。

本文分为4个部分。绪论主要是问题的提出,包括选题缘起、文献综述、相关概念、研究意义、研究方法。第一章主要是对《三字经》网络传播中的音乐参与类型的展示,展示当前《三字经》网络资源传播以动画、配乐朗诵、儿童歌曲创作3种音乐参与的类型为主。第二章是对学习者的问卷调查和网络播放数据的搜集,了解当前《三字经》网络资源中有无音乐参

与的关注度。第三章是对《三字经》网络教育资源制作者、学习者家长、教师的访谈,了解制作者、家长、教师对《三字经》网络教育资源中音乐进行选取的依据。

以往传统音乐教育研究,学术焦点仅仅聚焦于传统音乐本身的传承,对于音乐在传统文化教育中的作用研究,并没有引起足够的重视。本文的研究就是为了填补这项空白,启发各位研究者转变研究的思路,运用音乐的方式开展国学的传播和传承。

关键词: 国学;启蒙教育;网络传播;音乐

全纳教育理念对特殊教育的启示——以音乐课堂教学为例

作者: 李　寒(2012 级硕士研究生)

导师: 向周俊

摘要: 20 世纪 90 年代末,联合国教科文组织在《萨拉曼卡宣言》中首次提出"全纳教育"。随后,这一理念逐步在许多国家得到发展,也引起了我国一些学者的关注,但长期缺乏深入的理论研究。

在我国,特殊学生一般都就读于特殊学校或者特殊班级,虽然有特殊儿童随班就读的情况,但这一现象并不是十分普遍。20 世纪 90 年代全纳教育理念兴起,笔者受到全纳教育理念的启示,以音乐课为例,对特殊教育模式转型进行一些初步探索。本文绪论部分介绍选题来源及研究意义,简要阐述特殊教育与全纳教育的关系,以及其研究现状与方法。

本文分为 4 章。第一章为国际视野下全纳教育的理念与措施,以美国为例阐述全纳教育的理念及实施措施,同时介绍了为推行全纳教育而实施的相关保障政策。第二章为特殊教育向全纳教育转型问题,阐述我国特殊教育的现状与问题,以及转型的必要性。在第三章中,笔者对特殊教育存在的问题进行分析,且对特殊教育向全纳教育转型的问题和对策进行了探索。第四章将全纳教育理念引入音乐课堂教学,并进行理论探索与教学设计,进而描述笔者在实习期间观摩的全纳音乐课堂教学实际情况。

关键词: 特殊教育;全纳教育;教学模式;教学能力

桑植民歌传承方式研究

作者: 秦　晶(2012 级硕士研究生)

导师: 刘　沛

摘要: 少数民族地区的特色音乐是音乐教育者关注的焦点问题。保护和发展少数民族地区的音乐首先应从当地着手,只有少数民族地区会对自身音乐文化给予充分重视,自觉肩负起传承的重任,并根据本地区自身实际情况探寻出适合于自身传承的方式,才能更好地对本地特色音乐进行保护与发展。

本文以桑植民歌作为研究对象,从桑植县民间和学校两个角度对桑植民歌的传承方式进行探究、分析、总结,力图探寻出适用于现阶段桑植县传承桑植民歌的方式方法。民间传承方式是桑植民歌得以保存原貌的根本，在传承桑植民歌的过程中，必须重视以老艺人为主体的民间口传心授的传承方式，改善传承人赖以生存与发展的环境空间，让更多的有志之士加入传承桑植民歌的队列之中，使桑植民歌得以传承发展。而学校作为文化传播的主流途径，应担负起传承桑植民歌的重任，将桑植民歌作为一种文化融入教学之中，将传承作为一种责任铭记在心灵之上，并将民间传承方式中的优势因素吸纳到当地学校音乐教育之中，以情景再现的方式将民间音乐活动融入桑植民歌的教学之中，创编桑植民歌本土教材，实现民歌教学课堂化，将传承桑植民歌作为学校音乐教育中不可缺少的组成部分。

关键词：桑植民歌；民间文化；学校教育；传承方式

北京市扬琴社会教育现状调查研究——以朝阳区、海淀区少年宫为例

作者：张　莹（2012 级硕士研究生）

导师：向周俊

摘要：扬琴自 17 世纪初从西方传入我国，到目前为止在中国已经有 400 年左右的历史，现已成为一件具有我国民族特色的民族传统乐器。扬琴教育主要通过两种途径实现，即扬琴专业教育与社会教育。其中，扬琴社会教育是普及扬琴艺术的主要途径，是促进扬琴专业教育发展的基础。北京地区是我国文化中心，同时也是我国扬琴教育中心，其扬琴社会教育问题具有典型的代表意义。笔者选择北京市海淀区和朝阳区少年宫进行调查研究，以其代表北京市扬琴社会教育整体现状。

本文共 3 章。第一章以史学研究方法为基础，对北京市扬琴艺术及其教育的发展历史进行搜集、整理并进行论述。第二章介绍了对北京市海淀区、朝阳区少年宫的扬琴社会教育受教者及社会大众进行的有关扬琴知识及学习情况的问卷调查，同时介绍了对扬琴教师进行的访谈和问卷调查，对扬琴社会教育现状进行了较为全面、客观的调查分析。第三章对目前北京市扬琴社会教育的现状进行了深入的思考，从扬琴社会教育内部问题、民族器乐发展环境及学校音乐课等方面对当今扬琴社会教育发展提出若干设想及建议，并首次提出将社区音乐教育纳入国民音乐教育体系中的设想。

关键词：扬琴；社会教育；北京市；朝阳区；海淀区

音乐课程与教学的育人价值优化研究

作者：鲍　翮（2012 级硕士研究生）

导师：刘　沛

摘要：本文对与音乐课程育人价值和音乐教案相关的国内外文献进行了初步的回顾、梳理和展望，并对音乐课程育人价值的构成及其内涵从 11 个范畴进行了整理与阐述。同时，笔者收集了两万多份基础教育音乐教案，运用分层随机抽样调查研究方法，对传统的音乐教案模式，即音乐教案内容取向模式进行了分析与总结，然后在此基础上建构了一个以课

程育人价值提炼为核心的音乐教案育人取向模式。之后,笔者采用定性和定量相结合的研究方法,将音乐教案育人取向模式在基础教育学校进行了实践性的研究,研究在小学、初中、高中3个阶段同时进行,被试为3所学校的3名音乐教师及其执教的3个班级的学生,最终通过对调查问卷、课堂教学实验以及访谈的数据处理得出了5项结果,分别是:教师对音乐和音乐课程育人价值的认识变得更加深入和完整;教师在备课和教学的方式上发生了根本性的转变,已从以内容为本转化为以育人为本;学生对音乐和音乐课的认识变得更加深刻和全面,对音乐课的学习兴趣和喜爱程度得到了很大的提高,且年龄层越大效果越明显;学生的综合素养和学习能力得到了一定的提高,在课堂上更善于主动地学习和汲取知识,且年龄层越大效果越明显;音乐课堂教学的整体成效和总体质量得到了显著的提高。

关键词: 音乐课程;音乐教案;育人价值

音乐文化多样性的情境教学——中学音乐课堂教学的实践研究

作者: 万雨杨(2012级硕士研究生)

导师: 谢嘉幸

摘要: 在现今音乐教学的课堂上,对于音乐文化的教学常常是音乐与文化的两张皮,有音乐无文化,有文化无音乐,音乐文化成为一种依赖于讲解习得的“有限固定知识”。本文以音乐课堂中多样性音乐文化的情境教学模式构建为研究对象,采用行动研究等方法,以探求让学生有效地感悟音乐文化的多样性,并在音乐文化的情境中获得多样化的音乐文化表达的教学模式,以期将学生个人的文化视域和特定种族的音乐文化在音乐的行为中达到“视界融合”。

本文共分为4章。第一章为绪论,包括选题源起、关键概念解释、国内外研究综述、研究目的、研究方法。第二章对音乐文化多样性教学的理论进行了建构,将音乐文化情境分为音乐的原始情境和学生的学习情境两个方面,并分别使用了音乐的语境论和建构主义的情境教学观作为理论依据,构建了多样化教学的理论情境。第三章描述音乐文化多样性情境教学的教学实践过程,包括准备与筹划、教学实践的实施,以及使用了一个完整教学单元的课例进行叙事。第四章是对研究成果的总结和分析,以揭示在多样性情境中学生音乐文化习得的效果和变化。

本文结合理论与实践,试图改变当今把音乐文化当作“客观知识”来进行教学的现状,化音乐文化为情境中学生多样化的音乐表达,以期弥补现今课堂音乐文化多样性教学的种种不足。

关键词: 情境创设;音乐文化多样性;音乐文化教学

“音乐学院学生学习投入性调查”在专业音乐院校的应用研究——基于美国“全国大学生学习投入性调查”

作者: 王腾宇(2012级硕士研究生)

导师： 刘 沛

摘要：“学生主体性的缺失”是我国高校教学评估中最显著的问题，而“学习投入性调查”是以学生为评估主体的新型教学评估模式，为我国高校教学评估打开了一个新的视角。美国的“全国大学生学习投入性调查”(NSSE)是迄今为止世界上开展最广泛、资讯最全面、内容最科学、影响力最大的学习投入性调查。本文旨在通过引进和研究美国NSSE，以NSSE为蓝本，针对音乐院校学生不同的学习经历及学习特点，设计一套更加专业的、调查群体仅限于音乐院校学生的学习投入性调查问卷，即“音乐学院学生学习投入性调查”(MCSSE)。问卷包括学术挑战性、主动合作性学习、师生互动、校园环境、高影响力的教育实践、心理认知6个板块，共86个题项，大概15分钟之内能够完成。

笔者将“音乐学院学生学习投入性调查”分别施测于中国音乐学院、西安音乐学院、星海音乐学院，同时对专业音乐院校内及专业音乐院校间的教学质量进行对比与评价，参与调查的总人数多达1 000人，取得了较好的反响。本文形成了详细的、比较指标丰富的调查报告，调查结果可为学校、教育管理部门更好地指导教学工作提供一定的依据，这也是“音乐学院学生学习投入性调查”最大的价值体现。

关键词： 教学评估；学习投入；学习投入性调查；“全国大学生学习投入性调查”(NSSE)；“音乐学院学生学习投入性调查”(MCSSE)

赣剧音乐在中小学教学实践的考查与研究——以南昌市“赣剧新苗计划”为例

作者： 肖 骏(2012级硕士研究生)

导师： 傅利民

摘要： 传统音乐教育是当下非常热门的话题，然而无论是当今国内的音乐教育教学实践，还是音乐教育学研究，都围绕着长期不变的工业化模式下的音乐体系教育。笔者以江西最具代表性的古典剧种赣剧为例，由于赣剧教育实践方面的文章少有人涉及，因此，笔者结合教育学、社会学、人类学等多视野多角度来考查与研究这个问题。本文力图在对赣剧教育教学实践考查的基础上，探寻赣剧教学的方法和策略，进而能够对传统音乐教育的理论研究提供基础性的贡献。

笔者运用人类学、文化地理学、社会学等多门学科的理论和研究方法，梳理分析了赣剧进中小学教学的课程价值及实践意义。本文以2012年在南昌市教育局指导下启动的赣剧进课堂试点活动——“赣剧新苗计划”——为主要考查对象，用问卷调查法、访谈法、行动研究法梳理了赣剧艺术与中小学音乐教育相结合的意义、可行性、发展过程，总结了赣剧进课堂教学实践的成效与不足。本文还分析了各级政府以及有关高校在活动中的作用与贡献，总结了教师、家长、学生对赣剧音乐教学实践的态度。

笔者结合目前赣剧教学实践中存在的问题，借用经济学中的“内卷化”理论深挖其问题背后的根源，进而提出了相应的解决对策。

关键词： 赣剧；传统音乐文化解读；中小学；音乐教育；教学实践；“内卷化”

乡土与校园——云南省巍山县少数民族音乐文化传承路径研究

作者：柴雨青(2011级硕士研究生)
导师：谢嘉幸　张天彤

摘要：如何更好地传承少数民族音乐文化是近年来音乐教育界热议的话题。然而，当我们聚焦少数民族音乐的校园传承时，却不得不关注少数民族音乐原来的生存空间及其特有的乡土传承方式。对于两者关系的考查是探究少数民族音乐传承不可或缺的内容。鉴于此，笔者选取云南省巍山县作为研究对象，采用教育人类学中的田野调查法以及质化研究，对该地区少数民族音乐校园传承和民间传承两条路径分别进行考查，通过梳理、比较来分析两种传承路径的异同，探讨两种传承路径在融合优势、互为支撑方面的可能性。

本文分为4章，第一章描述云南省巍山县少数民族音乐的乡土传承方式及传承功能；第二章从理念、内容以及方式3个方面描述少数民族音乐的校园传承方式；第三章对乡土与校园两种传承路径的目的、环境、内容等方面进行比对分析，总结出不同传承方式的优势和局限；第四章是对探寻少数民族音乐传承最佳传承路径的讨论与反思。

笔者认为：无论是乡土传承还是校园传承，都是一种促进少数民族音乐继承与发展的有效路径。如果要实现真正意义上的传承音乐文化，则涉及乡土和校园两者所依附的文化空间不同等一系列重大问题。因而，传承少数民族音乐的路径究竟是乡土本位还是校园本位依旧值得深入探讨。

关键词：少数民族音乐；乡土文化；学校教育；传承方式

基于建构主义的音乐课堂教学结构研究

作者：陈雯舒(2011级硕士研究生)
导师：向周俊

摘要：建构主义理论是当今世界上先进的教育思想，基于建构主义理论对音乐教学结构的研究和优化，是音乐教学的现实需要，也是音乐教学改革的需要。音乐教学结构是教学思想和理论的具体化形式，基于建构主义理论对音乐课堂教学结构的研究，有利于实现有效的课堂教学，有助于准确把握和设计教学的过程，能够更好地落实与实施教育思想和理论，从而建构开放、自由、轻松的音乐课堂教学氛围。本文从3章进行论述，分别是第一章的音乐课堂教学结构概述，第二章的建构主义理论与音乐课堂教学结构，第三章的基于建构主义理论的音乐课堂教学结构优化。本文通过历史梳理、文献研究、对比分析、案例呈现等方法，在建构主义理论的指导下对音乐课堂教学结构进行探究和创新，探索新型的、优化的音乐课堂教学结构。

关键词：建构主义理论；教学结构；音乐课堂教学结构

黑土地上的白玫瑰——龙江剧传承模式考查及对本土音乐发展的启示

作者：黄　辉(2011级硕士研究生)

导师：傅利民

摘要：龙江剧是新中国成立之后以东北二人转和民间艺术为母体发展变化而来的新兴剧种之一。作为黑龙江地区产生的本土音乐，它的动态发展昭示了东北文化的嬗变过程，同时与全国各地区特色的本土音乐共同构成了我国多元的音乐文化生态环境，故其传承与发展受到了极大的关注。目前，全国范围内本土音乐作为课程资源在高师教育传承中的理念探索已经引起重视，但是实践行动过程中却困难重重。因龙江剧发展时间短，对其理论研究的视角正从一元向多重发散，其中成果相对匮乏的就是从教育传承角度把龙江剧置于本土音乐传承的大环境来探讨。

本文以龙江剧为研究对象，以音乐教育学的"访谈法""观察法"结合人类学、社会学等学科理论，考寻其传承机制和文化内涵，结合文献研究与田野工作获得的资料，使其进行交叉补充，从剧种发展历程、传承模式及置入学校传承的构想几方面阐述，试图从中分析龙江剧发展中借鉴已有的可行方法并试图从在本地区音乐合理传承的角度探索本土音乐资源置入高师教育传承的理论构想。

关键词：龙江剧；传承；本土音乐；音乐教育

普通学校音乐教育中的传统音乐教学研究——以湖南省沅江市为例

作者：李夏宇(2011级硕士研究生)

导师：傅利民

摘要：建立"中国传统音乐教育体系"是学者们在不断追求的一个远大目标，而地方传统音乐在学校音乐教育中的传承则是落实这一宏伟蓝图的一项重要举措。本文以沅江市传统音乐中的普通学校音乐教育为个案进行教学研究，从而为构建我国传统音乐教育体系提供参考。

本文主要用文献研究及田野调查的方法，首先对沅江市传统音乐从历史渊源、表演形式、音乐形态、社会转变及传承现状等方面做了系统的调查与研究；进而将之作为一门传统音乐课程从理念构架及教学实践两方面进行课程研究；最后讨论了中国传统音乐教学方法的相关问题。

在音乐教育学领域的跨界研究，为研究者提供了一个独特的视角，其中又以民族音乐学的跨界最为常见。以沅江市为例，其传统音乐自身不仅得到了深入研究，而且本文还为当地提供了传承传统音乐的有效途径；同时，也为音乐教育界的研究者提供了一种切实可行的、综合借鉴其他相关学科的新的研究视角；更重要的是笔者在实地考察、课堂实践的过程中得到了有关构建中国传统音乐教学法的重要启示，为之后的研究者提供了一条可供参考的思路。

关键词：三棒鼓；中国传统音乐教学法；教学实践

节庆的文化空间构建对北京市中小学传统音乐教学的影响
——以北京传统音乐节为例

作者：李晓菲(2011 级硕士研究生)

导师：谢嘉幸

摘要：节庆的文化空间构建在保护和传承传统文化中是一个具有启示性的指称，是一种理念，也是一种保护实践。北京传统音乐节是在新的历史条件下构建新型节庆文化空间的一种尝试，其宗旨在于以构建一个具有文化空间意味的节庆形式来推动和传承传统音乐文化。在连续五届北京传统音乐节举办期间，北京市教育委员会组织并培训了近千名北京市中小学骨干音乐教师。北京传统音乐节对这些接受培训的教师会产生哪些方面的影响？北京传统音乐节通过培训教师，又会给北京市中小学传统音乐教学带来怎样的影响？北京传统音乐节的文化空间构建又会对北京市中小学传统音乐传承起到怎样的作用？本文以调查法、访谈法和文献研究法为主，笔者通过调查研究北京传统音乐节对参会的中小学骨干音乐老师的影响，试图用文化空间理论对这一影响加以分析。

本文分为以下 4 个部分：绪论包括选题源起、文献综述、研究目的与研究方法；第一章探讨了节日的文化空间构建，并对五届北京传统音乐节进行梳理；第二章对北京传统音乐节教师培训的效果和影响进行了调查研究与分析；第三章对北京传统音乐节教师培训的参与者进行深度访谈，从多角度分析北京传统音乐节教师培训的影响；第四章探讨了北京传统音乐节对北京市中小学传统音乐教学的影响与实践意义。

本文以北京传统音乐节为例，通过研究其对参会的中小学音乐教师的影响，探讨北京传统音乐节构建的具有文化空间意味的节庆形式对北京市中小学传统音乐教学的影响。

关键词：北京传统音乐节；音乐教育；传统音乐；传承；文化空间

雷默音乐教育思想与实践研究

作者：孟繁佳(2011 级硕士研究生)

导师：刘　沛

摘要：本文依据雷默 1956—2012 年发表的 12 部著作与 144 篇期刊文章、著作专章等文献资料，以时间为线索对雷默的音乐教育思想与实践进行分类研究。本文的主要涉及范畴有：音乐教育哲学思想、音乐教育课程理论、音乐教育课程教材、音乐智能理论、音乐教师教育与教育研究。

本文主要采用文献法与内容分析法，就雷默整体音乐教育思想的形成、发展、升华予以阐释与分析。本文分为 3 章，第一章阐明雷默音乐教育思想的起源；第二章总述雷默音乐教育思想发展的历程，并对其音乐教育思想与实践进行分类研究；第三章总结雷默音乐教育思想对于我国音乐教育的启示，并反思我国音乐教育中有待改进的问题。雷默强调音乐教育的价值基于音乐的价值，并将音乐教育哲学理论建立在美学基础上，用绝对表现论的观点阐述音乐的价值与音乐的特殊性。音乐教育任务就是通过各种参与音乐的方式帮助学生获得音乐体验、发展学生的音乐智能。音乐体验的获得与音乐智能的展现并不是单一的方式，所以在音乐教育中应平衡多种参与音乐的方式，以及音乐智能展现的形式。除此之外，音乐教育要强调音乐本体的教学。教学中确保音乐材料的丰富、多样，并且探索各要素在音乐表现性中所起到的作用。

关键词： 雷默；音乐教育哲学；课程理论；课程教材；教师教育；教育研究

七种分类法观照下的亚太音乐教育研究研讨会(2003—2013)

作者： 王婷婷(2011 级硕士研究生)

导师： 谢嘉幸

摘要： 音乐教育的理论与实践研究分类是一个值得关注的问题。本文主要采用了 7 种不同的分类方法，即《新音乐教学研究手册》《牛津音乐教育手册》、国际音乐教育学会(ISME)下设的 7 个专业委员会加一个论坛、《音乐教育原理》《音乐教育与教学法》、David G. Hebert 关于音乐教育目标的分类以及《新音乐课程标准》，以 6 届亚太音乐教育研究研讨会(APSMER)作为对象进行统计分析，并通过这一分析对 APSMER 的会议内容、会议主题、会议论文等方面进行梳理与归纳，以期了解亚太地区音乐教育的前沿动态，为我国的音乐教育提供借鉴与启示。

本文共分 4 个部分。首先是绪论部分，包括研究源起、文献综述、研究目的、研究方法与意义、名词界定及释义。第一章为 APSMER 的起源与发展，对 APSMER 6 届会议的历史背景、会议内容以及组织机构进行了介绍。第二章对第四届至第六届 APSMER 的会议论文进行了数据分类统计，从论文数量、主题、课程等方面进行不同维度的分类，以对 APSMER 进行深入的了解。第三章为结果与讨论，通过对 APSMER 会议论文的全面分析，本文认为 APSMER 有跨文化、多元化、包容性等特征，APSMER 的参会代表们从多个角度关注亚太地区的音乐教育，以包容的视角将包括社会的非主流群体、残疾人士、地方音乐文化等作为研究与实践的对象，为我国音乐教育的发展提供了一定的参考价值。

关键词： 亚太音乐教育研究研讨会；7 种分类法；音乐教育；会议论文

语言与民歌音乐风格感知的比较研究
——南北被试聆听南北有词-无词民歌的近红外光谱检测

作者： 谢倩倩(2011 级硕士研究生)

导师： 刘沛

摘要：本文以近红外光谱(NIRS)技术作为研究手段，立足于本民族的音乐与语言，通过语言与民歌音乐风格感知的比较，从而研究本民族音乐与语言两者在脑机制的关联。

目前，利用先进的认知科学技术对音乐与语言进行的比较研究并不多见，国内更是处于起步阶段。本文研究的范式定位于语言与民歌音乐风格感知的比较研究，研究平台将基于认知理论和脑科学技术，在跨学科、跨文化领域中研究中国方言和民歌两者在知觉方面的相关性。研究得出如下结论：①语言对民歌的风格起了很重要的导向作用；②有词民歌比无词民歌对脑区的激活更明显，说明语言的加入有助于人们对民歌风格的理解；③在当今的教育教学中，教师应运用认知科学的理论引导学生去提高对民歌音乐风格的感知能力；④近红外光谱技术对于音乐与语言感知的比较研究的实验更具有适用性。

笔者希望用一种新研究思路和方法对音乐与语言在认知方面的关系进行更深层次的探索。本文从跨文化视角对不同文化背景下的音乐与语言的交流学习提供一些参考的建议与思路，对音乐与语言的认知科学技术研究的开发给予一点启示，为音乐教育、音乐心理等学科提供有价值的参考。同时，笔者也希望本文的研究过程和结论能为后续音乐心理学认知领域的研究起到一定的借鉴作用。

关键词：语言；民歌；音乐风格感知；近红外光谱技术

当代国际音乐教育哲学研究的若干趋势(2002—2012)
——*The Oxford Handbook of Philosophy in Music Education* 述评

作者：张若男(2011 级硕士研究生)
导师：谢嘉幸

摘要：本文主要针对现今中国学者对国际音乐教育哲学研究的讨论大多限于某几位音乐教育哲学家、团体及其思想的介绍、分析和反思，对汇集众多音乐教育哲学研究者成果的 *The Oxford Handbook of Philosophy in Music Education* 进行文献研究，探究当前国际音乐教育哲学研究的特点和若干趋势。本文分为 3 个部分，第一部分是对本文相关名词的界定说明以及国际音乐教育哲学研究十年(2002—2012 年)的大致学术背景的介绍；第二部分是对 *The Oxford Handbook of Philosophy in Music Education* 主要观点的摘译、简述和简评；第三部分是在文献研究的基础上，结合第一部分所呈现的学术背景，就当代国际音乐教育哲学研究的特点和若干趋势进行反思和讨论。本文将提供部分当前国际音乐教育哲学研究的实际案例和成果，展现多样化的音乐教育哲学观念、研究视角和思维范式，充实国内现有的国际音乐教育哲学研究的内容，促进我国的音乐教育哲学研究和音乐教育教学实践。

关键词：音乐教育哲学；*The Oxford Handbook of Philosophy in Music Education*；研究趋势

9～14 岁儿童音乐结构认知能力培养的教师行动研究

作者：陈　珺(2010 级硕士研究生)

导师：刘 沛 向周俊

摘要：音乐认知能力和音乐思维的发展是音乐教育界普遍关注的问题，其中，音乐结构认知能力研究占有重要地位。本文立足于多学科的视角，探讨音乐结构认知的界定，梳理了国外20世纪80年代以来与音乐结构认知相关的研究；同时，从音乐认知心理学、音乐美学、曲式分析学、统计学、教学应用几个类别整理了国内的相关文献。在前人的基础上，笔者提出了音乐结构认知理论的设想以及音乐结构认知的影响因素。

笔者希望在生态效度问题上有所突破，所以选用定量和定性研究相结合的教师行动研究方法，应用奥尔夫音乐教学法对19名9～14岁的少年儿童进行音乐结构认知教学。从量化的角度上说，笔者依据理论设想，融合了赛瑞芬(M. L. Serafine)、戈登(S. Gordon)等人的音乐认知测试量表编订了一套"音乐结构认知能力测试"作为教学效果的测评工具。这套测试包含两个测试，测试一是对音乐整体结构认知能力的测量，测试二是对调式调性、和声、节奏、分句和分段认知能力的测量。从质化的角度上说，笔者整理了学生在课堂中所绘的声形谱和图形谱、课堂实况录像和据课堂实境所作的教学反思日志，以及课后的访谈记录来评估奥尔夫音乐教学的效果。最后，笔者使用社会科学统计软件包(SPSS)分析数据，得出5项结果，论证了奥尔夫音乐教学对提高学生音乐结构整体认知能力的作用是显著的，且研究数据显示，调式调性、和声、节奏、分句和分段的认知能力，以及音乐学龄与音乐整体结构的认知能力显著相关。整体结构意识、思维的培养是所有音乐教育工作者都需深思的问题，它不仅是音乐认知研究中的重要组成部分，也是音乐教学中的重中之重，这种结构意识的培养需从音乐启蒙教育时就开始入手，只有深层次地掌握音乐的整体结构形式，才能真正理解音乐，领悟音乐之美。

关键词：音乐结构认知；格式塔；奥尔夫；教师行动研究；图形谱

蒲剧进晋南初中音乐课堂的教学实践研究

作者：李璟(2010级硕士研究生)

导师：傅利民

摘要：蒲剧原称蒲州梆子，属山西省地方戏曲剧种之一。蒲剧作为地方戏，是当地的文化特色，音乐工作者和蒲剧爱好者对蒲剧的关注也一直未曾减退，但是关于"蒲剧"和"教育"的相关研究，却未曾得到重视。笔者从民族音乐教育及其理念出发，结合学生学习心理调查分析，通过对蒲剧相关资料的整理收集，制订出适合于初中学生接受水平的蒲剧课程教学内容并进行课堂教学，探索蒲剧在初中音乐教学中的可行办法，以期为晋南地区将蒲剧作为本土音乐课程进入中学，提供一定参考，同时对其他地方戏曲融入学校音乐教育提供借鉴。

本文主要分4个部分：绪论中包括文献资料综述、研究的目的和意义、主要研究内容以及研究方法；第一章为教学前的相关研究，包括蒲剧文化的起源与发展、蒲剧的艺术特征、蒲剧在中学音乐课堂的教育现状，以及学生对蒲剧的认知程度和可接受程度的调查及分析；第二章为蒲剧进入中学音乐课堂的实践研究，这一章是全文的实践过程部分，同时也是本文最重要的研究部分，本章包括教学设计、教学过程、教学反思；第三章为教学实践的结果分析和建议，依据本次教学实践的结果，结合相关理论，提出个人建议。

关键词：蒲剧；本土音乐；本土音乐教学

基于“相册”评价理论的儿童自我反思式钢琴学习研究

作者：李　新(2010级硕士研究生)

导师：刘　沛

摘要：本文对我国音乐教育自我反思能力的研究现状、国内外“相册”式评价方式的应用文献进行了初步的回顾、梳理和展望。由于自我反思能力在儿童音乐教育领域的研究非常稀缺，笔者以此为突破点，设计了一项基于“相册”评价理论的儿童自我反思能力培养研究。研究被试为12名年龄在4～10岁之间的业余钢琴学习者。

本文以元认知理论、建构主义理论和多元智能理论为理论支撑，以“相册”评价方式为载体，笔者提出了创建儿童钢琴学习“相册”的结构和过程，以此提高儿童的自我反思能力。本文以质的研究方法为主，使用笔者自编的调查问卷来收集被试钢琴学习的背景信息，以及被试在练琴前、练琴中、练琴后的反思习惯。在为期5个月的实验过程中，对实验组被试使用“相册”评价方式，鼓励儿童参与学习目标制订及学习过程评价，凭借录音录像的手段和多媒体技术的发展创建电子“相册”，收集儿童学习作品，记录儿童成长过程。最后本文在对问卷、访谈、录音录像进行综合分析的基础上得出4项结果，分别是：儿童的年龄与自我反思能力正相关，儿童的琴龄与自我反思能力的发展正相关，儿童的自我反思能力和其性别基本无关，创建“相册”可以逐渐提高儿童的自我反思能力。

关键词：儿童自我反思；“相册”式评价

非传承人的传承人——周吉的木卡姆之路

作者：任　谦(2010级硕士研究生)

导师：谢嘉幸

摘要：传承人作为非物质文化遗产最重要的活态载体，以个人或群体的形式作为直接参与者，沿袭并传承非物质文化遗产。对传承人的关注，往往是传统意义上本土文化的传承人，而当代社会中一些致力于人类学的学者，在起到传承人作用的同时，在其研究中倾注了所有的感情。本文以周吉先生对新疆维吾尔木卡姆的研究作为案例，来探寻非传承人的传承人这一现象所蕴含的价值意义。

本文共3章：第一章介绍了周吉先生的生平经历，呈现他对木卡姆的“认识—了解—升华”过程，贯穿他对其保护传承事业所做的倡导与力行；第二章全面介绍了周吉构想的推动维吾尔木卡姆传承事业的理论基础，他将新疆维吾尔木卡姆置身于其大文化背景中去研究，深刻地理解到新疆维吾尔木卡姆的价值，从而提出关于维吾尔木卡姆传承的理论方案；第三章总结周吉作为维吾尔族、汉族音乐文化的桥梁，其传承理论与实践特色对维吾尔木卡姆传承的推动性作用。

当下,"传承"凸显为一个热门的话题,就本文而言,作为音乐教育的学科特质,亦是以"传承"作为研究的主要对象。本文根据个案研究,以探索一个具有普遍意义的问题,即以"人"作为民族音乐文化"传承"的载体,发挥着怎样的纽带作用,并具有怎样的价值意义。

关键词: 周吉;"传承人";木卡姆

乐教在当代的实践探索

作者: 司　唯(2010 级硕士研究生)

导师: 谢嘉幸

摘要: 乐教在我国古代教育中有着举足轻重的地位,虽现行音乐教育模式与其有很大的区别,但都不外乎在"人的教育"和"艺的教育"中来回游离。我们重新回顾古代乐教,以此为依据在当下社会中重新进行乐教实践,以期从中找出其对现行音乐教育的启示,这本身就是现代与传统交融之过程,是对古代乐教思想经由反思,指导实践的过程,也是现行所有教育发展之趋势。

本文从 3 个方面列举 8 个当下乐教以及相关实践,从不同角度展现当代乐教实践的特点以及其对现行音乐教育的启示。第一章为"乐"本体之乐教实践——以"国乐启蒙""儿童中国乐教课堂"为例。第二章为以"礼乐"为核心的乐教实践——以中国音乐学院雅乐团、天坛神乐署及龚鹏程国学院六艺教育为例。第三章为乐教相关内容、方式之实践——以儿童经典诵读教育、吟诵教育以及中国传统文化教育全国中小学实验教材为例。

结论中对比了古代乐教与当代乐教在实践方面的不同,介绍了乐教对现行音乐教育的启示以及乐教的特殊性、古代乐教中的"乐"以及相关问题。

关键词: 乐教实践;礼乐;六艺教育

幼儿钢琴启蒙教材探析——基于 4 套教材的分析

作者: 王珺如(2010 级硕士研究生)

导师: 向周俊 谢嘉幸

摘要: 教材作为教学内容的载体,既是教学内容的表现形式,同时也是教育者和学习者共同作用的对象。近年来,随着钢琴教育事业的普及发展、钢琴启蒙教材的引进与自创版本数量与种类日益增多,这为繁荣的钢琴教材市场提供了更多的选择和参考。

本文主要以《约翰·汤普森简易钢琴教程》《儿童钢琴初步教程》《巴斯蒂安钢琴教程》和《快乐钢琴启蒙教程》为研究对象,通过文献研究法、实证调查法、教育叙事研究法等方法,对 4 本教材进行对比分析。同时,本文将依托于《教育学》《教育心理学》这两本教材,对于 4 本钢琴教材的合理性进行探索性研究,旨在寻求钢琴教材的改革思路,力求从实践性、理论性的角度研究总结我国钢琴教材的瓶颈,并结合案例、调查问卷等,将实践与理论相结合,从而探寻我国钢琴启蒙教材的发展模式。

关键词: 实质教育论;形式教育论;认知主义;发现学习;接受学习

歌唱教学的新视野——“歌唱跨学科研究促进计划”述评

作者: 肖　月(2010 级硕士研究生)

导师: 谢嘉幸

摘要: 本文以国际项目“歌唱跨学科研究促进计划”(Advancing Interdisciplinary Research in Singing)作为研究对象,通过文献研究法与案例研究法对 AIRS 的运作方式、研究内容等方面进行全面系统的调查,以期了解国际歌唱教育研究的前沿动态,为国内音乐教育学界带来借鉴与启示。

本文共分 4 章。第一章为绪论,包括问题缘起、文献综述、研究目的、方法与意义。第二章为 AIRS 研究内容的综述,对 AIRS 4 次会议分三大板块、9 个议题进行了综述与分析。第三章为对“歌唱与跨文化理解”项目组的案例研究,尤其是对笔者所全程参与的“歌唱与跨文化理解”项目组在中国的实践与研究进行分析与讨论,以使读者对 AIRS 项目进行更深入的了解。第四章为总结与讨论,笔者尝试通过多种视角对 AIRS 进行分析,并探讨了其对我国歌唱教学的实践与研究、我国音乐学科建设等方面可能的启示。

通过对 AIRS 的全面考查,本文认为 AIRS 有跨学科、跨文化以及实践性等特征,它从多个角度关注歌唱教学与歌唱教育,它以包容的视角将包括残疾人、社会非主流群体在内的所有人作为歌唱教学实践与研究的对象,为我国歌唱教学的实践与研究提供了有价值的参考。

关键词: 歌唱教学;音乐教育;跨学科;跨文化

山东筝乐传承及教学研究

作者: 张维娜(2010 级硕士研究生)

导师: 刘　沛

摘要: 筝是我国最富有特色的传统乐器之一,在发展历程中吸取着各地不同的文化和音乐元素,形成了特点鲜明的九大派系。山东筝作为其中的一支,在我国筝乐文化中占有重要地位。目前,关于山东筝乐的研究已有部分成果,但对于派别形成、发展历程、传承机制,尤其是在音乐院校中的专业教学部分的研究相对较少。故此,笔者经过文献资料整理和实地考察,对山东筝的发展历程、传承机制以及专业教学等诸方面进行了阐述。

本文以时间为线索,回顾山东筝派的形成过程,以传承人为中心,通过整理师承关系,研究探寻其传承机制以及文化内涵,描述山东筝乐的专业教学现状,并通过传统传承方式得到启示,为现代专业教学提出参考意见。

本文共分为 4 个部分。绪论中包括文献资料综述、研究的理论和实际意义、主要研究内容及可行性分析以及研究方法;第一章为山东筝乐现状描述,包括实地考察的山东筝乐发展现状以及音乐形态分析两个部分;第二章为发展脉络及传承机制,以时间为线索描述筝派形成过程,从器、乐、技、谱 4 个部分描述其发展过程,以人为中心研究师承关系,探求传承机制;第三章为专业教学研究,主要描述专业院校中的山东筝乐教学概况,通过分析传统传承方式对专业教学提出个人观点。

关键词: 山东筝乐;传承;教学

从 3 次会议看中国社区音乐教育的发展

作者: 张晓文(2010 级硕士研究生)
导师: 谢嘉幸　向周俊

摘要: 近年来,国际音乐教育界的社区音乐教育研究与实践发展迅猛,我国的社区教育也开始起步,日益引起学界的重视。本文以笔者参加的 3 次社区音乐教育会议,即首届中国社区音乐教育高峰论坛、第 30 届 ISME 社区音乐活动委员会第 13 届研讨会和第二届中国社区音乐教育高峰论坛为案例,在社区教育和终身教育的背景下,运用文献、描述和比较的方法进行研究,以期从中透视我国社区音乐教育当下发展的现状和特点,发现其中所存在的问题并提出建议。

本文共分为以下几个部分:绪论部分主要是说明本文的研究缘起,对前人的研究进行文献综述,明确研究对象、目的及方法,以及本文研究的范围、特点与价值;第一章是本文的研究背景,主要阐述我国社区音乐教育的历史回顾与发展现状,并对其发展的类型特点进行归纳概括;第二章主要是 2011 年首届中国社区音乐教育高峰论坛的介绍;第三章是对第 30 届 ISME 社区音乐活动委员会第 13 届研讨会的介绍;第四章介绍了 2012 年第二届中国社区音乐教育高峰论坛;第五章是对 3 次关于社区音乐教育会议的梳理、分类和比较,得出我国社区音乐教育的现状及特点;第六章通过以上的描述与分析得出我国社区音乐教育目前所存在的问题,并提出解决的建议。

关键词: 社区音乐教育;终身教育;社区教育;社区音乐活动

儿童钢琴学习动机的激发与培养

作者: 郑瑶瑶(2010 级硕士研究生)
导师: 刘　沛

摘要: 学习动机是推动和维护儿童钢琴活动的内部力量和机制,在儿童钢琴学习过程中尤为重要。本文运用了音乐教育学、音乐心理学中有关学习动机的相关理论,将儿童钢琴学习动机的培养、激发和保持,置于儿童教育学、儿童心理学的大环境中。从儿童的心理特点和生理特点入手,剖析当前儿童钢琴教育中的社会现象和影响儿童钢琴学习动机的不利因素,阐明儿童学习钢琴只是接受音乐教育的一种手段,是对儿童音乐审美心理的培养,是美育教育的一部分。

本文提出,儿童钢琴学习最大的障碍和困惑,不是儿童对作品的理解、对音乐的感悟或对技巧的掌控,而是儿童对钢琴学习的兴趣能否稳定持久的问题。本文同时强调,要了解儿童的心理特点,坚持以音乐审美教育为核心,以兴趣爱好为动力的基本理念,以及营造儿童钢琴学习良好的家庭环境和教学环境的重要性和有效对策,对儿童钢琴学习动机的培养、激发和保持进行理论与实践的探讨和研究。

笔者研究的对象为12名小学生,测量其成就动机和自我效能感,并通过行动研究对其课堂进行跟踪观察(情绪、兴趣、注意力等),主要通过教学激发提高学生的学习动机,促进其向更有利于学生的动机转化,改善学习效果。

关键词: 学习动机;儿童;钢琴学习;行动研究

本土音乐在学校音乐教育中的调查及实践研究——以新疆察布查尔锡伯自治县为例

作者: 郭　娜(2009级硕士研究生)

导师: 傅利民

摘要: 少数民族地区的音乐在现代化城市进程中出现消亡的趋势,亟须保护与传承。而民族音乐教育作为我国基础教育的重要组成部分仍然属于“边缘地带”,我国少数民族地区的音乐课程改革面临的情况迫切需要思考和解决。如何使民族音乐文化在当代的多元文化格局中共存发展,需要进行深入专门的研究。

新疆察布查尔锡伯自治县是我国锡伯族主要聚集居住地区。本文主要运用音乐教育学中的“观察法”“调查法”“访谈法”,在理论学习、文献查阅、田野工作的基础上对相关数据资料进行统计分析,结合人类学、社会学、民族学等其他学科的建构理论与研究方法,通过了解锡伯族音乐的生态背景及体裁分类,调查研究该地区的音乐文化与教育现状,并尝试进行锡伯族音乐的教学实践,从而剖析该地区的本土音乐在察布查尔地区学校音乐教育中存在的问题及原因,并针对问题提出相应的对策,探寻当地学校音乐教育的保护、传承锡伯族音乐的思路和有效途径。

关键词: 锡伯族;文化;音乐教育

杨立梅关于柯达伊教学法的中国本土化探索

作者: 李鹏鸽(2009级硕士研究生)

导师: 谢嘉幸

摘要: 杨立梅教授是中国当代比较音乐教育学研究领域的一位杰出代表,主要致力于柯达伊教学法的研究,她是柯达伊教学法中国本土化的核心人物和最为权威的人物之一。本文以杨立梅及杨立梅关于柯达伊教学法的中国本土化探索为研究对象,运用文献研究法与质化研究法,对她在柯达伊教学法中国本土化探索过程中发表的音乐教育文献、出版的著作及实践过程进行梳理和分析,通过这一研究视角对柯达伊教学法在中国本土化发展的最新动态有所了解。

本文第一章主要是杨立梅教授学习、传播柯达伊教学法的过程描述和文献梳理；第二章主要是杨立梅教授关于柯达伊教学法中国本土化第一时期的音乐教育文献梳理；第三章是杨立梅教授柯达伊教学法中国本土化第二时期探索的音乐教育文献及实践梳理；第四章是本文的结论及讨论，对杨立梅柯达伊教学法中国本土化的教学特点、理论背景及来源进行分析与总结。

本文总结了杨立梅关于柯达伊教学法中国本土化所做出的贡献，尤其是她一直强调的自觉立足本民族文化进行母语教学的理念，不仅警示本国音乐教育研究者和工作者要有选择性地、创造性地学习国外先进教学经验，同时切实为解决本国基础音乐课堂教学当中的实际问题（如节奏、音准、音乐读写等）提供了丰富的方法。

关键词： 音乐教育；杨立梅；柯达伊教学法；本土化

关于音乐偏好和视觉注意的事件相关电位研究

作者： 李　莹（2009 级硕士研究生）

导师： 刘　沛

摘要： 文章运用事件相关电位（ERP）技术，研究了音乐研究领域中的音乐偏好与心理学研究领域中的视觉注意之间的相关性。音乐偏好和视觉注意分别是音乐领域和心理学领域中研究的热点问题。笔者对 20 世纪后期至今的国内外相关研究文献进行了初步的回顾和整理，发现研究两者之间关系的直接的研究文献似乎并不多见。21 世纪以来，音乐与人的关系研究开始进入了脑神经科学研究的时代。

本文将音乐的偏好作为一种诱发刺激和手段，来研究人们在听了喜欢的音乐和讨厌的音乐后，是否会对视觉注意的转移和集中产生影响。根据人们以往的经验，认为听喜欢的音乐会提高注意的转移和集中的能力，而听讨厌的音乐则相反。研究的结果表明：长期从事音乐专业的人，听喜欢的音乐会对之后的视觉注意转移和集中产生消极作用；而从未学习过音乐和器乐的人，则相反——听喜欢的音乐对之后的视觉注意转移和集中产生积极的作用。同时，从未学习过音乐和器乐的人，无论听喜欢或是听讨厌的音乐，对之后视觉注意的转移和集中的影响都要较之专业学习音乐的人更大。研究结论为音乐教育、音乐治疗以及音乐心理学的相关研究打开了新的思考空间，并且对人们的生活、工作、学习中听赏音乐的选择产生了指导作用。因此，本文具备了理论和实践的意义。

关键词： 音乐偏好；情绪；人格；视觉注意；事件相关电位

早期音乐教育的情感语境何在——王东华母亲教育对早期音乐教育的启示

作者： 李莹（2009 级硕士研究生）

导师： 谢嘉幸

摘要：本文从早期音乐教育的情感语境何在的疑问出发，以王东华母亲教育为研究对象，探讨母亲教育对早期音乐教育的启示。本文通过文献法，对王东华母亲教育理论进行了梳理；通过田野调查的方法，对王东华母亲教育的实践进行研究，发现：早期音乐教育应该是通过音乐展开的教育，良好的母子关系是早期音乐教育的情感语境。

本文由五部分组成：绪论包括问题缘起、研究对象、文献综述和研究的目的、意义、方法；第一章主要就王东华母亲教育理论的文献进行梳理和概述；第二章是对王东华的访谈及对王东华母亲教育研究实践的概述，其中包括两个个案的报告及个案分析；第三章是对王东华母亲教育的背景、影响的分析；第四章是结论与讨论，对母亲教育对早期音乐教育的启示进行总结，讨论了早期音乐教育的情感语境问题，最后，简要介绍了母亲音乐教育研究所的活动及社区母亲音乐教育的情况，为早期母亲音乐教育提供了方法和途径。

本文对王东华母亲教育的梳理为早期音乐教育提供了更宽阔的视野，从人的教育的角度使母子关系对早期音乐教育的意义受到关注；在实践上，启发音乐教育工作者们重视早期音乐教育的情感语境，重视母亲、孩子和母子关系。

关键词：情感；母亲教育；早期音乐教育；母子关系

中国音乐教育史理论研究现状分析

作者：刘惠敏(2009级硕士研究生)

导师：修海林

摘要：本文主要从中国音乐教育史的史料编纂工作和研究现状、中国音乐教育史的专著研究现状分析、中国音乐教育史论文研究的动态和关注点3个方面进行研究。本文认为，中国音乐教育史论文的研究在一定程度上体现了该学科研究在当代的最新发展动态。自20世纪70年代以来，中国古代音乐教育史的论文的研究范围扩大了，其中古代音乐教育制度、古代音乐教育思想方面的选题受到集中的关注。研究中仍存在诸如核心概念界定不清、研究时段与研究课题的类别失衡、部分选题重复等问题，因而影响了研究的整体质量和水平。

中国近现代与当代音乐教育史领域的论文研究，主要呈现出以下六大研究动态和趋势：①“学科意识”增强，研究有所拓展；②重视对音乐教育人物、群体及其思想的专题研究；③学校音乐教育制度史研究得到不断的拓展和深化；④开始关注新时期音乐教育改革实践的研究；⑤对音乐教学方法及课程教材的历史研究取得显著进展；⑥地方区域性音乐教育史研究开始受到重视。但其仍存在一些不足之处：①对新时期以来音乐教育的改革和发展的研究仍然不够；②对社会音乐教育、中外音乐教育交流以及比较音乐教育的历史研究给予的关注较少；③理论联系实际有必要进一步加强。

关键词：中国音乐教育史；研究现状；史料编纂；专著；论文

“非正式音乐学习”对正式音乐教育的启示——一个音乐自学者的田野手记

作者：许　萍(2009 级硕士研究生)

导师：谢嘉幸

摘要：近十几年来，“非正式音乐学习”的相关研究已经成为国际的热点，然而国内对此的相关研究目前还是一片空白。作为第一篇对“非正式音乐学习”研究进行正式介绍的论文，本文采用质化研究的方法，以笔者从小到大自学音乐的亲身经历作为个案研究，试图为国内“非正式音乐学习”的相关研究提供可供参考的实践案例。

在本文中，笔者把自身的音乐学习全过程分为 5 个时期并将其作为第一章至第五章的内容进行探讨：第一章是音乐学习启蒙期；第二章是音乐学习的高峰期和音乐创作萌芽期；第三章是音乐创作高峰期；第四章是音乐学习全面发展期和音乐创作成熟期；第五章是音乐理论学习期和音乐创作沉淀期。第六章是对以上 5 个阶段音乐学习的讨论和结论。

本文所总结的“非正式音乐学习”的实践方法，不仅对正式音乐教育有补充意义和借鉴价值，更试图通过对“非正式音乐学习”的个案挖掘和理论总结，激励更多的非正式音乐学习者，也可选择经由音乐学习的多种渠道来成就自己的音乐梦想。这也给国内广大业余音乐爱好者从“非正式音乐学习”进入到“正式音乐教育”搭建了桥梁。当然，“非正式音乐学习”本来就是新兴的研究领域，亟待广大研究者从多种角度进一步进行深入的研究。

关键词：“非正式学习”；“非正式音乐学习”；音乐自学者；田野手记；正式音乐教育；启示

《关注音乐实践》之后：关于《实践的音乐教育：反思与对话》的述评

作者：赵　颖(2009 级硕士研究生)

导师：谢嘉幸

摘要：David J. Elliott 是当今实践音乐教育哲学研究领域的核心人物之一，他的《关注音乐实践》一书掀起了一场有关音乐教育实践哲学观的讨论。本文以 Elliott 的《实践的音乐教育：反思与对话》文集为研究对象，运用了文献研究法与访谈法，对论文集中 17 节的内容及作者相关文献进行了翻译、梳理、访谈与评析。

本文共由五部分组成。绪论部分包括问题缘起，研究内容、方法、意义，国内相关研究综述，国外相关研究综述。本文将整个论文集分为 5 个部分来研究。第一章为基础理论部分，共包括 5 节；第二章为认知部分，共包括 2 节；第三章为实践研究部分，共包括 3 节；第四章为音乐教育部分，共包括 7 节。第五章共 3 节，汇总了本文的研究结论，并对其进行了讨论。

本文对于论文集《实践的音乐教育：反思与对话》的研究在国内实属首例，因此，本文将填补学术界对于这本论文集的研究空白，为音乐教育界了解此论文集提供可能性；同时也深化了业界对于实践音乐哲学观、实践音乐教育哲学观、Elliott 主要理论思想的了解；还为专业人士提供了多视角的理论分析方法,从而丰富专业视野与理论认识,为我国音乐教育界的理论研究带来启示。

关键词: 音乐实践哲学观;音乐价值;过程性认知;以表演为基础的音乐教育理念;音乐素养;聆听素养;沉浸;行动中认知;行动中反思;多元文化主义;认知心理学;社会学

对话与反思:对音乐教育组织 MayDay Group 的个案研究

作者: 包原铱(2008 级硕士研究生)

导师: 谢嘉幸

摘要: 本文以国际音乐教育组织 MayDay Group 作为研究对象,通过文献研究与访谈法对 MayDay Group 的行动理念、学术议题、运作方式与国际影响等方面进行全面系统的考查,以期了解国际音乐教育学术前沿动态,为国内音乐教育学界带来借鉴与启示。

本文共分 4 章。第一章为绪论,包括问题缘起、文献综述、研究目的、研究方法与意义。第二章为 MayDay Group 的文献综述,主要对 MayDay Group 的历史、理念、组织与成员概况以及座谈会文献与 ACT 电子期刊文献进行了综述与分析。第三章为访谈,通过对 MayDay Group 两位创始人 Thomas A. Regelski 与 Terry Gates、包括 David Elliott 与刘沛教授在内的 10 位成员以及一位非 MayDay Group 成员的访谈与分析,深入了解 MayDay Group 的学术贡献及国际音乐教育学者对它的理解。第四章为讨论,尝试通过多种视角对 MayDay Group 予以解读,并探讨了其对中国音乐教育可能的启示。

通过对 MayDay Group 的全面考查,本文认为 MayDay Group 的实践哲学立场、对话、批判性反思与跨学科等特征,不但为国际音乐教育领域持续输送着高质量的理论养分,更为中国音乐教育递上一幅极有价值的学术图景。

关键词: MayDay Group;音乐教育;对话;批判性反思;跨学科

“2009 北京传统音乐节”纪实与传承模式之探索

作者: 侯晓宏(2008 级硕士研究生)

导师: 谢嘉幸

摘要: 中国传统音乐文化历史悠久、种类繁多,有着深厚的文化底蕴,但社会文化的发展和变迁使得传统音乐文化资源受到了极大的冲击。许多传统音乐曲种面临着后继无人的现状。如何保护和传承中华民族的传统音乐文化,成为一个十分紧迫的问题,同时也给中国音乐教育者带来了深刻的思考。本文以“2009 北京传统音乐节”作为研究对象进行个案研究。采用人类学中田野观察描述的研究方法,笔者以“局内人”(insider)和“局外人”(outsider)的双重身份进行观察描述、田野调查与访谈,来探讨“2009 北京传统音乐节”的传承模式对于学校音乐教育以及传统音乐传承的理论与实践意义。

全文共分为 4 章。第一章为绪论,论述本文的选题缘起,研究对象、方法、意义以及文献综述；第二章采用描述研究的方法，对“2009北京传统音乐节”中的音乐教育行为进行纪实与访谈，其中包括对大师培训班、论坛、教师骨干培训班以及系列展演进行田野调查和深度描述；第三章从音乐教育的角度结合音乐教育的构成要素对“2009北京传统音乐节”的传承模式进行分析与研究；第四章对“2009北京传统音乐节”音乐传承方式的理论探讨与实践意义进行开放性的谈论。笔者希望通过本文的论述与探讨能够解决以上问题，并探索出一条传统音乐传承与发展的新道路与新模式。

关键词：“北京传统音乐节”；音乐教育；传统音乐；传承模式；节日传承；活态传承

少数民族音乐文化高校传承之现状
——第一、第二届全国高等音乐艺术院校少数民族音乐文化传承与学术研讨会述评

作者：李欢（2008级硕士研究生）

导师：谢嘉幸

摘要：在当代，音乐文化多样化已成为文化发展的主流，作为文化传承重要渠道的高等教育，应该如何参与到文化保护、传承与发展的行列中？全国高等音乐艺术院校少数民族音乐文化传承与学术研讨会自2008年12月创办以来，到目前为止已历时两届，开了探讨这一问题的先河。本文以已经召开的两次会议为对象，通过文献研究法、观察法、描述法，以及对当事人的访谈，对会议相关资料进行搜集和整理，呈现当前高等教育中少数民族音乐文化传承的历史、现状与存在的问题，并试图引发对该问题的进一步探讨。

本文主要分为3章。第一章为全国高等音乐艺术院校少数民族音乐文化传承与学术研讨会筹备会与第一届会议的观察、描述与评析；第二章为第二届全国高等音乐艺术院校少数民族音乐文化传承与学术研讨会观察、描述与评析；第三章是对会议重要策划者和参会者的访谈与分析。希望通过本文的研究，能够对当前各少数民族地区艺术院校在少数民族音乐文化传承中已经取得的成果以及存在的问题进行总结；为少数民族音乐文化传承在高等教育层面的推进提供一定的依据；同时，为2012年10月在北京召开的第三届全国高等音乐艺术院校少数民族音乐文化传承与学术研讨会提供策略与内容制订等方面的依据。

关键词：少数民族音乐；文化传承；高等教育

音乐教育中的发散思维研究——基于对创造力教育的培养

作者：李昳佳（2008级硕士研究生）

导师：刘　沛

摘要：本文主要以吉尔福特（J. P. Guilford ，1897—1987年）对发散思维的研究为理论基础，做了有关发散思维的测量研究，旨在研究发散思维在音乐教育中是否具有可操作性，以及在音乐中发散思维特征性的表现程度。

笔者通过对国内外有关发散思维的研究回顾发现，绝大多数研究都是在关于创造力研

究的基础上,针对教育培养进行的;笔者也是基于培养创造力的目标,按照吉尔福特的理论而展开相关研究的。本文将重点放在音乐中的发散思维研究上,着重对发散思维的音乐表现力进行调查、分析、观察、实验等方法的研究。研究定位在思维的3个维度内,即语义内容、符号内容和行为内容,并根据3个发散思维的特征(即流畅性、灵活性和独特性)进行判断、衡量和总结。

本文的研究发现:发散思维能力在音乐教育中具有可操作性;不同风格的音乐对思维的发散能力具有不同的影响;在不同的维度里,发散思维的特征性表现不一样,且"流畅性>灵活性>独特性";并且被试在进行发散思维的过程中会受到环境因素的影响。

关键词: 发散思维;音乐教育;创造力

教育政策视角下的"京剧进课堂"调查研究

作者: 刘学梁(2008级硕士研究生)

导师: 谢嘉幸

摘要: 2008年2月,教育部办公厅下发了《关于开展京剧进中小学课堂试点工作的通知》,决定将京剧纳入中小学音乐教育课程之中。文件一经发布,便在社会各界引起了极大争议,俗称"京剧进课堂"之争鸣。作为弘扬传统文化的一项重要举措,"京剧进课堂"何以产生如此大的社会效应?这一项政策的可行性如何?政策的实施取得了哪些成果以及存在哪些不足?本文以文献法和调查法为主,运用教育政策的视角对"京剧进课堂"的实施现状进行了调查与分析。

全文分为5章:第一章为绪论,包括选题缘起、文献综述、研究目的与研究方法;第二章全面梳理了"京剧进课堂"两年来所产生的各类社会争议,并详细分析了不同利益群体对于它的解读;第三章描述与分析了教育部"京剧进课堂"的相关调查数据,总结了政策实施过程中取得的成果与存在的不足;第四章对北京市"京剧进课堂"的实施过程与实施效果进行了调查研究;第五章为结论与讨论。本文通过对"京剧进课堂"这一项政策实施过程与实施效果的描述与分析,进一步探讨其取得的成果以及存在的不足,以求为我国学校音乐教育政策的制定与实施提供理论和实践上的依据。

关键词;京剧;课堂;音乐教育;传统文化;教育政策

雅马哈音乐教育体系的理论及实践研究

作者: 刘　雪(2008级硕士研究生)

导师: 谢嘉幸

摘要: 本文以雅马哈音乐教育体系创始人川上源一的音乐教育理念为理论基础,运用文献法、观察法、访谈法、比较法等研究方式,对川上源一的教育理念、雅马哈音乐教育体系的创立背景、管理体系、课程设置、教师培训、能力鉴定制度等方面进行理论总结和梳理,并结合实地观摩，对雅马哈音乐教学特点、教学过程等方面进行客观分析，有助于国内音乐教育学者对雅马哈音乐教育体系理论的了解、借鉴与思考，为国内音乐教育者提供了一个新的音乐教育视角。

本文主体部分为第二章至第六章：第二章介绍了雅马哈音乐教育体系的创立背景及发展过程；第三章对创始人川上源一的音乐教育理念进行了梳理和总结；第四章论述了雅马哈音乐教育体系的管理机制与培训体系；第五章运用观察法对幼儿课程的实际教学情况进行案例呈现与分析；第六章对铃木教学法与雅马哈音乐教育进行了多角度比较，同时对音乐教育提出了几点开放性的讨论。本文的意义在于对这一系统化、精细化的音乐教育体系的关注。本文从吸收借鉴的角度出发，介绍了雅马哈系统化的课程体系、精细化的师资培训以及完整的科研和管理体系等方面对我国学校音乐教育、社会音乐教育改革具有现实意义。

关键词：雅马哈；音乐教育体系；普及教育；社会音乐教育

音乐学习对4～6岁儿童认知能力发展的影响
——对皮亚杰式守恒及音乐守恒能力的实证研究

作者：秦　媛（2008级硕士研究生）

导师：刘　沛

摘要：本文将60名4～6岁儿童分为普通组和音乐组进行研究，探索音乐学习、皮亚杰式守恒能力、音乐守恒能力三者之间的关系。本文的研究使用皮亚杰式守恒测试以及笔者自编音乐守恒测试，包括长度、液体量、黏土量、节奏以及旋律5个守恒测试。研究发现，皮亚杰式守恒能力为自然成长能力，与有无额外音乐学习无关；音乐学习对音乐守恒能力的影响在不同年龄组里有不同的表现；皮亚杰式守恒能力与音乐守恒能力正相关，但相关程度较低；两种能力均随年龄的增长而提高；普通组与音乐组在年龄与皮亚杰式守恒能力的相关性比较中，相关程度基本相同；普通组与音乐组在年龄与音乐守恒能力的相关性比较中，普通组的相关度更高。

关键词：音乐学习；皮亚杰式守恒能力；音乐守恒能力

声乐钢琴伴奏教学中的核心问题及教学定位研究

作者：任　卓（2008级硕士研究生）

导师：刘　沛

摘要：钢琴伴奏艺术指导这个称呼，在我国开始也不过二三十年，很多人对其不甚熟悉。笔者希望通过本文，使人们对钢琴伴奏者的认识和定位由“陪衬者”上升到“艺术指导者、合作者”这一层面上来；同时也希望在研究过程中，能引起人们对民族声乐教学及伴奏中各种细节的重视，最终达到推动声乐教学发展的目的，并为钢琴伴奏自身的教学发展贡献微薄之力。

在本文的第一部分,笔者从钢琴伴奏在声乐演唱中起到的基本作用谈起,通过钢琴伴奏的发展状况、在声乐演唱中起到的几个作用以及钢琴伴奏者应具备的几种基本素质等方面,对钢琴伴奏者在声乐演唱中所扮演的角色做出了一个初步的定位,即钢琴伴奏者应是一个集合多种技能于一身的、对于表现声乐演唱艺术的完整性必不可少的一个合作者和艺术指导者。第二部分从钢琴伴奏的运用手段来举例分析,论证了钢琴伴奏在织体、和声两方面来说对于歌曲形象的塑造、色彩的改变起到的重要作用,也说明了钢琴伴奏者对于声乐演唱者情绪的引导、临场感的培养起到的不可替代的重要地位。第三部分从钢琴伴奏者在声乐教学中以及在舞台表演中所起到的推动教学、与表演者互助合作的作用,再次论证钢琴伴奏者的合作者和艺术指导者这一定位。

关键词: 钢琴伴奏;艺术指导;织体;声乐教学;舞台表演

音乐表象形成的质的研究

作者: 苏　杭(2008 级硕士研究生)

导师: 刘　沛

摘要: 音乐表象是音乐学习中的一个重要组成部分,属于听觉表象的一种,它是音乐赖以在脑海中活动的形态,也是音乐思维形成和发展的重要条件。本文以音乐表象的形成为切入点,以音乐表象中音乐记忆表象和音乐想象表象的形成过程为研究中心,在戈登《高级音乐表象测量》的启发中获得研究材料和研究手段,以变奏曲为主要教学材料,遵循“记忆表象形成—表象运动—表象深化—表象分化—想象表象形成”的完整逻辑过程,进行质的教学行动研究。本文认为:音乐教学的目的,不仅仅是让学生学习弹奏和歌唱的行为和动作,更重要的是让学生在头脑中形成一种音乐的思想和意境,形成真正的乐感,让音乐学习进入思维层面。

音乐表象的形成过程从认知阶段的理论来看,主要问题集中在记忆、思维和想象这 3 个阶段,它涵盖了从音乐记忆表象(即内心听觉)向音乐想象表象形成的完整过程,这一过程在戈登的音乐学习顺序理论中,也可以解释为音乐的“同化、模仿和融合推衍”3 个阶段。本文通过对两名学生的音乐表象形成过程的行动研究,运用归因法,归纳出适合音乐表象形成的教学步骤和相应选择的教学材料,做出分析,指出了影响音乐表象形成和运动过程中可能出现的问题并提出了建议。

关键词: 表象;音乐记忆表象;音乐想象表象;变奏曲;内心听觉;质性研究

民族音乐的亲子课程模式探索

作者: 孙锦怡(2008 级硕士研究生)

导师: 刘　沛

摘要: 本文针对目前亲子教育中缺少民族音乐的问题,以行动研究为主,以文献研究为辅，综合了观察法、访谈法、调查问卷法等具体的研究方法，通过课程的设计、实施以及实施的成效，论证了民族音乐在亲子课程中传承的必要性和可行性，从理论和实践上为民族音乐的传承探索出一套初步可行的亲子教育方案。

通过课程实施过程中的观察、家长问卷调查与访谈，笔者得出了以下结论：①幼儿的音乐潜能是超乎成人想象的，对音乐做出反应是幼儿的本能和兴趣所在，所以在亲子课堂上进行民族音乐的教育是行得通的；②中国民族音乐的传承难以为继是因为没有找到传承的途径和渠道，而本文证明了中国民族音乐在亲子教育中的推行是可行的；③家长和教师的角色定位应该是幼儿音乐环境的提供者，幼儿音乐学习的合作者和支持者、引导者和示范者；④在研究的过程中，笔者发现尽管此课程模式实施的整体效果不错，但是还有待于进一步的完善和提高。例如，教师的整体素质有待于提高，家长课堂的开设很有必要等。

本文的研究结果验证了热爱音乐是儿童的天性，说明中国民族音乐的发展和传承后继有望。本文通过研究分析，为家长和教师在此过程所扮演的角色给予定位，为进一步的实践研究提供了一些理论参考。

关键词：早期教育；亲子教育；感觉统合

吟诵的音乐性文献及吟诵在学校教育中的传承研究

作者：杨　玫（2008 级硕士研究生）

导师：谢嘉幸

摘要：吟诵是中国传统古诗词的诵读方式，它是音乐、语言学和文学的结合，是中国传统文化的瑰宝。随着近代以来新式学校的普及，吟诵逐渐淡出人们的生活，当下更是处在濒临灭绝的状态。近年来，吟诵的传承有了新的发展，尤其是“2009 北京传统音乐节”和“中华吟诵周”两场大型活动的开展、国家社会科学基金重大攻关项目“吟诵的采录、整理与研究”的立项，对吟诵的传承起到了十分积极的作用，但遗憾的是吟诵的传承却鲜有人研究。笔者对吟诵的概念进行了梳理，以吟诵音乐性的相关文献及北京市一所小学、一所中学和 3 个高校吟诵社团中的吟诵传承实践探索为研究对象，采用文献研究、调查和访谈等方法开展研究。

本文的第一章为绪论，包括问题提出、课题来源、选题依据；第二章是吟诵概念的梳理和吟诵音乐性的梳理；第三章以护国寺小学和景山学校作为小学和中学的个案，并选择了“大学生吟诵社团联盟”中的 3 个有代表性的高校吟诵相关社团，以问卷调查和教师访谈相结合的方式做了调查研究；在第四章中，笔者对调查做了思考，希望通过对吟诵概念和音乐性的研究，对吟诵在学校教育中传承状况的调查，思考吟诵如何在学校中传承，从而推动吟诵的传承和发展。

关键词：吟诵概念；吟诵音乐性；吟诵传承；课堂；社团

Mommusicing 中的母亲身份意识探究

作者: 孔晓明(2007 级硕士研究生)
导师: 谢嘉幸

摘要: Mommusicing 是一种通过音乐培养母亲身份意识以及良好亲子关系的音乐教育活动,其最终目的是促进儿童的未来发展,同时为母亲在人的生产领域中争取到自身的地位。

本文主要从人的生产角度来探讨“什么是影响母亲身份意识的因素”这一重要问题,以母亲身份意识作为主要的研究对象,建立在身份认同理论的基础上,运用文献研究和调查研究的方法展开研究。

本文一共分为 4 章。第一章阐述了研究问题、研究对象、研究方法、国内外相关研究情况、研究目标及意义;第二章为理论基础,分别对母亲身份意识和母亲身份认同两个概念进行比较,并阐明身份认同和母亲身份认同理论,最后通过理论推断出影响母亲身份意识的可能性因素;第三章为调查研究案例,通过两项有关母亲身份意识的问卷及访谈调查,笔者论证了影响母亲身份意识的因素;第四章为结论和讨论,结合相关理论对母亲身份意识问题进一步探讨。笔者认为:只有社会和教育重新关注母亲,人的生产才能重新受到重视。本文得出如下结论:①母亲身份意识与母亲身份认同有关,影响母亲身份认同的因素也同样影响着母亲身份意识;②需要提出 Mommusicing 帮助母亲建立其母亲身份意识。

关键词: Mommusicing ;母亲身份意识;人的生产

伯纳德音乐创造性研究对音乐教育的启示

作者: 汤　韵(2007 级硕士研究生)
导师: 谢嘉幸

摘要: 伯纳德(Pamela Burnard)博士是当代英国创造性音乐教育领域的一位杰出代表,她致力于儿童创造性音乐及其教育研究,为英国创造性音乐教育的发展做出了卓越的贡献,是当今世界创造性音乐教育研究方面较为权威的人物之一。

本文以创造性音乐教育的历史研究为基础,运用文献研究法与描述研究法,对伯纳德从事创造性音乐教育研究以来所发表的文献及出版的著作进行梳理和研究,通过她的研究视角对近 15 年来英国甚至国际前沿的创造性音乐教育的最新发展动态进行了解,并给予我国创造性音乐教育研究启示。本文的主要内容包括:伯纳德创造性音乐教育研究的文献梳理;对伯纳德音乐教育创造性理论的概述,总结出伯纳德的创造性音乐观;从 Elliott 音乐实践理论、Craft 的可能性思维理论及恩格斯托姆“活动”理论角度对伯纳德创造性音乐教育理论背景及来源进行分析。本文所总结的伯纳德在创造性音乐教育研究领域做出的贡献,切实解决了创造性音乐课堂当中学生创作可能性思维、群体协作创作、即兴创作等问题,给予我国音乐教育者们启示，当然，创造性音乐教育本来就是一个开放性的研究领域，仍然存在众多问题亟待广大研究者从多种角度进行深入的研究。

关键词： 音乐教育；创造性；即兴；创作；可能性思维；协作

音乐院系中的音乐教育管理研究

作者： 田　园（2007 级硕士研究生）

导师： 傅利民

摘要： 教学工作是培养音乐教育人才的中心工作，而教学管理在人才成长中占有特别重要的地位，是教育人才的输出与社会需求无缝连接的有力保证。本文以北京市几所师范院校、艺术院校为研究对象，以教学管理的主体对象为研究内容，重点分析教学管理机构的职能特点与管理模式。在调研几所高校教学管理机构的基础上，按职能特点分析专业与非专业艺术类院校的不同层级管理机构在教学中产生的影响，并把管理模式划分为低耦合型、旁路型及单项结构型，对 3 种模式各取其精华，将其有机地应用于各级教学管理中，堪称最优管理模式。本文通过对各校学生实践课程的现状描述，提出在下一步的教学管理工作中要重点提高教学实践工作的地位和作用，并强调对学生就业指导与职业生涯的规划，说明实践活动的管理也是培养音乐教育人才过程中不可忽视的重要环节。同时本文对教学中扮演着管理者角色的音乐教育管理人员与音乐教师提出了提高艺术素养与管理能力双向的要求，并由此产生对音乐教育管理学学科专业方向设置的思考与回应。最后本文从相关学科角度谈音乐教育教学管理，尝试从管理学、心理学理论的角度出发，针对音乐人才培养过程中原则解读、目标设定等问题提出建议与构想。

关键词： 音乐教育；人才培养；教学管理

音乐和语言刺激下不同气质的人的脑电图与头颅多普勒的研究

作者： 王秋莎（2007 级硕士研究生）

导师： 刘　沛

摘要： 本文旨在探讨音乐（歌曲）和语言（歌词）刺激对人的脑电图与头颅多普勒的影响。笔者先是对 1990 年至今与音乐和脑电相关的国内外研究文献加以梳理，对这一领域当前的研究现状、研究趋势、研究方法和存在的问题进行了总结；对音乐反应测量的新发展——神经科学方法及当前成果、国内外在音乐刺激下脑电功率产生变化的一些问题以及未来研究的方向——进行讨论；就音乐与语言刺激下脑电功率与血流变化的研究对人类生活的意义进行了阐述。

本文选取 11 名实验者，根据艾森克人格问卷把被试分为 3 种气质类型：6 名为胆汁质、3 名为多血质、3 名为黏液质。实验用音乐共 4 种：戏曲与说唱音乐、当代民歌与民谣、中国流行歌曲以及外国歌曲。每位被试从中选择 8 首作品（附歌词）。实验对象分成静坐组、歌词组以及歌曲组,使用脑电图与头颅多普勒这两种仪器记录被试的各项生理指标。最终的研究结果表明,单就旋律而言,人脑对熟悉的曲调(尤其是流行歌曲)反应最大,对不熟悉的旋律(尤其是西区说唱等不常接触的乐种)反应最小;就语言(歌词)而言,人脑的反应相差较小($P>0.05$),不具有统计学意义。

关键词: 脑电图;头颅多普勒;脑电功率谱;歌曲;歌词

中国大陆当代音乐教学论教材取样分析与研究

作者: 温雪雯(2007 级硕士研究生)

导师: 谢嘉幸

摘要: 本文通过对 13 本中国大陆当代音乐教学论教材的取样分析,对其学科发展进行客观的评述,总结出音乐教学论的发展特点,在借鉴吸收成果的同时发现并揭示问题,以期对推动音乐教学论学科建设与教材建设有所启发。

本文共分 6 个部分。绪论部分包括问题缘起、研究对象、研究方法、写作目的及文献综述。第一章论述了中国大陆学校音乐教学论教材的发展状况。第二章主要论述了中国大陆当代 13 本学校音乐教学论教材取样分析,从目录与内容的分析、教材编写成员的比较分析、教材适用对象的比较分析、教材理论体例的比较分析、教材实用性内容的比较分析和教材内容比例的比较分析进行论述。第三章是笔者与中国大陆 6 位音乐教学论教材的作者进行的访谈实录。第四章是笔者对中国大陆学校音乐教学论教材进行取样分析的 4 点体会与 5 点建议。最后是本文的结论与讨论部分。本文通过对中国大陆当代学校音乐教学论教材编写问题的探讨,提出对中国学校音乐教学论教材编写的建议,从而为音乐教学论教材的发展起到一定的推动作用,为学校的教师与学生提供选取音乐教学论教材的参考意见,也希望能推进音乐教学论教材的健康发展。

关键词: 音乐教学论;教材;教学理论;教学实践

音乐学分析:从理论到课程实践

作者: 张　烁(2007 级硕士研究生)

导师: 谢嘉幸

摘要: “音乐学分析”是指对音乐的理解和把握要在“音乐构成”的基础上,深入到音乐的思想和精神层面,两者互为补充。想要研究这门尚待完善的学科,在音乐技术功底、音乐理论根基以及人文学识方面都有着令人望而生畏的严格要求。本文从课程实践的角度看“音乐学分析”的发展,共分 6 个部分。第一部分是绪论,主要论述了“音乐分析”的概念综述以及本文的写作背景和选题经过;第二部分从历时性的角度阐述了“音乐学分析”这一理论的产生、提出和发展;第三部分从共时性的角度来叙述不同的研究者根据其不同的视野来与“音乐学分析”进行对话的结果;第四部分将视角转移到教育学,笔者认为用“人本主义”课程观的理论更适合解释音乐院校所开设的这门课程;第五部分的笔墨主要放在中国音乐学院的“音乐学分析”课程情况,分别就课堂的框架、结构、评价等各个方面进行论述。第六部分是对音乐学分析的一些开放性的讨论。通过上述内容,笔者认为音乐学分析解释的方法论与单纯的技术理论分析不同,是一种更高层次上的、具有综合性质的专业性音乐分析,既要分析具体的音乐形式,又要在其基础上解释音乐在特定历史条件下的意义,同时探讨音乐作品在现实音乐生活中实践的可能性。

关键词: 音乐学分析;课程;学科综合;人本主义;解释

音乐教师教育研究的国际视野
——第十七届“国际学校音乐与教师教育研讨会”案例分析

作者: 崔玉洋(2006级硕士研究生)

导师: 谢嘉幸

摘要: 2008年7月,第十七届“国际学校音乐与教师教育研讨会”在意大利罗马召开。作为当前专门关注音乐教师教育研究的最具国际性的学术会议,研讨会的会议内容在一定程度上代表了国际音乐教师教育的研究水平和方向。本文通过对第十七届“国际学校音乐与教师教育研讨会”的描述性研究,了解“国际学校音乐与教师教育研讨会”的研究现状,分析当前国际音乐教师教育研究的热点和趋势,并总结第十七届“研讨会”对国际音乐教师教育发展的作用和影响。

本文第一章引入了第十七届“国际学校音乐与教师教育研讨会”的相关概念及基本情况;第二章笔者对第十七届“国际学校音乐与教师教育研讨会”采用参与观察的研究方法,并撰写第十七届研讨会会议纪实;第三章中,笔者统计并对比分析了第十七届研讨会和第十六届研讨会上宣读论文的摘要与内容简述;第四章笔者使用访谈与问卷调查等研究手段,通过与参会者的直接接触,探究该次会议的会议理念等问题;第五章归纳了本文的研究取得的各项研究成果,回答了绪论中提出的问题,反思会议的不足,并引出关于国际音乐教师教育研究对我国音乐教育改革启示的讨论。

关键词: 第十七届“国际学校音乐与教师教育研讨会”;音乐教师教育;描述性研究;跨文化;合作性研究

声声不息的孟戏音乐给民族音乐传承带来的思考

作者: 郭　雅(2006级硕士研究生)

导师: 傅利民

摘要: 孟戏是江西省广昌县甘竹镇具有家族宗教性质的地方戏剧。每年农历正月前后在甘竹一带都会演出“孟姜女哭长城”的故事,并伴随着一整套仪式对“三元将军”进行祭祀,因此当地人直接称这种民间戏曲为孟戏,距今已有500多年的历史。

本文以甘竹镇曾家孟戏剧团的生存状况和传承方式为主要研究对象，笔者于2007年对该剧团和大路背村刘家孟戏剧团进行了田野调查。在田野工作中，笔者主要运用音乐教育学中的“观察法”“调查法”，民族音乐学中的“主体-客体”研究法，并结合人类学、社会学、宗教学、美学等其他多门学科的建构理论与研究方法，搜集、整理、分析了有关孟戏以及孟戏剧团的历史背景、所属环境、生存状况、文化属性、宗教信仰等方面的情况，并对曾家孟戏剧团中“少年班”的习艺人员、授艺群体、传授内容、学习目的与动机等情况做了大量的调查和统计工作。本文力图在前人对音乐本体的研究的成果上，根据自身田野调查的成果，从教育、历史、文化及传承4个层面客观地对孟戏的传承进行论述，并探寻承载孟戏音乐的文化机制与承传途径，分析孟戏能够存活500年的原因，进而全面深入地研究中国传统音乐文化对当代音乐教育发展的启示。

关键词： 孟戏；宗教信仰；“少年班”；文化

“美育女声四重唱组”音乐文化活动的个案研究

作者： 李卓艺(2006级硕士研究生)

导师： 谢嘉幸

摘要： 本文以“美育女声四重唱组”的大学音乐欣赏教学实践和自组织音乐活动为研究对象，运用文献研究、描述性研究、调查研究，从普通高校音乐欣赏教学角度、群众自组织音乐活动的角度，对研究对象进行描述和分析，探讨对普通高校音乐欣赏教学有价值的方式和理念以及开展群众性音乐活动的途径。

笔者认为，对于普通高校音乐欣赏教学，首先从教学环境上，要改变传统课堂环境的刻板，创设亲切、轻松、利于美感发生的氛围；其次在教学模式上，教师尝试扮演表演者的角色，改变传统的“聆听-介绍-再听”的模式；最后应更注重“表演互动式”参与。

从社会音乐教育的实现来看：①从学理的角度上说，自发的群众性音乐活动是以达成人与人之间的相互理解为目的的交往行为；②从社会音乐教育实践的角度看，互主体式的自我教育是群众性音乐活动很好的实现方式，是提升全民音乐素养的很好方式。

在社会音乐教育和学校音乐教育的关系上：①以音乐为媒介、互主体式的音乐学习是学校音乐教育值得借鉴、采纳的方式；②社会音乐资源、社会音乐行为应该与学校音乐教育更加密切地融合与相互影响，形成更加良好的循环系统；③应提倡多样性的非正规音乐教育更多地参与到学校正规音乐课堂中，音乐教育模式应向着更加开放的方向发展。

关键词： “美育女声四重唱组”；普通高校音乐教育音乐欣赏教学；群众性音乐活动

埃德温·戈登音乐学-教体系评析

作者： 梁小娟(2006级硕士研究生)

导师： 谢嘉幸

摘要：本文基于概述埃德温·戈登在音乐教育方面的主要研究成果，运用文献法、分析法、比较法等研究方式，从音乐教育哲学、音乐教育心理学、教学论所涉及的学-教关系、师生关系等相关原理出发评析其学-教体系，试图总结其学-教体系的特点及其在中国发展的可能性、可行性，旨在为国内音乐教育者带来另一教学视角，丰富音乐教育的理论与实践。

本文由绪论和正文3章内容构成：绪论概述了选题缘起、研究意义及研究方法，并对戈登研究成果的相关研究进行了综述。第一章从"听想"理论、音乐资质和音乐成就测评体系、基于学习顺序的音乐课程体系3个方面全面概述戈登的主要研究成果，并在此基础上分析了三者之间的关系。第二章将戈登的音乐学-教体系作为一个整体，以教学论的基本原理为基础，重点从其音乐教育哲学、心理学基础、学-教体系中蕴含的学-教关系、师生关系等方面，对埃德温·戈登的音乐学-教体系做出分析，通过与其他四大教学法的比较，总结其特点。第三章对全文进行了总结与讨论，认为戈登音乐学-教体系涵盖了音乐教育理念、教学内容、教学方法、教学手段、教学评价等诸环节。

关键词：埃德温·戈登；"听想"；音乐资质；音乐成就；音乐学习顺序；音乐学习理论

对我国52所高等院校"音乐教育学"课程的调查研究

作者：刘　姝（2006级硕士研究生）

导师：谢嘉幸

摘要：目前在我国高等音乐教育机构中，音乐教师培养主要由高等师范院校、高等音乐（艺术）院校、综合大学艺术学院来承担，专业名称一般为音乐教育专业或音乐学（教师教育）专业。本文选取我国高校"音乐教育学"课程为研究对象，运用调查研究的方法，对我国20个地区的28所师范类院校、8所音乐艺术院校、16所综合大学的"音乐教育学"课程教师进行问卷调查与访谈，呈现"音乐教育学"课程在高校的整体发展状况以及师生对这门课程的态度与需求。

本文第一章为绪论，对"音乐教育学"课程的历史和国内外研究现状进行梳理。第二章是对高校"音乐教育学"课程调查六方面内容的统计与分析。第三章采用案例研究方法，展现当前3种类型高等院校在音乐教育专业建设、"音乐教育学"课程设置上的各自特点。第四章为本文的结论与讨论，指明"音乐教育学"课程应作为音乐教育专业课程系统的核心和基础；提出构建"以实践为导向、以能力为核心"的"音乐教育学"课程模式；基于本民族音乐的"音乐教育学"课程的理解与实践，以多元音乐文化共存的心态理解"音乐教育学"及课程建设，明确指出应探索包含本土音乐教学法内容的"音乐教育学"课程。

关键词："音乐教育学"课程；音乐教师教育；音乐教育实践

音乐母亲从哪做起？——母亲音乐教育相关文献研究

作者：谭　莉（2006级硕士研究生）

导师：谢嘉幸

摘要：在早期儿童音乐教育研究领域，母亲，作为家庭中最重要的教育者，其作用长期以来不受重视。母亲的身份意识很薄弱，母亲的教育并没有受到很好的重视，母亲音乐教育领域没有一套系统的理论依据。

本文通过梳理与母亲教育、早期儿童音乐教育、胎儿音乐教育等相关的文献资料，采用文献法、比较法、分析法等研究方法，试图归纳、整理出一套可供广大女性参考的基本文献，为母亲音乐教育提供理论依据。本文共分 7 章，第一章从母亲音乐教育的历史和现状入手，阐述了母亲教育的历史和母亲音乐教育的理论基础两个方面。第二章是关于母亲音乐教育心理的相关研究。第三章则从母亲音乐教育中母亲音乐素养的研究展开。第四章论述了哼唱相关理论概述及其方法、哼唱的文献研究以及母亲音乐教育意义下的哼唱等方面。本文的第五、第六章是关于母亲音乐亲子活动方面的理论梳理，包括母亲音乐胎教研究、0～3 岁母亲音乐亲子活动相关研究。本文的最后一部分是结论，认为母亲音乐教育有存在的必要性，但是如何展开相关活动和培训来提高母亲的音乐文化素养，是没有唯一答案的开放性问题，亟待广大学者、教育工作者和母亲从多种角度给予丰富的解答。

关键词：母亲音乐教育；母亲音乐素养；母亲音乐亲子活动；母亲身份意识

从实践到理论的升华——曹理音乐教育著述和文论述评

作者：张俊杰(2006 级硕士研究生)

导师：谢嘉幸

摘要：本文以中国音乐教育学家曹理音乐教育学学科研究的著述和文论为研究对象，通过文献收集、梳理、分类、阅读、分析，结合对曹理的访谈，运用文献研究、质化研究等研究方法，评述曹理音乐教育学学科研究的重点著述和文论，探索曹理音乐教育学学科研究的历程，研究曹理的音乐教育思想和实践，探究教育实践与教育理论的关系。

本文第一章“音乐教育学学科研究的准备时期”介绍曹理在这一阶段主要的音乐教育实践及重要文论。第二章“音乐教育学学科构建时期”介绍曹理在中国音乐教育学会的工作，重点评述文论《音乐教育学的构想》和著述《普通音乐教育学概论》《普通学校音乐教育学》。第三章“音乐教育学学科发展时期”重点评述著述《音乐学科教育学》《音乐学习与教学心理》。第四章“探索无止境(2000 年至今)”重点评述文论《音乐教育学的探索》《我国音乐教育学学科发展回顾与前瞻》和著述《音乐教学设计》《新课程音乐教学案例选评》《与名师同行》。第五章总结出曹理音乐教育学学科研究与教育实践的联系，其音乐教育学科研究与探索给音乐教育工作者的启示是：关注音乐教育实践中的问题和现象，洞察国内外音乐教育中的新现象、新问题，全身心投入到音乐教育研究中，才能成为一名好的音乐教育研究者。

关键词：曹理；音乐教育学；著述；文论；实践；理论

儿童音乐表演焦虑研究

作者：胡文倩（2005 级硕士研究生）
导师：刘　沛

摘要：本文回顾了表演焦虑理论、表演焦虑产生的原因和一些相关治疗方法，论述了表演焦虑的测量和儿童表演焦虑的相关研究。由于表演焦虑领域对非专业人士，以及儿童的研究稀缺，所以笔者以此为突破点，设计了一项以业余琴童为对象的表演焦虑研究。研究被试均为业余钢琴学习者，共 12 名儿童，其中学前儿童和学龄儿童各占 6 名，年龄在 5 到 10 岁之间。本文尝试采用定性与定量结合的方法，用心理学量表来调查被试的气质性格、行为、感觉统合能力、焦虑特性等心理基本信息，并使用了笔者自编的两套调查问卷来收集被试钢琴学习的背景情况和音乐会表演的焦虑程度。本文的研究凭借录音录像的手段，实时记录了被试在钢琴课和音乐会两种情景下的演奏情况和行为表现。最后通过社会科学统计软件包（SPSS）对量表、问卷、访谈、录音录像的数据进行处理，得出了以下几项结果，分别是：儿童在钢琴课和音乐会上的乐曲演奏总时长相关性非常显著，儿童的行为能力和感觉统合能力相关性非常显著，表明本文研究的信度较高；儿童的表演焦虑程度与儿童年龄、儿童性别、学龄儿童的人格、音乐会乐曲演奏总时长、琴龄、表演满意度、儿童的行为能力、儿童的感觉统合能力相关，并具有统计学意义。

关键词：儿童；表演焦虑；量表；心理测量；统计

圆桌的魅力：跨文化？——音乐教育国际交流中的圆桌会议案例分析

作者：李望霞（2005 级硕士研究生）
导师：谢嘉幸

摘要：近年来，圆桌会议的研讨交流形式在音乐教育国际会议中越来越受到欢迎。本文以 2004—2006 年音乐教育国际交流中的 3 次圆桌会议为研究对象，分别从形式、观点和内容层面进行分析，得出“正是圆桌会议形式的开放性、参与性、包容性与形成性，有力地促进了国际音乐教育学术会议中的跨文化交流”这一结论。

本文共有 6 章。第一章对问题缘起、研究对象、研究目的和方法进行阐述。第二章对本文所涉及的重要概念及其相关研究进行界定和概述。第三章对圆桌会议案例进行详细描述和分析，其结论是圆桌会议形式促进平等对话。第四、第五章以圆桌会议为案例，深入分析圆桌参与者对于爱国主义和民族主义的具体观点，并对会议研讨内容进行多角度分析；结论是圆桌会议折射相同主题的不同观点；在不同观点的平等对话中，圆桌参与者们都是基于各自不同的文化进行论述的，圆桌促使参与者关注不同文化。第六章得出全文结论：圆桌促进了跨文化交流，在知识探索和问题解释过程中表现出开放性、参与性、包容性和形成性。

本文的意义在于揭示国际音乐教育学术研讨会中“圆桌会议促使跨文化交流，跨文化交流赋予圆桌无限魅力”这一双重机制。通过这一揭示,希望能够为音乐教育者了解和投入国际学术交流提供一个新的视角。

关键词: 圆桌会议;跨文化;国际交流

关注音乐教学实践——第27届国际音乐教育大会工作坊分析

作者: 宋裴裴(2005级硕士研究生)

导师: 谢嘉幸

摘要: 当前,“关注音乐教学实践”成为国际音乐教育的改革焦点。在音乐教育国际学术会议上,以教学实践为主要交流内容的工作坊形式越来越多地受到音乐教育者的欢迎。为什么会出现这种情况,这种现象所带来的启示是什么?本文以2006年在马来西亚吉隆坡举办的第27届世界音乐教育大会的8类教学实践工作坊为案例,运用文献法、描述法、比较法以及后现代课程理论对工作坊教学实践的课程模式,包含其实践活动类型、教学方法、步骤等方面,进行分析研究,得出:一方面,正是音乐教育本质的音乐实践性,使音乐的实际制作过程作为音乐教育学术交流的方式成为可能;另一方面,正是工作坊包含了参与、直观、互动等特点在内的实践性,才使得工作坊成为音乐教育国际学术交流越来越受欢迎的形式。

本文分为4章,第一章为绪论,包含问题的缘起、概念解释、研究对象、相关研究、研究方法和研究价值;第二章描述和分析本文的研究对象——35个工作坊案例;第三章运用后现代课程理论对工作坊的教学内容和目的进行分析;第四章总结了工作坊作为音乐教学实践国际会议学术交流形式的特点和进一步讨论工作坊研究对我国学校音乐教育的学术研究以及学术会议改革的启示。

关键词: 音乐教学实践;工作坊;世界音乐教育大会

专业音乐院校节奏教学中学生的音乐创造性思维研究

作者: 赵　亮(2005级硕士研究生)

导师: 刘　沛

摘要: 本文对希克森特米哈伊的“创造力理论”和“flow理论”进行了详细的阐释。笔者选取王以东老师的节奏教学为切入点,运用上述两种理论,设计了节奏教学中学生音乐创造性思维的实证研究,通过对上课前后学生flow程度和音乐创造力水平的测量,考查学生在课上的flow体验与音乐创造力水平之间的关系,通过对不同节奏创造力水平的测量,考查节奏与学生创造力水平发挥之间的关系。此外,本文的研究还用到访谈和观察的方法,对学生的flow体验和教师的教学展开更深入的研究。

研究表明,在节奏教学中学生的flow体验有利于提高学生的音乐创造力水平;不同的节奏类型将影响学生创造力水平的发挥,其中,现代音乐和无固定风格的节奏类型较有利于学生创造力水平的发挥;在课堂上教师的教学将会对学生创造力的发展产生影响。让学习者在音乐学习中体会到flow的经验，将会促进其音乐创造力水平的提高；在教学中，教师要让学生在掌握古典音乐和民间音乐节奏的基础上，加强对现代音乐和无固定风格的节奏类型的学习，这样有利于学生创造力水平的进一步提高；有足够专业素养的教师不仅要具备良好的教学技能，而且要能激发学生的学习兴趣，对于学生的创意要有正确的辨别力，这样才能有助于学生创造力的发展。

关键词： 音乐创造力；创造性思维；节奏教学；flow体验；内在动机

对话何以产生——“音乐教育学硕士研究生文献导读课”教学模式分析

作者： 赵美荣(2005级硕士研究生)

导师： 谢嘉幸

摘要： “对话”是后现代课程的重要主题词，关于“对话”的重要性已有众多研究。然而，“对话究竟如何产生？如何更加有效？”仍是一个悬而未决的问题。本文以对话理论、自组织理论及教学模式理论为基础，采用描述法和文献法，对2002—2007年间“中国音乐学院音乐教育学硕士研究生文献导读课”的教学实践进行研究，归纳其4种教学模式，并对其进行深入的比较分析。

本文共有3章。第一章包含选题缘起、基本概念及对研究对象的描述。第二章分析4种教学模式中产生的不同对话层次：单回路教学模式产生了师生与文献的对话、师生间的对话以及自我对话；双回路教学模式产生了教学实践与文献的对话，促使其文献阅读效果的优化；三回路教学模式产生了社会实践与文献的对话，促使学生的文献学习与教学行为的优化；四回路教学模式形成了跨文化实践与文献的对话，促使学生的文献学习、课堂教学及社会实践行为的综合优化。第四章是本文的结论与讨论部分。

本文的研究成果为解决音乐教育学理论与实践相结合的问题提供了可行的思路。“对话何以产生”既是一个理论问题，也是一个实践问题，同时还是一个开放性的课题，对话的层次也不是几种模式所能完全归纳的，这些问题亟待广大学者从多种角度给予丰富的解答。

关键词： 对话；教学模式；实践体验；对话层次；教学成果

北京市东城区和平里地区琴行办学调研

作者： 周远亮(2005级硕士研究生)

导师： 杨通八

摘要： 本文以社会音乐教育的视角来解读琴行办学这一社会现象。通过对于琴行经营者、社会音乐教师和学生家长的走访，以调查问卷及访谈的形式，结合笔者作为社会音乐教师的亲身经历和感受，总结和归纳琴行办学这一社会音乐现象产生的原因，与学校音乐教育之间的关系，琴行办学存在的特点、问题和解决途径等。

通过对于琴行办学状况的调研，可以清晰地看出，在当今社会生活中，琴行办学模式确实在一定程度上满足了人们对于音乐艺术学习的需求和提高自身修养、素质的需要,填补了社会音乐教育领域办学主体缺失的空白,其在提高人们的精神文化水平方面的作用是值得肯定的。同时应当意识到,作为琴行,一定要有社会责任感,争取做到"以商养学,以学促商,以赏兴乐"。琴行不仅仅要销售乐器、培训音乐技能,还要进行文化传播,让更多的人通过音乐改变自己的人生。同时我们也应该意识到,由于琴行的市场化运作,追求最大化的利益始终是其存在的根本,因此难免会导致为了追求利益的最大化而降低办学质量和教学质量的情况发生。这就需要给予琴行办学必要的监管,政府相关部门应当承担起保障社会音乐教育健康发展的责任,对琴行办学进行必要的监督和规范。

关键词: 琴行;音乐培训;社会音乐教育;北京;和平里地区

明朝书院"唱诗"觅踪

作者: 朱　燕(2005 级硕士研究生)

导师: 杨通八

摘要: 书院是我国古代一种特殊的教育组织形式,历经唐朝至清朝的千年兴衰,是我国古代教育和学术发展的重要源头之一,历史功勋不可磨灭。在明代书院的文献资料中记载了一种具有音乐性质的"唱诗"活动,而目前对这些文献资料的研究却是少之又少。本文旨在通过对明朝 6 所有代表性的书院中"唱诗"活动的研究,揭示书院"唱诗"的文化特色和音乐教育内涵。

本文主要采取文献研究、访谈、实地考察的方法,对明朝 6 所书院"唱诗"活动的有关资料进行梳理和分析。本文由 5 个部分组成。第一章为绪论,第二章为"唱诗"的形式,第三章为"唱诗"歌法,第四章为"唱诗"的乐器,第五章为尾声。本文尽力探索书院"唱诗"的历史真实,以求对中国古代音乐教育史研究作一点实证性的补充,同时也为后来的学习者和研究者提供一些可参考的文献资料。

关键词: 书院;唱诗;音乐教育

文化变迁中的兰坪普米族新型音乐传承方式探索
——对《土风计划-兰坪民间文化村寨传承培养项目》社区传承行为的考查与研究

作者: 金　娜(2004 级硕士研究生)

导师: 谢嘉幸

摘要: 本文以《土风计划-兰坪民间文化村寨传承培养项目》在云南省怒江傈僳族自治州兰坪县 3 个普米族村寨开展的传承活动为研究对象。采用田野调查的研究方法,观察项目结构和村寨文化变迁语境中的项目行为;参与此项目在村寨开展的各类活动并对其进行简要分析,以深度描述方式记述了村寨培训和中期检测活动,并从音乐教育角度对其进行结构和因素解析。

本文的意义在于对形成中的中国多元化音乐教育方式的关注。社会文化变迁为多样性的中国民族音乐带来多元的生存环境。社区传承对村寨的乡土传承和学校音乐传承必然产生影响。随着社会的发展和外界的参与，民族村寨的音乐传承方式将呈现更加多元的面貌，中国音乐教育方式也将打破学校与传统、政府与民间的二元对立，实现多元化。对其中每一种传承方式正负影响进行考查，引导无意识传承行为向保存多样性民族音乐的积极方向发展，是文化变迁中音乐教育者的责任所在。本文的结论是：项目组的这种传承活动已经在普米族村寨产生促进本族音乐乡土传承环境恢复的现实意义，而项目社区传承行为更长远的价值在于构成普米族村寨今后多元音乐传承的局面，并对本族音乐语言进入学校音乐教育起到一定的推动作用。

关键词： 社区传承；文化自觉；自组织；他者；音乐教育；文化变迁；多样性

高校音乐研究型课程的实践与探索
——以广东海洋大学中歌艺术学院音乐系的“民族音乐概论”课程为例

作者： 黎国丹(2004 级硕士研究生)

导师： 谢嘉幸

摘要： 本文以广东海洋大学(以下简称“海大”)中歌艺术学院音乐系的“民族音乐概论”课程为研究对象，采用文献研究、调查研究、观察研究等方法，对教学实践中应用的“研究型课程”理论及具体实施方案进行描述，以此论证研究型课程在高校音乐课程中实施的可行性与意义，同时给予研究型课程本身的探索以新的启示。

本文的结论是：①要让学生既能学到扎实的基础知识，又能与现实生活紧密联系，在已有知识的基础上开展对新知识的探索，同时又能激发学生自主学习，培养学生的创新、合作学习能力，在高校的学科体系中进行研究型课程的实践是有着现实意义的；②在集体教学中，通过小组合作学习来建立各组的多级电子档案袋是研究型课程实践的一个非常重要的手段，它使课程各要素(包括目标、内容、资源、方法、组织等)得以丰富与深化。因此本文的意义在于它为普通高校的民族音乐教学以及研究型课程的探索提供了一个新的思路，也为笔者进行其他理论课程的教学提供了可借鉴的方式，并为笔者的下一步研究打开了一扇窗户。

关键词： 研究型课程；电子档案袋；合作学习；音乐活性资源；行动研究；项目研究模式

走向方法综合的音乐教育研究
——对国外音乐教育研究方法的哲学解释学分析与思考

作者： 马　力(2004 级硕士研究生)

导师： 谢嘉幸

摘要： 近年来，在整个音乐学领域，有关方法的讨论是学者们关注的一个热点，随着学术规范要求逐年严格，合理地运用研究方法做研究越来越得到音乐研究者们的关注。笔者将音乐教育研究方法作为本文的研究对象，采用的研究方法主要是：文献研究、案例研究以及哲学解释学的方法。在文献研究中，笔者查找了国内外有关音乐教育研究方法的文献，以及有关音乐教育研究的论文(或研究报告)，国外文献主要以几种音乐教育研究期刊为主，并对其中的8本期刊上发表的文章进行了分析。在案例研究中，笔者选取了2篇国外音乐教育研究的论文(或研究报告)，对其研究对象、研究方法进行详细的解读。在整个教育学领域，现象学(phenomenology)和解释学(hermeneutics)已经作为一种研究方法被教育研究者应用，本文也采用了哲学解释学的方法，引用"先见""理解与解释""视域融合"等关键词，对音乐教育研究方法进行哲学解释学的分析与思考。在结语中，笔者欲倡导一种主客合一的认识观，并回应亚伯教授提出的"多种研究方法"(multiple methods)，提出一种趋势的预测，即随着对音乐教育领域问题理解的不断扩展，音乐教育研究将走向一种"方法综合"的趋势。

关键词： 音乐教育研究方法；国外音乐教育研究；哲学解释学；方法综合

北京地区中关村中学管乐团调查实录

作者： 徐　倩(2004级硕士研究生)

导师： 谢嘉幸

摘要： 本文主要以北京地区中关村中学管乐团为研究对象，采用文献研究和个案研究方法对其进行实地调查。观察、描述、分析乐团训练模式，总结其管理模式，并结合理论论证其存在的意义。本文认为，中学生管乐团对于现有音乐教育体系的意义并非只是一种课外音乐教育活动，它首先是审美与实践的结合，是音乐的本质审美性和实践特征的良好结合；其次，它处于学校音乐教育体制的管理之下，却与家庭音乐教育和社会音乐教育密切相关，是这三者交叉的产物。本文的意义在于研究中关村学生乐团可以为我们提供一个研究北京地区学生管乐音乐教育及课外艺术教育的理想原型，譬如一些相关的更宽泛的问题：①学生管乐团的发展方向；②课外音乐教育活动开展的模式及其影响；③中学音乐教师必备素质问题；④特长生制度对管乐团的影响。还有学校对于乐团的管理、乐团教育功能的实现、乐团现在面临的机遇以及社会认同的挑战等，这些命题都可以通过研究中关村中学管乐团的发展模式得以实现。

关键词： 学生管乐团；音乐教育；素质教育；管理模式

中国传统音乐审美状态研究——相关文献梳理与教学实践探索

作者： 唐文娟(2003级硕士研究生)

导师： 谢嘉幸

摘要： 音乐教育要"以审美为核心"是"素质教育"对音乐教育提出的要求。审美状态是美学的重要研究成果，是音乐美学与审美教育的重要研究对象，也是帮助音乐审美教育正确实施的重要前提条件。其中丰富的中国传统审美状态更是应当首先被纳入音乐审美教育视野，成为音乐审美教育的重要内容，从而使“以审美为核心”的音乐教育真正找到自己的立足点。

以往对审美状态和音乐教育的研究无论多么深入和广泛，都是将两者视为相互独立的范畴分别进行研究，而没有看到两者之间密不可分的内在联系。同时，由于缺乏“民族化”视野，目前国内对中国传统审美状态的研究少之又少，我国音乐审美教育在“母语音乐文化”根基方面的缺失，也使得中国传统审美状态没有被纳入音乐教育的视野。本文的根基是对中国传统审美状态相关文献的梳理，在此基础上，进一步对在音乐教学实践中如何把握中国传统审美状态进行一些初步的探索。本文希望这一探索能引发之后对中国传统审美状态及其与音乐教学相结合的更加深入的研究和探讨，使得相关的研究成果能对音乐审美教育的实施有所启示和帮助。

关键词： 中国传统审美状态；审美状态；审美体验；音乐教育；审美教育

乐教发微

作者： 魏石成（2003 级硕士研究生）

导师： 杨通八

摘要： 千古乐教，盛极西周，尊为国教。然自春秋战国，礼崩乐坏。虽经历代复兴，秦汉以降，乐教实亡。改革开放，经济崛起，民族复兴，乐教重提。但是对什么是乐教尚未形成统一认识，众说纷纭，各执己见，造成一定混乱，不利于传统乐教继承和音乐教育发展。如偏离了乐教真义，研究就可能隔靴搔痒，实践就可能种瓜得豆。

本文主要采用文献法与思辨法，以公认的乐教古籍及近年出土经简为君臣，以出土文物、民族音乐学研究成果、文字学资料为佐使，爬梳史料，拼合碎片，从文献诠释及历史上乐教实践状况追问什么是“乐”“教”及“乐教”，试图还原乐教本义，抽象出它的本质，为乐教研究做一点基础工作，为改革我国音乐教育提供借鉴。本文分为引言、第一章“乐教”释义、第二章乐教实考、第三章乐教评说和结论五大部分。本文的主要观点是：乐教即礼乐教化，是披着乐的外衣的礼，其本质是政治教化。乐教涵盖不了华夏音乐的丰厚传统，也不是通常意义的音乐教育，复兴乐教以振兴中华民族音乐的道路是行不通的。只有历史地、辩证地考查乐教，正本清源，善其真知，才谈得上乐教传统的合理借鉴。

关键词： 乐教；礼乐教化；音乐教育

社区音乐教育——北京朝阳社区学院社区音乐教育个案研究

作者： 夏侯晓昱（2003 级硕士研究生）

导师： 谢嘉幸

摘要：本文以北京市朝阳社区学院社区音乐教育个案研究为研究对象，从社区学院教育模式入手，结合社区教育模式中的四大要素，运用文献研究、调查研究、量化研究的方法对北京市朝阳区 7 个社区的社区音乐课进行实地调研。通过对 7 个社区音乐课进行问卷调查、现场听课与采访，本文认为，以地区社区学院为主导的社区音乐教育，作为社区教育的一部分，成为社区音乐传承的主要途径，日益成为丰富社区社会文化生活、提高社区居民音乐素质的主渠道，亦成为学校音乐教育更为有益的补充和拓展。

本文分 4 章阐述上述研究过程和研究结果。第一章导论阐明本文的研究缘起、研究基础、研究对象与方法，并对一些关键性词语做出必要的解释。第二章立足社区教育中的社区教育研究模式，结合社区教育模式中的四大要素，对社区教育与社区音乐教育作相关概念及理论模式探索。第三章阐述笔者对朝阳区 7 个社区音乐课的现状调查，呈示社区音乐教学状况。第四章针对调查结果进行分析归纳并作相关问题的讨论。

关键词：社区；终身教育；社区教育；社区音乐教育

民族界乐理论教学法研究

作者：张寒秋

导师：傅利民

摘要：本文主要论述有关民族器乐理论课的教育、教学方法问题。一直以来，民族器乐理论课的教学都是沿用音乐学的研究方法开展的，但是对于未来需要从事这门课教学的教师来说，仅仅知道此学科的研究方法是不够的，还必须了解如何向学生讲授这门课。所以，本人力求从音乐学研究方法和教育学研究方法两者的结合出发，寻找一条合理培养民族音乐理论教学型人才的道路。这将对培养音乐理论教学人才具有突出贡献。一方面，我们保留音乐学传统授课模式的精华部分；另一方面，结合中国传统民族器乐的实际情况，同时引入教育学的理念和模式，相信这对于今后音乐院校音乐教育系及高师音乐系培养音乐理论教学人才有着重要的现实意义。

关键词：民族器乐理论；教学；传承；课程

审美哲学还是实践哲学？——音乐教育哲学思想比较

作者：郭　玮(2002 级硕士研究生)

导师：谢嘉幸

摘要：“音乐教育哲学是审美哲学还是实践哲学?”是 20 世纪 80 年代以来在西方音乐教育学界最具代表性的争论。其中以 BennettReimer 为代表的“音乐教育作为审美教育”与 David J. Eiliott 所提倡的“音乐教育的实践哲学”之间的争论尤为激烈。为什么会有这样的争论？他们争论的焦点是什么？是什么导致了他们的争论？这些观点与我国“音乐教育以审美为核心”的音乐教育观有何关系？这些问题引发笔者有了写此文的想法。

本文主要以 Reimer 的《音乐教育的哲学》(1989 版熊蕾译)和 Eiliott 的《音乐的种种问题:音乐教育的哲学》两本著作,以及介绍、评论 Reimer 审美哲学和 Eiliott 实践哲学的相关国内外论文为研究对象,来比较、分析两者的哲学思想。本文由 4 章构成,第一、第二章分别从人物介绍、思想表述、评价、影响 4 个方面介绍 Reimer 及 Eiliott 的哲学思想;第三章主要比较分析两者的哲学思想,以双方争论的哲学前提——音乐是什么?——为切入点,对 Reimer 与 Eiliott 界定的两种音乐概念内容进行比较,并结合两者音乐概念哲学背景中的音乐主体与客体的关系进行分析;第四章主要是两者思想比较之后,笔者对音乐教育哲学必要性、重要性以及建构新的音乐教育哲学的一些思考。

关键词: 审美哲学;实践哲学;音乐教育;Reimer;Eiliott

中国社会音乐考级调查研究

作者: 王一雯(2002 级硕士研究生)

导师: 杨通八

摘要: 我国的音乐教育研究在普通音乐教育和专业音乐教育领域内都有相当的研究成果,但在社会音乐教育这个更加广阔的领域却是研究甚少。音乐考级是我国社会音乐教育中一项重要的活动。近些年,关于论述考级的文章很多,但是真正对其进行整体调查和深入研究的却少之又少。2004 年,中国音乐学院设立“中国社会音乐考级调查与研究”课题,此课题欲弥补社会音乐教育关于音乐考级方面研究领域的空白,希望借此课题研究成果为政府文化部门、学校、家长、学生、教师提供一些有意义的信息和意见,以便我们更好地发展本国的社会音乐教育。本文属于此课题的一个组成部分,主要是对我国音乐考级的历史与现状做一个相对全面的介绍和调查,以期让更多的人对音乐考级有一个相对全面、正确、深入的了解。

本文利用文献收集整理、问卷调查、个案访谈、实地调查等方法,对我国社会音乐考级历史与现状进行了相对全面的介绍和分析。另外,本文还对国外比较具有典型意义的音乐考级机构的考级活动进行了介绍,并将其与我国音乐考级活动进行非简单对照式的比较,提出我国音乐考级未来有可能发展的方向。本文还针对一些调查结果,向大家提出了从音乐美学、音乐教育学的角度值得深入思考的问题。

关键词: 社会音乐教育;音乐考级;问卷调查;个案访谈

“集成后”意向:音乐教育本土化实践之探索
——对“北京地区民族音乐文化资源与学校音乐教育”课题的评析

作者: 张　欣

导师: 谢嘉幸

摘要: 本文以“北京地区民族音乐文化资源与学校音乐教育”课题为研究对象,集中关注课题的背景、特点、价值、意义,以及在课题实施过程中所取得的进展和发现的问题,并结合实地调查和访谈,从学校、教师、教材、社会环境等多个方面反映北京地区民族音乐文化资源引入学校音乐教育所面临的有利条件和困难,并针对发现的问题做出分析。通过对课题的评价与分析,本文进一步将理论的研究推向深入,提出音乐教育本土化,并对音乐教育本土化这一音乐教育发展趋势受到人类学影响的理论背景进行梳理,指出音乐教育本土化的意义、所需要的环境和努力的方向,以求使课题所追求的音乐教育本土化这一目标的实现条件更加明晰。本文的主要内容共分为 5 章:第一章导论部分阐明本文的研究缘起、研究基础、研究对象与方法;第二章是对课题的过程、成果、实施情况、未实现工作及专家组评价的描述;第三章是对课题的缘起、特点、价值与意义的研究与评价;第四章对相关课题的各方面情况进行了调查与分析;第五章是笔者通过对课题的评价与分析所做的一些思考,包括音乐教育本土化的提出、意义、实现的条件和应采取的措施等。

关键词:《中国民族民间音乐集成》;音乐教育;本土化;"北京地区民族音乐文化资源与学校音乐教育";人类学

20 世纪 80 年代以来我国音乐教育学的形成与发展

作者:陈　琪(2001 级硕士研究生)

导师:谢嘉幸

摘要:音乐教育学的研究一直是国内外音乐教育理论与实践研究领域的热门话题,音乐教育学的研究对我国音乐教育的发展具有深远的意义。首先,本文对"音乐教育学"的概念加以解释,对其形成与发展的历史轨迹进行了概括。笔者同时分析了这一新兴学科在我国 20 世纪 80 年代形成与发展的主要原因,继而结合对该学科领域的教学实践、学术活动及国家相关政策的调查,将我国 20 世纪 80 年代以来音乐教育学的建设与发展分为 3 个阶段——萌芽期、兴起期、探索期,并逐一对其进行了梳理。其次,笔者针对影响我国音乐教育学自身建设的几个关键性问题展开了讨论,阐述了音乐教学法、音乐教学论、音乐教育学三者的关系;从学科研究对象、结构体系、与实践的关系考查,论证了音乐教育学属于社会学科、交叉学科、应用学科的学科性质;论述了我国音乐教育学已有的 3 种结构体系与框架(广域型、学科型、专业型)的音乐教育学体系与框架。

关键词:音乐教育学;学科教育研究;形成与发展

从文化传承视角看当代中国普通高校民族音乐鉴赏课
——以北京市 8 所高校音乐鉴赏教学为例

作者:雷东霞(2001 级硕士研究生)

导师:谢嘉幸

摘要:本文的研究对象是我国当代普通高校的民族音乐鉴赏教学,并主要从教育人类学的"文化传承"视角,来审视普通高校中民族音乐鉴赏教学的现状和进行实践探索。本文认为,普通高校音乐教育中,民族音乐鉴赏得不到重视的原因,是由于其教育理念中缺乏"文化传承"的视角。因此,本文首先探讨了教育人类学的"文化传承"理论,并对北京市8所高校的民族音乐鉴赏教学的现状进行调查,进而展开"美育"视角与"文化传承"视角下不同民族音乐鉴赏教学的比较研究。

笔者对北京市8所高校与中国音乐学院艺术管理系民族音乐鉴赏教学现状进行调查,以呈示在"美育"与"文化传承"两种视角下民族音乐鉴赏教学的状况;从教育视角、教育目的、教学内容等方面展开比较研究,陈述两个调查所反映的不同教学效果和现状,并总结笔者在中国音乐学院艺术管理系进行两年的民族音乐鉴赏教学的实践探索。本文的意义在于运用教育人类学中的"文化传承"理论,来审视和理解我国当代普通高校民族音乐鉴赏的传承方式,阐述民族音乐教育在普通高校不应被忽视的缘由,并对高校民族音乐鉴赏教学实践进行了尝试性的探索。

关键词:文化传承;普通高校;民族音乐鉴赏;教育人类学;问卷调查;教学实践

基斯·斯万尼克《音乐性地教音乐》述评

作者:李　媛(2001级硕士研究生)

导师:谢嘉幸

摘要:基斯·斯万尼克(Keith Swanwick)是当代英国第一位音乐教育学教授,倡导"作为审美教育的音乐教育",他的音乐教育哲学思想和音乐教育理论对国际音乐教育界有着广泛的影响。本文从比较教育学的视野出发,基于对基斯·斯万尼克的著作《音乐性地教音乐》的述评,着重探讨其音乐教育哲学的两个方面:音乐的隐喻性转移理论与音乐教育要重视音乐作为话语的教育三原则。本文认为该书中所阐述的音乐的隐喻性转移理论,指出了音乐既有共性又有个性,既具有文化属性又具有审美特征,打破了西方音乐教育界在音乐认识上一元论和多元论的对立,解决了西方音乐教育哲学二元对立的问题,进一步深入阐述了"作为审美教育的音乐教育"的理论与实践意义,强调了一切音乐教学都要从具有文化属性的音乐实践活动出发的重要意义,引用两个语言学概念"隐喻"和"话语",深刻揭示了"音乐性地教音乐"的内在含义,同时也反驳了 RobertWalke 只从文化价值相对论看待音乐、偏离音乐的音乐教育观。

笔者希望通过本文的描述、评价和比较的总结,指出斯万尼克给我们音乐教育以启示的可能性,以及能够给我们提供的更多看待音乐教育和音乐教育哲学的视角和方法。

关键词:基斯·斯万尼克;音乐性;符号;"隐喻";"话语";审美体验;审美教育;比较教育

《红楼梦》中社会音乐传承的考查与研究

作者:孟凡玉(2001级硕士研究生)

导师:管建华

摘要:《红楼梦》是世界文化宝库中一颗光彩夺目的明珠。它成书于18世纪中叶,真实、生动地反映了我国18世纪中、前期的社会现实,堪称当时社会的一幅全息图。《红楼梦》有关音乐活动的资料是非常丰富的,包括戏曲、器乐、歌舞等音乐活动的方方面面,尤其是其中涉及贵族家庭、文人阶层音乐活动的描写,具有典型性和代表性,为我们了解、认识和研究中国社会音乐状况提供了异常宝贵的资料。

笔者认为,研究《红楼梦》中的音乐及其传承,对全面研究中国传统音乐及其传承有很重要的意义,对现有的中国传统音乐研究有一定的补充和印证作用。通过研究《红楼梦》中的相关资料,展现《红楼梦》成书时期社会音乐传承的状况及特点,观照200多年前后中国音乐及其传承的变化,为当代音乐教育提供一个有价值的参照系是笔者选择这个课题进行研究的基本动机和首要目的。关于这个目的,还可以用"文化自觉"论来做解释。本文是音乐人类学视角下的音乐教育学研究,是在田野资料基础上的音乐教育学研究。不过,这里的田野是一个颇为特殊的领域——《红楼梦》,一个历史积淀的伟大文本。或许,本文可以算作音乐教育学与"文本人类学"的一种结合。

关键词:《红楼梦》;传统音乐;社会传承;考查与研究

多元文化音乐教育在中国的历史与发展

作者:田　林(2001级硕士研究生)

导师:樊祖荫　管建华

摘要:多元文化音乐教育即在多民族多种文化共存的国家社会背景之中,允许和保障各民族的音乐文化共同平等发展,以丰富整个国家音乐文化的教育。这一产生于20世纪末的教育模式,现已成为世界音乐教育发展的一种理念。近年来,随着改革开放及与世界各国经济与文化等方面交往的增多,这种观念也开始影响到中国,且引起越来越多教育者和研究者的关注,并逐步显露出其对于中国音乐教育改革与发展的重要性与意义。

针对这一问题,本文使用归纳、总结和比较的方法在以下三方面展开论述:①中国多元文化音乐教育历史;②发达国家多元文化音乐教育实践及中美两国发展情况比较;③多元文化音乐教育在中国的发展问题。笔者认为,多元文化音乐教育是中国音乐教育的一个新起点,它将从音乐教育哲学、音乐教学内容、音乐教学方法等方面对音乐教育产生重要的影响。如同当今世界政治的多元化趋势,在中国这个多元文化的国度里,多元文化音乐教育终将替代在特定历史条件下形成的单一西方艺术音乐的教育模式。

关键词:多元文化音乐教育;国外教学实践;中美比较;新音乐教育理论体系建构

丽江少数民族学生课间"打跳"的调查与研究
——通过少数民族音乐在学校教育中的传承思考少数民族地区音乐教育的发展

作者:徐　征(2001级硕士研究生)

导师：樊祖荫 管建华

摘要："打跳"是丽江地区一种传统的歌舞形式，它的音乐和舞蹈形式相对简单，在滇西的许多少数民族聚居地都可以见到。20世纪90年代末，丽江地区展开了"传承纳西民族艺术文化，加快农村艺术教育改革"活动，把"打跳"这种传统民族民间歌舞加工改编成一套课间操，在全县中小学校和幼儿园进行推广，取得了卓越的成效。受此鼓舞，学校对本土的音乐文化教育越来越重视，还正式编写了乡土音乐教材。学生作为学校和家庭之间的桥梁，潜移默化地影响了社会，古城以及其他地区民间自发组织的"打跳"活动渐渐普及开来，从青少年到老年各年龄阶层的人都积极地加入这些"打跳"队伍中。因此，像民族课间"打跳"这样的艺术教育形式，最重要的价值就在于能起到抛砖引玉的作用，在古老的传统音乐文化遗产和它们在现代社会中的生存与发展之间架起了一座桥梁。

本文通过研究民族课间"打跳"的活动内容和音乐舞蹈的艺术特征，来阐明它与传统"打跳"和当今群众自发"打跳"之间的关系，并结合丽江市艺术教育的经验和成果对当今少数民族地区音乐文化的传承，以及少数民族地区的音乐教育问题做出一些思考。

关键词："打跳"；少数民族音乐；学校教育；传承；发展

北京市海淀区中关村地区幼儿园课外器乐教学的调查与分析

作者：陈　玲（2000级硕士研究生）

导师：谢嘉幸

摘要：本文对中关村地区幼儿园课外器乐教学做了较广泛的调查.这些调查包括幼儿园开设器乐教学的比例，参与器乐教学的人数比例和所学乐器种类的比例及教学现状。在这些调查的基础上，本文阐述了为什么要研究学前课外器乐教学及其在幼儿教育中所起的重要作用。本文试图发现学前课外器乐教学中存在的一般问题，包括：①学前课外器乐教学的定位；②正确处理教学管理中的若干问题；③教育理念和课堂教学中的若干问题。同时本文提出了解决这些问题的一些建议。通过调查说明，目前在中关村地区，大多数幼儿园正在进行课外器乐教学活动。这些器乐教学中以钢琴为主，其次是小提琴、电子琴，除了这3种乐器，较多的是集体项目，如打击乐器或综合艺术活动课。学习这3种乐器人数的总和，在政府机关幼儿园中约占10%，在民营幼儿园中比例更高，在一些较小的社区幼儿园中比例较低。通过对中关村地区幼儿园器乐教学案例的调查和分析，从不同的层面反映出我国学前教育的现状，从而引发教育工作者的重视和思考。通过对中关村地区若干所幼儿园的调查和提出解决问题的建议，我们看到幼儿音乐教育总的发展趋势。这些趋势反映出我国社会的进步与变革。

关键词：课外器乐教学；音乐教育；学前教育；中关村

音乐听觉分析——音乐分析中一个尚未引起足够重视的领域

作者：刘　冰（2000级硕士研究生）

导师：谢嘉幸

摘要：近年来，音乐倾听在音乐教学中的重要性逐渐为人们所重视，国内外理论家和音乐家的著作中也越来越多地涉及此方面问题的论述。但目前专门针对音乐分析学科中听觉现象的研究尚不多见。本文从音乐分析教学的现状入手，指出了由于对听觉现象的严重忽视而造成的对音乐要素的诸多遗漏，列举了以往仅依靠乐谱对音乐进行分析时所未能涉及的内容。本文强调了在音乐分析过程中，应将音乐作为一种听觉事件来认知的必要性。本文试图通过对这个尚未引起足够重视课题的探索，在当前音乐分析教学中建立一种"以听觉为中心，以听觉为基础"的音乐听觉分析模式，对音乐进行多面的、立体的分析与体验。

本文第一章介绍了音乐听觉分析模式提出的目的，阐述了音乐听觉分析提出的必要性；第二章从音乐审美经验的形成和对直接经验与间接经验相互关系的论述，说明倾听是人们进入音乐的必要途径，也是引导人们进入音乐听觉分析的必要前提，提出了音乐听觉分析所需要的倾听方式；第三章展开论述了音乐听觉分析所涉及的多个方面的内容，介绍了在教学中所采取的听觉分析的具体形式；第四章对评估学生的音乐听觉分析能力的方法进行了介绍。

关键词：倾听；音乐听觉分析；音乐情境；音乐要素；音乐风格；音乐形态；音乐体裁

高等师范院校音乐教育与民族音乐传承
——关于高等师范院校民族音乐教学的现状与对策

作者：张天彤(1999 级硕士研究生)

导师：谢嘉幸

摘要：本文的选题集中关注我国高等师范院校(以下简称"高师")音乐教育专业课程与民族音乐文化传承的关系问题。一方面，高师音乐课程长期来沿袭音乐院校表演与理论专业的课程设置，其主要部分均采自欧洲音乐院校教学体系；另一方面，我国民族传统音乐文化传承及其资源的挖掘整理工作，长期以来是由文化部门及民族音乐研究机构承担的，其基本的传承意识、传承活动和研究成果大部分尚未纳入高师音乐课程范围。造成这一现状的原因是什么？其音乐文化与教育观念的根源在哪里？面对这一状况进行实际情况的调查，进而探究其深层原因并提出相应对策，是本文立意所在。笔者在调查过程中发现，高师音乐专业课程与民族音乐文化的相关性问题分别涉及文化与教育两个方面的发展历史与当前现状。本文所进行的观念梳理、情况调查、原因分析与理论思考就是在这样的思路下展开的。

关键词：高师音乐教育；民族音乐传承；民族音乐教育；学校音乐教育；问卷调查

河北省安新县赵北口音乐会音乐传承行为的考查与研究

作者：张雅妹(1999 级硕士研究生)

导师：管建华

摘要：从1999年起，笔者在采风过程中前后接触了许多农民音乐会。这种活动由当地农民自发组织。在众多音乐会中，笔者选择了河北省安新县赵北口音乐会作为田野调查对象。

通过观察与研究，笔者认为赵北口音乐会目前面临的问题主要有3个方面：动力问题、传承问题与发展问题。首先，赵北口音乐会作为一个业余的、无偿的乐社组织，在村子里受到了村民们的拥护和尊敬。但这种无偿在普遍追求利益的今天，极大地削弱了演出者的参与热情。其次，赵北口音乐会的曲目正在日益减少，老艺人们基本都已经到了古稀之年，已有曲目的传承与保留问题迫在眉睫。最后，音乐会的变化是在所难免的。在田野调查中，许多年轻的乐师都表示要让音乐会在自己的手中发扬光大，但究竟要怎么做，他们并不十分清楚，有的甚至想将流行音乐的元素引入音乐会中。或许这样的想法可以让音乐会继续流传下去，甚至比现在流传得更广，但是这样做会不会将音乐会的本质变化了，它内在的文化价值还存不存在？如果音乐会的本质发生了变化，那它还是那个承载着中国传统文化价值，担负着社区礼仪仪式的音乐会吗？对于音乐会的研究还在继续着，这种民间乐社组织背后所蕴含的文化底蕴之深，使每位研究它的学者都会有意犹未尽的感觉。本文只是对音乐会传承研究的一个开始。

关键词：农民音乐会；赵北口音乐会；传承；变化

湘西保靖县昂洞乡陇木洞村土家族打溜子传承的考查与研究

作者：庄　静(1999级硕士研究生)

导师：管建华

摘要：本文的中心课题是以保靖县昂洞乡陇木洞村打溜子为例，对湘西土家族打溜子及其传承所进行的研究。土家族打溜子是一种极富特色的民间音乐形式，它所包含的种类与特点有很多，在一篇文章中很难一一罗列。因此本文着重从个案来进行分析，并且注意到它那富有特色的地方性的传承，试图从更深层次来挖掘打溜子的内涵。

本文主要从以下几个部分来对课题进行探讨。第一部分是对土家族打溜子的一个大的背景概括，包括历史与文化背景的研究。第二部分是根据笔者对陇木洞村打溜子的一些田野调查，对陇木洞村打溜子传承的具体状况做出分析。第三部分对打溜子传承中所体现的音乐教育学原理展开思考，主要从打溜子传承的地方性特征——听、念——以及打溜子传承的动机、传承的自我评价这几方面着手，对陇木洞村打溜子的传承进行教育学意义上的探讨。

最后，本文将陇木洞村打溜子这一极具特点的地方性传承方式与笔者所接受的西方音乐体系的教育并置起来，对两者的不同之处进行比较，希望能够从中获得一些启发。我国音乐教育的出路问题要想在短时期内解决是很困难的，本文只是提供了陇木洞村土家族打溜子个案的研究，并由此引发音乐教育的一系列问题的思考。

关键词：土家族；打溜子；传承；考查与研究

音乐心理学专业

音乐感知能力与音乐工作记忆的相关研究

作者：哈　筝（2011级博士研究生）

导师：刘　沛

摘要：本文旨在探索音乐专业学生群体中所存在的音乐感知能力差异，通过对差异性的比较以及对差异产生原因的进一步分析，试图寻找到影响音乐感知能力的相关因素。

本文的研究以音乐工作记忆研究为切入点，采用延迟样本匹配实验范式（Delayed Matching-to-Sample，DMS），运用事件相关电位技术（Event-Related Potentials，ERP），对音乐感知过程中音乐工作记忆的加工机制进行实时精确的脑电记录。根据实验范式，笔者初始选取218条音乐刺激材料，通过评定最终选出熟悉度低的"逻辑"与"非逻辑"音乐刺激片段各60条，进行改编制作。运用Sonar 8.5软件对每一条音乐刺激材料进行3次改编，改编均在原材料的2.5秒处开始。改编后的材料，3条为一组，作为一个任务环节中的编码阶段，编码阶段结束后为保持阶段，随后随机出现编码阶段其中的一条，作为再认阶段的任务提取，与编码阶段的材料进行匹配选择。

整个研究分为3个实验进行，最开始从行为水平入手，即实验一，对音乐专业学生进行音乐感知能力差异的研究；实验二，对入组的被试进行综合认知能力的研究，通过以上两个实验对60名音乐专业学生进行筛选，最终选出30名学生入组实验三；实验三，在注意实验条件下，对音乐感知能力的工作记忆的加工机制进行2（音乐感知能力较强，音乐感知能力较弱）×2（较逻辑性的音乐材料，较非逻辑性的音乐材料）×3（3条类似的音乐材料，均在2.5秒处进行了变化）混合实验的事件相关电位研究。本文的研究运用了相对前沿的研究手段，对音乐感知研究领域从实证角度，做了进一步的充实与尝试。此外，本文通过行为数据和脑电数据较充分地证实了音乐专业群体中确实存在并不明显的音乐感知能力的差异。通过对差异的进一步分析，找到差异产生的原因与脑机制，对音乐教育、音乐创作、音乐欣赏等音乐相关领域的发展提供可行性的方案和可借鉴的基础。

关键词：音乐感知能力；音乐工作记忆；综合认知能力；事件相关电位；右前额叶

音乐意义形成的脑机制——基于音乐、语言、语义学的事件相关电位研究

作者：吴　珍（2011级博士研究生）

导师： 刘　沛

摘要： 音乐意义的问题一直受到古今中外音乐学者的高度关注，对这一问题的研究发端于音乐美学领域，后逐渐融入心理学等学科的理论，这丰富并拓展了音乐意义问题的研究。21 世纪以来，伴随脑科学研究技术的发展和日趋成熟，研究人员开始尝试使用事件相关电位（Event-Related Potentials，ERP）等脑电实验技术手段探索这一经典的音乐问题。

本文在尝试实现研究方法转变、学科融合、科技与人文并重的指导思想之下，对音乐意义研究中音乐美学领域的经典理论、心理学角度的思考和认知神经科学的研究趋势及代表性实验进行系统的回顾和梳理，厘清音乐意义这一问题在不同学科之间的研究视角和主要观点。在实验研究中，采用事件相关电位技术，以音乐和语言意义的比较为依托，从中国音乐美学经典著作《溪山琴况》中甄选语言文字材料，并选取了数百段中外不同时期的音乐材料，展开脑电实验研究。共有 12 名音乐专业被试和 12 名非音乐专业被试参与了本次研究，通过对研究中两个脑电实验的行为数据、主观评价、脑电数据的结果进行分析，证实在以音乐材料作为启动刺激，以文字材料作为目标刺激时，音乐专业组与非音乐专业组被试均在目标刺激后产生了代表语义处理的脑电成分——N400；在以文字材料作为启动刺激，以音乐材料作为目标刺激时，音乐专业组被试在音乐材料出现后同样产生了 N400 成分，而在非音乐专业组被试之中未能诱发产生语义处理脑电成分。由此说明音乐可以启动大脑中的语义处理功能，并且音乐专业组被试在聆听音乐的过程中也能够产生语义处理的脑电成分，从认知神经科学的角度说明音乐是具有语义性的。研究结果同时说明了音乐意义在大脑中形成的基本过程，被试在音乐和语言意义处理上的异同，以及不同被试群体在音乐意义理解问题上的共性和差异，证实了通过社会音乐环境的影响可以习得对音乐意义感知的基本能力，专业的音乐学习经历对音乐意义理解的程度有着重要的影响。研究结论进一步充实了已有的音乐意义问题研究成果，为社会音乐文化环境的营造、音乐学习方式的思考，以及人们更好地理解人与音乐之间的关系提供了实践指导意义。

关键词： 音乐意义；语言；语义学；事件相关电位；N400

“中国学生发展核心素养”与基础教育音乐课程的衔接研究

作者： 刘天龙（2014 级硕士研究生）

导师： 刘　沛

摘要： 2016 年 9 月，北京师范大学在研究成果发布会上公布了“中国学生发展核心素养”的总体框架以及基本内涵。音乐课作为基础教育阶段的必修课之一，必须要与核心素养紧密联系。本文的主要目的就是立足于本国国情，通过借鉴国内外素养与课程衔接的经验，构建“中国学生发展核心素养”与学科课程的衔接模式，以及结合音乐课程的育人价值和实践经验，将该模式应用到音乐学科之中，进而在音乐教学实践中实现对“中国学生发展核心素养”的落实。

本文共分为 5 章。第一章为绪论；第二章为文献综述；第三章分析了国内目前在“中国学生发展核心素养”与学科衔接方面的工作现状和不足，提出了“核心任务＋重要主题”的衔接模式，并将此模式应用到音乐学科之中；第四章为实践部分，笔者将“核心任务＋重要主题”模式在实际音乐教学活动中进行检验，通过教学设计、问卷调查、课堂实际观察、访谈等方法，证明了该模式在音乐教学实践中具有可行性；第五章为总结与愿景，对前文所提及的理论和实践中的探索进行总结，对“中国学生发展核心素养”与学科课程的衔接提出建议。

关键词：“中国学生发展核心素养”；核心素养；教育目标；“核心任务＋重要主题”模式；音乐课程

歌曲演唱中情感表现力的嗓音分析研究

作者：豆　钰(2012 级硕士研究生)

导师：刘　沛

摘要：声乐艺术具有十分突出的特点：既生动、鲜明，又飘缈、抽象；既无须借助诠释、译述而给人以直接的感受，又往往令人觉得深邃高远、扑朔迷离。学习声乐演唱时，发出的声音是靠声带振动而产生的，但是学生对自己的发声器官却鲜有直观的物理认识。唱歌时如何安放声音，如何控制气息的运动，如何使自己的演唱生动而具有感染力等都只能凭借经验感觉来进行。正因如此，相比较其他艺术类学科，声乐的教学显得更为困难，尤其是歌唱情感表现力的教学。

笔者以计算机嗓音测试软件为工具，征集了 3 组共 50 名被试进行实验。采用嗓音分析软件对被试演唱歌曲时声音参数的基频和谐噪比两项指标进行测量，并基于测量数据将歌曲演唱时的情感表现力以独立样本 t 检验的方法进行检测统计。从结果中可以看出，基频和谐噪比两个声音参数均存在显著性差异，而这种差异代表的是被试情感表现力以及歌唱技术层面的差异。本文最重要的意义在于把主观评价的“好坏”用具体的、科学的可比较数据来体现，为声乐研究在音乐心理学、音乐心理声学、实验美学等跨学科领域开拓了一条探索性的道路，且对声乐教学提供参考性的价值，是我们的声乐研究新篇章的开启。

关键词：嗓音分析；情感表现力；基频；谐噪比

“美美与共”与“和而不同”
——音乐在藏彝走廊盐源县民族学生中和谐共融的作用

作者：关　涛(2012 级硕士研究生)

导师：刘　沛

摘要：依据费孝通先生“各美其美，美人之美，美美与共，天下大同”的观点以及“多元一体”“和而不同”的愿景，笔者在四川少数民族地区的马边彝族自治县、峨边彝族自治县、盐源三县开展了促进民族间和谐共融的音乐实验课程。

在实地调研与问卷调查的基础上，笔者设计了一系列民族音乐实验课程。利用计划-行动-观察-反思-计划的教师实践不断调整和完善课程框架和实施流程，最终获得了良好的实验结果。笔者从中得出以下结论：①音乐能够跨越民族与国界，引起各民族学生间强烈的情感共鸣;②通过音乐的表达,各民族学生能进一步了解各个民族的文化、传统和风俗习惯;③音乐和谐共融的纽带作用能够让各民族学生逐渐了解、信任、接受彼此,从而更加和谐地相处;④民族音乐实验课程中,以大带小(高一,初二)、小组竞争合作(音乐游戏)的方式最好,效果最佳,能让各民族学生迅速地融入音乐的集体;⑤在民族音乐实验课程中,多个民族的相互融合比两个民族的融合进度更快、效果更好;⑥音乐的纽带作用对民族内部关系的调和也同样有着举足轻重的作用。

关键词: 藏彝走廊;民族学生;民族音乐;音乐课程;民族融合

专业学生音色联觉感知测量研究及其对音乐教育的启示

作者: 王小乐(2008 级硕士研究生)

导师: 刘　沛

摘要: 音色是音乐属性中最难以测量、描述的一种,对它进行独立感知研究和它与其他属性的联觉研究是本文的研究目的。笔者选取专业音乐院校学生为测试对象,从音色辨别感知测试与音色联觉测试入手对其进行测试,得出以下结论:①音乐感知和文化背景息息相关;②同组中相近音色的辨别更容易受先前经验的干扰;③音色联觉能力影响音色辨别能力,通过视觉尺寸大小、色彩的明亮度,以及情感平和与急躁的差异来引导学生对音色的辨别,这对音乐教育有很大的启示。

本文对专业院校学生音色感知的行为测量在一定程度上肯定了专业院校民族音乐教育的成果、课程设置和教学目标,同时也发现专业院校在专业音乐教育方面的一些不足,对中国多民族音乐文化的搜集和整理没能很好地延伸到教学工作中,与传承民族音乐文化有一定的距离。同时音色联觉的能力是一种常见的现象,笔者期望通过对音色辨别的感知测量,一方面在音乐心理学研究方面完善音色感知的研究,为音乐教育与心理学研究提供数据支持,为后续的感知研究铺垫基础;另一方面旨在通过音色联觉感知的测量和练习,寻找更多可以改进音乐教育的方式,从音乐心理学角度对音乐教育及专业音乐院校关于民族音乐文化的传承提出建议。

关键词: 音色感知;音色联觉;音乐教育

当代美国音乐教育新近文献研究

作者: 吴　珍(2006 级硕士研究生)

导师: 刘　沛

摘要: 美国音乐教育在当代的发展是积极且丰富的,其在理论与实践方面体现出来的发展趋势有很高的研究价值。基于研究当代美国音乐教育发展及其为进一步研究带来启示的目的,本文对两种类型有关当代美国音乐教育的文献进行了回顾与梳理,第一种类型的文献是自 1988 年至今有关当代美国音乐教育发展的研究专著,第二种类型的文献是从美国音乐教育核心期刊中精选出的相关期刊。本文针对已有研究在全面性等问题上的不足,运用文献研究法对上述资料进行系统梳理,从理论与实践的角度出发,对当代美国音乐教育的历史沿革及重要事件,当代美国音乐教育的哲学思潮和相关政策,当代美国学校音乐教育课程方案,当代美国音乐教育中的音乐教育方法、音乐学习理论和心理学基础,当代美国音乐教育和技术发展的关系,当代美国音乐教育中的教师教育、研究以及评价方式,神经科学与音乐教育的关系等12个问题进行了研究。笔者期望通过文献研究的方式总结出当代美国音乐教育发展的趋势与特点,为中国学校音乐教育的改革和发展带来一定的启示。

关键词: 音乐教育;美国;当代发展;文献研究

用一种音乐情绪反应的测量工具研究中国本土化形容词量表的编制与施测

作者: 朱　颖(2006级硕士研究生)

导师: 刘　沛

摘要: 音乐心理学的发展促成了音乐情绪反应测量研究领域的发展,并进一步推动该学科使之成为这个学科的中流砥柱。随着研究的深入,研究者需要在理论开掘和实践应用方面取得更好的平衡。本文针对应试者对音乐情绪的不同反应、情绪的范围、偏好及对音乐的感受等方面的不同,在海芙娜(K. Hevner)形容词核对表的基础上进行微观分析。考虑中、英文化及语境的不同,笔者对照海芙娜形容词核对表,设计了符合汉语言文化的中国本土的测量音乐情绪反应的形容词量表。通过此量表对不同专业群体聆听相同音乐的情绪反应进行测量,探索了影响情绪的诸因素。

本文借鉴"异质同构"理论,以周海宏教授有关音乐听觉的联觉效应为基准进一步验证情绪反应实验结果。从创作角度来看,作曲家尝试用音乐表达听觉以外的东西。因此,音乐情绪的测量有助于作曲家有效地传达表现意图并缩短创造过程,避免违背音乐表现规律。从演奏者、听赏者的角度看,对把握音乐整体脉络,了解音乐作品的表现意图及判断音乐情绪的准确性有很实际的应用价值。从实用意义上讲,情绪测量可以应用到环境音乐与音乐治疗中,一旦了解音乐与人类情感活动关系的规律,人们就可以根据音乐来达到调整与改善心理状况的目的。

关键词: 音乐情绪反应;测量;海芙娜形容词核对表;联觉;异质同构

音乐情绪反应及生理反应的文献研究

作者: 姜　莱(2004级硕士研究生)

导师: 刘　沛

摘要: 现代科学研究证明,音乐除了会对人类的心理产生一定的影响外,同时还会引发人体一系列的生理反应,包括自主神经系统的反应、激素反应、免疫反应、肌肉反应乃至大脑高级功能反应。这些研究关注人类生活的诸多方面,如音乐对心理的刺激及其效果、音乐与感情的关系、音乐对社会活动的影响、音乐对疾病的作用等。自 20 世纪 90 年代以来，对音乐的情绪反应和生理反应研究涉及的学科领域广泛，包括心理学、生理心理学、音乐治疗、音乐教育、脑科学、医学等。

本文从 1990 年至今有关音乐情绪反应和生理反应的实证研究文献中精选出 200 余篇，用文献研究的方法对当前这一领域的研究现状、研究趋势、研究方法和存在的问题进行了梳理和总结。根据研究取向、研究方法、探索思路的不同，从情绪研究、应激研究、镇痛研究、脑科学研究、生化基础研究、婴幼儿研究六大方面来分别阐述。此外，笔者进一步对音乐反应测量的新发展——神经科学方法及当前成果、国内外在音乐的情绪反应和生理测量实验中存在的一些问题以及未来研究的方向——进行了讨论并提出相关建议。最后，笔者就音乐的情绪反应和生理反应研究对音乐教育发展的启示以及对人类生活的意义进行了阐述。

关键词：情绪反应；生理反应；音乐效应；音乐教育；音乐心理学

专业音乐院校学生调性音乐短时记忆的实时测量研究
——影响调性音乐短时记忆的多因素分析及其对音乐教学的启示

作者：任　恺(2004 级硕士研究生)

导师：刘　沛

摘要：本文对音乐记忆研究领域自 19 世纪末至今的国内外文献进行了初步的回顾、梳理和展望。神经科学和脑科学的发展，促成了其与音乐记忆研究领域的交融，而这种交融将进一步推动该学科的发展并成为这个学科的主流。同时，随着研究的深入，研究者需要在理论开掘和实践应用方面取得更好的平衡。本文针对已有研究在生态效度、实时性、实践意义和价值等方面的不足，设计了调性音乐短时记忆的实时测量研究，并通过对比同一被试群体在无意义的文字短时记忆、无意义音的短时记忆和节奏短时记忆与调性音乐短时记忆之间的差异，探索了影响调性音乐短时记忆的诸因素，指出音乐的整体性认知和思维策略在调性音乐短时记忆中所起到的关键作用，强调音乐的“意义”决定着音乐记忆的方式、过程与结果。因此，在音乐教学中，教师应当在分析和解构音乐的同时，帮助学生建构起音乐的整体性思维，促使其在音乐整体认知导航下，更好地记忆音乐、理解音乐、融入音乐。

关键词：音乐记忆；实时测量；认知风格；认知策略；音乐教育

音乐的情感意义及音乐情绪心理的因素分析

作者：郑希耕(1989 级硕士研究生)

导师：杜义芳

摘要：音乐作为人类文明的一大组成部分，在人类生活中占有重要的地位。人们随着音乐曲调能涌现出许多美妙的想象、色彩、情绪上的沸腾。音乐使不同国界的人有了共同语言，它陶冶人们的情操，净化人们的灵魂。这个神奇的音乐世界，它只是由几个最普通、最简单的音乐符号所组成的,音乐符号的组合变化,产生了摄人心魄的特定意境。这就是音乐本身的内蕴力和巨大的情感力量。因此我们就有必要研究音乐的情感意义及音乐情绪反应的特点和规律。

本文的研究目的在于从心理学角度阐明音乐的情感意义,并得出音乐具有情感意义的论断。笔者认为:音乐是有情感意义的,在对人类内心情感的表达上,在同一文化背景下有着相对稳定的习俗性符号原则。音乐所表达的人类情感和狭义上的音乐形式美中所包含的思想与“泛情表现性”共同构成了音乐的内容。笔者用因素分析的方法将音乐在词语意识之上的情绪品质加以科学的分类,并找出了音乐情绪感受进行描述的3个角度,澄清了情绪感受性词语之多维度、多层次的交叉与混乱,以便为日后音乐心理学中音乐情感研究提供理论基础。

关键词: 音乐情感;音乐情绪;心理学

音乐治疗学专业

正念音乐治疗的模式——基于福流与正念的临床研究

作者：马夕然(2013 级博士研究生)

导师：张鸿懿

摘要：本文希望在秉承中国传统文化、遵循中医哲学的基础之上，同时借鉴与融合中、西音乐治疗方法，建立一种具有临床实践可行性，探究福流与正念互为关联，形成中国特色风格的促进身心疗愈的正念音乐治疗模式。

本文共 5 个部分。第一部分阐述选题缘由、价值、意义、方法、思路、界定。第二部分从中国文化角度、心理学角度、借鉴国外技术方法角度回顾了与之相关的文献理论和实践意义。中国化角度包含道之自然与“无”、易经之动静互涵、中医哲学之整体观、中国文化之合。概述中国文化哲学与中医是正念音乐治疗的理论根基来源，有启迪智慧的价值。在心理学角度，围绕积极心理学与超个人心理学而展开，指出积极心理学的福流与正念是正念音乐治疗的心理动力基础，超个人心理学理念是其心理学的哲学观点。借鉴的国外技术方法有德国奥尔夫音乐治疗与美国治疗性鼓圈，提出两种技术方法对整合正念音乐治疗模式具备临床实践指导意义。第三部分对正念音乐治疗模式设想进行全面实证，经近百位的被试对象的亲身体会，验证其临床价值与可行性。结论如下：正念水平在活动之后比之前有明显的提高，并且在差异性统计中得出：活动后可以显著提高大学生正念的“觉知地行动”和“不判断”得分。显而易见地证实了正念水平的提高、福流产生的高度专注是正念音乐治疗的前提，而正念的产生则刺激福流的持续。第四部分透彻完整地陈述了正念音乐治疗的模式程序。其中主体部分由自我解放、建立人员关系、建立旋律、呼应与回应、音乐支柱、音乐即兴组成，之后，进一步陈述了正念音乐治疗的不同音乐形式(节奏、体裁、曲式、多声、色彩)。第五部分提出笔者对本文研究的讨论与展望。从音乐治疗概念的反思出发，着眼于 5 个关键词〔治疗师、治疗过程、治疗目标(健康)、治疗方法、治疗关系〕，提出音乐治疗应该积极地从人性角度对人的本源状态做出更多的理解，进而在传统文化的熏染下，完成中国现有音乐治疗理论的文化延伸。

正念音乐治疗模式的探索，是在中国传统文化的历史中寻找探源有价值、有意义的疗愈思想。对已有的中、西临床经验给予更高价值的整合，以图原创性正念音乐治疗模式的临床实现。这是一条具有无限潜力、可持续前行、不断发展的中国音乐治疗之路。

关键词：音乐治疗；正念；福流；音乐治疗模式；临床研究

蒙古族音乐治疗研究——以科尔沁萨满治疗为例

作者: 王连福(2012 级博士研究生)
导师: 张鸿懿

摘要: 科尔沁萨满治疗是蒙古民族运用音乐治疗疾病的古老传统中的典型代表。本文通过大量、深入的田野调查和文献研究工作,从音乐治疗学宏观的理论视角,将科尔沁萨满音乐治疗置于蒙古族萨满文化的深厚土壤和科尔沁萨满区域文化的背景中,观察、寻找隐藏于其中的音乐治疗脉络,根据以内蒙古自治区科尔沁萨满音乐、舞蹈 3 位传承人为核心展开的共 150 多名患者的调查以及采访资料的整理、分析,揭示出科尔沁萨满运用音乐进行治疗的"旭特恩·索呼"及"索力雅·嘎拉珠"(当地称"疯病")两种病症的总体特点。本文对科尔沁萨满治疗的疾病观、治疗程序、治疗音乐、患者对音乐的生理与心理反应等问题,作了较为深入的探讨,研究了其音乐治疗模式,进而揭开了科尔沁萨满音乐治疗的神秘面纱。在上述研究的基础上,结论部分从治疗师、治疗适应证、治疗音乐及其方法技术、传承方式、治疗理论基础等方面,对科尔沁萨满音乐治疗与现代音乐治疗进行了比较,得出科尔沁萨满是古老的音乐治疗形式而非现代音乐治疗形式的结论。同时本文提出萨满师之谜、"旭特恩"及附体之谜、萨满治疗音乐之谜、音乐作用之谜,将笔者的观察体悟和国内外学者的论述并置,试图以"未解之谜"引起学界的重视和兴趣,从而使更多的学者参与并作进一步的探索,以迎接新世纪对人的意识研究的新突破的到来。

关键词: 蒙古族;科尔沁萨满;音乐治疗

探寻音乐心理剧中的萨满治疗基因——以科尔沁蒙古族萨满治疗仪式为例

作者: 傅　聪(2012 级博士研究生)
导师: 张鸿懿

摘要: 本文通过选择音乐心理剧与蒙古族萨满治疗仪式作为具体的研究事象,从找寻现代音乐治疗中的萨满治疗基因开始,经过多次的临床实践与田野调查、文献的搜集与整理,一方面循迹音乐心理剧创始人约瑟夫·莫雷诺所提出的思想与方法技术,从治疗的角色构成、治疗过程、治疗的表现形式、治疗的音乐等多个角度找寻音乐心理剧与蒙古族萨满治疗仪式中的共通性,使得萨满治疗仪式这一古老的治疗智慧和恒久的艺术魅力得以呈现,并循迹此脉络进一步提炼出现代音乐治疗的萨满治疗基因,深入挖掘这一古老萨满治疗智慧中所蕴含的深刻内涵;另一方面则从探讨音乐治疗中音乐与治疗关系的实践层面上升至学科层面,在立足于跨学科与本土化的语境之下,进一步梳理有关音乐与治疗关系研究的诸学科以及它们与音乐治疗之间的联系,以清晰音乐治疗在未来的发展定位与方向。

笔者通过循迹传统治疗仪式与现代音乐治疗之间的联系与脉络,结合当前活跃的学术大背景,包括医学人类学和民族音乐学对治疗、音乐与文化的关注日益加深,并催生出医学民族音乐学,促进表达性艺术治疗的兴起,以反思国内音乐治疗学科建设所面临的困境与挑战,本文认为音乐文化观的缺失往往是一个容易被忽视的重要原因之一,进而对中国音乐治疗未来的发展道路提出了相关的思考与建议。一方面是对音乐治疗的界定、培养模式及与跨学科的合作交流提出了新的思考,以丰富与补充国内音乐治疗学科的基础理论建设;另一方面则对音乐未来的发展趋势进行了展望,即走向综合与回归传统。其一,从走向综合的趋势来看,笔者重新思考了音乐心理剧在国内的发展潜力,尽管它早已作为音乐治疗的一项方法技术应用至今,但其真正的价值并未被充分挖掘。其二,从回归传统的发展趋势来看,笔者分析了民族音乐治疗在国内的发展潜力,尽管中国民族医学研究成果颇丰,但除了中医之外,其他民族的优秀医学遗产却很少被学术界关注,近年来医学民族音乐学的异军突起,势必会对音乐治疗的发展产生影响,这将使音乐治疗把目光投向更为广阔的各民族传统的治疗形式,文中对民族音乐治疗在中国的发展作出了积极的展望,提出应建立“民族音乐治疗工作室”的设想,旨在从音乐治疗的角度以整理与挖掘国内各民间仪式中尚存的“音乐治疗形式”,特别是对于即将消失殆尽的民间治疗仪式的记录与整理,这也有待于音乐治疗同行们的关注与重视,以期能够从这些珍贵的遗产中汲取治疗的精华并运用于音乐治疗的实践之中。

关键词: 音乐治疗;音乐心理剧;萨满治疗仪式;民族音乐学

音乐治疗对社区智障成人适应行为干预的质化研究

作者: 傅　聪(2009 级硕士研究生)

导师: 张鸿懿

摘要: 智力障碍者是社会中的特殊弱势群体,目前国内对智障成人的干预研究还相当薄弱。本文选择 3 名智障成人作为研究对象,通过团体和个体相结合的治疗形式,针对他们的人际交往、动作协调性及注意力等社会适应行为问题进行干预治疗,通过观察、访谈、档案分析、视听材料分析等方法,对个案的问题进行深入剖析和诊断,试图寻找出治疗过程发生变化的原因,并对治疗效果进行合理解释。

本文的结论是:音乐治疗采用团体与个人相结合的方式,并运用奥尔夫音乐治疗的方法,不仅对个案的社会适应行为有不同程度的改善,而且对团体产生了有效影响,促进了其社会化能力和交流能力的发展,但对于效果的维持与泛化还需要一段长期的干预过程。同时,质化研究适用于本文的研究,由于被治疗者个体异质性较强,治疗过程较为复杂,质化研究的采用清晰地展现了个案治疗的全过程,以丰富而生动的信息来反映整个治疗过程的效果。

对智障成人社会适应行为的改善是一项复杂而艰巨的工程。本文用音乐治疗进行了初步探索,取得了一定的成效,同时家庭和社会的作用对治疗效果的改善也有重要的推动作用。最后,笔者对研究方法和自身角色进行了反思,并对后续的治疗和研究提供有益的理论参考。

关键词: 音乐治疗;智障成人;适应行为

奥尔夫音乐治疗对河南农村留守儿童焦虑情绪的干预研究

作者: 王琳琳(2009 级硕士研究生)

导师: 张鸿懿

摘要: 本文的研究目的是采用自行设计的奥尔夫音乐治疗方案对具有焦虑性情绪障碍的农村留守儿童进行对照治疗研究,观察该治疗的疗效,为我国农村留守儿童焦虑性情绪障碍的治疗提供新的研究思路与实践依据。

本文的研究样本为河南省太康县华龙双语学校六年级有焦虑性情绪障碍的 24 名农村留守儿童,研究设计将被试分为两组,即实验组和干预组。采用学生自制的奥尔夫乐器和笔者自行设计的奥尔夫音乐治疗方案,对 12 名实验组儿童进行每周 2 次,共 20 次的治疗,每次 45 分钟,对照组不接受任何治疗。治疗前、治疗后用儿童焦虑性情绪障碍筛查表(The Screen for Child Anxiety Related Emotional Disoreds,SCARED)、儿童主观生活质量量表(Inventory of Subjective Life Quanlity,ISLQ)进行评估,比较两组儿童的焦虑情绪、生活质量的差异,对奥尔夫音乐治疗农村留守儿童焦虑性情绪障碍的疗效进行评价。

本文的研究结果显示:①奥尔夫音乐治疗对农村留守儿童焦虑性情绪障碍具有明显的改善作用;②奥尔夫音乐治疗可以明显提高留守儿童的主观生活感受性。结论:奥尔夫音乐治疗能够明显地改善患有焦虑性情绪障碍的农村留守儿童的焦虑情绪,这种改善作用可能是由于奥尔夫音乐治疗活动环节及治疗内容的合理设置,因此奥尔夫音乐治疗可作为治疗农村焦虑性情绪障碍儿童的一种方法。

关键词: 奥尔夫音乐治疗;农村留守儿童;焦虑性情绪障碍;治疗干预

团体音乐治疗干预对福利院老年人主观幸福感的影响

作者: 曾　妮(2008 级硕士研究生)

导师: 张鸿懿

摘要: 随着中国老龄化社会的到来,老龄问题日益受到关注。对于老年人群的音乐治疗,国内外都展开了一定的研究,其中有相当的数量是关于老年情绪障碍以及一些老年病的音乐治疗干预结果的研究。老年人的身心健康问题越来越受到社会的广泛关注,而身心健康与老年人晚年的幸福感是密切相关的。

本文的研究结合音乐治疗学、心理学及社会学相关理论,以北京市第五社会福利院 15 位老人为实验组研究对象,进行为期近 4 个月的团体音乐治疗干预。具体采用临床实验、访谈以及观察的方法,研究运用纽芬兰纪念大学幸福度量表、费城老年中心信心量表、幸福感指数、总体情感指数量表进行测量评估。通过定性和定量分析得出以下结论:①大部分福利院老人的主观幸福感处在正常水平。参加团体音乐治疗干预的老人主观幸福感高于未接受团体音乐治疗干预的老人。本文采用实验组与对照组比较的组间设计,量表测验显示未接受团体音乐治疗的老人，4个月内主观幸福感分数没有显著性差异。②福利院老人在团体辅导后，主观幸福感显著提高。通过临床实验对实验组被试本身进行前后测验对照，发现通过团体音乐治疗干预，被试主观幸福感显著提高。访谈和观察实验设计也很好地支撑了这一结论。

关键词： 团体音乐治疗；音乐干预；主观幸福感；即兴演奏

音乐治疗新作《歌曲写作疗法》述评与临床实践

作者： 胡海歌（2008级硕士研究生）

导师： 张鸿懿

摘要： 本文是对2005年出版的、全面探索音乐治疗的第四大方法技术的专著《歌曲写作疗法》一书的述评，并以此为理论依据在回龙观医院做临床实验。本文主体部分为第一、第二章，前者通过对该书中歌曲写作的方法技术、成功案例的分析，说明歌曲写作疗法作为一种新的治疗手段有不可替代的独特优势。歌曲写作为当事人提供了一种新的环境，所创作的歌曲不仅给出自我表达的多种可能，而且促使个人去触摸并重拾之前的记忆和关系。作曲使当事人可以在新的娱乐模式中发掘自己的生活、潜能、所失和渴望。歌曲利于建构有效的医患关系。

第二章是笔者依据《歌曲写作疗法》一书的第五章“与有精神健康的求治者在歌曲写作中的合作”中提炼的观点和方法技术，在回龙观医院所做的临床案例调查。运用该书的观念和经验，得出治疗师要多鼓励病人回忆自己曾经很美好的时光，这可以提升病人的高峰体验，对病人的精神康复起到了很好的促进作用的结论；同时也可以将病人的高峰体验作为歌曲写作的切入点，让病人进行歌词创作，让自己的美好时光重新唤醒并作为其永久性的资料，可以随时拿出来翻阅、回味。

关键词： 歌曲写作疗法；歌词写作；旋律写作；即兴歌曲；激发兴趣；即兴故事；交流；多元文化

音乐治疗干预未病人群社会交往：元分析及临床探讨

作者： 尹誉霏（2008级硕士研究生）

导师： 张鸿懿

摘要： 本文的研究缘起于2009年中华中医药学会颁布的国家标准《中医体质分类与判定》的自评量表。笔者在思索如何将本土化身心健康评价工具引入西方音乐治疗在中国的运用时，得出了本文的研究主题：音乐治疗干预未病人群社会交往的元分析与临床运用。

本文研究的目的在于在中西方文献中收获与中医未病人群划分相同或类似的治疗人群的研究，探究西方音乐治疗在中文文献中的“正常/未病人群”中运用的效果和细节特征，以期将来结合本土化评价工具的临床运用。元分析结果提示，西方音乐治疗针对按中医划分的“正常/未病人群”社会交往的改善有效,对于仅在中文文献中的该维度也存在效果。研究结果还提示,西方音乐治疗方法的效果根据细节特征而存在差异。这些特征包括种类、理论有效性、理论取向、方法成熟度、治疗师资历、干预层次、干预形式、性别。

研究结果将有利于中国学者在运用西方音乐治疗方法时的参考,避免了中西方健康状态划分不对等的尴尬。同时本文为西方音乐治疗本土化的运用提出了一种新的研究模式,即在运用前通过元分析来探索其中国化、具体人群化的细节特征。研究结果也提示了,在针对按中医划分的“正常/未病人群”时,可以引入《中医体质分类与判定》参与中国音乐治疗的评估评价体系。

关键词: 音乐治疗;元分析;治未病;未病;《中医体质分类与判定》;社会交往

创伤后应激障碍的音乐治疗文献研究

作者: 汪莎(2006 级硕士研究生)

导师: 张鸿懿

摘要: 创伤后应激障碍(PTSD)是指突发性、威胁性或灾难性生活事件导致个体延迟出现和长期持续存在的精神障碍,其临床表现以再度体验创伤为特征,并伴有情绪的易激惹和回避行为。音乐治疗以其对情绪的特殊作用、系统的治疗方式以及显著的治疗效果被广泛关注。但由于目前相关研究的文献比较少,应用和推广时都缺乏理论支撑,这在很大程度上限制了音乐治疗在创伤后应激障碍中的应用和发展。

本文从有关音乐和创伤后应激障碍的文献中精选出 70 余篇,用文献研究的方法对当前这一领域的研究现状、研究趋势、研究方法和存在的问题进行了梳理和总结;再根据研究取向、研究方法、探索思路的不同,从生理/物理研究、理论研究、方法技术研究三方面来分别阐述。笔者认为,国内外 PTSD 患者在社会文化性格、灾民心理基础、音乐选择、音乐教育程度等诸方面的差异都非常大,因此不能完全照搬国外的方法技术来进行临床治疗。笔者希望能够找到真正适合中国国情的音乐治疗方法。基于这种考虑,笔者在本文中探索如何在借鉴、实施和发展国外治疗理论的同时,发展本土化的音乐治疗。笔者一方面期望通过这种方式,填补国内对这一课题研究了解的不足;另一方面期望通过对实践案例的研究,能够为其他研究者提供参考,讨论出更适合我国国情的音乐治疗方法技术。

关键词: 地震;创伤后应激障碍;音乐治疗

音乐渐进放松配合音乐心率训练对运动疲劳恢复的研究

作者: 李时慧(2006 级硕士研究生)

导师: 张鸿懿

摘要: 运动疲劳是运动人体科学、运动生理学、运动心理学、运动医学关注的问题,在国外开展的研究较多,大量是关于运动疲劳产生的原因以及运用音乐对运动疲劳恢复的研究,而国内鲜有人涉足。本文即是一个该领域的实验研究报告。实验的目的在于评价音乐疗法对运动性疲劳恢复的效果，探索对运动性疲劳恢复的最佳音乐治疗手段。

本文的研究包括文献综述和实验研究两部分。文献综述部分对19世纪以来国内外运动性疲劳的研究领域进行了初步的回顾、梳理和展望；对运动生理学、运动心理学和中医学对运动性疲劳的认识和研究领域进行了系统的回顾和归纳；较全面地分析了国内外关于音乐对运动训练影响的研究，为实验部分的研究奠定了理论基础。实验选择了9名男性全能项目运动员，在其进行运动训练后，进行两组测试，每组测试分3次进行，取平均数。第一组测试采用传统的放松练习法，第二组测试采用音乐渐进放松配合音乐心率训练法。测试并比较治疗前后心率、大腿围、小腿围、主观疲劳感觉等指标。研究结果表明与传统恢复法相比，音乐疗法后心率比传统恢复法有明显降低；大腿围和小腿围也有所减少。结论：与传统恢复法相比，音乐疗法更有利于促进心血管系统、中枢神经系统和心理状态的恢复，且经济实用、易于推广。

关键词： 音乐疗法；运动疲劳；音乐渐进放松；音乐心率训练

创造性音乐疗法体系中的临床即兴研究与实践

作者： 陈俊伊（2005级硕士研究生）

导师： 张鸿懿

摘要： 临床即兴技术是作为世界主要音乐治疗流派之一的“诺道夫-罗宾斯创造性音乐治疗方法体系”的重要方法技术。它充分体现了创造性音乐疗法体系的创造性思想：以患者为中心，在治疗中充分探索和开发来访者的音乐潜能，取得了良好的临床效果。国外对该课题的研究已经开始向治疗中是否必须出现语言、音乐治疗与心理治疗在语言上的异同、临床即兴与音乐即兴的区别等更加具体的技术领域拓展。

本文以临床即兴技术为研究对象，通过对已有英文文献资料的翻译和研究厘清临床即兴技术的概念、理论依据、技术要点和评估方法；通过对诺道夫-罗宾斯的实际音乐治疗录像分析解释临床即兴技术在临床的应用，结合为期3年的临床治疗实践评述，进一步阐述临床即兴技术在中国临床实践中的应用情况，并提出该技术在实际操作中的问题和解决方案。

本文研究的对象仅限于临床即兴技术在儿童个体治疗中的应用和一例临床实践个案，具有一定的局限性。对于临床即兴技术在成人和集体治疗中的应用还需进一步研究。另外，由于中外文化和音乐教育模式的差异，使得西方的音乐治疗方法技术在进入中国的临床时遇到了不可避免的“瓶颈”，因此如何解决临床即兴技术在中国的本土化实践中出现的各种问题还需要我们更多地进行实践和探索。

关键词： 临床即兴；条件儿童；音乐儿童；创造性音乐疗法；诺道夫-罗宾斯音乐疗法；支持；自我实现

诺道夫-罗宾斯创造性音乐治疗学派发展及理论研究

作者: 孟　媛(2005级硕士研究生)

导师: 张鸿懿

摘要: 诺道夫-罗宾斯创造性音乐治疗中心是这样给自己定义的:诺道夫-罗宾斯创造性音乐疗法是建立在我们对每个人与生俱来的音乐能力的信任的基础之上的。通过即兴音乐使这种自我实现的潜力被有效地唤醒,要唤醒这种自我实现的潜能最有效的办法就是利用个人天生的即兴音乐创作能力来克服情绪、生理以及认知上的障碍。在音乐技能上患者不需要有事先的经验和训练,很多乐器可以在治疗过程中不需要通过特殊的技巧就可以演奏,而且在演奏的时候会让人感到愉悦。在创造性的过程中,患者和治疗师一起在各种特殊乐器上进行的即兴创作都对患者起到积极的作用。

本文通过文献研究的方法,对罗宾斯先生推荐的书籍、来华讲座材料以及收集到的他的论文资料进行梳理和研究,对诺道夫-罗宾斯创造性音乐疗法的形成发展、思想基础、创造性理论、方法技术、适应证五大方面分别进行阐述。笔者希望通过文献研究的方法,把收集到的关于这一学派的资料进行有效的梳理,从而把这个学派更好地介绍到中国,让更多的国内读者了解它;另外,结合我国音乐治疗发展的现状,通过笔者的研究将这一学派的有关文献变成对中国音乐治疗发展有利的资料,填补我国国外音乐治疗资料的空白,为学科建设做出贡献。

关键词: 创造性音乐疗法;音乐中心疗法;音乐儿童;临床即兴

儿童孤独症音乐治疗的深入探索
——奥尔夫音乐治疗针对孤独症患儿家长焦虑、抑郁情绪的干预

作者: 杨　畅

导师: 张鸿懿

摘要: 本文的研究建立在笔者近三年在儿童孤独症音乐治疗领域的临床观察和临床实践基础上。研究的最终目的在于进一步深入探索孤独症患儿的研究体系,但研究对象由孤独症患儿变为孤独症患儿家长。原因在于笔者在临床过程中深刻认识到孤独症患儿家长的情绪是影响孤独症患儿康复训练的关键因素。针对以往对于该问题的忽视,笔者创新性地运用针对孤独症患儿的奥尔夫音乐治疗方法直接对以琳自闭症康复机构的24名患儿家长进行干预。在研究之前,笔者使用焦虑自评量表和抑郁自评量表对24名被试的焦虑、抑郁情绪进行测量,在研究过程中,笔者对家长进行多次访谈,了解他们在治疗过程中的真实体验,在研究结束后,笔者巧妙地结合定性研究和定量研究对治疗效果进行评估。研究证实了家长情绪对于患儿康复训练的重要影响,并为孤独症患儿家庭的救治提供了新的方法和思路,同时,也拓宽了音乐治疗的应用面,使之为更多人服务。

关键词：奥尔夫音乐治疗；孤独症；患儿家长；焦虑情绪；抑郁情绪

音乐心理剧对流浪儿童自尊水平干预的研究

作者：杜丽丽（2004 级硕士研究生）

导师：张鸿懿

摘要：流浪儿童作为社会的弱势边缘群体，他们的身心健康和回归主流社会的重要性日益受到社会各方的重视。对流浪儿童心理干预的实证性研究目前在国内处于相当薄弱的状况。本文的研究采用单因素实验设计方法，以定量研究和定性研究相结合的方式，选择郑州市流浪儿童救助保护中心中存在自尊水平低、有情绪和行为问题的 15 名流浪儿童，随机匹配为实验组和控制组，采用音乐心理剧对实验组进行为期 5 周共 21 次治疗。治疗技术包括音乐角色置换、音乐冲入和冲出、音乐与分裂的自我、音乐空椅。研究的目的在于探索音乐心理剧对流浪儿童自尊水平的影响。研究结果说明音乐心理剧对流浪儿童的自尊水平干预是有效的，支持了本文的假设。实验组被试缺陷感量表与焦虑量表的相关性检验的统计结果显示，虽然自尊水平的提高与焦虑情绪的降低之间有负相关趋势，但是，两者之间并无显著性相关。说明本文的第二个假设，即自尊水平的提高对于流浪儿童的焦虑情绪有缓解作用并未得到支持。本文研究的对象主要针对流浪儿童的自尊水平，以音乐心理剧一种音乐治疗技术实施的干预。对于流浪儿童其他的心理和行为问题以及不同流浪儿童适用的音乐治疗技术的甄选还需要进一步的研究。

关键词：音乐心理剧；流浪儿童；自尊

儿童孤独症的音乐治疗

作者：苏　琳（1994 级硕士研究生）

导师：张鸿懿　高　天

摘要：儿童孤独症由 Kanner 于 1943 年第一次提出，并进行了定义。他认为孤独症是一组广泛性发育障碍，具有许多与其他儿童精神病或者发育障碍不同的特征。患儿极端孤僻不能与他人发展人际关系，言语发育迟滞，不会用语言与人进行交往，常重复简单的游戏活动，并渴望维持同一格式不变，缺乏对物体的想象及灵巧运用它们的能力。

近年来，孤独症的患病率越来越高，引起了人们的广泛关注，但由于其病因未明，所以在医学上还未找到有效的药物进行治疗。据最新统计，我国约有 50 万人患有此症。然而，在我国从事这一事业的人员却寥寥无几，尤其是将音乐治疗用于孤独症儿童的在国内还未见报道。笔者翻阅了大量的国外有关孤独症儿童音乐治疗的文献，针对我国这一领域的空白，选择了孤独症儿童的音乐治疗作为硕士学位的研究课题。

本文通过两个个案的研究，初步摸索出了一套适合于我国孤独症儿童的音乐治疗的方法，对孤独症儿童三大典型症状（社会交往障碍、语言障碍和行为障碍）进行了有针对性的治疗,而且取得了一定的成效。笔者认为:音乐治疗可以培养孤独症儿童与人交往的能力,有利于改善孤独症儿童的社会交往障碍;音乐治疗对孤独症儿童的语言训练也有其独到之处;音乐治疗对孤独症儿童自我控制能力的培养及孤独症行为的干预有积极的作用。

关键词: 儿童孤独症;音乐治疗